投资促进理论与实践

王习农 著

中国商务出版社

图书在版编目（CIP）数据

投资促进理论与实践/王习农著 . —北京：中国
商务出版社，2012.5
ISBN 978-7-5103-0689-1

Ⅰ.①投…　Ⅱ.①王…　Ⅲ.①投资经济学一研究
Ⅳ.①F830.59

中国版本图书馆 CIP 数据核字（2012）第 098202 号

投资促进理论与实践
TOUZI CUJIN LILUN YU SHIJIAN

王习农　著

出　版：中国商务出版社
发　行：北京中商图出版物发行有限责任公司
社　址：北京市东城区安定门外大街东后巷 28 号
邮　编：100710
电　话：010—64245686（编辑室）
　　　　010—64266119（发行部）
　　　　010—64263201（零售、邮购）
网　址：www.cctpress.com
邮　箱：cctp@cctpress.com
照　排：中国农业出版社印刷厂
印　刷：北京密兴印刷有限公司
开　本：787 毫米×980 毫米　1/16
印　张：20　字　数：359 千字
版　次：2012 年 5 月第 1 版　2012 年 5 月第 1 次印刷

书　号：ISBN 978-7-5103-0689-1
定　价：54.00 元

前　言

世界是平的！

投资促进营销一个国家！

经济全球化是当今世界的基本特征。作为世界科技革命的产物和市场经济发展的结果，经济全球化已成为世界经济发展的客观潮流。经济全球化是生产要素在全球范围内的自由流动和合理配置，逐渐消除各种壁垒和阻碍，使国家间的经济关联性和依存性不断增强，以及生产力和国际分工向高级阶段发展的必然结果。任何国家和企业在这一国际大趋势下无动于衷都无异于自甘落后和自我毁灭。

"地球是圆的，世界是平的。"2007年由美国爆发的金融危机，迅速波及全球，给全球经济带来深刻影响；进入后金融危机时代，必然出现"大危机"之后的"大调整"。当前，以服务外包和高科技、高附加值的高端制造以及研发环节转移为主要特征的新一轮全球产业结构调整方兴未艾。伴随着国际直接投资量和质的调整，国际引资竞争更加激烈，投资促进工作将更加受到各国/地区重视。

世界资本正在走向中国，中国资本也在走向世界，这种新的国际国内形势，使我国投资促进工作面临新的机遇和挑战，同时对全国投资促进工作提出更高的要求。以国家"十二五"规划纲要为指导，深入研究投资促进发展的新特点、新规律，创造性地开展投资促进工作，扎实提高投资促进有效性等，将成为我国投资促进工作所着力发展的方向。为此，本书立足国内外投资促进发展实践，结合作者多年在国家商务部从事投资促进工作的经历，广视角、宽领域、多侧面、深层次地研究投资促进发展理论和实践问题，并提出若干富有建设性的观点和建议。这对于全面提高我国吸引外资和对外投资质量和水平，进而转变经济发展方式，促进我国经济、社会全面协调可持续发展等将产生积极意义。

本书适用于政府投资促进机构、经贸组织、外商投资服务中心及商协会、投资机构、国际投资促进机构及驻华代表处、投资贸易研究机构、大专院校、企业，以及国内外广大投资促进工作者。

在写作过程中，刘玉辉、毛政发、陈涛三位博士给予大力协助，在此深表感谢！

本书不妥之处，敬请指正。

王习农

2011 年 10 月

目　录

第一章 导 论

一、研究背景与意义

（一）国际直接投资发展形势

1. 国际形势

在新一轮经济增长周期的推动下，国际直接投资（FDI）呈现持续增长的态势。自 2002 年始，全球国际直接投资曾连续六年保持年均 37％的高速增长。世界各大经济体投资与引资量全面提升，发达国家继续保持在国际直接投资流入与流出两方面的绝对优势，越来越多的发展中国家和地区成为新的投资热点，投资主体多元化趋势日益明显。但发展中国家 FDI 的增速仍然低于发达国家，南北差距进一步拉大。联合国贸易与发展会议（UNCTAD）2008 年报告显示[①]，2007 年全球 FDI 流入总额达 18 330 亿美元，创下 2000 年以来的历史最高纪录。无论在发达国家、还是在发展中国家，FDI 流入量都有大幅增长。但是随后而来的全球金融危机，使 FDI 出现大幅下滑，FDI 区域分布不均衡状况在加剧。在全球 FDI 总流入量中，发达国家占据了 2/3 的份额，其中欧盟和美国依然是 FDI 流入量最大的两个地区/国家；在全球 FDI 总流出量中，发达国家更是占据 84％的份额。美国依然是最大的被投资国，也是最大的对外投资国；欧盟仍然是吸引 FDI 最多的地区，占全球 FDI 流入额的 40％。而全球 FDI 的 1/3 流向了发展中国家和经济转型国家，其中一半以上投资到了南亚、东亚、东南亚和大洋洲。尽管发展中国家和地区在全球 FDI 中增长迅速，但在绝对数上依然远远落后于发达国家。在全球 FDI 投资流入量前 20 位的只有中国、巴西、墨西哥等少数几个发展中国家；在全球 FDI 投资流出方面，只有中国在前 20 位之列。而且，发展中国家 FDI 流量 2007 年比 2006 年增长 21％，低于全球 23％的平均水平，表明发展中国家 FDI 流量的增速慢于发达国家，全球经济发展的不平衡性以及南北差距存在继续扩大的趋势。

自 2009 年第二季度始全球进入后金融危机时代，尽管国际直接投资在一定时期内还呈现总量升降不稳甚至下降趋势，国际引资竞争也将更加激烈，但

---

① UNCTAD. 世界投资报告 2008：跨国公司与基础设施的挑战. 纽约和日内瓦，联合国，2008.1。

1

对不同的国家/地区而言，由于制度变迁、政策变化、金融形势以及经济发展等不同，利用外资情况也不尽相同。针对不同的国家/地区，在应对 FDI 总量和结构变化时，要结合本国/地区的情况，选择制定适宜的投资促进策略。

大危机之后必然有大调整，这是国际规律。目前，跨国公司开始了新一轮产业结构调整，以服务业外包和高科技、高附加值的高端制造及研发环节转移为主要特征的新一轮全球产业结构调整方兴未艾。如果我国能把握住这一重要机遇，将加速产业优化和升级进程，促进区域经济协调发展，从而有助于促进中国经济结构调整和经济发展方式的转变。

2. 国内形势：吸引外资与对外投资

积极有效地吸引外资是中国改革开放基本国策的重要内容，也是对外开放的核心内容之一。改革开放以来，中国吸收外资一直稳步增长，自 1992 年起连续 16 年成为吸引外资最多的发展中国家，也是全球最大的 FDI 流入国之一，外资对国民经济持续稳健发展起到了积极作用。随着美国金融危机爆发引发全球经济危机的蔓延，中国吸引外资速度曾一度下滑；进入后金融危机时代，中国吸引外资出现增长势头，机遇与挑战并存，风险与收益同在。

2010 年中国吸收外商直接投资平稳较快回升，首次突破 1 000 亿美元，达到 1 057.4 亿美元，同比增长 17.4%，创历史最高水平。从结构上看，主要得益于服务业及中西部地区吸引外资的大幅增长，增幅分别为 28.6% 和 27.6%。2010 年，仅在服务外包方面就出台近 30 项支持政策，有力地促进了服务外包的发展。目前，全国服务外包企业突破 1 万家，从业人员超过 200 万，2010年全年离岸服务外包业务执行金额达 150 亿美元，同比增幅达 50%，为扩大吸引外资、优化贸易结构、加快转变经济发展方式、拓宽大学生就业渠道等做出了积极贡献。2011 年上半年，中国实际使用外资金额 608.91 亿美元，同比增长 18.4%，6 月当月实际使用外资金额 128.63 亿美元，同比增长 2.83%。1~6 月，全国新批设立外商投资企业 13 462 家，同比增长 8.77%；其中 6 月当月新批设立外商投资企业 2 919 家，同比增长 6.57%。上半年吸收外资的主要特点：从产业结构看，服务业实际使用外资增速超过农林牧渔业和制造业；亚洲对华投资上升，美国对华投资降幅较大；中西部地区实际使用外资增速继续高于东部地区，占比有所上升；服务外包合同额和执行额均实现大幅增长。1~6 月，外商投资制造业新设立企业 5 850 家，同比增长 14.44%，占同期全国总量的 43.46%；实际使用外资金额 284.74 亿美元，同比增长 15.63%，占同期全国总量的 46.76%。全国服务业新设立外商投资企业 6 509 家，同比增长 5.55%；实际使用外资金额 280.54 亿美元，同比增长 21.4%，分别占同期全国总量的 48.35% 和 46.07%。6 月吸收外资规模在 128 亿美元左右，是

2011年以来的一个高点，吸收外资总体平稳，中国包括市场潜力、法律环境等方面的外资环境没有变化，从中长期看，中国还会成为吸收外资最主要的东道国。值得注意的是，在亚洲十国/地区对华投资继续较快增长的同时，欧盟和美国对华投资出现减缓和下滑情况：欧盟27国对华实际投入外资金额34.64亿美元，同比仅增长1.17%；美国对华投资新设立企业727家，同比下降5.09%，实际投入外资金额16.79亿美元，同比下降22.32%。对此，欧盟和美国对华投资有所放缓或下降与全球整体环境有关，欧盟2010年对外投资下降了62%，美国2011年一季度对外投资也大幅度下降，总之，欧盟和美国对中国投资增速放缓。

但是，由于受国际直接投资增速放缓和国际竞争更加激烈的影响，我国必须从容应对，探求新的政策取向，制定更加积极的投资促进措施。党的"十二五"规划建议和国家"十二五"规划纲要指出，要实施互利共赢的开放战略，提高利用外资水平。利用外资要优化结构、丰富方式、拓宽渠道、提高质量，注重完善投资软环境，切实保护投资者合法权益。加大智力、人才和技术引进工作力度，鼓励外资企业在华设立研发中心，借鉴国际先进管理理念、制度、经验，促进体制创新和科技创新。扩大金融、物流等服务业对外开放，发展服务外包，稳步开放教育、医疗、体育等领域，引进优质资源，提高服务业国际化水平。温家宝总理2009年12月30日主持召开国务院常务会议，对下一步我国利用外资工作做出了明确部署。指出，利用外资是我国对外开放基本国策的重要内容，外商投资企业已成为国民经济的重要组成部分。在应对国际金融危机、保持经济平稳较快发展过程中，要充分发挥我国的比较优势，创造更加开放、更加优化的投资环境，不断提高利用外资质量，更好地发挥利用外资在推动科技创新、产业升级和区域协调发展等方面的积极作用。为此，要重点做好五项工作：

——优化利用外资结构。修订《外商投资产业指导目录》，扩大开放领域，鼓励外资投向高端制造业、高新技术产业、现代服务业、新能源和节能环保等产业。国家产业调整和振兴规划中的政策措施同等适用于符合条件的外商投资企业，对用地集约的国家鼓励类外商投资项目优先供应土地。

——引导外资向中西部地区转移和增加投资。鼓励外商在中西部地区发展符合环保要求的劳动密集型产业。对到中西部地区投资的外商企业加大政策开放和技术资金配套支持力度。

——促进利用外资方式多样化。鼓励外资以并购方式参与国内企业改组改造和兼并重组。加快推进利用外资设立中小企业担保公司试点工作。拓宽外商投资企业境内融资渠道，引导金融机构继续加大对外商投资企业的信贷支持。

——深化外商投资管理体制改革。全面清理涉及外商投资的审批事项，最大限度缩小审批、核准范围，增加审批透明度。

——营造良好投资环境。规范和促进开发区发展，加快边境经济合作区建设。完善外商投资企业外汇管理，简化其外汇资本金结汇手续。

此外，要保持政策相对稳定，妥善应对形势变化；扩大技术溢出效应，增强自主创新能力；大力承接国际服务外包，转变贸易增长方式，全力打造"中国服务"品牌，扩大服务出口，使服务外包成为我国外向型经济新的增长点；加强外资监督管理，维护国家经济安全；改善投资环境，提升国际竞争力。

在我国对外投资和经济合作方面，尽管面临复杂多变的国际环境，但也出现增长态势。2011 年上半年，中国境内投资者共对全球 117 个国家和地区的 2 169 家境外企业进行直接投资，累计实现非金融类对外直接投资 239 亿美元，同比增长 34%。此外，上半年中国对外承包工程业务完成营业额 425.1 亿美元，同比增长 13.8%。党的"十二五"规划建议指出，要加快实施"走出去"战略。按照市场导向和企业自主决策原则，引导各类所有制企业有序到境外投资合作。发展海外工程承包，扩大农业国际合作，深化国际能源资源互利合作，积极开展有利于改善当地民生的项目合作。逐步发展我国大型跨国公司和跨国金融机构，提高国际化经营水平。扩大人民币在跨境贸易和投资中的作用。做好海外投资环境研究，强化投资项目的科学评估。提高综合统筹能力，完善跨部门协调机制，加强实施"走出去"战略的宏观指导和服务。维护我国海外权益，防范各类风险。要积极参与全球经济治理和区域合作。推动国际经济体系改革，促进国际经济秩序朝着更加公正合理的方向发展。推动建立均衡、普惠、共赢的多边贸易体制，反对各种形式的保护主义。引导和推动区域合作进程，加快实施自由贸易区战略，深化同新兴市场国家和发展中国家的务实合作，增加对发展中国家的经济援助。

(二)FDI 发展实践对投资促进的影响

在当前国际直接投资竞争不断加剧的形势下，投资促进已经成为各国政府非常重视和着力发展的工作。其中，最直接的影响就是各国和地区纷纷建立或健全各种投资促进机构，截至 2004 年 11 月，世界投资促进机构协会成员已达 166 个，比 1995 年最初的数量增加了两倍以上；到 2010 年年底，世界上已经建立了 500 多个国家级和地区级的投资促进机构，其中约 2/3 是在 1990 年以后建立的，而且还在增长，世界上已经很少有国家没有建立负责投资促进的相关部门。有些国家还设立了多家区域性机构(Sub-national Level)和驻海外机构(Overseas Offices)。各国积极采取措施竞相吸引 FDI，不仅国家层面，各级地方政府层面也是这样。各国不断丰富和创新投资促进技术与手段，更加重视投资服务，投资对象也呈现多元化，投资促进项目不断升级，产业链、产业梯度转移、产业集聚等成为备受推崇的投资促进模式，许多国家还实现了向"引进来"和"走出去"双向并举的投资促进模式的转变，国际投资促进正朝着更广、更深的方向快速发展。同时，各国投资促进机构更加积极主动，适时改变经济政策、外资政策和投资促进策略，以应对危机。这些政策与措施不仅有前瞻性，而且定位准确；不仅善于抢抓机遇，而且着力于创新制度，力争将经济危机所带来的损失降到最低，并尽快从危机中崛起。

世界投资促进发展形势给发展中国家带来严峻挑战。一方面，"母国投资促进措施"（HCMs，Home Country Measures）主要为发达投资国所采用，发展中国家的对外投资，从投资动机、企业竞争优势、国内外要素价格比、国内经济发展水平等诸多方面，与发达国家有着显著的差异，因而对外投资的规模、重点行业、目标市场、投资方式等亦与发达国家存在明显的差距；另一方面，世界范围内投资促进工作越来越复杂，已经不再是简单地向投资者开放或国家层面的一般推介，它所包含的内容越来越多，促进手段也越来越专业化。

中国政府一直奉行对外开放政策，一贯重视投资促进工作，积极鼓励外商到中国投资，引进了大量国外资金、先进适用技术、人才和管理经验，增强了中国的综合国力和国际竞争优势，外资对中国经济社会发展产生了深远而重大的影响。经过近30多年的改革开放，中国在各方面都取得了举世瞩目的成就，特别是加入WTO以后，中国对外开放和吸收外商直接投资无论在深度还是广度上都进一步扩大。中国吸收外资的行业结构、地区结构进一步改善，吸收外资质量有所提高。

然而，我国投资促进工作面临严峻挑战和问题。总体上看，我国投资促进还大量存在着"热、乱、重"现象，发展相对滞后；缺乏科学的理论指导和统一规划；观念滞后，缺乏创新举措；对投资促进运行规律、投资促进方式、模式缺乏科学的总结与创新；还不能切实从宏微观两个层次提高"投资促进有效性"，从而实现投资促进可持续发展；等等。新形势下，国内发展实践对投资促进提出了更高的要求，特别是"十二五"期间，我国经济社会将处于重要的转型发展时期，落实科学发展观、转变发展方式、构建社会主义和谐社会将成为相关工作的主线，这给投资促进提出了更严、更高的要求。

（三）投资促进实践呼唤投资促进理论

国际直接投资作为联系各国经济的重要机制之一，将世界各国经济联系在一起，使进行该活动的主体跨国公司成为经济全球化最重要的载体。在这一过程中，跨国公司获得想要的资源与市场，同时对东道国的经济发展也产生重要作用，对发展中经济体国民经济的影响更是巨大的。这一FDI的经济效应，国际学术界基本已达成共识。从跨国直接投资出现的动因看，国际学术界也已有比较完善的跨国公司直接投资理论，比如海默的垄断优势论、R. 维农的生命周期论、巴克莱等人的内部化理论、邓宁的国际生产折中理论、小岛清的边际产业转移论等，但上述理论都来源于制造业跨国投资领域，其应用研究也主要限于制造业领域，是否完全适用于服务业跨国投资还需要进一步探讨，而专门针对服务产业跨国转移的研究刚刚开始。

关于投资促进理论，国际研究走在前列，我国相对滞后。若从理论演变的源流与发展的主要脉络来看，国际研究投资促进的理论渊源大致有两方面，即国际资本流动理论和国际直接投资理论及各种经济增长、经济发展理论等。直接研究投资促进的理论多见于国际投资促进机构发布的投资促进报告、投资环境报告以及部分学术期刊及论著，其中，由国际金融公司（IFC）和多边投资担保机构（MIGA）出版、小路易斯·T. 威尔斯和艾尔文·G. 温特所著的《营销一个国家 Marketing a Country——投资促进作为吸引外国投资的一个手段》影响最大。但是这些研究尚不能形成一个相对独立、统一的投资促进理论体系；投资促进理论在广大发展中国家的适用性也受到很大程度的限制，更不一定适合中国的国情；对投资促进综合有效性研究尤显不足。目前，国内有关投资促进研究的文献很有限，主要是限于部分侧重宏观政策层面研究的文章和相关著作。此类文献虽然从某些侧面对投资促进相关问题进行了研究，对我国投资促进政策和具体工作具有一定指导意义，但与快速发展的投资促进实践相比，我国的理论研究较为滞后[①]，而对如何在新形势下提高我国投资促进有效性等研究显得更为薄弱，因此，需要在不断总结国内外实践的基础上加以认真研究和创新。可见，无论投资促进发展实践，还是理论研究方面，国内学术界对投资促进这一课题的研究还处于初级阶段。

党的"十二五"规划建议和国家"十二五"规划纲要，都明确要求，要实施互利共赢的开放战略，进一步提高对外开放水平，优化对外贸易结构，提高利用外资水平，加快实施"走出去"战略，积极参与全球经济治理和区域合作，扩大和深化同各方利益的汇合点，完善更加适应发展开放型经济要求的体制机制，有效防范风险，以开放促发展、促改革、促创新。这为我国全面推动投资促进工作，提高投资促进有效性等提供了明确的政策指引。随着我国市场经济体系的逐步建立和政府职能的转变，以创新精神做好投资促进工作成为新形势下我国吸收外资和对外投资工作的重点。而在加强内部机制建设的基础上，以开拓、创新的工作精神和扎实、稳重的工作作风，着力打造专业、高效的投资促

---

① 王习农. 论投资促进的实践与理论发展. 商业时代，2007 年 8 期第 1 页。

进体系，提高服务质量和水平，引导外资投向国家政策鼓励的产业和地区，促进我国经济结构优化和质量效益提升，推动国民经济健康发展等将成为我国投资促进工作的方向。

本书就是在这一背景下，即基于投资促进实践发展和理论探索的需要而做深入研究与写作的。相信这一研究成果的问世将对投资促进理论创新，推动我国投资促进的发展，全面提高我国吸引外资和对外投资质量、水平，进而促进我国经济、社会全面可持续协调发展具有重大理论意义和现实意义。

二、基本思路与主体结构

(一)基本思路

投资促进研究是一项既富理论性、又具实践性、更具挑战性的研究。本研究将始终贯彻理论研究同实践相结合的原则，力求将理论应用于实践且转化为现实的生产力。本书将在总结分析国内外投资促进发展实践和理论的基础上，重新诠释"投资促进"概念，实现投资促进方式、模式的创新，提出"投资促进有效性"概念，指出提高投资促进有效性的途径，分析投资促进工作趋势，制定投资促进战略，关注投资促进实务，注重投资促进个案分析，重视以服务外包形式加强投资促进工作，深入研究后金融危机时代投资促进发展的特点和规律等，试图构建研究"投资促进理论与实践"的完整框架体系。

(二)主体结构

全书共12个部分。第一章：导论，为本书综述；第二章、第三章：在总结分析全球投资促进发展实践的基础上，阐述和创新投资促进理论，提出"投资促进"概念；第四章、第五章：考察我国投资促进发展现状，总结和创新投资促进方式、模式，分析投资促进实务操作有效构成，防范投资促进欺诈；第六章：在阐述消费资本化理论基本内容的基础上，剖析消费资本化理论对市场经济条件下投融资和投资促进工作的重要指导作用，并试图实现一定程度上的投资促进模式创新；第七章、第八章：提出"投资促进有效性"的概念，并重点研究提高投资促进有效性的主要途径，分析投资促进工作趋势，提出投资促进发展战略；第九章：鉴于促进以服务外包形式利用外资将成为我国投资促进工作的重要方向，重点研究适应服务外包发展的新的投资促进方式，并试图通过积极有效的投资促进工作，促进我国中西部地区特别是新疆服务外包的发展；第十章：主要研究后金融危机时代投资促进发展的特点与规律，特别关注中国政策取向、行业发展、区域尤其中西部地区发展、中小企业发展、风险规避等问题；第十一章：主要从投资促进实践出发，精选六个投资促进实务案例做分析，旨在加强投资促进可操作性，以供投资促进工作者参考和借鉴；附录：主要列举投资促进领域相关利用外资、对外投资的法律、法规、文件，以及相关国内外机构、组织、联系方式等。

三、主要创新与主要特色

(一)主要创新

在回顾和总结国际投资促进发展实践和理论研究的基础上，对投资促进进行全方位国别比较分析，进而阐释相关投资促进理论，首次完整提出"投资促进"概念，并深入剖析其特点；第一次对国内外投资促进方式、模式作系统的归纳与总结，同时分析投资促进技术组合效应、开拓投资促进产品、探析投资促进商业化的有效途径，实现投资促进技术现代化与创新；第一次将消费资本化理论应用于投融资和投资促进实践，试图实现在这一理论指导下的投资促进模式一定创新；第一次系统地提出"投资促进有效性"概念，并对其特点和分类作深入分析，重点指出、分析提高"投资促进有效性"若干重要途径，特别是对投资促进体制机制、投资促进技术、投资促进项目、投资促进前中后期服务、投资促进与国际贸易、投资促进与中介机构、投资环境、对外投资促进、投资促进实务等有效性进行深入分析；在投资促进有效性理论指导下，结合我国投资促进发展实践，提出我国投资促进发展战略并指出工作趋势；第一次对后金融危机时代的投资促进发展特点、规律做深入分析。

将投资促进同服务外包结合起来研究，即将服务外包视为我国利用外资的一种重要形式，通过有效的投资促进工作来推动服务外包在我国的健康、快速发展。服务外包投资促进工作有其特殊性，深入探索和创新适合加快我国服务外包发展的投资促进方式，以促进我国服务外包行业、区域特别是中西部地区的快速发展。

(二)主要特色

本书立足国际视角，深入研究投资促进发展问题，注重实践总结与理论创新相结合，理论研究与实际应用相结合，中外比较研究与借鉴相结合，定性分析与定量分析相结合，历史观与辩证观相结合，继承传统与创新相结合，知识性、趣味性、可读性与应用性相结合等。笔者在国家商务部投资促进局多年从事我国吸收外资和对外投资双向投资促进工作，曾被局领导誉为"中国系统研究投资促进理论第一人"；笔者熟悉世界经济特别是国际投资发展现状与趋势，熟悉外资政策和法律，经常性地做调查研究工作，有较丰富的理论研究经历和扎实的实践基础，特别是能占有大量第一手的中外文资料。此项研究不仅具有重大理论意义和现实指导意义，而且具有很强的针对性和现实可操作性，对通过有效的投资促进推动经济增长和技术创新，促进经济、社会可持续协调发展，以及繁荣国际直接投资理论与实践都将发挥积极而重要的作用。

四、研究方法

以科学发展观为指导，通过对投资促进的全面系统的研究，旨在提高投资促进有效性，实现以投资保增长、以增长促创新、以创新求发展，进而促进经济、自然、社会可持续协调发展。

重视中外比较分析，突出对其他国家和地区投资促进成功经验的总结与借鉴。

评立相关，矛盾统一：在评判中继承，在继承中发展。在回顾和总结国内外投资促进理论及实践的基础上，给出研究服务外包和投资促进内涵及外延的新视角。

规范分析与实证分析相结合：理论阐释和案例分析相结合，强调个案研究，有较强可操作性；定性和定量分析相统一，较多使用数字和图表；成本—收益分析，比较静态分析与比较动态分析相结合，以及应用必要的数理统计方法。

宏观分析与微观分析相联系：将全球投资促进发展与中国投资促进发展相联系，将中国投资促进发展与中国区域经济发展、产业结构优化、企业创新等相联系。

多维透视，立体交叉：把国外理论和实践研究同我国发展相结合，将宏观分析和微观分析相统一，将历史同当前及未来相联系，从而形成多视角的立体研究模式。

突出实践调研方法。曾多次参加国内外投资促进实践调研工作，获得大量第一手资料，使所论述内容更具有真实性、可靠性，具有现实指导意义和广泛的应用价值。

第二章 全球投资促进发展实践

第一节 全球投资促进发展形势

一、吸引外资竞争加剧与驱动跨国投资的动力

2009 年第二季度以后，全球进入后金融危机时代，世界经济开始复苏，跨国公司也开始了新的战略调整，国际直接投资逐步恢复并得到增长。为了发展本国经济，增加就业，各国吸引外商投资的愿望比以往更加迫切，竞争更加激烈，而投资促进工作成为各国政府高度重视和着力发展的工作。驱动跨国投资的动力主要来自两方面：

第一，世界经济面临新一轮产业结构调整，尤向服务业转移，其中，服务外包成为全球产业结构调整和跨国直接投资的主驱动力。全球服务外包以每年30%～40%的速度扩张，2007 年总额已达到 1.2 亿美元。服务外包是经济全球化迅速发展的结果。

第二，随着新一轮产业转移和生产要素的重组，跨国直接投资集中在高科技、高附加值的高端制造及研发环节，导致技术、知识密集型服务外包迅速发展。据联合国统计，20 世纪 70 年代中期世界技术交易总额只有 110 亿美元，到 90 年代中期骤增到 4 000 亿美元。

吸引外商直接投资竞争加剧的另一个重要原因是新对手的加入。就传统而言，发展中国家由于国内市场巨大或者自然资源储备较为丰富，认为没有必要参与吸引外商投资的竞争，但不久的过去它们已经开始认真地加入吸引出口导向型投资的竞争行列。该现象出现的原因似乎是国际经济环境的变化，但这种变化正是 20 世纪 70 年代末期和 80 年代的特征。在这段时间里，原材料价格比以往更加不稳定，进口替代型政策正在日薄西山。结果，越来越多的发展中国家放弃资源推进型和进口导向型的增长战略，转而采用强调制成品出口的增长战略。此外，在同一时期，工业化国家变得更加活跃，它们不但开始吸引其他工业化国家的厂商，而且还吸引已然开始扶植本国跨国企业的发展中国家的厂商。新的外商投资竞争环境引起人们将政府之间吸引外商投资的竞争与厂商之间扩大市场份额的竞争相提并论，而各国正在采取的营销战略和私营公司的营销战略也并行不悖。

但是，FDI 的流入并非唾手可得。随着各国继续它们的自由化、开放化进程，跨国公司会投资于提供最合适条件的地方，不同地区对于 FDI 的竞争会进一步加强。面对国际直接投资的持续性下降和竞争对手的增加，许多国家的政策制定者非常担心未来 FDI 的发展趋势及其对本国外资工作的影响，一系列问题摆在了国家面前，如：每个国家在多大程度上、在哪些方面将会受到全球 FDI 萧条的影响？政府能够采取什么措施加以应对？在短、中、长期内 FDI 的发展趋势如何？在投资来源和行业构成方面，FDI 将会发生什么变化？在公司职能配置和海外投资方式方面，跨国公司的经营战略将会怎样调整？采取什么样的举措扩大招商引资？在积极扩大吸引外资的同时如何加大本国企业对外投资的力度？怎样进一步提高市场开放度，从而推进本国经济进一步完善等。

二、自由化政策与投资促进措施的实施

在外国直接投资减少、竞争不断加剧的形势下，每个国家都积极采取措施竞相吸引 FDI，不仅国家层面，各级政府也是这样。

（一）放宽对 FDI 的限制，实施相对自由化的 FDI 政策

放宽对 FDI 的限制，实施相对自由化的 FDI 政策，为 FDI 建立一个自由的框架包括减少外国投资者进入和经营的壁垒；提高东道国给予外国投资者的待遇标准；强化机制以确保市场正常运作（特别是通过竞争政策）等。东道国政府在这方面做了大量工作。1991 年至 2002 年间，全球的一些国家对一些法规和改革进行调整，一共有 1 461 项政策法规的改变，其中 95% 朝着更加自由化的方向发展，朝着创造更适宜而有利的投资环境方向努力，这是一贯的政策。仅 2001 年一年，71 个国家的 208 项 FDI 制度性变革中，有 90% 是朝着改善 FDI 环境方向调整，其中给外国投资者提供更自由的进入和运营条件的占 36%，同时也有部门的开放，有更多的促进，其中包括激励措施（见表 2-1）。这些单边国家自由化努力与双边投资促进和保护措施相互补充，后者最主要的就是避免双重征税协定和双边投资保护协定（BITs）。现在共有 2100 多个双边投资保护协定，其中 3/4 是在过去的 14 年中签订的，约 174 个国家和地区参与其中，包括日益增多的发展中国家——它们之间很多都签订了双边投资保护协定。在区域层面，各国政府也试图改善 FDI 政策框架。许多区域性协议都包含投资规定，特别是在欧盟、北美自由贸易区、APEC、南方共同市场和东盟。这表明各国政府已经意识到大市场更能吸引 FDI。实际上，现在的区域性协议已经不再仅仅是自由贸易协议，而更多的是自由投资协议。一些多边措施对 FDI 也有影响，包括 WTO 协议中与贸易有关的投资协议、与知识产权有关的投资协议、服务业贸易总协定等。

表 2 - 1   1991—2001 年世界各国 FDI 规制的变化情况

项目＼年份	1991	1992	1993	1994	1995	1996	1997	1998	1999	2000	2001
投资规制发生变化国家	35	43	57	49	64	65	76	60	63	69	71
法规变化数量	82	79	102	110	112	114	151	145	140	150	208
利于 FDI	80	79	101	108	106	98	135	136	131	147	194
不利于 FDI	2	0	1	2	6	16	16	9	9	3	14

注："利于 FDI"包括放松管制、强化市场职能及增加激励措施等；"不利于 FDI"包括加强管制、减少激励措施等。

资料来源：2002 年世界投资报告

　　各国一般抱着促进增长和发展的态度努力吸引 FDI，实际上，对外投资也可以通过进入国外市场和获取外部资源而达到同样的目的。而且更根本的是，对外投资可使本国公司直接进入国际市场，参与国际生产。因此，各国还在输出型 FDI 政策管理体制自由化方面取得新进展。事实上，所有发达国家都已经放开了对对外投资的限制；一些较先进的发展中国家选择了类似的道路，有些国家甚至远远走在发达国家前头（特别是东南亚）。大多数发达国家和一些发展中国家甚至制定了各种政策措施来促进，或至少是保护对外投资。

　　综合起来，这些发展动向表明了当今 FDI 显著的自由化趋势。这经常涉及各国之间政策竞争的因素，在区域范围内尤其如此。在这方面，各国时常出现这样的现象：吸引 FDI 的激烈竞争使对 FDI 的社会标准"降到底线"，而在鼓励投资方面所实施的投资优惠和激励措施则"越提越高"。在过去的几年里，各国迅速攀升的投资激励竞争是有目共睹的。FDI 自由化趋势带来的政策决策要求还包括各国需要建立最先进的 FDI 政策框架。同时，政府需要不断效仿和创造出吸引 FDI 的"最佳做法"。而且，一国的最佳做法会迅速成为其他各国政府竞相效仿的"楷模"。

　　(二)开放新领域，采取新措施

　　许多国家通过向外商开放新的领域和采取更多积极的投资促进措施，来使 FDI 更自由和积极地输入和输出本国，特别是从 20 世纪 80 年代起，发达国家纷纷放松了对对外投资的限制，取而代之的是对跨国投资采取了不同程度的鼓励，以推动本国企业的跨国扩张，形成了一系列"母国投资促进措施"。在世界经济一体化加速发展的背景下，发展中国家和转型经济国家正越来越深地融入经济全球化浪潮中，世界投资格局也正经历显著的改变，后起的新兴工业化国家(地区)和发展中国家、转型经济国家，在世界对外投资中的比例呈上升趋势，企业跨国发展已成为后起国家增强企业国际竞争力、扩大市场份额的重要战略环节，更是提升国家竞争力，加速经济发展的有力杠杆。这些国家也纷纷放松对引进外资和对外投资的限制，并采取各种鼓励和促进投资措施，实现向"引进来"、"走出去"并举的模式转换。同时，一些国际组织如联合国贸发会议（UNCTAD）、世界投资促进机构协会（WAIPA）也积极推动发达国家采取切实可行的"母国投资促进措施"，以使发展中国家能更大限度地获取外国直接投资带来的益处。在这一过程中，发展中国家也积极构建吸引外资的投资促进体系。由此可见，投资促进成为了发达国家、转型经济体和发展中国家政府着力发展的工作。

（三）加大投资力度，引资手段多样化

进入 21 世纪后，世界各国根据新的国际国内形势进行了政策调整，加大投资促进力度，引资手段也发生变化，使本国投资政策和环境对投资者更具吸引力。例如，法国、韩国、越南等国家根据联合国贸发会议的《世界投资报告》显示，2002 年，在 70 个国家的 248 项国家政策变动中，95％是为了使投资框架对跨国公司及其投资更为有利。特别是对大型 FDI 项目的财政激励和优惠战日益上升，其中 1/3 与促进措施有关；同时，各国吸引外资的手段也越来越多样化，除提供优惠政策外，还竞相改善基础设施，并采取各式各样的目标定位的投资促进及服务方式。双边自由贸易协定和区域协定也增加了，大部分包含了关于投资的条款。这些协定中的贸易和投资便利化措施所带来的低关税和低交易成本，降低了企业的生产和经营成本，增加了确定性和透明度，使跨国公司更加便利地获得资源，最终使市场扩大，促进经济发展。这种形势的发展，已经大大引起世界上主要国际组织和机构的关注，联合国贸发会议、经发组织、世界银行及其下属机构等，均从不同角度加强了对国际直接投资问题的工作。

三、世界投资促进机构发展迅速

为加大吸引外资和对外投资的力度，各国纷纷成立了投资促进机构。投资促进机构形式各异，大小不一，有的是政府机构，无论全国性的还是地方性的，大多数都是公共部门资助。但也有的投资促进机构是独立于政府的经济实体，能够面向市场，独立运营，从事投资促进工作的人员多数拥有丰富的商业背景。根据联合国贸发会议 2000 年的调查显示，有相当部分的专业人士原本供职于私营部门，60％以上有经济、商业或公共管理方面的背景，10％有法律学位，10％有技术背景。截至 2004 年 11 月，世界投资促进机构协会成员已达166 个（其中欧洲 41 个，非洲 45 个，美洲 31 个，亚太 49 个），比 1995 年最初的数量增加了两倍以上，其中既有国家级机构，也有地方级机构，地区级的投资促进机构超过 250 个。国际投资促进机构的建立基本上始于 20 世纪 80 年代，在 20 世纪 90 年代后得到了迅速发展。到 2010 年年底，世界上已经建立了 500 多个国家级和地区级的投资促进机构，其中约 2/3 是在 1990 年以后建立的，而且还在增长，世界上已经很少有国家没有建立负责投资促进的相关部门。有些国家还设立了多家区域性机构（Sub-national Level）和驻海外机构（Overseas Offices）。各国不仅将投资促进工作提高到"营销一个国家"的战略高度，而且从组织体系上加以保证。但这还远远不是所有的投资促进机构。东欧和苏联的开放，以及整个发展中国家外商直接投资体制的自由化是促进全球投资促进机构快速增加的最重要因素，与此同时，经济合作与发展组织（OECD）成员国内的投资促进机构也经历了一个持续的增长，尤其是地方投资促进机构。这些充分显示了投资促进作为一项全球性业务，其重要性日益增加；各国政府也越来越重视通过实践活动和交流来完善各自的投资促进机构。到目前为止，很少有政府还没建立吸引外资的机构。

特别是近年来，包括发达国家在内，各国为吸引更多外资采取了不少措施和努力。英国、瑞典、爱尔兰、新加坡、中国香港等国家和地区纷纷设立了投资促进的专门机构，在政府财政等各方面的大力支持下积极开展投资促进活动。这些投资促进机构的注意力在瞄向新的投资者的同时也在加大力度改善对现有投资者的后续服务。不少国家和地区甚至将其投资促进分支机构开到了中国，如瑞典、苏格兰、美国加利福尼亚州。

四、世界投资促进发展形势给发展中国家带来挑战

对于发展中国家来说，积极开展工作吸引外商直接投资的必要性在 20 世纪 80 年代就变得很紧迫。在 1979 年至 1984 年间，流向这些国家的直接投资每年平均下降 7％。在同一时期，发展中国家受到了债务危机的影响。该危机是导致这些国家获得银行贷款总额每年平均下降 13％的主要原因。实际上，在 20 世纪 70 年代和 80 年代，对工业化国家和发展中国家的外商直接投资供给量的增长速度放慢。进入 21 世纪，受国际外商直接投资的供给减少的影响，加之对外商直接投资的需求不断上升，从国际银行业获得发展资金的前景也受到一定限制，在这种情况下，发展中国家吸引外商直接投资的竞争日益加剧。同时，世界范围内投资促进工作越来越复杂，已经不再是简单地向投资者开放或国家层面的一般推介，它所包含的内容越来越多，促进手段也越来越专业化。

另一方面，上述的"母国投资促进措施"主要为发达投资国所采用，各国根

14

据各自经济发展与外交目标各有侧重，在具体实施中各国的差别也较大。随着发展中国家在全球资本外流中所占比例的提高，越来越多的发展中国家也开始采用"母国投资促进措施"，推动本国对外投资的发展。从总体上看，发展中国家的对外投资，从投资动机、企业竞争优势、国内外要素价格比、国内经济发展水平诸多方面，与发达国家有着显著的差异，因而对外投资的规模、重点行业、目标市场、投资方式等亦与发达国家存在明显的差距。

由此可见，发展中国家无论吸引外资还是对外投资工作都面临严峻挑战。

第二节　全球投资促进发展阶段

投资促进自 20 世纪 80 年代末和 90 年代初经历了飞速的发展。特别是各国日益加强实施各种投资促进措施，以使本国成为 FDI 的理想投资区位，这间接地增强了 FDI 的自由化趋势。到目前，世界投资促进发展已历三代，正在或即将到来的是第四代投资促进。

一、第一代投资促进

第一代投资促进发生在 20 世纪 70 年代至 80 年代，主要是在开放的早期阶段，实行机械地对外开放，采取有利于市场发展的政策，使其 FDI 制度逐步趋于自由化，以创造更有利于外国直接投资的环境。政府采取的具体措施包括放松政策管制，减少 FDI 流入的障碍，提高外国投资者的待遇标准，推出相关的激励措施和税收减免政策等，这些措施对吸引 FDI 是非常重要的。实际上所有的国家都不同程度地采取了这方面的措施。这些放松政策管制的做法对吸收迫切需求的投资来说是非常重要的，但在全球争取外资市场竞争日趋激烈的形势下，仅有这些措施显然是远远不够的。

二、第二代投资促进

第二代投资促进发生在 20 世纪 80 年代末 90 年代初，主要是将引资政策与本国产业化政策结合，根据本国产业化政策和产业化目标，有针对性地选择吸引跨国公司到本国投资。当时这些国家意识到了这种被动的开放市场是不够的，不能够把 FDI 吸收进来，所以它们开始作为一个区位向 FDI 进行营销，在空间上为区位优势和所有权优势的结合提供场所并创造机遇，人们关注的焦点主要集中在引资政策同本国产业政策、区域政策相结合的问题上。这一方式导致国家投资促进机构的建立，特别是在 1995 年"世界投资促进协会"（WAIPA）成立。投资促进机构的建立不仅在国家层面上，也在一些地区层面上建立起来。

三、第三代投资促进

自 20 世纪 90 年代中期至 2009 年为第三代投资促进，其主旨是"选定目标的投资促进"，即把建立 FDI 的政策框架作为吸引 FDI 的起点，然后根据国家优先发展的目标，针对不同产业和企业的特点，满足其生产经营和当地配套的具体区位要求。国家基于本国的竞争优势培育出具体的配套能力，使之产生聚集效应，以有利于引资。这种投资促进的一个关键因素是利用针对潜在投资者开展的生产经营业务来改善投资区位的基础设施并形成配套能力，也就是对外国投资者的行业和领域先进行目标锁定，甚至锁定具体的外国投资者，然后对亚国家区域也进行营销，将区域的优势和投资者的需要相匹配。这样做是因为投资促进的资源是有限的，所以国家、省、州、市必须把它们的资源集中在某一方面，以便能够更高效率的吸引外资。这是一个更具有针对性的措施，目的是要把各个国家自身的优势和特定地点的优势与特定的外国投资者的具体需求审慎地结合起来。新的投资促进战略成功的关键是它们在洞悉跨国公司不断变化区位战略的同时，真正致力于改善决定 FDI 的基本经济因素。

四、第四代投资促进

正在或即将到来的是第四代投资促进，那就是既更加关注投资促进成本、又更加关注投资促进效益、还更加注重投资促进有效性的时代。长期以来，世界各国特别是发展中国家投资促进工作多由政府实施，但大都搞粗放式投资促进，在确定投资促进方案和开展投资促进工作时往往不计或少计成本，不讲求效益，浪费现象很严重。2009 年第二季度全球进入后金融危机时代，许多国家在注重扩大引资规模的同时，更加关注提高利用外资的质量和水平。这就对投资促进工作提出更高的要求，其工作重心将从较低层面——片面强调量的扩张转变为较高层面——量的扩张与质的提升并重。

联合国贸易发展组织国际投资、技术与企业发展司国际投资协定室主任詹晓宁在国际投资促进论坛中指出，应从一个更宏观的角度去讨论 FDI 政策的演变趋势，包括在国家层面上和国际层面上的发展趋势。国家的一些开放的措施，特别是针对 FDI 的开放措施，基本上已经大幅度增加了 FDI。而国际投资协议双边地区和地区内，以及地区间的协议，以及多边协议都使得国家和投资规则上有一些互动。这方面既有成本也有效益。所有这些都提出了新的挑战和机遇，使得我们必须要重新思考在国际层面上的投资，如果必要的话，我们还需要做一些调整，包括投资促进工作方面的调整。这就是未来既重投资促进成本又讲求效益以及有效性的第四代投资促进。当然，这一阶段的到来人们还拭目以待。

第三节 国际投资促进体系组织模式分析

综合来看，国际投资促进体系组织模式依性质不同，大体有以下三种。

一、政府型模式

政府型投资促进机构完全隶属于政府，工作人员为公务员。但由于各国国情不同，政府型投资促进机构又可分为以下三种具体类型。

（一）作为国家相关部委的内设机构，有副部级或司局级单位等

英国贸易投资署（UK Trade&Investment）是英国贸易工业部（Department of Trade and Industry）下属的政府机构，其前身是始建于1977年的英国投资局。英国贸易投资署行政长官由英国政府任命，其支出完全由政府预算安排，在贸易和投资宏观管理工作中执行完全政府职能。目前，它是英国唯一的全国性投资促进机构，主要负责协调英国国内地区层次上的各种投资促进机构的活动，业务范围涉及英格兰、威尔士、苏格兰和北爱尔兰四地，为外国投资者提供引进外资宏观管理与服务，包括项目选址、财政支持、产品部门、劳动力供应、雇工技能和成本、税率、市场供求等，帮助其进入英国或扩大在英国的投资规模。英国贸易投资署由于本身就是政府机构，所以在协调各地区投资促进活动方面具有权威性。从组织管理结构上看，由署长（兼任决策委员会主席）、3位主管和5位来自其他部委的独立委员组成的决策委员会（Executive Board）负责制定投资促进战略和绩效评估，由4位部门主管组成的高级管理团队负责机构的日常运营管理，署长办公室（Chief Executive's Office）负责重大运营事宜的决策，并向上级部门——英国贸易工业部汇报工作。

加拿大的主要政府投资促进机构是加拿大投资局。其在成立之时就明确了促进投资的职能。该机构继承了其前身——负责投资审批的联邦投资审议署（FIRA）的组织架构，这就决定了该局在许多方面只是继续承担FIRA以前的职能。但在人员方面有一些变化。加拿大投资局一直是加拿大公务员系统的一部分，它直接对"分管加拿大投资局的部长"负责。

德国投资促进总署（Invest in Germany）是德国联邦经济和技术部下属国家级投资促进机构，其行政长官为副部级。该署对外资进入无直接管辖、审批权，也无权提供税收优惠，也不直接提供政府补助。

荷兰外商投资局（netherland foreign investment agency，NFIA）是荷兰经

济事务部下属国家级投资促进机构，为正局级单位。该局对外资进入也没有审批权，只作备案。其主要职能和工作任务是促进国外向荷兰投资；整合地方投资促进机构业务，提供给国外投资者部分项目需求信息；提供法律支持和服务；帮助企业建立销售中心、设立研究中心、建立公司和生产工厂；向相关政府机构汇报情况并提出更多服务建议，等等。

（二）作为国家元首或总统办公室的下设机构

印度尼西亚国家级投资促进机构是印度尼西亚投资管理委员会，它不隶属于任何政府机构，而是直接对共和国总统负责。其目前的主要职能是负责国家投资政策的制定和评估，投资促进活动的协调，执行以及再协调，政府机构间投资活动的协调以及事务管理。此外，该委员会还履行与投资计划、执行有关条例规定的其他职能，例如为国内外投资者提供一站式的服务，实现投资者的目标等。为更好地履行其职能，该委员会在国家宏观投资计划的出台、投资政策的制定、投资信息系统的建立等方面都拥有很大的权力。它还拥有批准和监控那些在国内投资执行过程中带有高难度和高风险的战略科技的权力。

泰国投资委员会（BOI）隶属于国家总理办公室，成立于1954年。成立之初，泰国投资委员会负责审批投资，与投资者谈判。直到20世纪80年代初，泰国投资委员会才开始负责投资促进工作，当时分管这一部分工作的人员和部门只占很少的一部分。为吸引外资，泰国投资委员会采取了一系列改善投资体制的政策，例如取消制造业的海外股本限制和对产品的"当地含量"要求。

（三）作为独立的部委，即正部级单位

爱尔兰工业发展署（industry development agency，IDA）作为国家级投资促进机构，其行政长官为正部级。该署只负责吸引外资。主要由政策研究部、企业发展局（现已独立）和科技基金会三个部门构成。此外，属于这一类型的还有越南计划投资部等。

二、准政府型模式

准政府型投资促进机构是由政府同企业、商会等民间组织共同出资建立的官方或半官方投资促进机构，且一起参与指导管理，是政府与民营的联合型机构。依据出资比例、人员构成等不同，可将其细分为以下两个具体类型。

（一）政府性质较强型

主要特点是政府出资比例较高、政府人员构成较多，政府性质较浓、市场性质较弱。例如：

爱尔兰企业发展局（Enterprise Ireland）原隶属于爱尔兰工业发展署，后独立出来专门从事对外投资促进工作。政府出资比例占50%以上。主要组成人员来自政府，其他人员由企业代表出任。实行董事会领导下的总裁负责制。内设高级研究部、技术管理部、人员管理部和中小企业部等。内部实行专人负责制或称发展顾问负责制。

伦敦投资促进局（Think London）是1994年成立的半官方投资促进机构，总裁由董事会任命，董事会由伦敦市政府代表和企业、商会代表共同组成。

西荷兰外商投资局（west foreign investment agency, WFIA）是适应西荷兰地区投资形势需要，主要由海牙市政府和当地商会共同出资建立的隶属于海牙市政府的投资促进机构，其中政府投资比例高于商会投资。

新加坡国际企业发展局是新加坡贸易与工业部属下促进新加坡企业开展海外经济合作的主要机构，前身为新加坡贸易发展局，因国家经济策略转向需要，即从促进电子产品出口转向协助企业国际化，该局于2002年正式更名为国际企业发展局。企发局的性质类似于我国国家部委直属事业单位，但其地位更独立，拥有更大的自主权，员工不属于公务员序列，但享受公务员待遇。

捷克投资促进中心（Czechoslovakia/Czech Invest）。捷克是苏联解体后转型相对较为成功的一个东欧国家，但是，20世纪90年代初由于其相对保守的私有化模式，导致了严重的财政困难。新内阁上台后，一改过去的私有化模式，倾向于吸收外资来推行经济改革。在这样的背景下，1993年，捷克工贸部和欧盟支持、资助成立捷克投资促进中心，并定位为准政府性质的独立实体机构，旨在塑造捷克的良好形象，促进对捷克的外国直接投资。捷克投资促进中心有CEO 1名，向捷克工贸部副部长（同时担任指导委员会主席）负责；由11位成员组成的指导委员会（Steering Committee）负责长期战略制定和指导，他们分别来自不同的背景，既有政府官员（分别来自工贸部、地区发展部、财政部、外交部、国家银行等），也有私营、民间机构人员（来自大型企业、商会、企业家协会等），其比例是7：4。由于指导委员会成员多数来自政府各部委，有利于提高其权威性，而民营部门人员的加入，进一步提高了政府和企业之间的沟通，并增强了投资促进机构的灵活性。同时，在运作上采用企业式的经营方式，一切以客户为核心，尽量减少政治因素的干扰。

科威特投资局由政府扶持多种成分组织共同设立，其管理层由政府任命，经费完全或部分由财政预算拨给，管理权实际上由政府掌握。

（二）政府性质较弱型

主要特点是政府出资比例较低、政府人员构成较少，政府性质一般、市场性质较浓。例如：

苏格兰投资局（SDI）是苏格兰工业部和苏格兰发展署（SDA）的合营机构，

为正局级，同时拥有这两个组织的权力，并在英国、欧洲大陆、北美、亚洲等设有办事处。它是一个非部委性质的公共机构，不隶属于公务员系统，其大部分收入都来自于商业活动。该组织的工资支付系统比较灵活，其支付的工资通常比公务员的工资高。苏格兰投资局主要有下列职能：吸引对苏格兰的直接投资；协助促进苏格兰与海外公司和大学之间的特许交易；鼓励苏格兰向新兴市场出口一流的产品和服务，促进其贸易增长；促进苏格兰和其他国家的投资合作关系，拓展新的市场、科技与产品渠道，等等。

牙买加的国家级投资促进机构是一个准政府组织，是牙买加政府主管投资和贸易促进的官方机构，其下常设一个跨部委的项目审查办公室，专门管理外资项目的审批工作。办公室工作人员的工资比公务员的工资高出许多，并且拥有自己的董事会，董事会成员主要来自民营部门。

三、民营型模式

民营型投资促进机构一般是由银行、工商企业和商协会等共同出资建立的股份制民间机构。此种模式在国际投资促进机构中为数不多，但由于同各利益方产生关系，其实际运行不乏成效，很值得关注。

哥斯达黎加投资促进计划（CINDE）/哥斯达黎加投资发展委员会是在美国国际援助署的帮助下，于1982年在哥斯达黎加成立的股份制民间投资促进机构，董事会成员来自哥斯达黎加的私营部门和事业单位，起初与任何部委或其他政府组织没有直接关系，也不向其汇报，旨在通过促进国外直接投资来推动国内经济的发展，为投资者提供类似分析家和服务商的服务。哥斯达黎加投资促进计划在纽约和佛罗里达的办事处为投资者提供量身定做的投资服务，在哥斯达黎加的团队则向将在这个国家开展业务的投资者提供咨询服务，并根据投资者的需要为其提供信息。在与投资者建立和保持长期联系过程中，哥斯达黎加投资促进计划为投资者提供信息支持，并且承诺根据投资者的需要为投资者提供连续的协助。哥斯达黎加投资促进计划在吸引外国直接投资中所做的努力得到了国际团体的认可，它还积极地参加涉及外国投资监管与促进的国际准则的制定，并在国际投资促进机构协会中占有一席之地。

该组织还制定了有吸引力的、优厚的薪酬和奖励制度，其工资水平至少是政府雇员的3～4倍，对于绩效高于平均水平的员工，还可以得到相当于基本工资13%的额外奖励。此外，组织内部还制定了严格的激励制度，奖优罚劣，甚至会因为工作人员绩效不高而将其解雇，灵活的体制带来了机构的高效运营。但是，由于缺乏政府的参与，哥斯达黎加投资发展委员会在权威性方面有所欠缺，为解决这一问题，该机构做出了一些积极的努力，如在 1987 年，同哥斯达黎加外交部签订合作协议，使其海外员工在与外国政府交往中部分获得了官方身份。

四、对政府型、准政府型、民营型三类组织模式的评价

长期以来，国际上普遍认为投资促进是一项公共产品，因此，大多数国家的投资促进机构是一个政府部门，据联合国贸发会议的统计，目前世界上约 80％的投资促进机构属于政府型；而准政府型的投资促进机构约近 20％的比例；民营型投资促进机构则不到 1％。但是，随着越来越多的投资促进机构开始要求加强其独立性，后两种类型投资促进机构的发展趋势不断加强。根据商务部 2008 年的问卷调查，国外投资促进机构在性质上发生变化，约 56.67％为政府部门（非独立法人），23.33％投资促进机构为全额财政拨款的独立法人，差额财政拨款的独立法人占 16.37％，完全自营的民营型单位法人占 3.63％。

政府模式的优点是权威性较强，缺点是运作不够灵活，易受政治因素的影响。受政府公务员体制和预算安排的限制，工资水平往往较低，而且，工资水平与工作年限挂钩，不利于吸引优秀人才和激励员工提高工作效率；准政府模式的优点是相对独立，拥有充分的自主权设计和执行投资促进战略，并通过提供有吸引力的薪酬来吸引优秀人才，缺点是政府和私营部门参与的"度"难以把握；民营模式的优点是摆脱了政府的刻板体制，能够更加灵活、高效地运作，但却削弱了投资促进机构的权威性和谈判力。

从上述三种模式的比较来看，准政府模式相对较为理想，一方面，它是政府模式和民营模式的结合，既能发挥公共部门的组织、协调能力，又能发挥民营部门的营销等技能，增强投资促进机构的灵活性和工作效率；另一方面，准政府模式在实际操作中可以根据各国实际情况，灵活设计政府和民营部门的参与度。此外，由于它不纳入公务员体系，实行独立预算，运行则相对灵活，能较好处理公平与效率的问题。

目前，中国情况有些特殊。由于民间投资促进机构乏力，我国在宏观层次上采取的是政府领导下的事业单位制，如商务部投资促进局，就隶属于国家商务部，但又是事业单位，管理层由商务部任命，尚无企业、商协会等民间组织加入，而又不属于公务员序列；经费部分由财政预算拨给、部分由机构自行经营解决。由此，可以大致认为，国际准政府型模式包括中国的事业单位制，但又比这种形式宽广得多，是由政府和民营部门联合组成董事会，共同领导和管理投资促进机构的运作，是政府与民营联合型。

五、关注两种新的国际投资促进体系组织模式

服务外包模式和借调模式是随着各国投资促进组织实践的发展而出现的两种值得关注的新模式、新趋势，但也是对现有模式的继承、补充和发展。

（一）服务外包模式

服务外包是作为生产经营者的业主将服务流程以商业形式发包给本企业以外的服务提供者的经济活动，实际上是通过购买第三方提供的服务或产品来完成原来由企业内部完成的工作。按业务性质可分为信息技术外包 ITO（Information Technology Outsourcing）和业务流程外包 BPO（Business Process Outsourcing）；按发包方和承包方所在国家的不同可分为在岸服务外包和离岸服务外包。当前，服务外包成为跨国投资的主要引擎之一。据美国管理咨询公司麦肯锡预测，2020 年，全球服务外包市场整体收入将超过 150 万亿美元，其中，中小企业技术和业务服务潜在市场规模将达到 2 500 亿美元。服务外包成为全球经济活动转移的"领头羊"。

当前国际投资促进实践中，有些政府型和准政府型的投资促进机构，常常把某些投资促进活动（如广告、公关业务）外包给专业的民营部门，这就是所谓的服务外包模式。服务外包不仅能有效利用民营部门的优质管理和技能，而且由于外包往往要通过竞标选择，能最大限度地降低成本，提高效率。目前，不少国家已经采用了这种模式，比如印度尼西亚投资管理委员会就将其具体行业投资可行性报告和项目介绍书的编写、制作，以及对潜在客户的咨询服务等业务外包给了印度尼西亚商务咨询公司（BAI）。

（二）借调模式

有些政府型和准政府型的投资促进机构，为了充分利用民营部门人员的技术专长，从民营部门借调部分雇员，这就是借调模式。

为解决政府营销人才缺乏的问题，英国贸易投资署积极与民营部门开展合作，经常从民营部门借调优秀人才充实团队，比如，仅在 2004—2005 年，它就从民营部门借调了约 70 人。可见，英国贸易投资署虽是一个政府部门，但却被赋予相当大的独立决策、运作的权力，而且，由于其员工在英国享有较高的荣誉、较优厚的薪酬福利，借调并吸引了大批来自民营部门的优秀人才参与其中，正是这些原因，促成了英国贸易投资署的良好业绩。

加拿大投资局为了吸收来自英国、法国、日本、美国等地的投资，专门从民营部门借调了多位高级管理人员担任驻外投资参赞，分别派往伦敦、巴黎、东京、纽约等地。这些人员具有丰富的商务经验，易与外国公司的高级管理人员接触，从而有效宣传加拿大的产业投资优势。借调雇员的工资从一个特别产

业发展项目中支付，不受公务员工资体系的制约。

第四节　国际投资促进机构运行特点分析

历史地考察和比较分析国际投资促进机构运行特点，将有助于我国借鉴并深化我国投资促进工作。

一、机构职能同中有异

国际投资促进机构具有类似职能，可以概括为：投资促进管理（包括双向投资促进）、政策研究与制定、投资推介、对外交流与合作、国内外/地区资源整合与应用等，体现政府公共服务职能，但因各国/地区情况不同，其职能存在不同程度的差别，例如：

英国贸易投资署（UK trade and investment，UKTI）是由英国贸工部和外交部联合成立的国家级政府投资促进机构，其行政长官为副部级。该署具有相对独立性，主要职能是促进贸易和投资。其中，投资职能主要是引进外资宏观管理与服务、提供投资项目、帮助外国企业了解英国市场和根据客户要求提供信息等。爱尔兰工业发展署（industry development agency，IDA）作为国家级政府投资促进机构，其行政长官为正部级，只负责吸引外资服务；爱尔兰企业发展局从 IDA 独立出来，只负责对外投资促进服务。德国投资促进总署（Invest in Germany）是德国联邦经济和技术部下属国家级政府投资促进机构，其行政长官为副部级。该署对外资进入无直接管辖、审批权，也无权提供税收优惠，也不直接提供政府补助。荷兰外商投资局（netherland foreign investment agency，NFIA）是荷兰经济事务部下属国家级政府投资促进机构，其行政长官为正局级。该局对外资进入也没有审批权，只作备案。其主要职能是促进国外向荷兰投资；整合地方投资促进机构业务，提供给国际投资者部分项目需求信息；提供法律支持和服务；帮助企业建立销售中心、设立研究中心、建立公司和生产工厂；向相关政府机构汇报情况并提出更多服务建议，等等。新加坡国际企业发展局是新加坡贸易与工业部下属促进新加坡企业开展海外经济合作的主要机构，前身为新加坡贸易发展局，因国家经济策略转向需要（从促进电子产品出口转向协助企业国际化），该局于 2002 年正式更名为国际企业发展局。比照中国的情况，该局类似于国家部委直属事业单位，但其地位更独立，拥有更大的自主权，员工不属于公务员序列，但享受公务员待遇。加拿大的政府投资促进机构是加拿大投资局。在其成立之时就明确了促进投资的职能。该机构继承其前身——负责投资审批的联邦投资审议署（FIRA）的组织架构，这也决定了在许多方面，该局只是继续承担 FIRA 以前职能。与 FIRA 相比较，该局在人员方面有一些变化。加拿大投资局一直是加拿大公务员系统的一部分，它直接对分管加拿大投资局的部长负责。印度尼西亚的政府投资促进机构是印度尼西亚投资管理委员会，它不隶属于任何政府机构，直接对共和国总统负责。该委员会目前的主要职能是负责国家投资政策的制定和评估，投资促进活动的协调、执行以及再协调，政府机构间投资活动的协调以及事务管理等。除上述职能，该委员会还履行与投资计划、执行有关条例规定的其他职能，如为国内外投资者提供一站式的服务，实现投资者的目标。为更好地履行其职能，该委员会在国家宏观投资计划的策划、投资政策的制定、投资信息系统的建立等方面都拥有很大的权力。此外，它还拥有批准和监控那些在国内投资执行过程中带有高难度和高风险的战略科技的权力。苏格兰的政府投资促进机构主要是苏格兰投资局(SDI)。该局是苏格兰工业部和苏格兰发展署(SDA)的合营机构，同时拥有这两个组织的权力。苏格兰投资局主要职能：吸引对苏格兰的直接投资；协助促进苏格兰与海外公司和大学之间的特许交易；鼓励苏格兰向新兴市场出口一流的产品和服务，促进其贸易增长；促进苏格兰和其他国家的投资合作关系，拓展新的市场、科技与产品渠道，等等。

此外，注意到，国际投资促进机构少部分只有"吸收外资"的职能，这些机构主要集中在经济水平相对落后的国家，除上述外，例如还有阿富汗投资促进署、哥斯达黎加投资发展委员会；而超过一半的国际投资促进机构具有"双向投资促进"职能，除上述外，例如还有阿根廷投资发展署、葡萄牙投资促进局。

二、资金收支多体现政府性

(一)资金来源主辅结合

从资金来源看，政府支持占主导地位，特别是国家级投资促进机构，这是由投资促进机构公共职能决定的；诸多地方性投资促进机构则向多渠道发展，不仅有政府财政拨款，而且可以根据服务内容和性质收取服务费。对于一些提供定制服务职能的投资促进机构而言，其资金来源相应地要包括定制服务者承担的费用。

从国别看，德国投资促进总署、爱尔兰工业发展署、泰国投资促进委员会和澳大利亚投资局由政府全额拨款；新加坡国际企业发展局和澳大利亚贸易委员会90%以上收入来自财政拨款，其余为服务收益。英国贸易投资署除部分贸易服务收费外，其资金主要来源于政府财政拨款。伦敦投资促进局资金主要来源于三个渠道：伦敦经济发展署、伦敦商会和伦敦市政金融，但其较大比重来自市政府；提供服务免费且对外保密。柏林投资促进局大部分由财政拨款，少部分来自服务收益。欧盟对投资促进方面的财政支持一般视成员国发展的需要给予数额不等的资助,例如爱尔兰企业发展局每年除获本国政府预算资金1亿欧元支持外,还可同时获得欧盟每年1.6亿欧元的资助。

此外,政府性的金融支持也是一个重要渠道。例如,欧盟国家中英国支持力度最大,主要方式是向来英投资企业提供较长期低息贷款,目的在于吸引经济相对落后国家以及较小国家的投资。目前英国贸易投资署正在调整对华战略,主要是扩大银行贷款力度和增加对中国区的预算,以对中国企业来英投资施加有力的影响。此外,在德国,银行低息贷款绝大多数由地方州、市决定,州内也有不同组织决定资助问题。在这方面,德国复兴银行及其地方分支机构起的作用比较大。

(二)调查数据分析

为了解近年来各国投资促进机构资金来源及支出的具体情况,联合国贸发会议(UNCTAD)和国家商务部分别做了有关调查,具体如下。

1. 联合国贸发会议的调查

联合国贸发会议2000年对全球101家投资促进机构资金状况进行了调查。虽然该调查时隔较久,但因各国投资促进机构的性质、职能等变动不大,仍具有一定的参考价值。调查显示,绝大多数国家将投资促进看做一种公共产品,接受调查的投资促进机构中有近60%为政府组成部分;投资促进机构的大部分经费来自政府公共基金,约占73%;少部分通过服务收益来补充,约占10%;国际资助是投资促进机构的第三大收入来源,东欧和独联体国家的许多投资促进机构都得到了欧盟大量的财政资助。

2. 商务部的调查

2008年,商务部对40个国家的投资促进机构进行了问卷调查,共发放调查问卷40份,回收34份,回收率85%,其中有效问卷30份,有效率为75%。

关于资金额度。2007年,国际投资促进机构的资金金额差距较大,在获得准确反馈的15家国际投资促进机构中,资金金额有的达到1亿美元,有的低于400万美元。后者主要是一些国家的省级投资促进机构,例如西班牙阿拉贡自治区对外局为360万美元,坦桑尼亚桑给巴尔投资促进局为96.4万美元,加拿大安大略省政府经济发展和贸易部北京代表处为40万美元。资金额度400万~1 000万美元的两家机构分别为中国澳门贸易与投资促进局(450万美元)和葡萄牙投资促进局(450万美元)。国家层面的投资促进机构资金额度大都集中在1 000万~4 000万美元,例如斯洛文尼亚企业和外国投资局为1 500万美元,瑞典投资促进署为1 600万美元,阿根廷投资发展署为4 000万美元。

超过 4 000 万美元的机构有两家，分别是也门投资促进总署 1 亿美元和澳大利亚新南威尔士州投资促进局 1.67 亿美元。

关于资金来源。在本次调查中，大部分国际投资促进机构的资金来源以财政拨款为主，即 80% 的投资促进机构为全额财政拨款，只有不到 10% 的投资促进机构为自筹资金，且多数是缺乏政府背景的投资促进机构。

关于资金支出。调查显示，大部分国际投资促进机构的支出主要集中在雇员工资支出、福利补贴支出、日常办公资金和投资促进活动项目费用等方面。其中，有 90% 的投资促进机构，其雇员工资来自财政拨款；雇员工资、补贴及福利等人员资金总额占总资金的比例从 30% 到 70% 不等，其中比例偏高的主要是欧美国家，例如瑞典投资促进署为 50%，克罗地亚贸易促进局为 60%；比例较低的主要是经济相对落后的国家，例如古巴投资促进中心为 40%，坦桑尼亚桑给巴尔投资促进局为 30%。

三、从业人员量质结合

从量的方面看，国际投资促进机构从业人员与其职能、资金来源、分支机构、事务范围等密切相关并受其制约，它们共同决定了投资促进机构人员的数量。事实上，根据商务部调查，国际投资促进机构的雇员数大都不超过 100 人，但个别发达国家的投资促进机构拥有较为庞大的雇员队伍以及众多的对外分支机构。例如墨西哥贸易与投资局拥有 32 个对外分支机构和 130 名雇员；加拿大魁北克省政府投资促进局拥有 8 个对外分支机构和 380 名雇员。

从质的方面看，重视投资促进人才的培养与使用。各国投资促进机构主要通过三种途径来实现对投资促进人才的培养和使用。一是将投资促进干部国内培训与国外培训相结合；二是通过在国内外设立分支机构如办事处或代表机构促进人员的流动与综合能力的培养；三是注意借助"外脑"。其中，西荷兰外商投资局高度重视同大学、科研院所的合作，关注科技成果的转化和人力资源的应用，支持同国内外技术和人才的交流，例如，同位于本地区的莱顿大学和代尔夫特大学以及中国的清华大学建立长期合作关系，充分发挥科学技术和人才在投资促进中的重要作用。澳大利亚投资局与一些律师事务所、会计事务所、当地咨询顾问存在培训合作关系；澳大利亚贸易委员会则在银行、会计事务所、律师事务所和物流四大领域与相关机构开展培训及其他业务合作。

四、多设立驻外分支机构

无论国家级还是地方级投资促进机构，各国都根据本国或本地区投资促进工作的需要在国内外设立多个派驻机构或代表处、办公室。例如，英国贸易投资署在机构设置上分中央级和地方级两个层次，共计 12 个，其中 9 个在英格兰本部，3 个分别在苏格兰、威尔士和北爱尔兰。该署还在世界多个国家设立分支机构，目前在中国香港也设有分部。爱尔兰工业发展署目前设驻外机构 10 个；爱尔兰企业发展局设国外机构 33 个，分布在全球 22 个国家和地区，国内设 9 个办公室。新加坡国际企业发展局设立海外中心超过 35 个。泰国投资促进委员会在海外有 7 个分支机构。澳大利亚投资局在纽约、伦敦、巴黎、新加坡、北京等 15 个重要城市设有办事处；澳大利亚贸易委员会也在全球设有 140 多个办事处。澳大利亚前述两个机构对其国内办事处实行垂直管理，驻各州的办事处在业务上与州政府互相配合，但相对独立。以上各机构都非常重视多级别、多层次、多国间投资促进机构的交流与合作，特别是在相互间的信息传递和资源整合及共享方面颇有成效。

五、放宽对海外投资的限制，建立多种海外投资保障体系，并给予政策引导

韩国从 1994 年起，凡每年对外贸易超过 10 亿美元的企业，可以允许在海外持有 1 亿美元的外汇，或者持有其年进口额 10％ 的外汇。而在此之前，只有 8 家公司被允许在海外持有 1 000 万美元的外汇。此外，还允许各公司在国内持有其年进口总额 20％ 的外汇，但不得超过 2 亿美元，在此之前其持有外汇的限额为 10％，不超过 1 亿美元。韩国公司可以将其持有的外汇在国外购买外国证券或其他资产（不含不动产），在此之前，只有证券商、保险公司和信托公司、投资公司才允许这样做。在投资主体上，改变过去限制做法，鼓励中小企业扩大对外投资，甚至允许资本达不到限额的非法私人及私人企业进行 10 万美元以下的小规模对外投资。在投资管理上，过去 100 万美元以上的对外投资需经海外投资委员会批准，现改为 500 万美元以上，500 万美元以下的由企业自行决定，并把批准期限由过去的 20 天缩短至 10 天。从 1988 年起，分阶段把海外投资"批准制"改为"申告制"；1990 年起全面放开。

为使韩国企业获得与投资对象国同等的待遇，韩国采取以政府名义与投资对象国签订各种有关协议，以防止经济摩擦和保障投资安全。在出口保险中设"海外投资保险"，保险金由政府贷款解决，当投资对象国发生突发事变不能履行合同时，由保险公司承担损失的 90％，从 1988 年起，将海外投资风险保证金比率从 15％ 提高到 20％。

德国政府通过与发展中国家和新兴国家签订投资促进与保护双边协议来保障德国企业在国外的经济利益。目前德国已经和 125 个国家和地区签订了双边

协议，使德国企业，特别是跨国公司在国外的投资置于有效的保护网络之中。德国联邦政府还对德国企业在国外投资的政治风险予以担保。由联邦经济部牵头成立一个有各相关部门参与的跨部门的联合委员会负责审理企业提出的申请。德国政府的政治担保已实行了40多年，1999年担保的总金额达207亿马克，有效地保障了德国企业在国际市场的竞争能力。此外，德国工商大会在75个国家和地区的110个国外商会或代表处对德国企业在当地的投资，特别是德国中小企业的投资也起到一定的保护作用。他们通过向来当地投资的企业提供咨询和各种中介服务，有效地减少了其投资风险。当出现矛盾和纠纷时，这些商会或代表处亦有一定的斡旋能力或凭借较熟悉当地的法律法规协助解决问题。另外随着经济全球化的不断深入，德国经济界日益重视德国的资产和技术随境外投资而流失的问题。为此德国工商大会专门成立了德国经济安全工作协会，与联邦宪法保卫局合作加强对德国在境外企业的技术保护工作。

瑞士于1934年设立出口风险担保局为企业提供出口风险担保，目前已发展成为促进出口和支持中小企业发展的有效工具。出口风险担保局的主要任务是承担对外贸易中贸易双方无法控制的风险。出口风险担保可以为在瑞士进行了商业登记注册的所有公司出口的瑞士产品、建筑设计工程和瑞士许可证和技术转让合同提供担保。出口风险担保局对风险担保的最高比例是95%。

新加坡政府对海外发展的企业，特别是对那些刚刚向海外发展的公司，或是一些大规模的基础设施发展计划，除在增股集资方面提供援助外，还实施新的税务鼓励措施，如对已批准的海外企业提供长达10年的免税优惠。对于已经颇具规模的大公司和财团在海外的经营活动，新加坡政府则以参股形式予以支援。此外，新加坡政府还设立由政府、私人界和金融公司提供资金组成的"创业资本基金"，支持企业向海外发展。

德国复兴信贷银行是一家国有银行。根据有关法律规定，它的作用是促进本国经济和发展中国家的经济发展。它为德国的中小企业到国外投资进行融资，也给德国在国外的大型项目，尤其是电力、通信、交通的基础设施项目提供贷款。此外，它还受政府的委托向发展中国家投资建设公共设施、发展商业经济、环境资源保护以及健全金融体制。

瑞士为促进本国经济发展，保障就业，采用出口信贷的方式促进商品及服务的出口，瑞士各主要商业银行都提供出口信贷服务，各大银行在其总部及各分行里均设有出口信贷部。出口信贷作为银行商业信贷的一部分，以营利为目的，收取利息和服务费用。出口信贷的形式包括：卖方信贷；买方信贷；直接向买方银行贷款；一揽子信贷；无追索权贴现（福费廷）。

　　在公共部门的运作和基础设施的投资方面，政府拥有技术专长、丰富的经验以及良好的信誉。与新加坡政府有关联的公司和法定机构的公司，和私人公司联合、搭档，或一起成立联营公司或投资财团，参与一些大型基础设施发展规划。

　　各国还向本国企业提供海外投资方面的服务。例如：英国贸易和投资局（UKTI）负责对有出口和投资愿望的企业提供快捷和权威的信息咨询；设在各国的商务处室则是英国企业的耳目，帮助企业打入当地市场，寻求机会并成功地实施项目。英国政府还经常在本国和海外举办一些展览会，并每年支持6000个本国企业出席海外展览会和研讨会。对于企业来说这些渠道非常重要，企业可以借机检验市场、与当地建立联系并展示英国企业世界一流的水平。UKTI目前正与英国工业联合会（CBI）联合着手在伦敦设立一个新的论坛，为政府和企业分享信息提供一个框架。此外，英国政府还设立了投资促进局（IPA）为投资者提供一站式的服务，投资者可以从IPA获取所有相关信息。

　　新加坡现有的政府机构，如经济发展局、贸易发展局和外交部，向海外企业提供一般的海外资讯、寻找商业机会、协助同有关国家及地方政府官员建立联系，并设立区域商业论坛，由私人和公共部门的成员组成，并由一名部长或政务部长担任主席，彼此协商，加速企业区域化的有效发展。另外，韩国在经济企划院内设置海外事业调整委员会，下设海外事业调整实务委员会和海外事业调整业务长官会议，由这两个机构审议和调整政策，解决海外投资中出现的问题。在进出口银行设立海外投资洽谈室，进行项目论证、产销规划，在进出口银行还设"海外投资调查部"，了解各国政经动态，及其向企业提供信息资料和咨询；进出口银行还设立"海外投资金"和"海外资源开发基金"，向海外投资企业优惠贷款。"中小企业振兴公司"设有海外投资洽谈中心，重点支持中小企业对外投资。海外投资洽谈中心还与世界主要国家的300多个机构建立联系，搜集资料、情报。各驻外使馆及金融部门的海外分支机构，也对当地的韩国投资企业进行监督、管理、服务。

　　德国技术合作公司是隶属于德国经济合作部的一家促进德国与发展中国家经济技术合作的公司。德国对发展中国家的无偿援助项目主要是通过该公司实施的。该公司为德国的中小企业在发展中国家寻找有良好条件的投资机会，并为这些企业在当地介绍适宜的合作伙伴，必要时还根据德国企业的实际需求为其在当地培训所需的专业技术人才。

　　此外，在政策上对外资投向给予引导。瑞士政府对在工业领域的外来投资采取某种程度的限制性措施，以保护民族工业在国民经济中的优势地位，防止大国控制其经济体系。这些措施主要包括以下几个方面：①瑞士企业投放到市场上的股票分为两种，即控股股票（对企业资产和经营具有所有权和决定权）和商业股票（普通市场交易股票）。按照瑞士证券法规定，控股股票只能在瑞士人之间进行交易，商业股票的买卖则不受购买者国籍的限制；②外国人如欲收购瑞士重要的或大中型生产企业，瑞士经济就业局的有关法规对此做了不少限制性条件规定，收购要经过层层审议，手续繁杂；③瑞士对工业企业及其产品在环境保护及卫生安全标准方面有严格规定，在客观上对外国人在工业领域的投资构成一定限制。

巴西政府不允许外国投资者在以下领域投资：核能、医疗卫生、养老基金、海洋捕捞、邮政。不居住在巴西的外国人不能购买巴西土地，居住在巴西的外国人购买农村土地受数量限制，巴西边境地区的土地不允许向外国人出售。外国企业可购买用于具体的农牧业、工业化、垦殖定居等项目的农村土地，但需经巴西农业部等有关部门批准。外国投资者不能独资在巴西经营银行和保险业，也不能在金融机构中占多数股，除非总统从国家整体利益考虑给予特别批准。90天内的短期信贷进入巴西需交纳5％的金融交易税，90天以上的信贷则不需交纳。巴西航天企业仅允许少量外资股份存在，外资在民航企业的股份不得超过20％。

为扶持股市，马来西亚国家银行宣布从1998年9月起，所有投资于马来西亚股市的外资，其本金必须在马来西亚保留一年后才能撤走，但所获利润则不在此限。1999年2月4日，马来西亚财长敦·达因宣布，自2月15日起，马来西亚实行撤资税（10％），以取代限制外资必须停留在马来西亚至少一年的资金管制措施，从而鼓励外资在马来西亚进行长期性的投资。

泰国为减轻政府的财政和金融负担，适应目前的经济形势及未来的经济方向，泰国投资促进员会规定，应当更有效地利用免税优惠，对真正有利于经济发展的项目，以管理原则及管理组织的原则给予税务方面的优惠。而获得优惠投资的企业必须向投资促进委员会报告其业绩，以便投资促进委员会审核给予该年度的免税优惠。

迄今，大量的外资涌入澳大利亚房地产业。澳大利亚政府为了确保外资被用于增加住宅的供应而不是用于房地产炒作行为，规定对住宅房地产和商业用房地产的外资项目采取不同的政策；外国人购买澳大利亚房地产的合同必须经政府审查批准后方能生效。以拍卖方式出售给外国人的房地产，也必须事先获得政府的批准，并且在拍卖后向外资审查委员会递交合同副本。此外，澳大利亚政府认为传媒要反映澳大利亚文化特色，宣传澳大利亚政治观点和主张；并且传媒业的所有权不能过于集中。因此，澳大利亚规定传媒业中的外商直接投资或购买5％以上股权的合作投资项目的申请，必须接受政府审查。

英国政府为鼓励高新技术的发展，也采取了相关的税收政策，其中最主要的是鼓励研究与开发及投资的税贴（capital allowance）。税贴是英政府对企业支出的免税补贴，也是英政府引导投资、支持高新技术产业发展的重要手段。此外，根据英国一项称为"地区选择性资金援助"（RSA）的计划，在政府援助地区投资的项目，如果固定资产达50万镑以上并可创造和保障就业，便可以得到经斟酌后而定的政府拨款。接受援助的地区分为一类区和二类区。一类区指的是开发区，享有的援助比例较高，如北爱尔兰地区。在二类地区的公司也可以申请政府拨款援助。申请时，公司须表明项目计划是慎重的，主要从事制造业，同时有益于所指定区域内的服务业。援款数目因个案而定，最小金额应足以促成所拟议的项目。全部款项虽由地方级部门进行管理但不得超过欧盟最高限额。

六、高度重视创新投资促进方式

国际投资促进机构高度重视现代网络、电视媒体等的应用，重视对外宣传、形象展示和文化塑造工作，从而制造和产生整体视觉效果。此外，还非常重视并善于抓住和利用各种机会，创新并采用适宜的投资促进方式，提高投资促进效率。例如，柏林投资促进局以2006年德国世界杯足球赛为契机，开展了很好的投资促进工作，特别是宣传其投资环境。德国投资促进总署则更重视做好"市场营销"工作，面向企业家、政府机关、协会，甚至将各级学生列入重点服务对象。爱尔兰打出"欧洲年轻的一代"广告语，传递出这样一个营销主题：与古老的和经过成熟期的欧洲相比，现在爱尔兰是新时代产业投资者施展才华的广阔天地。

同时，各国特别是发展中国家非常重视服务外包投资促进工作。发展服务外包是扩大吸引外资的重要途径。目前，吸引服务外包的竞争日益激烈，各国纷纷制定政策，在原有投资促进机构基础上继续建立、健全、完善机构，理顺机制，竞相承接国际服务外包。爱尔兰、东欧、印度、菲律宾、中国、东盟、巴西等竞相承接美、日、西欧等外包业务，一些发达国家如加拿大、澳大利亚也加入了接包竞争的行列。由于服务外包投资促进有其特殊性，各国一般不照搬普通投资促进方式，而是根据实际情况创新方式、手段。对于出口导向性服务外包投资，诸如呼叫中心、计算机相关服务、医疗和社会服务、地区总部和研发服务，就应用自由贸易区、出口加工区和自由经济区等多种多样的自由区激励方式，同时区分开各个跨国公司的目标市场并采取相应的措施。可见，对于国际投资促进机构来说，成功的服务外包投资促进不仅是要应用和发挥现有的优势，而且要创造新的亮点。

七、强化投资服务且各具特色

投资服务是投资促进的重要组成部分，投资服务更是第一投资环境。国际投资促进机构注重强化投资服务工作，并形成了比较完善的包括前、中、后期服务在内的全方位投资促进模式。其中，瑞典的投资服务堪称全球典范。瑞典投资服务模式被称作"立体式服务模式"，即为来瑞典投资的投资商提供全方位、整过程的服务，包括投资前推介、组团参观访问、投资环境介绍、重点产业企业推介、选址、施工、国民待遇、沟通机制、市场分析与开拓、广交朋友、子女上学、生活设施，以及政府服务、社区服务、律师服务、仲裁服务等。在瑞典还提供便捷的医疗服务。为方便老年神经病症患者就医，瑞典政府还专门成立了一个神经疾病中心（老年痴呆症、帕金森症等），聚集一批参与者并创建瑞典智能项目。

柏林投资促进局的"柏林欢迎您"前期"套餐服务"颇具特色，主要包括：投资企业享受启动资助基金 2300 欧元、安排住房、提供公交票，提供 2 小时基础服务、2 小时税收财政服务、商务顾问咨询和建议服务等内容。英国贸易投资署通过在国内外设立的诸多投资促进机构为外国投资者提供多种多样的个性化投资促进服务，以帮助外国企业尽快进入英国市场以及进一步帮助企业融入英国市场。爱尔兰工业发展署主要服务模式可以概括为"宣传投资市场，做好项目推介"。该署在投资促进服务中的一个重要特色是在积极吸引外国投资的同时着力做好对现有已投资企业的服务工作，以促使其优势得到更好的发挥。爱尔兰企业发展局经常性地帮助企业做好国外市场研究以及选择媒体、制定企业某些主体性文件等服务，也很有特色。荷兰外商投资局的物流合作、组织"市场实际考察"等服务也颇具特点。泰国投资促进委员会还为投资者提供一站式服务，主要有：为投资者减少与投资相关的风险；减少初试投资的成本并提高投资的总体回报率；为投资者提供应时的投资服务支持。该机构也为外国投资者提供各种税务优待。此外，其创建的"泰国省级投资之窗"在促进投资、提供投资服务方面起了非常重要的作用，其目的是帮助投资者做出正确的投资决策并发布投资机会信息，提供一些省份投资条件、投资环境分析和便利的投资数字地图服务等。新加坡国际企业发展局采取登门拜访的方式，主动与企业接洽，了解企业需求，建立长期稳定的联系。澳大利亚投资局每两周向全世界13 000 名受阅者发送电子通信出版物——《流入》，通告澳大利亚最新商务趋势和新闻，点击率达 17％以上。澳大利亚贸易委员会则定期为企业举办讲座和培训，帮助企业了解国外市场情况。

八、放宽外资进入的审批制度

为保持政策的连续性，澳大利亚最近十年来吸引外资政策和法规总的来说变化不大，但在近年来全球投资自由化趋势影响下，澳大利亚为更好地吸引外资，也在逐步放宽对外资进入的审批要求：①澳大利亚总理 1999 年 8 月 4 日宣布，将外资对澳大利亚既存企业取得的政府审批底线由原来的 500 万澳元放宽到 5 000 万澳元，即外国资本对总资产未满 5 000 万澳元的澳洲企业的投资或接管，不以审批为必要，但总资产达 5 000 万澳元的投资项目仍须审批；②澳大利亚政府取消了对特种签证持有者通过澳公司和信托机构投资于居民用房地产行业的审批要求；与上述第 1 项政策相配套，澳政府也将一外国公司中的澳大利亚资产被另一外国公司收购时须向澳政府通知的底线由 500 万澳元放宽到 5 000 万澳元。这些调整大大方便了资产在 5 000 万澳元以下的对澳大利亚投资项目。

在贸易领域，德国目前没有专门针对外国投资者的限制性措施。外国企业在德国经营外贸进出口享受国民待遇，一般不需审批。外资企业在德投资实行登记制度，首先到该投资地区的地方法院进行商业注册，之后去地方政府(工商局)进行工商注册，公司即告成立。

法国自 1996 年 2 月起取消了外国企业来法投资预先申报制度，从而简化了外商投资手续。由外资控制的企业，如果其资本或经营活动发生重要改变，只要求该企业将有关情况报告主管政府部门；外商投资超过 1000 万法郎，不论其是开办企业、分公司，还是这些投资项目的清算，也只要求在办理有关手续时，将有关情况报告法国经济、财政和工业部。

1994 年 8 月修改的阿根廷宪法规定了国家所有居民享受的个人权利和保证。外国人与阿根廷人同样享有劳动、经商、买卖和拥有资产等权利。外国和本国私人实体有充分的权利开办企业，并进行各种形式的营利活动。阿根廷 1993 年 9 月颁布的 1853 号法令是 1989 年经济自由化立法和 1993 年外国投资法的综合，该法令规定外国公司在阿根廷投资一般无须政府事先批准，而且与本国公司处于平等地位，这就使国民待遇成为适用于外国投资者的无可争辩的原则。外国投资者与本国投资者有着同等的权利和义务。

波兰对外资实行国民待遇。根据波兰法律，外国投资与国内投资享受同等待遇；除赌彩业外，外国投资者可以在波兰开展各种经济活动；投资银行业必须在公司成立前获得行政许可，投资其他行业可以直接登记注册。

韩国规定外商出资形式除现金、机器设备和工业产权外，也包括外商持有的知识产权、在韩国内的不动产和股份等。外商对所投资企业的出资完了之前，如已符合《外国人投资促进法》规定的外资企业标准，则该企业就可以进行外商投资企业登记，并享受韩国政府赋予外商投资企业的一系列优惠政策。

九、税收优惠政策为主

为了有效地吸引外资，英国政府一再降低公司税。目前公司税主要有两种：利润为 30 万英镑的小公司，其公司税为 20％；利润超过 150 万英镑的大企业，其公司税为 30％。中等规模的公司，其公司税介于 20％～30％之间。从 2000 年 4 月开始，对那些利润仅为 1 万英镑的公司，将实行新的税率，其公司税将为 10％。利润在 1 万～5 万英镑的公司，其税率介于 10％～20％之间。这些税率均低于美国、日本、加拿大及欧盟较大国家的税率水平。2000年英国政府预算报告中，宣布了对跨国公司将实行重要的减税措施，其中包括：允许外国集团所属任何英国公司之间申报损失，目的是获得集团或联合企业减税待遇。同时将第二资本向集团所属驻英分支机构实行减税政策；对资本收益实行减税措施，资本资产可以在任何英国公司，或外国集团所属驻英分支之间任意转让，无须纳税；政府考虑实行一项新的迟延减税措施，对交易公司出售 30％以上股份的资本收益实行减税。同时，其他大规模股票投资或商业资产投资也获得减税待遇；公司税分期缴纳付款不足时，企业负担的利率也由原先的高于基本利率两个百分点下调到高于基本利率一个百分点。

对于在澳大利亚建立地区总部（Regional Headquarter）和运营中心（Operating Center）的跨国公司，澳大利亚联邦政府提供税收优惠政策。外国公司拥有或租赁的计算机和相关设备可以免除销售税，免税期为 2 年。外国公司建立地区总部的费用可从税收中抵扣，抵扣期为获得第一笔收入的前后各 12 个月。是否给予外国公司税收优惠政策由澳大利亚国库部决定。

马来西亚对于投资促进的直接与间接税务奖励由 1986 年促进投资法、1967 年所得税法、1967 年关税法、1975 年销售税法与 1976 年国产税法所制定。这些法令涵盖对制造业、农业、旅游（包括旅馆）业、核准服务领域、研究开发、培训与环境保护活动的投资。直接的税务奖励给予在一段有限的时间内完全或部分的所得税减免，而间接奖励则是豁免缴纳进口税、销售税和国产税。

韩国政府在保证外资企业与韩国内资企业同样的税收减免政策的同时，对外商投资 467 种高新技术产业及"创造高附加值、能够对制造业等其他产业的发展提供较大帮助"的 111 种服务业和"外商投资地区"内和自由贸易区、关税自由区内的外资企业实行税收减免。

美国内收入法（LRC）中也规定了许多旨在鼓励外资的条款。这些条款有一特殊的鼓励外资投向基础设施的刺激措施，有些条款也允许全部减免外国投资者的资产收益税。还有些条款允许某些资产加速折旧以鼓励基础设施投资。除此之外，利息和某些税收以及研究与开发费用在现行基础上也普遍获得全部减免，而且建设期间产生的利息和税收扣除并资本化。

为吸引外国投资，增加就业机会，巴西中央政府可给予外国投资者税收优惠，优惠视外国投资对巴西贡献而异。此外，巴西各州、市均有不同的税收优惠措施。例如，以优惠条件提供生产所需基础设施（土地、厂房）、水、电、燃料，减免商品流通服务税，提供低息贷款等。总之，越贫穷、越边缘的州、市提供的优惠条件越多。

在法国工业和第三产业投资的外国企业，可以享受法国领土整治以及地方财政的资助。外商投资企业还可以享受一些优惠的税收政策待遇。减免职业税，包括：外商投资企业前3年可免缴职业税，部分地区甚至前6年免缴职业税。此外，并购经营困难的企业以及在城市自由区建立商业公司，也可享受减免职业税的待遇。法国政府还对某些科技园区的外商投资企业的科研开支给予补助。如果科研投资没有得到补助，则这部分科研投资可以从税额中免除（每个企业每年最多为4 000万法郎）。

十、非税收优惠政策为辅

对于重大投资项目，澳大利亚投资局将就政府审批的手续向投资者提供建议和信息，推动项目尽快获得批准，包括：①帮助甄别政府的审批手续，并确定审批的时间进度表；②协调联邦和州政府机构，使投资项目的审批尽可能地同步进行；③帮助投资者充分利用澳大利亚外资政策。对于在澳大利亚建立地区总部（Regional Headquarter）和运营中心（Operating Center）的跨国公司，澳大利亚联邦政府提供移民优惠政策。外国公司可与澳大利亚工业、旅游和资源部签署"移民协议"。澳大利亚移民部将根据协议向公司的主要派驻人员颁发长期居留商务签证。有关人员将被免除许多移民审批要求。投资局将向外国公司免费提供协助。此外，澳大利亚投资局对于重大外资项目的预可行性和可行性研究协助提供财政资助。资助的最大金额为5万澳元。联邦政府提供的资助金额取决于项目承诺的投资金额和州政府提供的扶持水平。在5万澳元的限额内，联邦政府提供与州政府等额的配套资金。如果申请者能够证明实物投入是可行性研究所必需的，则该投入的20％金额可获得资助。

韩国政府对外商购买和租赁国、公有土地提供支援：外商租赁土地的期限为50年，期满后可以再延长50年；外商租赁的土地如为国家所有、公有（指地方政府所有）财产，根据投资规模和行业性质及所处地区，可获得减免

50％～100％租金的优惠。外商购买国有土地，可分期 20 年付款，或享有一年宽限期。此外，韩国中央政府还为地方政府引进外资的各项工作提供财政援助，包括建立外商投资区、购买土地租赁给外资企业使用、减免外资企业土地使用费、为外资企业提供职业培训补贴等所需的资金。中央政府同意各级地方政府根据实际情况，向外商投资企业提供雇用补贴。

英国政府为鼓励非欧洲企业通过英国在欧盟地区建立基地，放宽了从前十分严格的进口控制程序。过去的程序规定，进口商品在进入英国当地市场或再出口之前，必须只能在指定的自由贸易区进行加工。现在这一情况发生了变化，对那些希望进口加工前适用高关税而加工后适用较低关税的企业提供帮助。英国目前有七个自由区，分布在南安普顿、施乐尼斯、赫尔及亨伯赛德郡、蒂尔布利、利物浦码头、伯明翰及普雷斯域机场。其他地区有时也可被指定为自由区。在上述自由区，货物在获准在欧盟内部自由流通或再出口到欧盟以外地区之前，可进行各种交易而不需缴纳关税、增值税或其他费用。自由区被认为处于欧盟关税区以外，可以进口本来要征反倾销关税的货物，加工成为只征正常关税的制成品。这些货物可在自由区无限期存放。单个公司也可建立自己的自由区。经关税与消费税局批准后，只要符合安全及注册要求，这些公司可进口或储存货物，并可在自己的基地进行各类加工。英国的全国各地还设有海关仓库，提供与自由区同样的优惠条件。所不同的是，这里一般来说只可储存货物，进行物品再包装或分类整理。英国政府允许对货物作进一步处理，例如将货物临时移走进行加工后再运回仓库。货物可在海关仓库无限期储存。

美国联邦政府向国内外投资者在非歧视的基础上制订援助方案。例如外国投资者可以从联邦政府对地方交通、水资源利用和污水处理、医疗、教育和住房开发的资助中受益。

十一、外资企业产品的出口和资金、利润转移的政策较为宽松

1997 年金融风暴后，马来西亚政府为吸引更多的外资，取消了外资企业产品 80％必须外销的法令，规定从 1998 年 1 月 1 日至 2000 年 12 月 31 日，全面放宽制造业产品内销比例限制，允许外资企业向贸工部申请其产品 50％的内销。

外资企业在巴西境内生产的产品，如向第三国出口，可向巴政府申请出口信贷和保险。如产品增值到一定幅度，可获原产地证，这样，出口时就可享受巴西与其他国家间的贸易优惠待遇。但获得通信产品、化工产品、冶金产品和信息工业产品的原产地证，有更加严格的增值规定。在巴西投资的外资企业利润的支配及汇出金额不受限制。自 1996 年 1 月 1 日起，外资企业利润汇出不

必交纳源头所得税(imposto de rendana fonte)。如果外国投资者不把利润汇出而将其投资在巴西，那么这部分利润可作为外国资本进行外资注册。外国投资者可以转让拥有的巴西企业股份所有权，也可以让与或以其他方式向国外转移。对此类转移行为巴西政府不征税，转移价格由企业自主决定。投资易主时应重新在巴西央行进行外资注册，外资注册金额以原投资注册金额为准，与实际转让价格无关。此类外资注册实际上是在巴西央行进行投资者变更手续，以便新投资者能合法地将利润汇出、利润再投资及撤资回国。截至1999年年底，巴西在股市等非固定收益市场上的外资只有将资金汇出，并通过再汇入的方式，才允许进入固定收益市场。2011年年初，巴西货币委员会取消了这一规定，在股市等非固定收益市场上的外资可以直接转移到固定收益市场。

1991年之前，瑞士规定外资企业资金、利润转移如超过规定限度，需向政府当局申报。自1992年开始，瑞士取消了这一规定，外资企业资金、利润完全可以自由转移，基本上没有限制，这使外来投资者感到较大的自由度。

新西兰没有外汇管制，对在新西兰的外国投资者的资本和收益汇回自己的国家没有限制，对海外借贷、红利、利润、利息、管理费、偿还贷款以及贸易欠款的汇出在换汇方面也没有限制。新元自1985年3月开始实行浮动汇率，但为了避免外汇市场混乱，新西兰政府常通过储备银行对汇率进行一定程度的干预。

英国也不存在任何影响出入境投资(直接或联合投资)、收入及资本的汇出、持有外币账户以及贸易结算等方面的外汇管制限制。

在阿根廷投资的外资无论数量大小，不管投入任何经济领域，都可随时抽出，而无须事先批准。外国投资者也有权将其资本及其所得利润随时汇出国外，而无须任何批准和手续，进入外汇市场也无任何限制。

十二、着力开展投资促进绩效评估

投资促进绩效评估是对投资促进机构或某项投资活动相对于计划目标所取得进展与是否达到目标的常规检查，以及如何更经济、更有效率地达到目标。为更方便进行监督与评估，投资促进机构一般事先确定要实现的目标和执行目标的时间表以确保完成，这些目标和时间表是成功进行绩效评估的基础。同时，绩效评估并不是孤立的，跟踪和衡量体系是投资促进机构绩效评估工作中定期实施的部分。国际投资促进机构着力开展绩效评估，旨在通过控制成本、加强工作有效性、提高客户和公众满意度，进而提升自身竞争优势。

投资促进绩效评估重点一般是投资环境、投资促进方式(尤其形象塑造)、引进投资、对外投资和投资服务等；主要考虑三个因素：投资促进机构的职责、投资促进机构的资源分配和投资促进机构的客户。在长期的投资促进实践中，各国根据自身特点形成了适合本国国情的投资促进绩效评估机制，例如，荷兰外商投资局主要从十个方面做出评价，即政治法律环境、经济实力、国际趋势或倾向、基础设施、银行与财政、政府对投资者态度、立法情况、劳动力水平、地方商务设施和地方生活质量。伦敦投资促进局每半年召开一次研讨会，其重要议程是检查前半年工作是否完成政府意愿并确定下半年工作的重点，同时确定应采取的必要措施。

此外，联合国多边投资担保机构(MIGA)从投资促进机构绩效评估所要实现的目标出发，根据投资促进机构的指令、资源以及客户三方面因素设计了监督与评估体系，并给出了有效实施监督与评估的途径。2006年，联合国贸发会议还做了一份关于投资促进机构绩效评估的调查，从网站建设和咨询服务两个方面，对114个发展中国家和转型经济体的投资促进机构以及11个发达国家的投资促进机构进行了考察。调查表明：在咨询服务方面，许多发展中国家的投资促进机构(至少占调查样本的50%)没有为投资者提供所期望的服务和信息，相对来说，投资促进机构在网站建设方面表现较好。这表明投资促进机构在沟通技术上已经有了最初的投资，但在系统、有效地与投资者沟通、提供信息方面还有待加强。

第三章 投资促进理论分析

第一节 国际投资促进理论与简评

自 20 世纪 80 年代以来，国际投资促进理论的发展非常迅速，成为国际直接投资理论的重要组成部分。以 20 世纪 90 年代为线，之前，投资促进研究主要集中在对吸收外国直接投资活动的实践总结方面；之后，投资促进研究从吸收外国直接投资活动的实践总结上升到新的理论研究的层面。有关区域形象塑造、为投资者服务、具体的招商活动、对各项吸收投资政策的制定和信息反馈作为投资促进的主要内容，逐步得到越来越多的国家和机构的认同。同时，随着投资促进理论研究的深入，各国各地区相继形成一批专门从事和研究投资的机构和队伍，使这项工作更加系统化、专业化、科学化。在投资促进工作的理论推进和实物研究方面，许多国际多边经济组织起到了非常重要的作用，像世界银行、国际金融公司、多边投资担保机构、联合国贸发会议、经济合作与发展组织、联合国工发组织、亚太经合组织、亚欧会议、世界投资促进机构协会。

为全面把握国际投资促进理论，首先考察其理论渊源，再对直接研究投资促进的理论加以概括、总结和分析，最后作简评。

一、国际投资促进理论的渊源

若从理论演变的源流与发展的主要脉络来看，国际研究投资促进的理论渊源大致有两方面，即国际资本流动理论和国际直接投资理论，各种经济增长和经济发展理论等。

（一）国际资本流动理论与国际直接投资理论

国际资本流动是资本在不同国家或地区间的转移。作为一种国际经济活动，国际资本流动是以使用权的有偿转让和营利为目的的。从流动方向看，国际资本流动分为资本流入和资本流出。国际资本源自国内资本，国内资本是国际资本流动的出发点和最终归宿。各国国内资本的供给与需求，决定了国际资本的供给与需求，其供求关系的变化引致了国际资本的流动。按照资本形态的不同，国际资本流动分为国际商品资本流动、国际货币资本流动和国际生产资本流动三种形式，它们各有其独特的运行规律。其中，国际商品资本流动是国际贸易学的研究对象，国际货币资本流动是国际金融学的研究对象，国际生产资本流动是国际投资学的研究对象。

国际资本流动理论是解释国际资本流动的原因、动机、方式、变动因素及影响的重要国际经济学说，也是分析国际资本流动趋势、研究国际资本流动规律的理论。它是随着国际经济交往的不断扩大而发展、深化的。在 20 世纪 60 年代以前，存在的主要是古典国际资本流动理论。该理论以传统的比较利益原则来解释国际资本流动，认为导致资本国际流动的原因与导致商品国际流动的原因是一致的。比较利益决定国际分工，自然禀赋和制度上的差异决定资本积累率，此二者的结合又决定进出口贸易的顺差与逆差，并引起国际资本流动。之后，以国际收支为分析出发点的资本流量理论、资本存量理论以及货币分析法则等，则从利率、资本流动的存量规模和一国的货币供给等不同的角度对古典资本流动理论做了补充。20 世纪 60 年代以后，国际分工不断深化，各国经济联系日益增强。国际银行资本与产业资本的融合与发展形成日益庞大的金融资本，使资本输出逐渐超过商品输出，国际直接投资成为一国参与国际经济活动的主要形式，也成为推动世界经济、投资国经济和东道国经济发展的重要动力。同时，一批规模庞大的跨国公司迅速成长起来，它们将其垄断优势加以内部化，并与东道国的区位优势结合起来，在世界各地建立生产基地，取得巨大的规模效益。

随着国际直接投资的发展，很多西方学者更加关注国际生产资本流动，以国际直接投资及其发展规律为主要研究对象的国际直接投资理论成为国际资本流动理论的主要内容。国际直接投资理论主要包括海默的垄断优势理论（核心资产论、风险分散论、寡占反应论）、巴克莱和卡森等人的内部化理论、维农的产品寿命周期理论、小岛清的边际产业扩张论和邓宁的国际生产折中理论等。这些理论从多个角度对以跨国公司为主体的国际直接投资产生的原因、动机、投向、决定因素等问题进行剖析。

20 世纪 70～80 年代，国际引资竞争趋于激烈，各国日益重视投资促进工作。有效的投资促进必须把握国际资本流动趋势，并根据国际直接投资的动机、方式、规律采取相应的投资促进措施，以适应国际资本市场的变化，因此，国际资本流动理论和国际直接投资理论成为投资促进理论产生的重要渊源。特别是国际直接投资理论成为投资促进理论的产生和发展的直接渊源。相比较而言，国际直接投资理论侧重研究国际资本特别是直接投资的运动规律，阐明国际直接投资产生的原因和决定因素，投资促进理论则是在这一规律作用下研究如何促进有限的国际资本配置到最合理的地方，以促进国际资本发挥最佳经济效益和社会效益。其研究的主要任务在于：研究国际资本流动趋势，把握国际资本流动规律，从而采取行之有效的投资促进措施，推进国际资本合理流动。因此，投资促进理论研究必须关注国际资本流动的新动向，掌握国际投资的方式及其选择和程序，不断丰富投资促进技术，进而适应国际资本市场的变化，更大规模和更有效地推动利用外资和对外投资工作。可见，投资促进理论严格意义上说，也属于国际直接投资理论范畴，但它已经成为国际直接投资理论的一个重要分支。由此可见，投资促进理论与国际直接投资理论保持着天然联系，没有国际直接投资理论，也就没有投资促进理论，但投资促进理论毕竟是"新生事物"，它除具有国际直接投资理论的共性外，还有着自己独特的运行规律，从而又与国际直接投资理论相区别。既联系又区别，既体现共性又体现个性，这就是投资促进理论与国际直接投资理论的特殊关系。同时，对投资促进理论的深入研究也将极大丰富和完善国际直接投资理论。

（二）各种增长经济学、发展经济学理论

各种经济增长理论和经济发展理论。经济增长理论主要研究一国在一定时期的国民生产总值或国民收入的增长即经济增长问题。经济发展理论主要研究发展中国家的经济发展问题（目前已扩展至发达国家经济发展问题）。虽然大多此类理论缺乏对投资促进研究的针对性和系统性，但其对经济增长和发展的有关要素或概念的论述却对投资促进理论的研究和实践具有重要参考价值和积极指导意义，需要投资促进理论研究工作者加以甄别、选择、挖掘并加以吸收利用。例如，均衡非均衡发展理论对通过投资促进活动推进区域经济、重点区域（如开发区、经济特区）、产业结构优化等具有重要指导意义；成长阶段理论、经济周期理论对投资阶段性、周期性进而对投资促进工作的适时调整具有重要参考价值；各种经济增长模型对建立投资促进模型以及投资促进要素的完善具有积极促进意义。

二、直接研究投资促进的理论

目前，国际上直接研究投资促进的理论多见于国际投资促进机构发布的投资促进报告、投资环境报告以及部分学术期刊及论著，主要有：

（1）由多边投资担保机构 MIGA 编写、由世界银行集团出版发行的《外国直接投资理论——投资促进篇》，它将投资促进理论研究直接归入国际直接投资理论范畴，主要从投资促进机构运行和实际操作角度对投资促进做实务层次的分析与研究。

（2）由联合国贸发会议编写的《投资者定位——第三代投资促进投资者定位》，主要是对投资促进进入第三代后各国家、地区投资促进机构的定位与构建及其所应采取的对策、措施等做出描述；其编写的另一部著作《世界投资促进一瞥——投资促进实践调研》，主要是对投资促进方式、手段、技术、材料和预算以及投资促进机构的运行等做研究。

（3）由世界银行集团和中国国家统计局企业调查总队在 2002 年编著的《改善中国的投资环境》，该书是在调研中国五个城市的基础上，对其投资环境做出客观分析，旨在通过加强投资促进工作，完善中国投资环境，扩大吸引外资的规模。

（4）由国际金融公司（IFC）和多边投资担保机构（MIGA）出版、小路易斯·T. 威尔斯和艾尔文·G. 温特所著的《营销一个国家 Marketing a Country——投资促进作为吸引外国投资的一个手段》。

威尔斯和温特在广泛调研的基础上，对投资促进方法、组织、功能评估等做了详细研究，特别是将微观经济学的市场营销概念引入并应用于国际直接投资实践及投资促进宏观研究，创立了"营销一个国家"理论。这一理论成为对全球投资促进工作影响最大的投资促进理论。其基本观点可以概括为：投资促进方案和国家成功吸引外商投资之间存在着重要的相互关系；市场营销的核心概念是需求、满意、产品和营销等，投资促进的概念是"营销一个国家"；在投资促进活动中，需求就是潜在投资者的需求，满意就是被投资地区是否能给投资者带来预期的收益，产品就是吸引投资的地区和企业，营销内容包括形象塑造、为潜在和现存的投资者服务、招商引资及对现行政策执行的信息反馈等；而投资促进机构，则是营销者，是整个投资促进活动的策划者和组织者。该理论把投资促进视为一种营销活动，论证了投资促进对吸引外资的重要作用，适应了市场经济发展和经济全球化的需要，但它把投资促进仅归结为营销活动，只关注其经济效益是片面的。尤其是在中国这样的发展中国家，投资促进不仅是一种追求营利和经济效益的活动，而且是一种承担社会责任、兼顾社会效益的政府行为。因此，投资促进活动既是营销又高于营销，既应讲求效率，又要力求公平。

三、国际投资促进理论简评

国外学者对投资促进理论虽然已有相当程度的研究，但这些研究存在着某些局限性，主要体现在：

（一）尚未形成一个相对独立、统一的投资促进理论体系

目前，有些理论仍局限于国际直接投资理论的范畴，没有以此为基础形成研究投资促进特有规律的独立理论，如《外国直接投资理论——投资促进篇》；有些是对投资促进机构或体制进行研究，例如《投资者定位——第三代投资促进投资者定位》；有些则偏重于技术层次，即对投资促进方式、手段、操作运

行等问题的研究，而对理论层次研究不够，例如《世界投资促进一瞥——投资促进实践调研》、"营销一个国家理论"。总之，上述理论虽从多个侧面对投资促进进行了不同程度的实践考察和理论研究，但未能将理论层次研究和技术、实务层次研究有机结合起来，建立起一个比较统一的理论体系。

（二）投资促进理论适用性问题

国际各种投资促进理论最先由发达国家产生并多以发达国家投资促进实践为重要参考建立起来，由于发达国家与发展中国家国情存在很大差异，投资促进理论在广大发展中国家的适用性就会受到很大程度的限制，更不一定适合中国的国情。这就需要理论研究者结合发展中国家特别是中国实际做深入具体的研究。

（三）对投资促进有效性研究尤显不足

投资促进有效性可以从两个层面加以考察（详见第七章）：一是狭义投资促进有效性，即投资促进活动本身的经济收益与成本比较；二是广义投资促进有效性，即通过投资促进工作是否促进了国内外资本发挥良好的经济效益和社会效益，是否兼顾总量效应与结构效应、宏观效应与微观效应等。然而，国外已有的投资促进理论对投资促进有效性的研究非常有限，还没有建立起衡量投资促进有效性的科学、综合的数量标准与评价体系，不能对投资促进的成本收益作准确的量化分析，更难以对投资促进的综合效应进行客观、全面的评价。例如，威尔斯和温特曾做过一项研究，1986 年，作为其研究对象的所有机构的投资促进支出平均为 800 万美元，这些支出效果如何，几乎没有进行过研究，但许多专家认为大部分钱是浪费了。

事实上，加强投资促进工作是各国政府在吸引外商投资工作中彼此竞争的必然结果。随着投资促进工作的积极程度和力度的增加，在许多情况下都导致试图吸引外商投资的各国政府耗费巨资进行促进。例如，投资促进工作大多数往往由政府实施，出现不计或少计成本、搞粗放式投资促进、不讲求经济效益、更不讲求社会效益等情况。而理论工作者对相关分析还很不够，特别是未能建立投资促进效益评估体系，对投资促进有效性缺乏成熟的数量化分析，对投资所产生的直接或间接生产力缺乏科学的衡量体系。

第二节 我国投资促进理论研究现状

一、我国投资促进文献述评

目前，国内有关投资促进研究的文献很有限，主要有两类：一类是侧重于宏观政策层面研究的文章，另一类是与投资促进理论相关但并非专门研究这一问题的一些著作。前一类如黄晓玲的《国际投资促进组织机构建设与方法创新》①，该文在回顾和总结国际投资促进发展状况的基础上，对投资促进机构的职能定位做了初步界定，对投资促进未来发展趋势做了描述，并对我国投资促进体系建设提出若干政策建议；王元京的《新经济增长期与投资促进政策》②一文认为，自 2000 年以来中国进入新的经济增长期，为了抓住来之不易的发展机遇，推动中国经济进入一个比较长的持续协调稳定的增长轨道，必须制定中长期的投资促进政策，例如：适应经济周期变化培育多级经济增长点、调动多元主体积极性让民间资本受益、消除抑制性因素创造更多投资机会等；郝红梅的《对我国外商投资促进工作的几点建议》③一文指出，要大力完善我国外资经济发展的环境，重视投资项目的开发与包装，关注我国服务业开放的问题，建立市场与投资者导向型的投资促进机构等。这类文献多属于对宏观政策层面的研究，对完善我国投资促进宏观管理具有积极的指导意义。后一类文献如《投资学》、《投资经济学》等，主要研究和揭示投资运动规律，特别是投资与经济增长的一般运动规律，以及研究投资筹集、使用和回收过程中转化的条件、发展变化的趋势；《国际招商学》等主要研究为最有效地吸引外资所必须具备的环境、采取的形式、依托的手段以及创造的条件等；《招商引资运作谋略》等著作则更侧重于招商引资的具体技术研究，如招商引资项目的准备、推介、谈判和管理等。

　　上述文献虽然从某些侧面对投资促进相关问题进行了研究，对我国投资促进政策和具体工作具有一定的指导意义，但与快速发展的投资促进实践相比，我国的理论研究较为滞后，主要表现在以下三个方面：

　　(1)对国际投资促进理论和实践的研究尚欠深入，对我国丰富的投资促进实践活动缺乏系统的总结，因而难以充分借鉴国外投资促进的成功经验，也不能有效地解释和指导我国现阶段投资促进工作中出现的一些新情况、新问题。

　　(2)研究领域和视角较狭窄，如集中于宏观政策层面及技术层面研究，缺乏对投资促进运作体系、机制、规律及有效性等理论层面的研究；重视投资促进对于吸引外资的作用，而忽视国内资本对外投资以及在本国跨地区、跨产业、跨部门的投资促进。

　　(3)三是偏重定性分析，缺乏定量分析，尤其是对投资促进有效性的定量分析明显不足。

---

① 黄晓玲．国际投资促进组织机构建设与方法创新．国际经济合作，2003 年第 3 期
② 王元京．新经济增长期与投资促进政策．中国投资，2000 年第 4 期。
③ 郝红梅．对我国外商投资促进工作的几点建议．中国对外贸易，2001 年第 3 期。

二、我国投资促进理论研究的理论意义和现实意义

世界资本正在走向中国，中国资本也在走向世界，这种新的国际国内形势，使我国投资促进工作面临新的挑战，同时对全国投资促进工作提出了更高的要求，特别是投资促进以开放经济或经济全球化为大背景，而开放经济一个最基本的要求就是全球标准的实施。过去在不真正开放情况下我们强调中华民族特点，强调中国的国情，但在真正意义上的开放之后，这些说法很困难，我们必须接受全球标准，否则，就有可能被淘汰出全球。我们在新形势下，只有开拓进取，不断提高投资促进工作的效能，才有可能完成新时期所肩负的重任。为此，有必要加强对投资促进理论和实践的研究，注重借鉴国际投资促进成功的经验，有效指导全国各地建立健全投资促进工作体系，优化投资促进工作机制，探索新思路，尝试新手段，为全面提高我国吸引外资和对外投资质量、水平创造条件，并从理论上论证，从实践上总结，从政策上解决。因此，做好投资促进理论研究工作对于开创我国投资促进工作新局面，促进我国经济、社会全面发展具有重大理论意义和现实意义。

三、我国投资促进理论研究的方向

我国投资促进理论研究应与国内外投资促进发展趋势相适应，一方面借鉴西方发达国家投资促进的理论与经验，另一方面针对我国国情特点和现阶段投资促进工作中存在的问题，从促进国民经济可持续协调发展的高度对投资促进问题进行较系统和深入的研究，建立对提高我国投资促进有效性具有现实指导意义的相对独立和完整的理论体系。

（一）加强对投资促进运作规律的研究

借鉴国际投资促进理论，研究新时期国际资本流动的特点、趋势及我国国内资本的分布与供求状况，并根据国际直接投资的阶段性、周期性研究我国投资促进应遵循的运作规律，同时对不断出现的新现象和新问题从实践上总结，从理论上论证，在此基础上构建既适应国际发展趋势又具有中国特点的投资促进发展战略。

（二）探索符合我国国情的投资促进体系模式

首先，要拓宽投资促进的外延，从涵盖投资促进体制、机构、技术、方式、服务及环境等要素的整个投资促进系统的视角展开研究，探索既适应国际发展趋势又符合我国国情的投资促进体系模式；针对投资促进工作事前、事中、事后三个阶段不同的特点和内容进行分析，以增强各环节的衔接性与完整性。其次，根据我国各地区的经济发展水平和区域优势完善投资促进体系和运

行机制，同时积极探索适当的投资促进方式和技术，因地制宜地设计地区投资促进方案，体现地区差别性。最后，研究如何整合有限的投资促进资源，增强全国投资促进工作的统一性和协调性。

（三）对投资促进有效性进行多角度、深层次研究

一是根据狭义与广义有效性的不同，运用定量分析与定性分析相结合的方法，建立评价投资促进有效性的较客观的标准。二是综合分析投资促进的总量效应与结构效应。结构失衡问题是制约我国经济可持续协调发展的重要因素，由于转轨时期我国的市场机制尚不完善，政府在经济结构调整中承担着比西方发达国家更重的责任，鉴于现有理论存在重投资促进总量效应而轻结构效应的不足，我们不仅要对投资促进的总量效应进行更深入的分析，而且应突出和强化对结构效应的分析，主要包括投资促进与产业结构优化以及与区域经济协调发展的问题。三是注重双向投资促进有效性分析。引进来与走出去存在相互影响、相互制约、互为促进的互动关系，因而投资促进理论在研究提高利用外资质量的同时，应关注我国企业对外投资的有效性及双向投资促进的互动效应。

（四）创立《投资促进学》新学科

在广泛调查研究的基础上创立《投资促进学》，并在有关大学试开设这门课程。

第三节 "投资促进"概念

一、"投资促进"概念考察

从现代意义上说，没有资本流动、没有投资也就没有投资促进，资本流动及投资早于投资促进产生，而又由于投资促进的产生得到快速发展。从理论上说或从发展趋势上说，有什么样的投资形式就有什么样的投资促进技术和形式与之相适应。投资是生产力，投资促进也是生产力，而且有效的投资促进，能加速或成倍地扩大资本流动速度和投资规模，从而产生更大的生产力。

关于投资促进的概念，目前国际上影响最大的就是小路易斯·T.威尔斯和艾尔文·G.温特在其所著的《营销一个国家 Marketing a Country——投资促进作为吸引外国投资的一个手段》中提出的概念，即：投资促进是包括各国政府试图吸引外商直接投资所进行的一系列营销活动。同时，指出投资促进包括下列具体类型的活动：广告、直接邮寄、投资研讨会、投资团组、参加行业展销和展览、散发材料、一对一直接营销、为潜在投资者准备访问日程、在潜在投资者和本地合作伙伴之间牵线搭桥、从各个政府部门获得许可和批件、准备项目建议、进行可行性研究以及在项目开始运营之后向投资者提供服务等。

促进不包括向外国投资者给予刺激、筛选外商投资以及与外国投资者进行洽谈，尽管许多负责开展投资促进活动的组织也可能开展这些活动。

然而，上述概念存在着明显的局限性：一是投资促进主体过于狭窄。各国投资促进实践证明，投资促进主体不仅仅限于政府，还包括民间机构等，而且，这些机构在未来投资促进工作中将发挥越来越重要的作用。二是投资促进客体即资本范围过于狭窄。尽管外商直接投资是投资促进客体的主要组成部分之一，但事实上，投资促进不仅是对外商直接投资的促进，它还包括对多种资本的投资促进，例如对国内资本的投资促进等。三是投资促进工作内容和范围过于狭窄。这一概念将投资促进仅仅定义为一种"营销活动"是片面的，事实上，投资促进是包含投资促进营销活动在内的内涵更丰富的综合性、系统性行为。可见，投资促进这一概念充其量是狭义概念，且已不适应新时期国内外投资促进形势，必须将其推而广之。

二、"投资促进"概念扩展

"投资促进"广义概念：投资促进是各国政府、专业机构、企业通过制定有利于资本合理流动的政策、法律、措施，调整体制结构、完善运行机制，并应用多种适宜的技术和方法开展一系列营销活动或生产一定的产品，做好相应管理和服务，从而促进吸引资本和对外投资，推动经济、社会、生态协调发展的行为。这一概念具有下述七个特点：

(1)明确投资促进的主体，即各国政府投资促进部门、专业投资促进机构、企业，而不仅限于政府。投资促进工作主要由多种性质的专业投资促进机构来完成，其主要职能是：营造投资环境、塑造对外形象、提供周到服务、搭建招商平台、组织大型活动、提供鼓励政策、制定规划和法规等。但是，投资促进工作绝不仅是专业投资促进机构的事情，而是多单位、多部门、多人员共同协作的结果。政府相关投资促进部门是指承担投资促进职能的政府有关部门，负有指导、管理、协调各种投资促进资源的职责。如制定和实施科学的投资促进工作战略、建立现代化投资促进工作体系、采用有效投资促进工作手段等。专业投资促进机构是指官方的、半官方的、民间的，特别是社会中介机构，通过策划和实施各种投资促进活动、承担政府部门规划的投资促进工作、向投资者提供各项投资服务等，实现投资便利化，努力促进投资。企业、开发区等作为引资主体之一，则是要对引资项目作形象展示与推介，以成功引资，因此，其在投资促进中的主体地位和作用必须得到加强。

(2)明确投资促进的最终客体是资本，尽管投资促进工作中，任何一个投资促进主体也有可能成为投资促进客体，但最终客体依然是资本。既然是资本，就不仅限于外商直接投资，而是有更丰富的资本内容。

（3）明确投资促进行为的内容，即制定有利于资本流动的政策、法律、措施，调整体制结构、完善运行机制，并采用多种适宜的方式开展一系列营销活动或生产一定的产品。也就是说，投资促进不仅是开展一系列"营销活动"，而是有更丰富的内容，也正因为此，肯定了投资促进是一种包含多种元素的"行为"，而不仅是一种"活动"。

（4）明确开展营销活动必须应用适宜的投资促进技术和方式，以确保投资促进活动优质高效。

（5）明确投资促进核心和本质是服务，即为潜在的和现有的投资者做好服务和管理工作，以吸引和扩大投资。

（6）明确投资促进资本流向是多元的，既有我国吸引国外资本促进，又有我国向国外投资促进，还有我国境内各产业间、地区间、企业间的投资促进等。

（7）明确投资促进的直接目的是通过促进吸引资本或对外投资推动资本合理流动，进而促进经济、社会、生态协调发展。为此，投资促进行为必须按照资本客观流动规律和相关法律、惯例行事。

由上可见，投资促进的内涵是极为丰富的，对其曲解或少解都是片面的，是不利于投资促进工作开展和经济发展的。

三、投资促进分类

投资促进可据不同标准进行分类，主要有：

（1）按传统投资促进内容分：产业资本（实业投资）投资促进和金融资本投资促进。这种划分是目前最常用的投资促进分类方式，而大多投资促进工作都围绕着产业资本或实业资本投资促进来进行。金融资本投资促进工作是一个亟待研究和开发的领域。

（2）按资本流向分：吸引外资促进、对外投资促进、国内投资促进等。

（3）按产业分：一产业即农业投资促进，二产业即工业和建筑业投资促进，三产业即服务业投资促进等。

（4）按区域分：国内投资促进和国外投资促进，分别又可分为若干区域投资促进，前者如东部地区投资促进、中西部地区投资促进、东北地区投资促进等。后者如非洲、亚洲、美洲投资促进等。

（5）按资本存在形态分：实物资产（如土地、厂房、机器设备等）、技术、人力、信息及其他生产要素投资促进等。

（6）按方式手段分：传统投资促进与现代投资促进，其中现代投资促进是在传统投资促进基础上的再创新,例如通过高科技手段进行投资促进等即为现代投资促进。

(7)按投资促进主体分:政府投资促进、民间投资促进、企业投资促进等。

(8)按投资促进客体即资本形态分:货币资本(包括产业资本/实业资本和金融资本)投资促进、知识资本投资促进、消费资本投资促进等。这一划分为投资促进工作打开了新的思路,开辟了新的天地(详见第六章)。

四、"招商引资"与"投资促进"

在我国以前和现阶段投资促进工作中大量存在着"招商引资"的提法,那么"招商引资"和"投资促进"之间到底存在什么关系,这里有必要对两个概念做一比较。实际上,二者既区别又联系。

(一)区别

1."招商引资"

"招商引资"指通过一系列的工作将区域外的资金和项目等引进来的行为,以加快当地经济发展。其中"商"指投资者、客商和国内外企业,"资"指资本,包括外资与内资。招商引资是手段,经济发展是最终目的。理解"招商引资"概念还必须注意两点:一是与企业单纯的招商活动的区别:企业单纯的招商活动只招商不引资,目的是建立区域性或全国性的营销渠道与网络,所以招的是经销商或代理商,不同于这里所讲的招商引资。二是招商引资主要包括横向资金,如企业、个人、金融机构、投资基金、资本市场等,而纵向资金则主要包括中央或上级政府部门下拨的资金与项目等。

目前,我国许多地区投资促进工作主要局限于一些分散的招商活动,基本上停留在投资促进低级阶段——招商引资阶段,因而缺乏横向协调,突出表现为外商投资前、投资中、投资后三个环节,工作开展得不平衡、推介的力度不够、投资软环境改善缓慢、吸引外资过于依赖廉价劳动力等传统优势、招商活动过于依赖传统手段、外商的后期管理和服务不能及时跟进和信息反馈机制不健全等。

2."投资促进"

"投资促进"内容则更加丰富,不仅包含引进外国资本促进,而且包括对外国投资促进,还包括国内地区间、产业间、企业间投资促进等,招商引资仅是投资促进中的投资引进部分,包含引进外资和引进内资两部分。可见,投资促进范围大于招商引资(见图3-1),且招商引资是单向的,投资促进是多向的。同时,投资促进成为招商引资低级阶段之后的高级阶段。不过,招商引资仍是当前投资促进工作的重点,今后也要着力发展对外投资促进工作。

　　此外，投资促进是一种全局性的战略观念，强调在采取具体的引资行动之前开展调查研究，科学制定和实施符合本地区实际的投资促进工作战略和规划，以促进本地区产业结构的调整升级，全面提升吸引外资工作的质量和水平。同时，投资促进各项内容是一个有机整体，相互促进，不可或缺，尤其强调投资后期服务，如优惠政策的落实、纠纷的解决和投诉等一些在招商引资阶段最容易被忽视的环节。这可以纠正过去一个时期片面强调引资环节而忽视了形象塑造、投资服务和信息反馈等内容和环节的错误做法，从而适应投资促进新形势对招商引资工作提出的要求。

　　由上述分析可知，从"招商引资"到"投资促进"是一个重大战略转变。

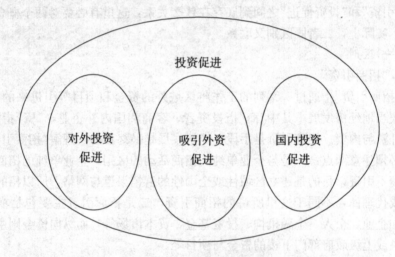

图3-1　投资促进范围

（二）联系

　　招商引资和投资促进具有公共产品与市场商品的双重属性，投资促进机构和招商引资机构可以是政府机构、准政府机构，也可以是民间私营投资促进机构；投资促进与招商引资都是重视形象塑造等投资促进方式的使用，联系密切，相互促进；两者的目的相同，都是促进资本的合理流动，但现阶段投资促进的主要方面还是招商引资；招商引资和投资促进从实质上讲都是整合区域内外各种资源的一个手段，它与经济社会发展是手段与目标的关系。因此，能否实现资源整合、能否提高资源利用效率以及能否推动经济社会生态和谐发展就应成为根本的衡量指标；招商引资和投资促进除引进产业资本/实业资本和项目外，还引进技术、人才、管理知识和经验、营销网络、消费资本等。

　　（三）若干建议

　　1.统一机构设置、机构名称和对内对外招商业务

　　建议对现有的各级、各类松散的招商引资机构按性质进行归类，并将其划分为政府投资促进部门、专业投资促进机构、中介服务机构和企业四个层次；采取措施，逐步统一投资促进和招商引资机构设置，统一机构名称，统一对内与对外招商业务，理顺体制与机制；建议各地招商局改为投资促进局。

　　2. 明确界定政府与企业在投资促进中的分工和职能

　　在投资促进和招商引资业务中政府与企业的关系一定要处理好，政府不能无作为，但也不能越俎代庖，既不能"缺位"也不能"越位"，政府与企业职能定位与分工要搞好。在招商引资工作中，政府的定位是主导者和服务者，企业的定位是主体。政府的作用具体体现在：塑造当地对外形象、营造有优势的投资环境、搭建招商平台、提供鼓励政策、组织重大招商引资活动等。企业的定位和角色是直接参与项目谈判、定项目合同、从事项目投资建设、运营和管理招商引资项目、反馈投资者的要求与建议等。

第四章　我国投资促进发展状况

第一节　我国投资促进发展历程

一、外商投资和外商投资管理的三个发展阶段

改革开放 30 多年来，中国政府一直奉行对外开放政策，一贯重视投资促进工作，积极鼓励外商到中国投资，使外资在中国的规模不断扩大，促进了社会主义市场经济体制的建立完善，推进了开放型经济发展，引进了大量国外资金、先进适用技术和管理经验，培育了一大批技术和管理人才，提高了国内技术创新水平，带动了国内产业结构优化升级，创造了大量就业机会，增加了国家财政收入，增强了中国的综合国力和国际竞争优势。利用外资是中国对外开放基本国策的重要内容，是中国特色社会主义经济的伟大实践之一，是中国在参与经济全球化进程中获取比较利益的重要途径，外资对中国经济社会发展产生了深远而重大的影响。

大体来说，我国外商投资经历了三个发展阶段，即 1991 年以前的平稳发展阶段、1992—1998 年的高速发展阶段和 1999 年以来的恢复发展阶段。1979—1982 年，我国实际利用外资每年平均只有 4 亿～5 亿美元，20 世纪 80 年代中期增加到 20 亿美元左右，外商投资开始初具规模。经过 80 年代中后期的促进与发展，到 90 年代初，外商投资翻了一番，达到 40 多亿美元，外商投资稳步增长。以后，在各地招商引资活动推动下，我国外商投资迅速膨胀，几乎一年一个台阶，呈直线增长态势，到 1998 年实际利用外资达到 454.63 亿美元的高位，中国成为吸引外国直接投资最多的发展中国家。由于亚洲金融危机的影响，1999 年我国实际使用外资一度出现小幅度的下滑，但很快就止跌回升，进入平稳发展阶段。2002 年和 2003 年我国实际利用外资金额分别为 527.43 亿美元和 535.05 亿美元，连续两年成为全球吸引 FDI 最多的国家。据外资快报统计，2004 年 1～12 月，全国新批设立外商投资企业 43 664 家，比 2003 年增长 6.29％；合同外资金额 1 534.79 亿美元，同比增长 33.38％；实际使用外资金额 606.30 亿美元，同比增长 13.32％。截至 2004 年 12 月底，全国累计批准设立外商投资企业 508 941 个，合同外资金额 10 966.08 亿美元，实际使用外资金额 5 621.01 亿美元。

与我国外商投资经历三个发展阶段相适应，我国外商投资的管理大体上也

经历了三个发展阶段：20世纪80年代初是以政府部门审批管理为主的阶段；90年代以来是以地方招商活动为主的招商引资阶段；21世纪以来，招商引资的内涵和外延都在扩大，我国的外资管理又进入了一个新的阶段，即投资促进阶段，商务部投资促进事务局也正是适应这种形势而成立的。随着我国市场经济体制的逐步建立，政府职能转变加速，对外商投资的管理和引导也从项目审批为主转向法律法规政策制定和投资促进上来，可以说，投资促进在很大程度上已成为今后我国各级政府吸收外资工作的重点任务。

二、我国投资促进发展阶段

我国利用外资起步于改革开放之初，当时是以审批为主，20世纪80年代中期以后，随着改革开放的深入，外资对于国民经济和地区经济发展的作用日益显现，投资促进开始提上日程。从80年代中期到现在，中国投资促进事业的发展大体上可以分成四个阶段：

第一阶段：投资促进机构的雏形——外商投资服务中心。20世纪80年代中期，根据外商投资的需要，我国许多省市陆续成立了外商投资服务中心，协助投资者办理在中国设立企业的各种手续。当时为外商提供服务的重点是：建立一站式服务机构，简化项目的审批、登记手续。可以说，最早设立的外商服务中心是我国投资促进机构的雏形。

第二阶段：引进营销理念，扩大招商引资。20世纪90年代初期，国际投资促进理论与实践得到快速发展，在投资促进业务中开始引入营销的理念。一个国家或地区的投资环境被视为商品，投资促进成为一门特殊的营销学科。为此，世界各国纷纷成立了投资促进机构，投资促进队伍逐步形成。1990年，商务部（原外经贸部）率先在我国外商投资主管部门外国投资管理司内部设立了投资促进处，随后，各地外经贸主管部门也先后设立了投资促进部门，我国投资促进事业进入第二个发展阶段。

1992年，外国投资管理司在大连召开了首届全国投资促进工作会议。会上，由世界银行下属的外国投资咨询部派遣专家，就国际投资促进理论做了专题报告。这是中国首次引进"营销一个国家"的概念。在中国政府的高度重视和投资促进部门的组织实施下，从中央到地方，各类投资促进活动，特别是国内、国外招商引资活动活跃起来，使中国在国际经济社会的影响扩大了，对外交流频繁起来，对于外商来华投资起了极大的推动作用。然而，由于当时的体制所限，所有的投资促进部门均为政府部门，工作手段也均为行政手段，因此，"营销"这一商业理念在中国的实践尚存在很大的局限性。

第三阶段：投资促进走向国际化和社会化。20世纪90年代后期，随着中国吸收外资规模的迅速膨胀，投资促进走向国际化和社会化的呼声日益强烈，特别是中国加入世界贸易组织以前的准备工作及以后的履行承诺，极大地推动了中国投资促进事业向更高层次发展。

1996年，外国投资管理司与世界银行外国投资咨询部再次合作，在长春举办了投资促进培训班，全面、系统地介绍了国际投资促进理论与实务。对于什么是投资促进、投资促进与投资环境的关系、投资促进的手段及投资促进的投入与产出等一系列问题，做了深入的讲解和探讨。此次培训使国内投资促进部门深受启发，从此，改革投资促进机制被提到议事日程上。部分有条件的省市开始设立具有独立法人地位的投资促进机构，如招商局、投资促进会等，这些机构依托政府主管部门，具有执行政策的权威性，同时又面对市场，具有运行机制的灵活性。这种双重机制的专业投资促进机构呈现了巨大活力，将中国投资促进工作推向新的发展阶段。

1997年9月，原外经贸部加入了世界投资促进机构协会（WAIPA），并于1998年成为其常务理事会成员。中国不仅与日本、韩国、英国等建立了双边投资促进机构合作关系，而且与国际组织的合作更加紧密。在与世界银行、联合国贸发会议、经济合作与发展组织诸多机构合作中，国际上新的投资促进理论与实务，其他国家投资促进工作经验逐步引入国内。

2001年8月，在原外经贸部支持下，中国国际投资促进中心成立，2002年3月，在中国国际投资促进中心和其他15个地方投资促进机构的倡议下，又成立了全国投资促进机构联席会议机制。

2003年3月，新组建的商务部正式成立了投资促进事务局，作为政府执行部门。为投资促进部门改革机制、完善职能，走向专业化发展创造了条件。为健全投资促进机构的机制，迅速拓展业务，经商务部批准，将中国国际投资促进中心与投资促进事务局合署办公。投资促进事务局与政府有关部门共同制定全国投资促进战略，协调全国投资促进工作，指导全国投资促进联席会议工作。在此推动下，我国各地纷纷成立专业化的投资促进机构。据统计，截至2004年8月，我国有27个省、自治区、直辖市和计划单列市共成立了35家独立的投资促进机构；没有成立独立的投资促进机构，相关职能由外资处或投资促进处实施的有8家；正在筹备成立的有2家。其中，既有政府设立的投资促进机构，如投资促进局、招商局；又有民间设立的机构，如投资促进会、投资促进中心。在反馈的96份调查表中有56个地区（包括地级市和省市开发区）成立了独立的投资促进机构，占59%。在反馈的57份县级市（包括计划单列市和省会城市的辖区）调查表中，成立投资促进机构的有32个，占56%。投资促进事务局与政府有关部门共同制定全国投资促进战略，协调全国投资促进工作，指导全国投资促进联席会议工作。其主要职能是：塑造国家形象、搭建交流平台、发布研究报告、提供咨询服务、推介投资项目、沟通政企关系、引导业态发展。至 2004 年年底，我国已初步形成了由商务部投资促进事务局、国际投资促进中心组织指导，以各地方投资促进机构及全国投资促进联席会议为业务平台的投资促进体系。

根据投资促进工作发展的新形势，商务部决定自 2005 年起，明确全国投资促进机构特别是商务部投资促进事务局对外投资促进职能，并于 2005 年 10 月，增设对外投资合作部，使其业务内容由单向投资促进拓展为包括吸引外资与对外投资在内的双向投资促进，从而使投资促进工作进入吸引外资和对外投资双向促进阶段。这标志着我国投资促进事业进一步走向专业化、国际化。

2006 年 7 月，在商务部下成立了中国国际投资促进会，全国会员单位已达 134 家。到目前，在全国性投资促进工作层面上，形成了由商务部（外资司）指导，商务部投资促进事务局、中国国际投资促进会、中国外商投资企业协会、中国国际投资促进中心五位一体、共同协作，提供较为全面的投资促进服务工作体系或投资促进模式。一个以政府主管部门，即商务部为领导的，以投资促进事务局具体组织实施的，以中国外商投资企业协会、中国国际投资促进会和中国国际投资促进中心以及地方投资促进机构共同设立的全国投资促进联席会议为业务平台的具有中国特色的投资促进体系初步形成，从而为中国投资促进事业的发展奠定了扎实的基础。

第四阶段：投资促进有效性阶段。自 2007 年 1 月开始，我国投资促进进入投资促进有效性阶段。它以在 2007 年 1 月在北京亦庄开发区召开的"2007年度全国外资工作会议"为标志。会上发表了《不断提高利用外资质量和水平，促进吸收外资工作又好又快发展》、《2007 年全国吸收外商投资工作指导性意见》和《2007 年全国吸收外商投资促进工作思路》三个文件，其中将提高投资促进工作的宏观有效性和微观有效性问题列入全国投资促进工作重点之一。从此，我国投资促进工作开始进入既重视投资促进规模，又重视投资促进质量；既关注投资促进成本，又关注投资促进效益；既注重投资促进宏观有效性，又注重投资促进微观有效性的时代。

第二节　我国投资促进机构基本情况

为全面掌握全国投资促进机构的基本情况，2004 年 7 月，商务部投资促进事务局对全国投资促进机构的设立和运行情况做了一次问卷调查，2008 年 6 月又做了小范围问卷调查和电话调查，更新了部分信息。调查对象为省、自治区、直辖市和计划单列市的投资促进机构，综合二者，情况如下。

一、总体情况

(一)数量情况

目前中国 31 个省、自治区、直辖市和计划单列市成立了独立的投资促进机构，所占比例为 86%，它们是北京、上海、天津、重庆、河北、黑龙江、吉林、辽宁、青岛、河南、江苏、浙江、宁波、安徽、福建、厦门、江西、广东、深圳、广西、四川、云南、陕西、宁夏、海南、青海、山西、山东、新疆、甘肃、西藏、大连。没有成立独立投资促进机构的，相关职能由商务主管部门外资处或投资促进处实施的有 5 家，所占比例为 14%，它们是：内蒙古、湖北、湖南、贵州、新疆建设兵团。

(二)成立时间

调查显示，中国投资促进机构的成立始于 20 世纪 90 年代初期，20 世纪 90 年代中期，沿海经济发达地区开始集中建立投资促进机构，这一时期建立的投资促进机构占到调查总数的 12%。绝大多数投资促进机构的建立集中在 2000 年以后，所占比例为 70% 以上。

(三)主管部门及单位性质

在投资促进机构的发起部门中，各级地方政府和各级地方商务主管部门约各占一半。调查显示，投资促进机构的主管部门是各级地方政府或商务主管部门，地方政府主管的多为 20 世纪 90 年代成立的招商局、招商引资办公室；商务部门主管的一般为投资促进中心、外商投资服务中心等。在单位性质上，各投资促进机构中，属于政府编制的约占 57%，属于事业单位编制的约占 41%，属于企业化管理与运营的只占 2%。59% 表示为独立法人。

二、机构设立情况

(一)省级机构设立情况

1. 以投资促进或招商引资命名的省级机构

根据调研和了解，目前全国已有一些省市区成立了直接以投资促进或招商引资命名的统一协调管理内外资招商业务的机构，它们是：北京市投资促进局、黑龙江省招商局、广西壮族自治区招商促进局、四川省招商引资局、湖南招商合作局、青海省招商局、贵州省招商引资局、甘肃省投资贸易促进局、宁夏回族自治区招商局、西藏招商引资局、新疆维吾尔自治区招商局。这类机构有的单独设立，有的与商务厅合署办公，一套机构两块牌子。近年来设立上述机构有逐步增多的趋势。一些计划单列市如山东省烟台市和青岛市等也成立了投资促进局。

2. 以别的名称命名的省级机构

陕西省专门成立了统一管理和从事内外资招商业务的经济技术合作局。

3. 主要负责对内招商业务的省级机构

吉林、云南、浙江、安徽、天津等省市区保留了经济协作或经济合作办公室（简称"经协办或经合办"），主要负责对内招商和经济协作业务。经济协作的范围比招商引资要宽一些，除了招商引资业务外还包括横向经济联合与技术协作、区域性旅游与基础设施等方面的合作、承办展销展览活动、为企业调整产业结构和产品结构及成果转让提供服务、参与有关的经贸活动、对口支援三峡工程建设、政府经济技术顾问的联络工作等，但一般没有包含对境外招商业务。还有一些省市区在发改委内部设立了经济协作处或经济合作处，主要负责对内招商业务或展会业务。

4. 主要负责对外招商业务的省级机构

根据调研和了解，全国多数省市区都成立了由商务厅或外经贸厅（委）归口管理的主要负责对外招商引资业务的投资促进处、外商投资促进中心或外商投资服务中心。近年来有一个新的趋势，一些省份已经开始将这类机构改名升级，强化其功能和作用，如河南省称"外商投资管理局"，安徽省称"外商投资促进事务局"，上海市称"外国投资工作委员会"、广东省称"投资促进局"。

（二）地市一级以及县区一级的机构设立情况

全国地市一级以及县区一级大部分都成立了招商引资或投资促进机构，多数称为招商局或投资促进局。这些机构单独设立，统一管理和从事对内与对外招商业务。另外，也有一些招商机构设立在商务（外经贸）部门或发改委部门内部，称投资促进中心或经济协作科等，分别管理和从事对外或对内招商业务。

（三）国家级和省级开发区的机构设立情况

国家级开发区（总共分为七类：如经济技术开发区、高新技术开发区、保税区、旅游度假区、出口加工区、边境经济合作区和台商投资区）和省级开发区基本都设有招商引资或投资促进机构，有的还设有几个，如青岛开发区设有4个投资促进局、西安高新区设有5个招商局、郑州开发区设有2个招商局、南京江宁经济技术开发区设有7个招商局。对于各级各类开发区而言，招商引资和投资促进是它们发展的根本推动力量和基础，这方面业务搞不好，开发区就发展慢或发展不好。

（四）乡镇一级政府的机构设立情况

有的乡镇一级政府也成立了负责从事招商引资和投资促进业务的机构，基本上称招商科或投资促进科。

三、组织建设与发展情况

(一)职员数量及素质

在职员人数上,约有 39% 的省市级和地市级投资促进机构的职员人数在 10 人以下,10～20 人的为 35%,20～30 人的为 10%,30 人以上的为 16%,县市级投资促进机构职员人数则更少。投资促进机构在职人数分布不均匀,这虽然与我国经济发展不平衡、投资促进和投资服务的工作量有很大关系,但经济发达程度与投资促进机构的职员数并不完全成正比,调查显示,山西、北京、广西、天津等地投资促进机构的职员人数处于前列。但是,在人员素质上,各地的反馈比较均衡,都明显体现出了投资促进对职员素质的高要求。简单地从学历这一比较直观的指标上看,调查显示,在省、地、县三级投资促进机构中约有 87% 的投资促进机构,职员中一半以上为大学本科以上学历;其中 63% 的投资促进机构,80% 的职员为本科以上学历;其中更有 6% 的投资促进机构,职员 100% 为大专以上学历,如天津开发区投资促进中心、厦门市招商中心、四川投资服务中心、山东德州招商办等。

(二)工资标准

目前,各地投资促进机构的工资水平主要是参照公务员的标准执行,这一比例占 82%。按当地企业工资水平执行的只占 6%,自定标准或低于公务员标准的约占 12%。84% 的投资促进机构职员工资没有实行绩效挂钩,只有约 16% 的机构实行了绩效挂钩,或按业绩发放奖金。这一情况与中国投资促进机构的性质特点相一致。

(三)办公地权属

关于办公地,反馈问卷和电话调查显示,省、地、县三级投资促进机构中 72% 为地方政府或商务主管部门无偿提供办公用地,9% 为当地政府或商务主管部门有偿提供,14% 为商业租赁,只有 5% 为独立购买。即使在独立法人的投资促进机构中,也只有 22% 的机构商业租赁或独立购买了办公用地。这说明作为公共服务的投资促进工作,得到了各级政府部门的重视和支持。

(四)现代办公技术和设备的运用

电脑、互联网是投资促进机构必不可少的现代办公手段,电脑、互联网及相关专业软件的运用,是投资促进机构相关工作的覆盖面、延伸度及工作效率的一个标志。在所有反馈的投资促进机构中约 91% 有 E-mail 联系地址,能用 E-mail 发送问卷调查表的达到 5%,61% 拥有自己的网址。在日常办公中,省市级投资促进机构 100% 达到"业务人员人手一台电脑";地市级约 56% 达到

"业务人员人手一台电脑"，28％达到"两人或多人共用一台电脑"，16％达到"一个部门一台电脑"；而在县市级投资促进机构中，上述三种状况各占1/3。这说明，在地、县两级的投资促进机构中，现代办公设备和技术的运用还有相当的差距。

在网络运用上，宽带上网基本得到了普及，省、地级投资促进机构接近100％。在省、地级投资促进机构中，约54％建立了局域网，42％建立了独立网站，约39％表示建立了投资者（或服务对象）、投资项目数据库。在网站建设上，各级投资促进机构已建立的网站都"实现了动态信息的发布"，80％的网站"实现了与客户的互动"，但每天发布的动态信息量却非常有限，75％的网站每天只发布1～2条信息，约300～500字；10％的网站每天发布的信息量在1 000～2 000字；每天发布信息数在5条以上，2 000字以上的网站不超过5％。这表明，当前投资促进机构建立自己的网站进行投资促进活动固然重要，但在网站建立后，如何实现网站信息的及时性、广泛性，扩大网站对投资促进工作介入的深度和承载量，使网站真正成为展示投资环境的窗口，联系中外投资者的桥梁，切实发挥网站在投资促进中应有的作用，是当前的迫切任务。

（五）办事处的设置

办事处的设置实际上是投资促进机构的组织网络建设，是关系到投资促进机构工作的辐射面是否宽广、中介功能能否充分发挥的重要方面。在国内外办事处的设置上，目前，81％的投资促进机构都没有在国内外设立办事处。设有国内外办事处的主要集中在东南沿海经济较发达地区的省级投资促进机构，且有相当一部分投资促进机构的国内办事处是当地政府驻外地的办事处。

四、职能定位与开展工作

目前，各级投资促进机构已确立的职能和围绕职能所开展的工作可概括为以下四个方面。

（一）制定政策参谋

主要是协助政府部门制定利用外资政策及战略、招商引资政策及策略、外商投资的产业导向等各级法规与政策。独立投资促进机构既是各级法规政策的执行者，又是政策执行过程中信息反馈的搜集者，因此制定与调整相关政策时必然要发挥决策参谋的作用，而政府内设的相关投资促进机构，往往就是有关政策的基础制定者，因此，这一工作，在省市级投资促进机构中，往往列在工作职能和已开展工作的第一位。在地市级、县市级投促机构中，由于政策空间的相对缩小，这一工作呈现逐级弱化的趋势。

（二）承办投资促进事务

承办有关招商引资的事务性工作是当前各级投资促进机构最主要的常规性工作。主要有：①制作有关印刷、电子宣传材料，召开新闻发布会、投资推介会、发布媒体广告、在相关活动现场散发材料等各种形式，宣传与推介各地的投资环境和投资项目。②在境内外组织或参与各种类型的招商洽谈会、投资见面会等。在境内组织的洽谈会，组织参加厦门9.8洽谈会是各地投资促进机构的一项重要工作。此外，省、地、县根据当地情况组织各种形式、各种规模的招商洽谈会、展览会，也都成为各级投促机构的常规性工作。需要说明的是，除专门的招商引资会以外，在许多地、县，举办招商引资洽谈会也是当地每年举行的商品展览会，两者在功能上并没有区分开来。在境外组织招商洽谈会，主要为省市级和经济相对发达地区，如广东、江苏、山东，一些地方根据当地区域特色，还在境外组织了有针对性的招商引资会，如山东在日本、韩国，黑龙江在俄罗斯举办了针对具体行业的招商会等。③组团出访和接待来访。主要是组团出国考察和拜访目标客户，收集国外的产业发展动向，引导外商来国内来考察、投资。组团出访一般由省市级的投资促进机构直接进行，地县级多限于参加有关团组。此外，接待有关国外公司、投资人的考察和访问，适时进行推介也是各级投资促进机构的一项重要工作。

（三）提供全程服务

按照外商投资项目实施全过程提供服务，主要包括：①信息服务。主要通过印刷品、网上发布、各种招商会、考察访问等形式提供投资环境、投资项目等信息服务，搭建资金、项目的桥梁。②程序便利化服务。通过外商服务大厅、服务中心等形式，为外商投资提供快捷高效的注册、审批等一条龙、一站式的程序性服务。③政策咨询服务。主要就外商开办、运营、清算等各环节中的政策提供咨询服务。④投诉协调服务。主要就合营双方、劳资双方、合营企业与其他企业、合营企业与相关管理部门等发生纠纷，进行投诉时，进行相关解释、协调等服务。

（四）研究指导功能

对相对高级别的投资促进机构来说，对宏观形势、对投资促进新手段与技术的研究和掌握，有利于对投资促进活动进行方向性的把握，有利于提高工作的针对性，增加自身竞争力，也是对下一级的投资促进机构进行有效指导的基础。宏观形势研究，包括对中国利用外资的形势分析、中国（各地）利用外资政策调整和有效性分析、各国利用外资情况、跨国资本流动趋势进行研究，提出符合客观实际的观点，引导资本的流动，指导现实工作。

研究与掌握投资促进的最新手段与技术，包括引进先进的营销理念、并研究如何把这种理念植入营销业务当中，使之成为企业文化的一部分；研究最新的客户分类与管理手段，进行相关的数据库建设；及时发现与掌握新型的公关形式与手段。

作为投资促进活动的一种高级形式，研究指导功能在我国的投资促进中发挥得还很不够。宏观形势研究可以说还处于空白时期。投资促进新手段与技术的研究与运用，在经济、文化发达地区有所成效，如上海"对世界前100强企业进行重点分析与研究，捕捉、跟踪项目，建立对位招商信息数据库"，但与发达国家的投资促进机构相比，无论从广度和深度来看，都还处于起步阶段。

五、业务运作情况

(一)经费来源

在经费来源上，各级投资促进机构的主要方式是政府全额拨款的，约占反馈总数的 82%，政府差额拨款的占 8%，自收自支的占 10%。经费来源与单位性质有直接关系。通过上述分析可以看出，属于政府编制的投资促进机构为财政全额拨款，属于事业单位编制的投资促进机构中，约有一半为财政全额拨款，1/4 强的为财政部分拨款，1/4 弱的为自收自支。

(二)投资促进方式

在已开展的投资促进方式上，常规的投资促进方式在省级、地市级基本上都做到了。如印制宣传册、制作 CD 光盘、举办招商引资洽谈会、出国考察与拜访目标客户、参加国际研讨会、网上信息发布与招商等。但组织国际研讨会、在国外媒体上做宣传广告的只有 26% 的投资促进机构做过，而在"聘用国内外公关专家进行营销"项下选择了"是"的，只占 14%。

县市级投资促进机构的投资促进手段相对匮乏，主要限于印制宣传品和参加有关招商洽谈会上，许多还做不到在互联网上发布信息。因此与国外的联系渠道少、联系方式少，获得信息和主动推介自己的机会就较少。这同时也说明，整个投资促进机构还没有形成相对通畅的信息交换和共享网络。

(三)招商引资的重点行业

在各地招商引资的重点行业上各地都能结合自身特点选择重点行业，一个明显的特点是东南沿海发达地区，对招商引资已经进入产业结构选择和优化阶段，主要集中在高新技术、电子信息、生物医药、新材料、现代物流、金融保险方面，而在中西部地区主要集中在能源、电力、矿产、化工、环保、农产品加工方面，个别地方甚至表示"只要能促进当地经济增长都可"（见表 4-1）。

表4-1 各省市招商引资重点行业及领域

省、自治区、直辖市、计划单列市	重点招商引资行业及领域（按重要程度排列）
上海	信息、汽车、钢铁、石油化工、房地产、成套设备、生物医药、现代物流、基础设施、环境保护（重点领域：地区总部、投资性公司、研发中心、采购中心）
天津	电子信息、汽车、生物技术与现代医药，以石油套管和高档金属制品为代表的现代冶金，以石油化工、海洋化工和精细化工为代表的化学工业，以新能源、新材料为代表的环保产业，以金融、商贸、物流、房地产为重点的服务业
重庆	旅游、工业、城市建设、基础设施
湖南	机械、冶金、化工、电子、农产品加工、基础设施
四川	基础设施、资源开发、医药、国企改制改造并购、机械、化工
河北	基建、交通、信息产业、机械、化工、医药、纺织、电子、农业、现代物流业、旅游业
山西	符合省产业结构调整，不浪费资源、不破坏生态环境的行业和领域
黑龙江	装备制造、石油化工、能源、医药、生态农业、森林工业以及高新技术产业、基础设施建设、中俄经贸合作、旅游开发
吉林	汽车及零部件、石油化工、生态型绿色农副产品深加工、现代中药和生物制药、光电子信息
江西	矿产、工业、农业、旅游业、林业、纺织品、电子电器、中药材、日用陶瓷生产
青岛	造船、汽车、石化、电子家电、第三产业、纺织服装、食品加工
云南	生物资源开发、物流、能源及有色金属开发
广西	城市基础设施、制造业、农林渔业、服务业
山东	重型汽车/特种汽车及零部件产业；建筑材料业；机械装备业；农资产业；IT及软件产业
湖北	汽车、光电子、船舶、石油化工、农副产品深加工等带动面比较大的产业，汽车及零部件、光电子等产业，物流和中介服务机构的配套
辽宁	国有中型骨干企业改造：石化、冶金、机械、电子等领域； 高新技术产业：电子信息技术、机电一体化技术、新材料技术、生物工程与制药技术； 农业产业化项目的开发和深加工：粮食、蔬菜、畜牧、水产、水果、林木土特产系列工程开发建设； 基础设施建设：港口、公路和通信、水源、旅游设施项目；环保产业

（续）

省、自治区、 直辖市、计划单列市	重点招商引资行业及领域（按重要程度排列）
河南	单机30万千瓦以上火电站、高速公路、城市建设、农产品深加工、煤炭深加工、新型电子元器件、林木营造及林木良种引进、服务贸易领域
宁波	先进制造业：钢铁、汽车、机械、石化、修造船； 高新技术产业：电子信息、新材料、光机电一体化、生物制药 服务业：现代物流、金融保险、电子通信、环境保护、科教文卫和律师、会计、会展 农业：传统农业改造、绿色食品、农产品加工、水产品养殖、加工
深圳	先进工业和高新技术产业；电子与信息；生物、医学技术；新材料；机电一体化；能源电力、环境保护；食品饮料；文化教育
贵州	现代农业、绿色和特色食品加工、生物制药、高新技术产业、交通、机械工业、旅游服务业等优势产业项目；磷化工、煤化工和铝的深加工产品；国有企业资产并购、改组、改造
广东	信息技术、生物技术、光机电一体化和新材料等高新技术产业，壮大发展电子信息、电器机械、石油化工三大新兴支柱产业，纺织服装、食品饮料、建筑材料三大传统支柱产业
厦门	电子信息产业、机械冶金工业、化工、服务贸易业
福建	石化、电子、机械；种养殖业、轻纺、能源、医药；城市公用设施、交通运输、旅游、物流、教育、医疗卫生、中介服务
新疆	棉纺织、绿色食品、现代农业装备、畜牧产业综合开发、新型建材、商贸旅游、房地产

六、我国投资促进工作取得的成就概括

由上可见，我国投资促进工作取得快速发展，概括起来，主要取得以下成就。

（一）全国性投资促进体系初步形成

"十五"期间，一个以政府主管部门，即商务部（外资司）为领导的，以投资促进事务局具体组织实施的，以中国外商投资企业协会、中国国际投资促进会和中国国际投资促进中心以及地方投资促进机构共同设立的全国投资促进联席会议为业务平台的具有中国特色的投资促进体系初步形成，从而为中国投资促进事业的发展奠定了扎实的基础。

（二）投资促进工作不断走向国际化和社会化

从 20 世纪 80 年代的投资审批和 90 年代初的招商引资到 90 年代后期的投资促进，我国投资促进快速发展，全国绝大部分省市自治区、计划单列市都成立了投资促进机构。"十五"期间，随着中国吸收外资规模的迅速膨胀，投资促进走向国际化和社会化的呼声日益强烈，特别是中国加入世界贸易组织以前的准备工作及以后的履行承诺，极大地推动了中国投资促进事业向更高层次发展。在全国性投资促进组织机构上，分别成立了中国国际投资促进中心、全国投资促进机构联席会议和投资促进事务局，为投资促进部门改革机制、完善职能，走向专业化发展创造了条件。

（三）投资促进服务内容和方式不断增加

包括形象塑造、宣传推介、咨询服务、专项报告、大型研讨会、论坛、洽谈会、投诉协调、人才培训等形式多样的业务迅速发展。特别是投资促进局成立后，初步建成了以中国投资指南网站为主要媒介的信息服务平台、以"九八"厦门国际投资贸易洽谈会为主要载体的投引资双方直接沟通平台、外商投资企业投诉工作平台和全国投资促进机构工作协调平台四大类业务平台，不断推动投资促进业务有效开展。

目前我国政府及地方政府所采取的投资促进手段主要有：境内外投资洽谈会、研讨会、政策说明会等常规的投资促进活动，对于推介投资环境、塑造国家/地区形象起到了一定作用；与国际组织和双边促进机构合作，有效宣传了我国外资政策，加强了企业与政府部门的沟通；向境外派遣招商团组，通过与境外工商界沟通，阐述各地投资环境、介绍招商项目，有效推动了招商项目的落实；利用国内外中介机构参与招商引资，各方面力量相互配合，多元发展，共同促进外商来华投资，取得了一定的成效；通过互联网宣传投资政策与环境，并在利用互联网进行招商方面进行了初步尝试；通过我使领馆等驻外机构宣传投资政策与环境、推动境外客商来华访问等。

（四）外资规模扩大，质量提升

吸引外资和对外投资扩大规模和提升质量，地区结构、产业结构进一步优化，外资贡献率进一步提升。

（五）商务部投资促进事务局在全国投资促进工作中发挥了重要作用

第一，建立了国内外投资促进网络体系。组织网络建设是开展投资促进的一项重要基础性工作，包括国内和国外两方面。对内，该局经过对全国省级、地市级投资促进机构调查，全面建立起了联络渠道；定期组织召开全国投资促进机构联席会议；与地方政府共同举办投资促进机构工作会议和投资促进活动；与有关部门、中介机构、专家学者建立工作联系等。对外，每年组团参加世界投资促进机构协会年会，从中发挥积极作用；建立与国外有关投资促进机构和行业商协会的工作联系，除日常接待国外投资促进机构代表来访，并在该局赴境外举办投资促进活动期间积极拜访有关国外投资促进机构和商协会外，还先后与澳大利亚、斯洛伐克、奥地利、秘鲁、泰国等国外机构签订了双边合作协议。第二，投资促进服务内容不断增加。第三，加强投资指南网站建设，打造永不落幕的信息服务平台。中国投资指南网站委托该局运营以来，经过三年来的管理和运作，网站内容日趋丰富，服务功能更为突出。目前网站已经涵盖中国投资环境、法律法规及政策体系、行业发展情况、外商投资管理服务体系、吸收外商投资统计数据、投资促进机构和投资促进服务、招商引资项目库、全球跨国投资和外商来华投资动态等丰富信息，并与国际组织和国外投资促进机构网站建立了广泛的合作关系。第四，成功组织主办中国国际投资贸易洽谈会。第五，不断开拓新的投资促进产品，在全国投资促进工作中发挥重要指导作用。第六，推动全国性的投资促进体系初步形成。全力打造具有中国特色的投资促进体系，成为中国吸收外资和对外投资总体战略的重要内容。

第三节　我国投资促进面临的机遇与挑战

一、我国投资促进面临的机遇

（一）全球经济复苏带动FDI出现反弹

当前，生产要素全球配置。同时，全球贸易、投资、金融、生产、消费加快互动循环。国际贸易规模逐渐在恢复。世界市场的形成使各国市场逐渐融为一体，大大促进了全球贸易的发展。国际贸易的范围不断扩展，世界市场容量越来越大，各国对世界市场的依赖程度也日益增大。国际直接投资开始逐步恢复并将得到增长，引资竞争更加激烈。

（二）新一轮国际产业转移将带来巨大发展机遇

近几年，在全球经济不景气和发达国家成本日益提高的背景下，跨国公司开始了新一轮全球产业布局调整。本次产业转移的最大特点是它所涉及的领域非常广泛，虽然制造业的国际转移仍然是产业布局调整的重要内容，但是服务业国际转移也已渐成气候，所涉及的服务业包括软件、电信、金融服务、管理咨询、芯片、生物信息等多个行业，涵盖产品设计、财务分析、交易处理、呼叫中心、IT技术保障、办公后台支持和网页维护等多种服务类型。服务外包成为全球产业结构调整和跨国直接投资的主驱动力。国际产业转移不仅带来了大量的资金和技术，提升产业结构，还将给发展中国家带来众多的就业机会，因而受到普遍重视。随着新一轮产业转移和生产要素的重组，跨国直接投资集

65

中在高科技、高附加值的高端制造及研发环节，导致技术、知识密集型服务外包迅速发展。

(三)跨国公司调整在华战略

跨国公司已将中国纳入其全球战略的一个重要组成部分，后金融危机时代特别是当前美国信用评级下调后，跨国公司在华投资战略正在进行调整，投资重点从原来的加工组装向价值链两端，即研发设计、营销与服务等环节延伸。凭借潜力巨大的需求市场、质优价廉的研发人才资源、全球加工制造基地的地位和政府积极的科技促进政策，中国已经成为跨国公司研发中心的热土。截至2007年年底，跨国公司在中国共设立研发机构1 160家。联合国贸易与发展会议的调查表明，中国是近期跨国公司设立海外研发机构的首选地。在大型跨国公司研发机构抢滩中国之后，中小型跨国公司又将掀起对华研发投资的新热潮，未来一段时间跨国公司在华研发机构的数量将呈可观的增长态势。跨国公司在华投资已从一般制造业，发展到制造业的上游产业，如钢铁、石化、芯片等；并加大了在下游产业物流、营销、批发零售领域的投资。跨国公司在华投资战略的调整为我国提升产业结构、扩大服务业和研发利用外资带来了巨大的机会。

(四)国内情况

我国经济社会发展进入新阶段，居民消费结构逐步升级，产业结构调整和城镇化进程加快；劳动力资源丰富，国民储蓄率较高，基础设施不断改善，科技教育具有较好基础；社会主义市场经济体制逐步完善，社会政治保持长期稳定。这些都为经济社会持续发展创造了有利条件。

同时，城乡区域发展不平衡，粗放型经济增长方式没有根本转变，经济结构不够合理，自主创新能力不强，经济社会发展与资源环境的矛盾日益突出等问题制约了我国的可持续发展。客观现实要求必须保持经济平稳较快发展，必须加快转变经济增长方式，必须提高自主创新能力，促进城乡区域协调发展，加强和谐社会建设，才能促进国民经济又快又好地发展。就外资而言，就是要继续积极有效利用外资，着力提高利用外资质量，加强对外资的产业和区域投向引导。

二、我国投资促进面临的挑战

(一)全球对外国直接投资竞争加剧

国际直接投资作为稀缺资源，尽管近年来供给总量有回升的趋势，但需求总量越来越大，引发了各国对FDI的进一步关注，由此导致各国引资竞争日益激烈。

（二）世界各国加大投资促进力度，引资手段发生变化

随着全球 FDI 竞争的加剧，各国均加大了吸引外资的力度。各国吸引外资的手段也越来越多样化，除提供优惠政策外，还竞相改善基础设施，并采取各式各样的目标定位的投资促进及服务等方式。

（三）国外投资促进机构发展迅速

为加大吸引外资的力度，各国纷纷成立了投资促进机构，其中既有国家级机构，也有地方级机构。这些充分显示了投资促进作为一项全球性业务，其重要性日益增加；而各国政府也越来越重视通过实践活动和交流来完善各自的投资促进机构，许多国家政府在财政等方面加大了对投资促进的支持。

（四）中国对外投资呈扩大趋势，外国投资促进机构已将触角延伸到中国，中国投资促进机构面临严峻挑战

20 世纪 90 年代后期以来，在亚洲四小龙和新型工业化国家对外投资增长的带动下，越来越多的国家在吸收外资的同时也积极对外投资，特别是中国对外投资发展势头和潜力引起了世界各国普遍关注，一些发达国家的投资促进机构已将触角延伸到了中国，随着我国国民经济的稳步发展和对外投资能力的增强，这种趋势将更加明显，这对以吸引外资促进为主的国内投资促进机构提出了新的课题，也是"十一五"期间我们将面临的新的挑战，为此我们应给予足够的重视并积极应对。

（五）国内经济形势发展对投资促进提出更高的要求

"十二五"期间，我国经济社会将处于重要的转型发展时期，落实科学发展观、转变发展方式、构建社会主义和谐社会将成为相关工作的主线，也为投资促进提出了更高的要求。我国利用外资将从单纯注重数量增长转向在注重外资数量的同时，提高引进外资质量，坚持引进先进技术和消化、吸收、创新相结合，提高自主开发能力，不断提高国际竞争力。"走出去"对外投资是党中央立足中华民族长远发展而提出的要充分利用国内外"两个市场、两种资源"重大战略规划，也是培养中国跨国公司，使中国从经济大国迈向经济强国的必然选择，还有助于我国开展经济外交，减少与发达国家和发展中国家之间的贸易摩擦，但由于中国企业国际化经营能力、信息、投资渠道和人才等尚存在很大不足，需要给予适当的指导和支持，也有必要开展相应的投资促进活动，引导和促进企业的对外投资行为，增加投资机会，减少投资风险。

中国由于良好的宏观经济、投资环境，庞大的市场规模和要素禀赋，吸引了大量跨国公司的直接投资，成为全球最重要的国际产业转移承接地和部分制造业的世界加工中心。但是，近年来，中国的区位比较优势发生了重大

变化：以石油、燃气、电力为代表的能源价格大幅上升；劳动力供应出现短缺，并且工资提升；人民币汇率持续升值；土地供应日趋紧张。这一系列基础性生产要素价格的提高，改变了中国的生产成本和比较优势，会导致部分要素密集型国际投资的转移，伴随着这种转移，中国将出现产业升级和新的国际分工。

此外，虽然当前我国吸收外资已累积了一定的存量，但优质资本及与之共存的技术、管理等，在今后相当长的时期内仍处于短缺的境况，而中西部地区的这种短缺情况尤为突出。在全国吸收外资总量中，中西部地区存在着较大的差距。这给我国投资促进工作增加了难度，并提出更高的要求。

第四节　我国投资促进存在的问题

改革开放 30 多年来，中国的招商引资和投资促进总体上讲是非常成功的，特别是东部沿海地区和中西部地区的开发区或园区。中国招商引资发展快，得益于经济持续增长、劳动力成本低、社会稳定、亲商富商政策、市场规模大和政策法规不断完善等因素。中国利用外资的快速增长与中国政府高度重视利用外资工作，积极改革投资促进机制，加大投资促进力度密切相关。实践证明，设立一个可以独立运行的专业投资促进机构，按照国际投资促进理念全面提高中国投资促进水平，对于中国投资促进事业的发展起到了积极的推动作用。虽然我国的投资促进事业发展较为迅速，但是，与发达国家相比，投资促进尚处于初级发展阶段，进一步改革投资促进机制，健全投资促进机构和体系，是中国投资促进事业要长期面对的艰巨任务，也是保持和增强中国吸引外国直接投资竞争力的关键。

总体上看，我国投资促进还大量存在着"热、乱、重"现象。"热"指活动多，场面大，竞争激烈；"乱"既指不顾条件、不顾环境、不加选择、不择手段招商，又指机构隶属关系不统一、机构名称不统一、对内与对外招商业务不统一等方面；"重"是指政府领导不同程度地存在着盲目重视现象，缺乏统一规划，盲目下达指标，搞全民招商，搞不规范考核评比，书记市长搞所谓"一号工程"，政协人大搞所谓"头等大事"，等等。具体来看，我国投资促进工作存在的问题主要体现在以下几方面。

一、缺乏科学的理论指导和统一规划

我们处在一个信息爆炸和技术巨变的时代。我们的差距不仅仅是资金、技术上的差距，更重要的是知识、观念上的差距。目前很多地方的投资促进理念较为落后，投资促进工作质量和水平较低，投资促进尚未形成一个完整的战略方案，缺乏规划和重点，各类招商活动多而无序，具体工作中还带有很大的盲目性，投资促进综合效益不高。具体表现在：

（一）外商投资产业结构和地区结构不合理

投资促进产业结构协同效应和地区经济协调发展效应不明显，特别是对农业利用外资重视程度远不及其他行业，农业利用外资较少。

（二）有些地方搞全民招商

即党委、政府、人大和政协四套班子都被分配招商引资任务，层层下达招商引资指标，并将指标纳入干部考核选用标准。年初下达指标，年终总结评比，将引资数量与干部政绩考核和个人收入挂钩，根据完成指标情况给予赏罚。

（三）有些地方存在盲目招商

即来者不拒，不加选择、什么项目都招，盲目上项目，重复上项目，忽略项目结构优化和项目质量提高。一些地区招商方式雷同，招商产业趋同，过于追求规模与声势，存在泡沫招商和数字浮夸现象。

（四）有些地方存在突破政策招商

即乱给优惠，盲目攀比，不计成本，不重环保，擅自突破国家的统一政策，如有些地方政府突破国家现行政策给客商承诺，以及实行税收与地价的"双零"（不征税、白送地）等。

二、观念滞后，缺乏创新举措

（一）投资促进观念滞后

一些地区将投资促进完全等同于招商引资，认为搞投资促进就是搞招商、引商，忽略了形象塑造、全方位服务、投资反馈等内容，没有认识到这几个环节实际上是一个有机的整体，它们相互联系，相互推动，不可或缺。

（二）各地方投资促进手段单一、方式雷同，缺乏创新举措

招商活动效果不理想，吸引外资水平也不高；普遍存在着重量轻质、数字浮夸和压指标现象，信息安全观念不强；重视具体鼓励政策而忽视制度建设、重视项目招商而轻视投资环境、重视形式轰轰烈烈而忽视内容实在的情况；自主创新的投资促进活动和品牌产品不多，在国内外的知名度较低；政府投资促进行为不讲效益，不计成本，搞粗放式投资促进；各地投资促进机构各自为政，恶性竞争，全国工作缺乏统一协调。此外，伴随着我国企业对外投资规模的不断扩大，投资促进部门在对外投资促进中所发挥的作用还很有限。

三、机构设置不合理，体制不统一，职能定位不清

（一）机构重复设置，业务人为分开

一些地区重复设置机构，归口不同部门管理，业务人为分开。一些省市区的招商引资或投资促进部门、经济协作或经济合作部门、商务或外经贸部门都在开展招商引资活动，几套机构并存，对内与对外招商业务分离。

（二）机构名称不一致

不少地方投资促进和招商引资机构的名称不一致，称呼多样。据了解，目前招商引资和投资促进机构的名称有 10 种左右，名称不规范不统一，易造成混乱。

（三）职能定位不清

部分省市投资促进工作机制不健全，政府与企业在招商业务中的职能定位不清楚，分工不明确，存在政府越位和企业不到位情况。政府相关部门的工作重点没有放在搭建投资促进平台、塑造当地形象、营造投资环境和提供投资服务上，而是越位代替企业直接组织谈判、直接负责签约或直接给项目资金支持。一些企业对自己在招商引资工作中应从事什么活动，肩负什么任务也不是很清楚。这在一定程度上影响了投资促进工作的深入开展，这些问题不仅浪费人力、物力、财力，影响投资促进效果，也给我国的对外开放形象带来了一定的负面影响。

四、诚信与法治问题

诚信就是市场规则中最根本的规则。我们过去把诚实信用定位在道德上，"童叟无欺"建立在自觉遵守上。其实，法律是最基本的道德行为规范。诚实信用在法律上作为基本原则，称为"黄金原则"或"帝王原则"。诚信是金。中国的问题很大程度上出在信用和经济次序上的混乱。如何树立诚信，沟通是很好的手段；在信息社会，诚实也是一种工具。我们做投资促进，需要在认识中加深了解，了解中取得信任，信任中开展合作。

公平竞争是我国市场经济的基本要求之一。要保证公平，就要有规则；一切按规则，就是法治。我国法律体制的缺陷已经成为在华外国公司大型投资的重要制约因素。

五、开展投资促进工作的三个误区

（一）重机遇，轻综合能力培养

综合考虑投资的原因，总体上可归纳为诱因、本因和催化因素三类。诱

因，即投资的直接原因；本因，即投资的根本原因；催化剂，既投资的环境。本因决定了投资的深度，诱因决定了投资的时间，而催化剂加快了投资活动和本因的生长和影响的深度。提高利用外资组织者、管理者以及机构的能力建设是当务之急。不难想象，一个对中西方文化差异一头雾水，对国际谈判一无所知，对项目评估和运作一知半解的人能与投资方有共同语言吗？有知识我们才能把握现实机会，发掘潜在机会，更重要的是制造未来的机会。这也是为什么中国投资促进处将培训作为重点工作之一的原因。因此，应有计划、有组织、有重点、有选择地开展投资与技术促进的培训工作。

（二）重招商引资，轻投资与技术促进

联合国工业发展组织用的是"投资促进"一词的外延很广，不但包含利用外资，也有对外投资。我们认为投资从来都是双向的。我们不能把"招商引资"从国际经济技术合作的有机链条中取下另置。现在表现在分散无序的短线投资服务，利用外资与其他业务的关系缺乏合理的战略布局。除了跨国公司战略投资外，一般国际上中小企业的对华投资，如果没有国际贸易打底，技术转让做媒，仅通过几次交往让投资者动辄上百万千万美元的直接投入可能性很小。投资促进需要专门的知识，专业训练，通晓复杂多变的融资业务。没有独特的市场地位和不可取代的竞争力，外资是不会相中的。

（三）重信息，但缺乏落实的配套措施

做融资和技术促进工作，技术就是支撑、信息就是资源、人才就是财富、渠道就是资本、信誉就是保证。技术、信息、人才、渠道、资金是中国企业和科研机构生存和发展的血液。它们就像白血球、红血球、血小板等共同营造成血液一样。综合造血功能不足是限制企业与科研机构发展的主要障碍之一。"如何造血"是投资与技术促进的主课题。而单个的投资促进活动并不能解决"造血"问题。这也是中国地方上投资促进工作低水平重复的根源之一。我们的项目多数投资决策的依据不足，内容简单，资料数据不充分，无法进行分析和论证。所以特别要注意信息的完整性、充分性和时效性。

六、投资促进工作实践中应注意的其他几个具体问题及分析

（一）全民招商

即四套班子都去招商，政府部门层层下达招商引资指标，并将指标纳入干部考核选用标准等。辩证看待和认识全民招商：短期可能有积极作用，可以起到引起全社会各个方面重视，提高各级干部的认识水平和积极性，营造招商引资氛围，调动一切力量为经济发展这个中心任务服务；长期（10 年后）应当调整和改变，因为党政部门和党政干部都去招商是典型的角色"错位"和"越位"。

政府的主要职责是社会公益事业的管理者、公益产品和服务的提供者、公益项目的投资者、社会"游戏规则"的制定者和市场公平竞争秩序的监督者。

案例：贫困县安监局长招商不力遭停职，自称"活在莫名的恐惧中"。

49 岁的安徽省阜南县安监局长於俊华自言，她正活在莫名的恐惧中。一则以她为主角的新闻引致各方关注。2006 年 10 月 19 日，於俊华因未完成招商引资任务，并被指存在虚报业绩被停职，处分还包括行政记过、党内警告。而该县市容局局长任献彬则因"检讨态度更差"，被就地免职，并遭党内严重警告处分。12 月 13 日，此事被新华社披露，舆论哗然，有评论称，这是地方政府追求政绩导致的行政异化。

事实上，逼官招商非阜南独创。

2002 年，仇和在宿迁县推行 1/3 干部离岗招商、1/3 干部轮岗创业，政府催生了上千"官商"。

2005 年 10 月 31 日到 11 月 9 日，广西梧州市藤县 47 个部门的主要领导，在电视上一一亮相，为完不成招商引资任务向全县人民作说明或检讨。据报道，被责令电视检讨的 47 个部门单位，约占全县主要部门单位的 70%，残联、妇联、团县委甚至史志办、计生局这样的部门也位列其中。

山东临沂沂南县，上至县委一把手，下至一般干部，都有明确的引资指标：县委书记、县政府县长年招商引资额不低于 200 万元人民币，非经济主管部门及局级事业单位一般干部不低于 10 万元人民币。

河北邢台市南和县，2005 年内每个县级领导引资任务为 2 000 万元以上，乡镇 5 000 万元以上，职能部门 2 000 万元以上，党政群部门 500 万元以上。

引资任务的额度各地不同，官员面临的压力却相似。例如安徽省濉溪县规定，凡没有完成年度招商引资本目标任务的乡镇和县直单位，取消其当年评优等资格；对该部门党政主要负责人不予提拔重用；其中工作变动的，跟踪处理；垂直门由县委建议其上级调整其工作岗位。望江县还规定，在招商引资考核考评工作要做到"一月一督察、两月一通报、半年一考核、一年一考评"。

有媒体报道，为了完成招商任务，一些地方，检察院引进一家高档海鲜酒店、交警队对自己的引资项目实行特殊保护、党委部门引进一家饺子店……都被作为招商引资的成果，出现在地方的工作报告中。

（二）盲目招商

即忽略项目优化和项目质量提高。来者不拒，不加选择、什么项目都招。盲目上项目，重复上项目。

案例一（正面）：《山东蓬莱市 5 亿元外资项目遭否决》，被否定项目中有一个计划投资 400 万元、占地 100 亩的冰雕艺术公园。否决原因是占地多、单位

面积投资少、平均投资密度低、单位面积产值少、且维护成本高。(《国际商报》2004—03—23)

案例二(正面):《徐州变招商引资为招商引资选资:克服投资饥渴症,做到"三选三不选"》——选能发挥本地优势、劳动力或技术密集、附加值高关联度大的项目。不选中央明令禁止、造成环境污染、浪费资源且工艺落后的项目。中小企业进标准厂房能够实现——集约生产、集中用地、集中治理污染、集中管理等优点。(《人民日报》2004—05)

案例三(反面):"盲目招商酿苦果,污染项目处理难:剖析镍都引资败笔"——甘肃省河西走廊中国镍都金昌市永昌县,永昌宇华纸业有限公司——由宁夏宇华纸业投资2 100万元。2002年兰洽会上引进的项目,造纸厂高耗水、高污染、低效益的特点,与金昌缺水等形成的脆弱的生态环境格格不入;生产1吨纸,要消耗180~300吨水,高耗水;另外,就是造纸废水没有处理严重污染环境,高污染;目前处于烦恼之中。解决方法:或者上污水处理工程,需要花钱;或者关闭,解决两高,但需要赔钱。(《中国乡镇企业报》2004—09—13)

(三)恶性招商

乱给优惠,盲目攀比,擅自突破国家的统一政策。恶性招商即病态招商。

案例:河南漯河市政府于1998年向广州南强塑胶公司许诺先无偿使用并最终交付漯河市发电厂,但后来毁约遭遇诉讼赔付广州南强塑胶公司3 800万元。《协议》第二条规定的条件是:到2001年年底广州南强塑胶公司在漯河所有企业的用电量到达700万度、用工达6 000人、年交增值税2 000万元、年产值达6亿元;全面达到后(1 000多万度、10 000多人、3 800多万元、8.5亿元),漯河市政府未执行《协议》。原因是后来知情的电厂法人和职工坚决不同意,且国务院2000年下发了《关于电力工业体制改革有关问题的通知》("69号文"),有新精神。经验教训:为了招商引资,政府擅自做出送厂承诺,巨额赔偿敲响政府招商引资警钟。(《中国乡镇企业报》2004—06—30)

(四)只重引资忽略引智

招商中应包括引智,引智就是引进各类人才,主要包括行政管理、经营管理、研究开发三个方面,重点是第2类。要招贤纳士,高薪聘才。引资与引智分不开,办企业需要各类人才。要爱商、亲商、留商、帮商、富商、稳商,总之要重商。

七、投资促进与"外资撤离"

在国际吸引外资竞争日益激烈的今天,如何减少"外资撤离",既是扩大利用外资规模、提高利用外资水平的迫切要求,又是每一个投资促进工作者必须高度重视并着力实践的一项工作。

（一）什么是"外资撤离"

当前文献，一提外商撤资，多是"外资非正常撤离"，而"外资撤离"则很少提起，甚至将两者画等号，以"外资非正常撤离"代替"外资撤离"，这是对"外资撤离"概念的曲解。事实上，"外资撤离"是指外来投资者（包括外国企业、投资机构等经济组织）由于某种原因，通过一定形式撤出资本，全部或部分地终止在东道国或地区生产经营活动的行为。按照是否符合法律程序将外资撤离分为正常撤离和非正常撤离，或说，正常撤离和非正常撤离是在外商决定撤资时所采取的两种不同方式。商务部等四部委 2008 年印发的《外资非正常撤离中国相关利益方跨国追究与诉讼工作指引》（下称《指引》），仅仅是指在外商决定撤离时所采取的不按合法程序撤资即非正常撤离的情况，并认定那些没有清算债务和申请破产而突然撤离投资地区，只留下厂房、设备和拖欠的工资、债务的撤离等属于非正常撤离。显然，那种以"外资非正常撤离"代替"外资撤离"的现象是错误的，既混淆了概念，又不符合《指引》的基本精神，更容易操作失当，甚至可能导致外资加速撤离。

与"外资撤离"相对应的概念应是"外资保持"，就是通过有效的投资促进工作，诸如改善投资环境、提供优质投资服务等留住已落户投资并引致再投资，使正溢出效应最大化。最应该关心和着力研究解决的问题正是减少"外资撤离"，强化"外资保持"，而不是当外资进入撤离程序时所做的"善后"工作。事实上，一旦进入外资撤离程序，则变得相对简单，即按法律程序撤离属正常撤离，不按法律程序撤离属非正常撤离。对于后者，可依据《指引》有关规定具体执行罢了。

（二）"外资撤离"原因再分析

近年来，外资撤离现象时有发生，仅以外资非正常撤离为例：山东省外经贸厅 2008 年年初的数据显示，仅青岛地区，2003 年以来有 206 家韩资企业非正常撤离，涉及工人 2.6 万，拖欠工资 1.6 亿元人民币，拖欠银行贷款近 7 亿元，其中 151 家为劳动密集型企业，包括首饰厂 63 家，服装厂 33 家，皮革厂28 家，箱包厂 14 家，制鞋厂 13 家。此外，随着金融危机蔓延到实体经济，大量劳动密集型企业破产倒闭，不少转移到中国的国外企业"打道回府"，自南至北，广东、上海、山东、辽宁等地均出现不同程度的外资企业非正常撤离现象。外资在华非正常撤离在 20 世纪 90 年代末初露端倪，受全球金融危机及后金融危机时代结构调整的影响，有凸显趋势。

对外资撤离要辩证看待和把握，一方面，外资撤离是中国投资促进过程中局部或暂时的异动，是非主流现象，不会影响中国继续扩大利用外资、加快改革开放的大局；另一方面，外资撤离折射了中国引资质量不断提高的现实背景和外商在华投资可能加速优化的乐观预期，是优化外资结构、提高利用外资水平的体现；再一方面，外资撤离是多种原因交织的结果，必须正确对待、认真研究、妥善解决，绝不可掉以轻心。导致外资撤离的原因有很多，除经济环境改变（金融危机、紧缩型货币政策、融资成本上升）、法制环境改变（新《劳动合同法》、新《企业所得税法》），劳动密集型企业自身以及企业管理者素质的缺陷等以外，投资服务包括投资前期、中期、后期服务滞后是外资撤离的最主要原因之一，必须给予充分重视并加以解决。

第五章　投资促进方式、模式与有效构成

第一节　投资促进方式考察

以下在回顾和总结跨国公司投资动机和在此动机下所采取的国际投融资方式的基础上对投资促进方式加以归纳。

一、跨国公司投资动机

跨国公司的投资动机决定了跨国公司所采用的投融资方式。

(1)劳动成本指向性投资。

(2)市场指向性投资。为了避免人为的运输费增加和关税壁垒等贸易保护，在国外生产以确保国际市场的占有率。

(3)资源指向性投资。这种投资行为主要是指与资源丰富的国家共同开发资源向本国输入或向第三国输出为目的的区位选择。

(4)污染产业转移性投资。发达国家由于国内环境保护法和环境保护税的增加，使得环境污染产业在国内很难生存，为了减少在环保上的费用，这些产业逐渐向发展中国家转嫁。

这几种投资行为基本涵盖了跨国公司主要投资方式与投资策略。

二、国际投资方式简介

跨国公司通常采用直接投资和间接投资两种方式进行投资。

(一)直接投资方式

1. BOT 投资方式

BOT(Build‐Operate‐Transfer)，即建设—经营—移交。这种特殊的投资模式是 1984 年土耳其总理奥扎尔首创的。典型的 BOT 投资方式，是政府同私营部门(在我国表现为外商投资)的项目公司签订合同，由项目公司筹资和建设基础设施项目。项目公司在协议期内拥有、经营和维护这项设施，并通过收取使用费或服务费用，回收投资并取得合理的利润，在协议期满后，这项设施的所有权无偿移交给政府。BOT 投资方式主要用于发展收费公路、发电厂、铁路、废水处理设施和城市地铁等基础设施项目。BOT 投资方式的特点可概括为：所有权与经营权分离；前期工作准备复杂，运营管理简单；国家一次吸收利用外资，

外商逐年收回其投资；由项目公司承担债务，政府不负债务责任；效率较高，可引进技术和管理经验；政府的主要职责是确定价格与特许经营期限。

2. BOO 投资方式

BOO(Build-Own-Operate)，即建设—转让—经营。承包商根据政府赋予的特许权，建设并经营某项目产业项目，但是并不将此项基础产业项目移交给公共部门。在实际运用过程中，BOT 方式演化出了几十种类似的形式，BOO 形式就是其中一种转化形式。BOT 模式是政府为利用私人投资而使其在一定期限内对项目设施拥有经营权，但该基础设施的本质属性没有任何改变。而在 BOO 方式下，项目的经营权不再交给政府。

3. 合作开发

合作开发是海上和陆上石油合作勘探开发的简称。它是目前国际上在自然资源领域广泛采用的一种经济合作方式，其最大的特点是高风险、高投入、高收益。我国在石油资源开采领域的对外合作中都采用这种方式。为保障石油工业的发展，更好地促进国际经济合作和技术交流，我国已分别于 1982 年 1 月和 1993 年 10 月颁布了《中华人民共和国对外合作开采海洋石油资源条例》和《中华人民共和国对外合作开采陆上石油资源条例》，明确规定了在维护国家主权和经济利益的前提下，外国公司如何参与合作开采中华人民共和国石油资源。

（二）间接投资方式

证券投资是个人或机构用一定数量的资金买卖、持有一定数量的有价证券、借此获得收益的行为。采取这种方式投资时，投资者不将投入的资金直接用于生产，而由有价证券发行者或出售者将所筹得的资金作为资本用于生产，因此这种方式又称"间接投资"。

"证券"一词的含义有广义与狭义之分。从广义上说，证券包括商品证券和价值证券两种。其中，价值证券又可分为货币证券和资本证券。而证券投资通常是指对有价证券的投资，主要包括债券和股票等。此外，还有基金投资。基金可分为开放式基金和封闭式基金两种。开放式基金是指基金发行总额不固定，基金单位总数随时增减，投资者可以按基金的报价在国家规定的营业场所申购或者赎回基金单位的一种基金。开放式基金的最大优势是：投资分散、流动性强、专家理财，降低风险。封闭式基金是指事先确定发行总额，在封闭期内基金单位总数不变，基金上市后投资者可以通过证券市场转让、买卖基金单位的一种基金。

（三）其他灵活的投资方式

1. 国际租赁

租赁是指出租人通过签订租赁合同将机器设备等物品较长期地租给承租

人，承租人将其用于生产经营活动的一种经济合作方式。在租赁期内，出租人享有租赁物的所有权，承租人拥有租赁物的使用权，并定期向出租人缴纳租金，租赁期满后租赁物按双方约定的方式处理。租赁业务主要包括融资性租赁和经营性租赁两种方式。

2. 加工装配贸易

对外加工装配是来料加工、来件装配业务的统称。它是由外商提供原辅材料、零部件、元器件、包装物料等，由我方企业按外商要求加工装配，成品交由外商销售，我方收取外汇工缴费的对外经济合作方式。对外加工装配业务是我国最早的对外经营经济合作方式之一，1978 年始于广东省，目前主要集中在东部沿海地区。

（四）国际融资的主要方式

在国际市场上，跨国公司既是投资的主体，也是融资的主体。融资方式是指跨国公司等投资主体筹集资金时所采用的具体形式，属于投资主体的主观能动行为。利用多种方式、多种渠道筹集公司生产经营和发展的资金，谋求公司的生存和发展，是公司经营者的重要经营举措。跨国公司的融资方式主要有：国际股票市场、国际债券市场、欧洲货币市场、银行信用，以及跨国公司内部的资金调度等。根据融资期限的不同，大体上可以将这些融资方式分为长期融资、中期融资和短期融资三种。

三、投资促进常用方式

广义而言，促进上述各种形式投资的一切合理、合法的方式、手段统称为投资促进方式。

（一）常用投资促进方法概括

在国内外丰富的投资促进实践活动中被广为采用的投资促进方式大致有：

（1）形象塑造。

（2）在一般性的金融媒体做广告；在具体行业或部门的媒体做广告。

（3）参加投资、贸易展览会、洽谈会、项目对接会。

（4）组织一般性或具体行业的投资团组，在来源国和东道国间相互往来考察投资环境，寻求投资机会。

（5）组织一般性或具体行业投资机会或项目说明会、推介会、新闻发布会等。

（6）从事直接邮寄或电话营销；通过多媒体招商。

（7）对具体厂商进行研究，然后进行"营销"推介；实行定点、定向招商。

（8）提供投资前期咨询服务、中期建设运营服务和后期综合服务特别是提供法律援助与服务。

（9）加速申请和许可的处理，例如"一站式"服务。

（10）参与国际会议扩大影响。

（11）编写各种宣传材料、报告及书册，宣传投资环境，发布投资信息等。

（12）代理招商或称委托招商、中介招商。

（13）招投标。

（二）两种投资促进方式分析

在小路易斯·T. 威尔斯和艾尔文·G. 温特合著的《营销一个国家 Marketing a Country——投资促进作为吸引外国投资的一个手段》中，两人就投资促进方式的选择与应用问题做过较为深入的调查研究，现试举下面两种方法加以分析。

1. 形象塑造方法

形象塑造按主体不同，可以分为国家形象塑造、地区形象塑造、企业形象塑造、项目形象塑造（或项目包装）等。广义而言，形象塑造的方法主要包括以下几种具体方式：

①在一般性的金融媒体上做广告；

②参加投资展览会；

③在具体行业或部门的媒体上做广告；

④组织一般性的投资团组进行互访；

⑤组织一般性的投资机会说明会。

在调查中，所有的促进机构都运用过一个或者多个形象塑造方法（见表5-1）。

表5-1　　　　　　　　　机构塑造形象的主要方法

区位	促进机构	运用的形象塑造方法
英国	英国投资局（IBB）	①、②、④、⑤
加拿大	加拿大投资局	①、③
哥斯达黎加	哥斯达黎加投资促进计划（CINDE）	②、③、④
印度尼西亚	投资协调局（BKPM）	④、⑤
爱尔兰	工业发展局（IDA）	①、③
牙买加	牙买加国家投资促进局（JNIP）	②、③、④、⑤
马来西亚	马来西亚工业发展局 （MIDA）	②、④
苏格兰	苏格兰投资局（LIS）	①、②
新加坡	经济发展局（EDB）	①
泰国	投资局（BOI）	①

大多数机构运用形象塑造方法，仅仅是为了实现改变本国作为一个投资场所的形象的目的。这些国家并不指望这些活动会直接引进投资。英国投资局、加拿大投资局、爱尔兰工业发展局、新加坡经济发展局、苏格兰投资局和马来西亚工发局都属于这种类型。英国投资局和加拿大投资局成立伊始，就发起密集的促进攻势，他们打算改变两国在公司投资界的形象。爱尔兰工发局在开始积极的促进活动时，发起了一场广告攻势，其宗旨是树立爱尔兰作为国际流动资本的首选场所的形象。在 20 世纪 80 年代中期经济衰退结束之后，新加坡经济发展局做广告的目的是提醒企业界，尽管近期经历了经济衰退，但是新加坡依然是一个非常富有吸引力的投资场所。马来西亚工发局和苏格兰投资局在媒体保留了最少的广告，其目的是，在特定的一些产业部门里，保持两国在潜在投资者心目中的位置。

另外一组数量较少的机构则期盼着形象塑造方法能够直接带来投资，但令人失望的是，这些活动并没有有效地实现它们的目标。牙买加国家投资促进局和哥斯达黎加投资促进计划在最初几年里的经验和印度尼西亚投资协调局的工作都说明了这些属于第二组的机构的情况。在牙买加国家投资促进局成立的最初几年中，保守派在政府选举获胜执政之后，该机构利用广告、团组和研讨会以及参加投资展览会等形式，力图在国际投资界塑造一个有利的形象。同时，该机构还期望这些方法会直接产生外国投资。最终的结果是令人失望的，这导致了牙买加投资促进局改变了促进方式。在开始投资促进工作的时候，哥斯达黎加投资促进计划利用了研讨会、参与投资展览会等促进方式，旨在直接引进投资。1987 年，尽管哥斯达黎加投资促进计划还参加投资展览会，该机构已经不再期望这些展览会能直接引进投资了。所以，该机构还将重点放在了其他方式。印度尼西亚投资协调局的主要促进方法是利用由机构本身或者咨询顾问安排的投资团组和研讨会。他们期待这些活动将直接带来投资，但事实是，这些活动并没有有效地实现该目标。

有一个机构属于第三个类别：泰国投资局原先指望形象塑造方法会直接带来投资，并且发现这些方法的确带来了投资。该机构 1986 年在日本主办了一个促进攻势，主要是依赖广告和直接邮寄活动。该攻势似乎成功地产生了直接投资。但是，我们相信，这个案例只是一般模式的一个例外情况。

基于上述，形象塑造方法对投资的影响是宏观的和长远的，一般不能产生立竿见影的直接投资效果。

2. 直接引进投资的方法

为分析方便，以下方式可归入直接引进投资或投资开发的方法：

①从事直接邮寄或者电话营销攻势；

②组织具体行业或部门的投资团组进行互访；

③组织具体行业或部门的投资机会说明会；

④对具体厂商进行研究，然后进行"销售"介绍；

研究各家机构对上述方法的运用可见表5-2。

表5-2　　机构直接引进投资/投资开发的主要方法

区位	促进机构	运用引进投资方法
英国	英国投资局(IBB)	①、④
加拿大	加拿大投资局	④
哥斯达黎加	哥斯达黎加投资促进计划(CINDE)	①、④
爱尔兰	工业发展局(IDA)	④
牙买加	牙买加国家投资促进局(JNIP)	①、③
马来西亚	马来西亚工业发展局（MIDA）	①
苏格兰	苏格兰投资局(LIS)	①、④
新加坡	经济发展局(EDB)	④
泰国	投资局(BOI)	②

在研究中，曾经运用过引进投资方法的所有机构都认为，这些方法可以直接引进投资。然而，各个机构的共识是，这些方法的有效性仅仅表现在，通过这些方法，可以找出潜在投资者并且鼓励他们在一个具体国家进行投资。牙买加国家投资促进局、马来西亚工业发展局和英国投资局都按照直接邮寄、电话营销、具体研讨会的线索或者通过重要公司目录，力图找出一些公司，量体裁衣式地准备情况介绍。爱尔兰工业发展局、苏格兰投资局、加拿大投资局、哥斯达黎加投资促进计划和新加坡经济发展局主要依靠进行详细的具体厂商研究，找出潜在的公司。在找出潜在的公司之后，努力使这些公司的决策者成为听众，以便向他们做销售介绍。

（三）项目包装

所谓项目包装，就是按照国家和地方产业政策的要求，通过深入的市场调研，搞好项目可研、论证、立项、推介等前期工作。它实质上是形象塑造的一种方式，因此，也可称为项目形象塑造。项目包装不仅是吸引外资的前提，也是企业形象的展示，项目包装对企业的发展起着至关重要的作用；近几年对外开放的实践经验证明，成功的投资合作项目离不开成功的项目包装，它是中外企业走向合资合作、携手发展的桥梁。

1. 好的项目包装评价标准

一个好的项目包装应具备以下特点：①科学性：当今世界各国都十分注重项目的综合性分析。在可行性分析中以财务分析为基点，发展了一整套经济分析的方法，并且对政治、社会和生态环境等给予相应的重视。这就是要求在进行项目包装时，要以财务会计学、管理会计学、技术经济学等自然科学和社会科学为依据，对项目的经济效益进行科学论证。进行项目包装时，必须坚持实事求是的原则，数据资料要真实可靠，据理论证，公正客观，那种故意缩小投资风险，夸大经济效益的"钓鱼"项目包装的做法是十分有害的。②可行性：那种说行就行，不顾项目操作性的做法，是导致诸多招商引资项目匆匆上马，却又匆匆下马的根本原因。为此，要做好项目的技术可行性分析，以经济效益为核心，采用动态和静态两种分析方法，提出投资项目可行或不可行的结论以及多种供选择的方案。③规范性：项目包装的程序、内容、语言、格式要与国际惯例接轨。为此，要把定量分析和定性分析结合起来；语言文字规范化；格式符合特定项目的要求。④吸引性：项目有无吸引力，直接决定着招商引资的效果。为此，应充分挖掘项目的优势和潜力，在多因素的对比分析中，展示项目的可行性和"魅力"。

2. 当前在项目包装中存在的主要问题

①对一些基础数据和经济评价的主要指标对政治、法律环境等各种因素的变化造成对经济评价指标的影响及项目的风险等缺乏科学的经济测算。例如，有些企业为达到引资的目的，故意低算成本费用，高估利润，如有的企业将利润率定为50%，不符合实际，大大降低了项目的可信度。有的缺乏多方案比较，如对设备选择、建设规模、发展方向等方案缺乏比较分析。②项目包装没有特点和吸引力。项目包装的立意起点较低，总体策划缺乏新意，没有准确把握时代脉搏，与国际市场的需求和最新发展相差甚远；内容层次不分明，重点不突出，一般性介绍多，深入分析少，对相关市场的分析没有衬托出项目的特色和优势；不注重从整体上充分挖掘和深入分析当地和本企业自身资源优势，也没有揭示项目的独特性。③缺乏深入的可行性研究和横向、宏观、行业比较等；对可能出现的困难以及注意和预防的问题估计不足，有意隐蔽可能出现的风险。④语言文字、格式同国际惯例相比差距很大，也不善于利用图表，地图、方位图不能形象生动地反映和表现项目的本质特征。语言文字不符合外商习惯，容易引起外商误解。如在美国，"Napkin"指"餐巾"，而在英国则指"尿布"。⑤广泛存在着"概念"式项目包装、"提纲"式项目包装、"单边"式项目包装、"临时"性项目包装、"随意"性项目包装等问题。"概念"式项目包装指许多项目如同纸上谈兵，实用性不强，可操作性差；"提纲"式项目包装指项目包装

过于简单，缺乏可操作性，偌大一个项目只用寥寥数语简介；"单边"式项目包装指在项目前期的预测和包装上做得不到位，只看自己，不看市场，造成"单边"活动多，一相情愿，根本调动不起投资方的积极性；"临时"性项目包装指因急就章，临时"抱佛脚"，存在着短期行为；"随意"性项目包装指不按严格规范的程序（如项目的提报、审核、论证、包装到项目的最终推出等），随随便便，想起什么就搞什么，想怎么搞就怎么搞，或者是哪位领导一句话，有关部门搞一个"可行性"报告就决定了。

3. 项目包装建议

①要认真学习国际经济合作理论和实务，掌握国际咨询业的发展动态，高度重视和认真研究项目的包装问题。在当前市场经济的条件下，招商引资项目包装的理论与方法不仅是专业人士，也是各类企业或组织的管理者、决策者应当了解和掌握的一门实用性和操作性较强的科学。项目包装不是生产经营之外的事情，而是企业寻求合作与发展、开拓新市场的基础和前提。特别是完成一个项目的包装，应当按规范化的程序来进行，从开始申请→立项→审核→建议→中介介入→审查→评估→计划说明书→推介等步骤，逐步去完成。②要充分发挥社会中介组织的作用。中介组织既有广泛的社会联系，又有项目包装的实践经验。③要善于利用国际软件对项目进行包装。利用规范化的国际软件对招商引资项目进行包装，实为我国企业开展国际经济技术合作的最佳途径和选择。④要善于开展市场调研，把统计工作做好。只有对各种数据进行长时间的积累，才能在项目包装中更可能多地全面反映企业真实情况。⑤做好重点项目的遴选与包装。重点项目是投资促进最有可能迈出的第一步。投资促进中重点项目的"重点"表现在项目不仅代表当地的重点行业，更体现在"求大、求实、求新"上；不仅能较强地拉动当地经济发展，更能让投资者看到投资的潜在收益。如何筛选和包装重点项目，是投资促进中需要正确对待、逐步明确和不断完善的问题。重点项目的遴选与包装是在国家和地区产业政策指引下，结合区域主导产业与优势产业，通过广泛而深入的市场调研，做好项目可行性研究、论证、立项等前期工作，客观反映项目实际情况，抓住投资者需求，激发投资者愿望，从而实现投资促进的目的。重点项目的筛选首先要创新项目生成机制，建立和完善政府、企业、投资促进机构和各类专家共同参与、分工明确，注重区域实际，分析投资者需求的项目生成机制，同时不断拓展项目源，建立动态项目库，为重点项目的筛选提供充足资源。其次，重点项目确定后，要组织投资促进机构人员、相关专家、当地群众召开项目听证会，对重点项目进行遴选。遴选时注意采取定性和定量分析相结合的方法，先确定前提性评价（也可称为政策性约束），再对满足条件的重点项目从投资效益、资源集约利用和

环境保护三个维度进行综合性评价。还必须对重点项目包装做科学论证。一个项目的成败，关键是投资主体在项目的分析论证中是否有准确完备的信息来源和渠道；是否有对市场进行周密、细致的调研分析能力和有效的组织实施能力；是否全面了解和熟识投资项目的实施程序；是否能预见项目实施中可能出现的问题和及时采取应对措施，等等。这些工作的专业性、技术性极强，投资主体自身很难完成，国际上的重点投资项目，通常由一家专业的财务顾问公司担任其项目顾问。财务顾问公司作为资本市场的中介机构，通过对项目及引资者与投资者之间情况的把握，凭借其对市场动向的敏感和专业财务分析人才的优势，为项目制订严格、科学、技术的财务计划，并在资产规划和投入过程中作出理性的投资分析和决策。

（四）委托招商

实践证明，委托招商是一种行之有效的招商方式。当我们对某个国家、某个地区、某个行业的情况不十分了解的情况下，开展招商引资工作往往无从下手，而这时若能聘请招商代表，实行委托招商，往往会收到事半功倍的效果。如宿城区聘请浙江宁波一个宿迁籍老板为招商代表，已引进了多个项目。宿城区除给予固定资产到位资金1%奖励外，每年还支付一定的招商费用，这个做法效果很好。

要注重编织"两张网"，即编织在外地的本地人关系网和在本地的外籍人（主要是来本地投资的外籍人）关系网，根据所在招商地点，把在当地有一定知名度和影响力的本籍人士进行调查统计，通过召开座谈会或登门拜访等方式，联络感情，深化亲情、乡情和乡音，以他们在当地的关系最大限度地扩大我市的招商资源。同时，把在本地工作、创业的外地有影响人物，通过关系联络感情，推动我们招商引资工作开展。

（五）专业小分队招商

就是选派熟悉业务、精通外语的人员组成精干的招商小分队，实行定点招商。这种招商方式的优点是人员少而精、灵活机动、有针对性，可专心致志地与客户进行深入交流，成功率高。可以避免大型招商会参加的单位多、人员多、签约多、项目落空多的"四多"现象。专业小分队招商要求对招商地的情况必须熟练掌握。如当地市情、县情、乡情，产业结构状况，行业发展特点，风土人情、历史文化等。这样，在与客商交谈时，才能做到心中有数，洽谈有序，更具有针对性和有效性。

（六）以商招商

就是通过已经落户的外地投资者，吸引其亲戚、朋友、同学来宿投资，从而产生"葡萄串效应"，这种招商方式效果很明显。在这方面，可以说人家一句话胜过招商人员一百句话的宣传。以商招商，我市有很多成功范例。浙江珠光集团董事长陶开富，开始在沭阳投资兴办了凯富灯业有限公司，后又为沭阳引进了两个工业项目。

（七）传媒招商

传媒招商主要包括在报纸、杂志、广播、网络（包括信件）等媒体上进行招商宣传，刊登招商项目进行项目推介，吸引有投资意向的客商前来考察投资，特别是网络招商。网络招商要把握网上宣传、项目推介和网上洽谈三个环节。网上宣传，就是借助本地、本省、国家招商投资网，全面介绍投资环境、优惠政策、人文历史等；项目推介，就是通过招商网推介一批比较成熟的招商项目；网上洽谈，就是通过网络连线、电子信息等形式，对具有一定投资意向的客商，进行"面对面"的网上洽谈，释难解疑，在网上实现信息交换和项目的初步洽谈。此外，还有信件招商，此方法更加简便易做，成本低，有一定成功率。

第二节　我国投资促进模式考察

一、我国投资促进总体模式分析

以招商引资为例，我国投资促进总体模式大致有[①]：

（一）论坛、会议、会展招商

论坛、会议、会展招商，是通过举办各种论坛、会议和展览实现招商引资。例如举办投资贸易洽谈会、博览会、项目推介会等，即举办各种会、节、展、坛。举办会议的实际作用是搭建一个舞台或平台，让招商活动和经贸活动唱戏。开展会议招商应注意"四借"：一是借特产招商，如农业特产、矿产、海产、工业特产等；二是借特色招商，如区位特色、气候特色、植物特色、旅游特色等；三是借当地正面名人招商，实际上是发挥当地名人效应，但借用时一定要慎重，要尊重当地名人，要注意协商和沟通；四是借特殊历史招商，如名胜古迹、历史上的作用等。安徽省从 2005 年开始每年召开一次"国际徽商大会"是一个很好的例子。山东省在会议招商方面搞得不错，每年举办不少相关会议，如潍坊国际风筝节、泰山登山节、孔子文化节、寿光国际蔬菜博览会、鲁台经贸洽谈会、济南出口商品交易会等。

另外，还需要注意与招商引资有关一些国家级的会议，如北京科博会、上

---

　①　卢进勇，杜奇华，王习农．政府与企业招商引资战略和操作实务。对外经济贸易大学出版社，2006 年 11 月第 1 版，第 3 页。

海工博会、厦门投洽会、深圳高交会、杨凌农高会、大连软交会、苏州电博会、广东中小企业博览会、浙江义乌小商品博览会、杭州西湖博览会(1929 年创办)、重庆高交会、南宁中国—东盟博览会、中国沈阳装备制造业博览会、中国吉林东北亚投资贸易博览会、中国长春汽车及零部件博览会、中国青岛国际消费品电子博览会、中国宁波国际消费品博览会和中国中部贸易投资博览会(6 个中部省份轮流主办)等。

(二)机构招商

机构招商,也称"专业招商"。主要通过成立招商局、投资促进局、招商引资办公室、经济合作办公室或投资促进中心等开展投资促进工作,确保专业性和持续性。①作用与必要性:成立专门的招商机构是一个地区的品牌或形象,必要性主要体现在应对激烈竞争和塑造当地形象上。目前一些省市内外招商引资机构和业务已经统一,如北京市、黑龙江省和广西壮族自治区已分别成立省正厅级投资促进局和招商局,这将成为趋势,云南、浙江、吉林、安徽、新疆等正厅级经济协作/合作办公室。成立机构有利于形成招商引资的长效促进机制。②基本职能:协调全省(市)的招商引资工作、组织重大招商活动、监督落实项目、改善投资环境、组织企业参展或考察、开展人员培训以及企业的设立审批等。专门的招商引资机构有的属于直属政府机构,有的属于事业性单位。③运作方式:投资促进机构为主,政府其他相关部门配合。

(三)环境招商

环境招商,包括硬环境、软环境和产业配套环境。硬环境指基础设施建设状况,通称"九通一平";软环境指政策与法规完善程度、税收优惠程度、市场公平竞争状况、行政办事效率等;产业配套环境是目前提出的第三个层次的投资环境概念,包括工业配套能力、产业链、产业集聚、企业群、经济圈、组团式投资等。

(四)政策招商

政策招商,既包括各层次的优惠鼓励政策,也包括使各类企业可以开展平等竞争的市场环境方面的政策。

(五)产业链招商或产业集群招商

产业链招商或产业集群招商,也称"园区招商"。围绕某个产业的上下游行业招商,是一种新的招商方式,而且是目前乃至未来招商引资最重要方式之一。一系列相互关联项目构成产业链,集中园区布局。要研究和分析产业发展规律,准备和推出一批招商项目材料。项目招商是招商引资活动的中心和关键。要策划与创造项目、筛选与储备项目、包装与推广项目、运作与落实项目、办成与投产项目,最终实现项目赢利。发展产业链招商不仅有利于形成产业集聚和规模经济，有利于降低成本，还有利于提高土地的利用效率。

任何生产经营活动，从研发到原材料、零部件采购以及最终产品形成的过程，可用上游、中游、下游来描述，彼此的依赖关系，构成产业链。经济学的观点是产业链条之间的距离越短越好，越短成本越低。如果上游产品都从很远的地方引进，成本就一定会加大，而且往往降低保障系数。所以，作为吸引外资的政府或招商人员，要研究产业的链条结构。抓住龙头企业的招商往往会带动一批企业的集聚。在北京经济技术开发区投资 12.5 亿美元的京东方 TFT-LCD 薄膜晶体管液晶显示器件第五代生产线，2005 年一季度正式投产，整体建成后预计可增加销售收入约 400 亿元。众多国际知名厂商看好京东方 TFT-LCD 事业的发展前景，纷纷与京东方积极研讨合作事宜。已有韩国的 LG 化学等 12 家国内外知名上游、下游厂商决定在京东方科技园中投资，总投资额 4 亿美元以上。此外，世界 500 强企业日本丸红株式会社于 2005 年 3 月 1 日与京东方签署协议，宣布双方在液晶显示领域结成战略合作伙伴关系。同时，丸红还将通过购买京东方母公司 10％股份的方式成为京东方的战略投资者。全球最大的玻璃基板供应商美国康宁公司，也成为京东方 TFT-LCD 第五代项目重要配套厂商的实质性进展阶段。京东方科技园将建成以 TFT-LCD 显示屏为核心，上游、下游国际厂商共同参与建设的高科技园。园内通过龙头显示器产业拉动上游、下游产业的发展，预计年新增工业产值可达 2 000 亿元，新增就业机会 2 万多个，实现显著的经济拉动效应，形成显示器产业链的重要基地。

再比如，中关村科技园区积极打造产业集群效应，收到很好成效。园区管委会认为，产业聚集是区域竞争力的重要标志。高新技术产业集群的特点，一是企业集群形态不同。高新技术创新活跃，产品生命周期短，定制化程度高，生产链或产品供应链根据产品特点由成员企业弹性组成，产业集群以供应链集群的形式出现。二是产业集群取向不同。创新能力是高新技术企业的核心竞争力，高新技术产业集群主要是为了获得创新资源，共享技术信息等，企业依赖于区域创新系统获得创新效益。三是对集群的依赖性不同。与工业大规模时代相比，全球高新技术集中在少数区域，成为新经济产业布局的突出特点。使得高新技术产业集群地控制力空前提高。

为了完善园区的产业聚群，为高科技产业的发展营造良好的产业生态，开发区采取了以下措施：一是健全产业服务体系，完善产业集群环境。园区制定了相关的产业引导政策，加强公共服务平台建设，降低企业的进入门槛和运营成本。加强对市场的监管，整顿规范市场秩序，加大对知识产权保护力度，为企业发展创造一个平等竞争的市场环境。二是加强产业基础设施建设，拓展产业集群空间。专业园区和产业基地是产业集群的重要载体。以海淀区为例,目前规划和在建的专业园区和产业基地,有中关村西区、中关村软件园、永丰产业基地、上地信息产业基地等。与此同时,园区还进一步理顺招商机制,根据各专业园区和产业基地的不同特点,将企业引入适于生存和发展的集群区,发展优势产业群,形成特色鲜明的产业集群经济。三是注重培育知名品牌和龙头企业,发挥带动示范作用。政府资源适当向名牌产品和龙头企业倾斜,并围绕龙头企业,加速上下游配套企业的引进与集群。不仅如此,园区还推动电子市场升级,牢固产业集群纽带。电子产品市场在配置要素资源、引导产业发展、促进产业集群方面具有不可替代的作用。园区不断提升其内在品质和核心竞争力,形成新产业不断集群的新格局。最后,加强人才培养和使用,为产业集群提供人力资源支持。中关村的人力资源优势,是促进以智力密集型为特征的高新技术产业集群的重要条件。园区创造一切有利条件,使各类人才"进得来、留得住、用得好",为集群经济的发展提供坚强的人才保证和广泛的智力支持。

(六)产权招商

指出售企业的全部或部分产权,借以实现招商引资。为此应成立产权交易所。产权招商可以推动国有企业的改革与重组,可以促进民营与私营企业的产权多元化。

(七)示范招商

示范招商也称"以商招商"。搞好服务,协助办好现有的外来投资企业有利于招商引资。据报道,近年来山东威海有相当多的项目是来自客商牵线搭桥。

(八)网上招商

网上招商有四大优点,即常年性、内容多、更新快和省费用。需要建立专门网站并在网上建立相应栏目,如资源优势库、产业优势库、推荐项目库、现实客商库、政策法规库、投资环境库。网上内容应及时更新,栏目和内容应考虑投资者需要。借助网络可进行网上推介会或招商洽谈会等。

(九)服务招商

各级政府部门要为来当地投资的企业和个人提供周到的全方位服务,实现"零障碍"与"全覆盖"服务。如成立行政审批中心,实现一条龙审批;实现融资"绿色通道";或设立服务中心与投诉中心等,帮助投资者排忧解难。

(十)品牌招商

一个地区拥有知名品牌有利于提高知名度,有利于吸引客商,进而可以促进招商引资。各类开发区要形成品牌,凡有品牌的开发区招商引资搞得就比较好,如北京经济技术开发区、寿光"菜博会"、浦东新区、苏州工业园区、天津开发区泰达 TEDA 等。

（十一）"筑巢引凤"招商

属于建设硬环境方面的问题，即兴办各种区、园和谷等，建好载体，构筑企业发展空间。

（十二）联谊招商

与现实或潜在的投资者搞联谊活动，联络感情，如召开座谈会，组织考察活动等，通过开展联谊活动增进了解和信任，为今后吸引投资打下基础。

（十三）代理招商

代理招商也称委托招商或中介招商，即请中介机构帮助招商。为此应制定招商引资奖励办法。代理招商是近年来新出现的投资促进方式，应加以高度重视。

（十四）顾问招商

顾问招商也称"关系人招商"，即将各种关系人聘为当地的顾问，借助关系人实现招商引资。关系人包括当地在外的企业家、领导干部、学者名人、科技专家、影视明星和海外侨胞等。

（十五）"走出去"招商

包括人员走出去和机构走出去。相关人员到国内沿海地区或境外举办招商引资会、招商说明会和项目推介会等活动，宣传自己，介绍项目，吸引资金和项目进入。此外，还可以在其他地区设立招商办事处，派出专门人员长驻办事处负责当地的招商工作。

（十六）其他模式

近年来各地涌现出一些新的投资促进模式，需要加以关注和认真研究，如中央商务区（CBD）招商、新城区招商、教育招商、金融招商、商业招商、旅游招商、房地产招商、土地招商、吸引本地在外能人回乡招商和借区招商等。

二、我国投资促进地方模式分析

在长期投资促进实践特别是招商引资过程中，各地结合本地实际情况形成了多种投资促进模式，积累了丰富的投资促进经验，下面择代表性模式加以阐述。

（一）江苏"昆山模式"

江苏昆山经济技术开发区创造出营造投资环境的"昆山模式"。昆山属于县级市，全市有近 3 000 家外商投资企业，已经形成招商引资的口袋效应、盆地效应。昆山经济技术开发区创办于 1985 年，1992 年被批准为国家级开发区，辖区面积 120 平方公里，在全国 54 个国家级开发区主要经济指标考核中，昆山开发区综合评比名列前茅。外商在昆山开发区投资设立了 1 000 多家企业，总投资额达 100 亿美元以上。

主要经验：敢为天下先、筑巢引凤、特色载体、诚信服务和立即办等。服务理念：亲商、安商、富商。具体做法：为了给外资企业创造一个良好的发展环境，昆山市政府和昆山开发区管委会在全市和全区范围内打造五张品牌，即完善产业配套环境，打造"电子昆山"；优化服务环境，打造"效率昆山"；构筑生态环境，打造"绿色昆山"；创建法制环境，打造"平安昆山"；提升人文环境，打造"魅力昆山"。现已成为世界笔记本电脑生产基地，年产 1 000 多万台，占全球 1/370 公里范围内配齐所有零部件。今后重点发展三个产业群：电子信息、精密机械、民生用品。五大优势：区位优势（上海与苏州之间）、成本优势（劳动力丰富）、产业链优势（商务成本低，新竞争力）、服务优势（政府服务）、生态环境优势（有可能成为未来第四个层次投资环境）。

(二)北京经济技术开发区"星网工业园"模式

星网工业园分一期和二期，总占地 100 公顷，项目总投资超过 100 亿元人民币，全部建成后年产值将达 500 亿元人民币，将创造几万个就业机会。园内以首信诺基亚公司为主，将日本三洋、中国台湾富士康、楫斐电、贝尔罗斯等与诺基亚公司有配套合作关系的国际和国内近 30 家手机零配件供应商、服务提供商、分销商和研发机构集中到星网工业园投资建厂，形成一个世界一流的移动通信生产基地。星网工业园是最具代表性的园中之园，谐音是兴旺工业园。目前区内还有 GET 业园、富士康工业园、奔驰工业园。截至 2004 年 6 月底，北京经济技术开发区有 1 510 家企业，其中三资企业 366 家，内资企业 1 144 家，利用外资 49 亿美元，内资折合 20 多亿美元。重点发展四个产业：电子、汽车、医药、装备。

主要经验与做法：星网工业园是一种全新的利用外资模式，它是北京目前最大的外商投资项目。它是一种产业集群投资或称组团式投资，是一种企业扎堆现象，是高于产品价值链的一种产业链投资的完整组合。在星网工业园内，与手机相关的各种零部件一应俱全，手机从组装到出货仅需一天。诺基亚以移动通信产品为龙头，将全球不同地域的原材料、零部件等供应商集中在一个生产空间，每个配件送到装配线的时间误差只有几分钟，所有企业没有库存。保证原材料与零部件供应零库存和零运输，可概括为"配套加双零"，有效降低成本是星网工业园成功的奥秘。

(三)苏州工业园区模式

大体概况：中国政府与新加坡政府合作建设，1994 年启动 70 平方公里，2003 年实现 GDP 365 亿元，完成财政收入 46.2 亿元，进出口总额 143 亿美元，累计创造就业岗位 15 万个，1 600 家外商投资企业，实际利用外资 80 多亿美元。

成功经验：①努力构建适应市场经济发展的管理体制与运行机制，将政府职能中的中低层次职能分离出去，改由非政府性质的公务机构或中介机构承担，有效减少管理层次；②加快国际资本集聚和区域核心竞争力的提升，主要发展半导体、光电和机电一体化；③积极打造高效、透明、公平、规范的服务型政府，提出"亲商"理念，实行"一站式"服务；④坚持经济与社会、人与自然的和谐发展，营造适合人居创业的高品质环境，构建自然、和谐、宜居的开发区。这一点在全国范围内尤为突出，堪称典范。苏州工业园区具有前瞻性的规划为园区创建一流的投资环境增色不少。新加坡内阁资政李光耀曾评价苏州工业园区"是一个独一无二的实验"。而对"规划"的尊重，是园区体现"独一无二"特色的主要措施之一。由中新双方专家联合编制完成的园区规划非常先进，甚至是超前规划。在建设过程中，园区坚持"以人为本"的理念，确立科学的开发程序，充分发挥政府投资先行的示范作用，鼓励社会资本参与开发，通过高起点规划、高强度投入、高标准建设，形成了高品质区域环境。自建园之初起，园区就将自身定位为一个具有国际竞争力的高科技工业园区和现代化、园林化、国际化的新城区。因此，园区十分注重生态环境保护，实施清洁生产，推行循环经济，实行环保"一票否决"制。十年间，有 200 多个项目因环保因素而被否决，累计合同外资超过十亿美元。同时，园区还构建了"一环三湖四园六廊八景十二苑"的绿色生态系统，让区域环境整体通过了 ISO 14001 体系认证。与此同时，园区开创了"清淤、治水、取土、扩地"的土地综合开发新模式，将疏浚湖泊获得的泥土用于造地，避免挖废耕地 1.5 万多亩，相当于新增用地 10 平方公里。为了改善当地等额生态系统，园区还增加了金鸡湖、独墅湖等几大湖泊的蓄水量。通过以上努力，目前，园区工业地块每平方公里的投资强度高达 14.8 亿美元。由于坚持经济与社会、人与自然的协调发展，苏州工业园区不仅实现了经济腾飞的奇迹，更难能可贵的是，园区的一方碧水蓝天。优美的环境不仅使工业园区成为了"苏州旅游网"推荐的踏青赏春之地，而且为投资者提供了一流的投资环境，成为了塑造"苏州品牌"的重要亮点。

（四）宁波模式

主要经验：①抓大企业，美国杜邦和台湾王永庆已来投资，有 7 个百亿项目，形成龙头大企业发挥示范带动作用。实际是发展重化工业（深圳市是适度重型化发展）。②向大企业上下游企业招商引资。③内资、外资同引进。④第二产业与第三产业相结合。第三产业首先为本区服务，解决以往借助老城区服务业问题。⑤大中小项目都引进。

（五）广州开发区模式

广州开发区的主要特点是实行"四区合一"（广州经济技术开发区、广州高新技术产业开发区、广州出口加工区和广州保税区）的管理模式（四块牌子，一套管理机构，覆盖四块区域），享受广州市一级经济管理权限。开发区拥有丰富的优惠政策体系，可供外商选择的投资领域宽、政策空间大，有利于产品加工链条长、产业关联强、辐射带动效应大的产业发展，可以充分满足和适应各类投资者的个性化、多元化需求。与此同时，开发区实行行政管理"一站式服务"，健全相应的配套服务体系，最大限度地方便国内外投资者。同时，还量化控制土地，注重完善产业链，强化产业集聚——主要是集约用地，供地量与投资规模和投资密度挂钩，不达标准的则进标准厂房或不让进开发区，每平方公里"九通一平"的土地年实现 GDP 14.10 亿元和税收 2.51 亿元。此外，广州开发区还积极打造绿色开发区建设，这种模式具有环境保护好、土地、能源等资源利用集约度高及经济运行质量高等特征，是可持续发展战略的具体表现。

（六）承德模式

主要特点：经济开发区与高新区合一；实施三战略：环境立区、开放兴区、科技强区。最初规划面积 6.2 平方公里，有 200 家企业入区。已设立绿色饮料食品产业园等 6 个区中园。有中国 10 大饮料品牌，其中露露集团总资产 16 亿，无形资产 23 亿多。此外，借鉴美国西雅图经验，即小地方大企业大品牌，不样样单干，小品牌干不大。

（七）山西平原县模式

作为县域招商模式的一个代表，山西省平原县到 2004 年年底，全年引进合同项目 127 个，合同金额 54 亿元，已经开工和竣工项目 55 个，到位资金 28.45 亿元。主要经验：第一，完善基础设施，实行一站式服务，营造发展环境；第二，强化服务意识，树立对外形象；第三，组织本县多批人员到浙江学习考察民营企业发展；第四，邀请多批浙江企业家到本县考察；第五，搞好宣传，尤其是对已经建设项目的宣传，促成大批闽浙客商尾追而来。

（八）长三角模式

"以政府为主导、向市场化过渡的多种形式相结合"的投资促进模式。

（九）珠三角模式

以"市场主导、政府为辅"的投资促进模式。

（十）京津唐都市圈模式

以"总部经济"的投资促进模式。

（十一）山东半岛模式

以"主攻日韩"和"国资外嫁"的投资促进模式。

（十二）其他重要投资促进模式

举例详见第十一章"部分投资促进案例简析"。

第三节　有效招商构成与实务操作

一、投资者进行投资活动主要考察的内容

投资促进机构和投资促进工作者必须熟悉和掌握投资人所关注的内容，进而采取相应的投资促进措施，这样才能收到事半功倍的效果。投资者不是简单地仅仅为了获得经济利益，如果真如此，该投资者只是初级投资者。事实上，投资人进行投资活动要考虑多个方面，归纳起来主要有五个方面内容，即公司投资战略；目标投资地的投资环境；目标投资地的投资机会以及关联性；拟合作项目的可行性评价（经济、财务、技术、社会方面）；拟合作项目的商业计划与规划。

二、投资促进基本流程

投资促进工作是一项系统工程，政府投资促进部门、专业投资促进机构、引资主体共同承担，三者各司其职、工作各有侧重、相互不可替代。投资促进最终要落实到具体项目上，因此投资促进的基本流程以项目为主线，由政府投资促进部门、专业投资促进机构、引资主体共同完成，主要内容如下：

①策划、筛选、包装、推出项目；②借助某种招商引资方式寻找合作伙伴；③洽谈签订合作协议；④向政府相关部门报送可研报告等项目材料申请审批或备案；⑤获得审批立项后组织落实项目，实施投资建设；⑥项目投产运营后的服务与管理。

三、投资促进工作人员实务操作

针对上述投资者关注对象，投资促进机构和工作人员应在投资促进实务操作中注意把握好以下方面的内容。

（一）招商引资的策划与统筹

招商引资是一项系统工程，涉及多个部门和环节，因此需要策划。只有做好了招商引资的统筹工作，才能使各部门工作步调一致，全局一盘棋，避免互相推诿。策划的功力决定招商引资成功的大小。招商引资策划是运用招商引资人员的知识和智慧，设计一系列的活动去吸引外来资金与项目落户的活动。招

商引资策划要有准确的目标定位；要有战略高度，综观全局，立足长远；要知己知彼，把握优势；要突破成规，另辟蹊径；要把握时机，适度超前。策划的程序：确立目标，搜集资料，制订各类招商引资方案，比较选择各类方案，方案的实施，实施后的跟踪和反馈。招商引资的统筹：为了使招商引资这一跨部门、跨行业的系统工程规范运作，有序进行，就必须由专门机构统一对招商引资工作进行统筹。统筹的内容：招商项目和战略要以本地区经济发展战略为依据，要符合本地区的产业政策和产业布局，要能发挥当地的资源优势，要与当地区域规划配套，要与当地基础设施建设协调。

（二）招商引资中的形象设计与推介

一个国家、一个城市、一个区域、一个企业，都应有自己独特的形象。就一个地区而言，区域形象对招商引资有着重要的作用和影响，可以说是招商引资成功的关键之一。招商引资中的形象设计可借鉴企业识别系统 CIS（corporate identity system）或企业形象系统 CIS（corporate image system），但应合改为 RIS（region image system），翻译为区域形象系统。招商引资中的形象设计应解决好区域形象定位、区域形象设计与当地省市县形象设计的协调融合。区域形象设计共有五个内容：区域标志、区域名称标准字、区域标准色、区域标语和专用字体。视觉识别系统之构成要素包括区域类别、文具类、车辆与运输工具、服装、区域广告和宣传。

招商引资中的形象推介就是对外推介区域形象，应做到五个统一：统一标志、统一颜色、统一口号、统一招牌、统一思想，还应编印 RIS 手册；对于招商引资人员加强专业知识培训，组织学习 RIS 手册，领会本区域形象的实质，充分认识区域形象在招商引资中的作用和影响，把区域形象的实质精神反映在招商引资宣传资料中。例如，天津经济技术开发区就将 CIS 导入并推广，这一工程于 1994 年实行，包括 TEDA（泰达）区域理念识别系统、区域行为识别系统、区域视觉识别系统。

（三）招商礼节与仪礼

要求礼仪礼节国际惯例与地方风情相统一。

（四）招商引资项目谈判策略

谈判涉及的基本内容：合作形式、投资规模、投资比例、出资方式、有形与无形资产价格的确定、注册资本、董事会组成、管理人员来源、技术引进或转让、利润分配等。谈判的准备：组织一个好的谈判班子、广泛收集相关信息、拟订谈判方案（包括谈判主题、目标、议程、期限等）。双赢的谈判应符合三个标准：谈判要达成一个明智的协议；谈判的方式必须有效率；谈判应该可以改进或至少不会伤害谈判各方的关系。

商业管理专家一直强调，成功的商业交易主要依赖于谈判的艺术，绝大多数成功商人都是谈判高手，这使他们能轻而易举地完成一笔交易。商业谈判的技巧主要包括倾听、充分的准备、高目标、耐心、满意、让对方先开口、不接受第一次出价、适度让步、离开等。

（五）制订科学的招商方案

科学招商方案的制订和实施，一般经历五个阶段：第一在于确定目标，根据自身的发展目标确定招商目标即潜在的投资者；第二是拟订实施方案，制订出若干方案供选择并择优确定方案；第三是确定按择优方案执行并达到预期目标的途径和方法；第四是方案实施，以最少的成本和最短的时间达到招商目的；第五对整个工作的实施进行反思，以利于将来改进。

（六）编写商业计划书

项目商业计划书是引资方为筹集项目，尤其是高风险投资项目资金融资方案，吸引投资商投资的桥梁。它的内容包含对投资活动的控制依据，对项目管理成员的评估等，这对高风险项目投资决策是不可缺少的依据。项目商业计划书是引资方在招商活动中经过包装后的项目宣传资料，是按国际惯例编写的筹资的工具，是对项目开发前景与蓝图的描述，是对引资方管理者的自我评估，是投资商对投资项目评估、筛选的主要媒介，是风险投资的决策依据。通过商业计划书，必须使投资人从中了解到以下信息：干什么（产品、服务）、怎么干（生产工艺及过程）、消费者群体及结构、竞争对手（市场分析）、经营团队、股本结构（有形资产、无形资产、股东背景）、营销安排、财务分析（利润点、风险、投资回收期）。

（七）编写招商报告或招商说明书

项目招商说明书是引资方为吸引投资商对项目投资的招商宣传资料，内容既有技术经济的论证，又有引资方生产经营现状预测和组织架构及人员结构方面的内容，是项目招商活动不可缺少的宣传媒介。项目招商说明书是根据国际惯例标准编写的筹资工具，是对招商项目包装后的招商宣传资料，是投资商了解招商项目，进行投资决策的基本依据。因此，其编写工作必须按照规范的格式。编写项目招商说明书时还应注意静态描述与动态分析相结合；充分体现不同产业项目的特点；体现不同的融资方式的特点；准确说明技术经济指标；使用符合国际惯例的写作体例重视招商说明书的包装质量。

从目前通行的招商说明书来看，存在如下十三大弊病：数据的严重缺失；可行性报告和项目文件表达不清；表面可以看懂，但深入下去发现研究方法与国际不接轨；项目虽好，但不知道市场在哪里；没有效果分析，不知道项目风险在哪里；没有说明管理团队产生的土壤；政府是否建立了可以使用的有效的行业信息库；劳动素质情况不清；城市信息水平模糊；投资地是否所具备的国际化商业规则；说明书过于简略；缺乏辅助材料支撑，其中有许多情况介绍朦胧、含混，甚至不明确、有错误；缺乏必要的内容，如电子邮件、项目网页、项目进一步了解内容的注释。

(八)招商引资会议及活动的组织

主要包括：

(1)招商会议的种类和特点：①种类：项目洽谈会、投资政策说明会、投资研讨会等；②特点：规模大小、内容区别、人员差异、目标与效果不同。

(2)招商会议的筹备：①制订筹划方案，确定会议名称、规模、目的、时间、会场地点、邀请客商、费用预算等；②会务工作组的组建、分工和训练；③会议的宣传和推广，包括媒体选择、宣传稿的刊发；④有目的有选择性地发出邀请函；⑤准备会议材料，如领导讲话、项目目录、统计资料、新闻发布稿、会场布置方案、会议领导小组名单、来宾名单、贺电、企业经验交流材料等；⑥准备招商项目材料和招商宣传材料；⑦准备签约项目；⑧考虑与当地商会或协会等机构合作；⑨与当地新闻界联系；⑩布置会场和准备视听设备。

(3)招商会议的召开：①接待来宾；②发放资料；③安排座位；④主持会议；⑤安排领导、贵宾和投资者等各方人士发言；⑥回答问题；⑦组织好签约；⑧配套活动安排。

(4)招商会议结束后的跟进：①答记者问扩大影响；②组织具体深入的洽谈；③组织访问团和考察团；④发掘和跟进项目线索；⑤为投资者提供信息和市场调查等咨询服务；⑥评估会议效果，补救会议失误，总结经验教训。

(九)寻求与识别商机

应通过多种机会寻找和创造商机。可以借助专业网络商机搜寻工具来完成，例如使用 GOOGLE 搜寻，但也应防止网络流氓软件；UNIDO 提供了五种合作机会识别工具，分别是 COMFARIII 可行性研究计算机模型系统；REED-energy and environment data repository 能源与环境数据仓库；BEST-business environment strategic toolkit 商务环境战略工具；FIT-financial improvement toolkit 财政改善工具；DIPP-databank for investment promotion programs 投资促进项目数据库。

(十)关于招商任务分解与协调的建议

关于招商任务分解：项目具有一定的区域尺度和投资规模，招商引资任务不宜分解太细；大的招商项目需要跨区域协调；从区域经济的角度要建立招商项目的产业联系；从构建产业集群/区域生产综合体角度招商。

给招商引资部门的五点建议：成立较大项目招商小组，科学分配合理协调招商任务；经常研究招商项目的进展与招商中需要解决的问题；经常召开内部信息交流会；做好招商基础工作，尤其是项目商业计划书；做好项目评价与规范。

（十一）招商引资工作中应注意的六个问题

主要包括：抓好项目规范比抓好宣传更重要；抓好投资环境比优惠政策更重要；抓好企业/跨国公司比资金技术引进更重要；抓好外资质量比抓外资规模更重要；抓好外资后期管理比新引进来更重要；抓好自身素质提高比热情接待更重要。

第四节 投资促进工作中的欺诈行为、风险与防范

投资促进工作涉及多个行为主体，时间、地域跨度都较大，运作过程亦相当复杂，不可控因素较多。投资促进犹如一把锋利的双刃剑，在带来巨大经济利益和社会效益的同时，也面临着诸多风险。本节重点研究投资促进风险和防范问题。投资促进风险表现有多种多样，其中以招商引资中的欺诈行为最为突出。

一、投资促进中欺诈行为分析

（一）欺诈分类

投资促进过程中的欺诈行为大致有五类。

1. 资产欺诈

详见《外商投资财产鉴定管理办法》（财政部和原商检局 1994 年发布）。主要表现为机械设备高报价格、以旧顶新、以国产顶进口等。在招商引资过程中，并非所有投资都是好的，如 IFI 就是一个超级杀手。IFI（impoverishing foreign investment）是指导致贫困的外来投资，主要表现为以假充真、以次充好、以旧充新、低价高报、垄断技术、垄断出口、侵吞国资等。

2. 技术专利欺诈

包括转让无所有权技术、转让过期专利技术、转让过时落后技术、多对象授权转让技术等。

3. 合同欺诈

利用内资方面：只签订意向性合同，不兑现，为炒作，或为政绩，或为形象工程，而缺失诚信是原因。利用外资方面：一是越权签订外商投资企业合同，导致合同无效；二是不按合同规定的出资数额与出资期限出资。进出口方面：目前从事进出口业务的坏账率在 5% 左右，每年全国有 200 亿美元左右的

拖欠款不能收回来。实践证明：追收成功率半年以内为 57.8%，一年之后为 26.6%，两年之后只有 13.6% 了。一项调查显示：仅有 17% 的国内企业关注跨国经营风险，38% 不大关注，45% 对此根本不予考虑。

4. 经营欺诈

外来投资企业投产开业后，通过转移价格，高进低出，造成账面亏损，逃避纳税。实际是将营利转入境外关联企业账户。

5. 绿色欺诈

这是一种另类的欺诈行为。国外有的企业借"绿色标志"之名，行"黑色、黄色"之实。必须对加施了国外绿色标志的企业投资行为有清醒的认识，以免不明其详反受其害。绿色标志亦称环境标志、生态标志，往往由政府部门或公共、私人团体依据一定的环境标准向有关厂家颁发证书，证明其产品的生产使用及处置过程符合环保要求，对环境无害或危害极少，同时有利于资源的再生和回收利用。绿色标志工作一般由政府授权给环保机构执行，绿色标志能证明产品符合环保要求，故具有证明性质；绿色标志由商会、实业或其他团体申请注册，并对使用标志的商品具有鉴定能力和保证责任，因此具有一定权威性；考虑到环保标准提高，绿色标志每 3 年至 5 年需重新认定，故又具时限性。绿色标志制度发展迅速。1978 年联邦德国最先开始绿色产品的认证，其绿色标志称为"蓝色天使"；1988 年加拿大、日本和美国也开始对产品进行环境认证并颁发标志，加拿大称为"环境的选择"，日本称为"生态标志"，美国则称为"绿色标志"；1991 年法国、瑞士、芬兰和澳大利亚等国，1994 年新加坡、马来西亚和中国台湾省相继实行"绿色标志"制度，至此，绿色标志风靡全球。它提醒消费者购买商品时不仅要考虑商品的质量和价格，还应当考虑有关环保的问题。

(二) 欺诈案例分析

案例一：江苏省某外商投资毛纺织企业案。《国际商报》(2004 年 7 月 26 日) 刊登了一则题为"56 万美元旧设备高报高估 3 倍，5 张光盘价值 150 万美元，当心外商以设备投资玩猫腻"的报道。江苏省某县创办外商投资毛纺织企业，外商申报 180 万美元设备进口，后经南京出入境检验检疫部门鉴定，实际价值只有 56 万美元。另外对 5 张光盘无形资产评估后也不值那么多。2003 年南京出入境检验检疫部门共接受内外资 62 批次价值鉴定，有 18 批次出现价格高报现象，约占 1/3。当年，南京市外商投资设备高报率为 20%。

案例二：某淀粉糖业有限公司案。20 世纪 90 年代，山东某市矿产局同台湾一家实业有限公司签订合资兴办淀粉糖业公司合同。合资协议规定投资总额 840 万美元，双方各占 50%。合资企业委托台商在境外购买设备，定价 590 万美元，其中台商出资 320 万美元，山东某矿产局出资 270 万美元。中方对项目前景十分乐观。设备买来后，经商检部门进行价值鉴定，实际价值仅为 246 万美元，降价 344 万美元，降值率为 58.3%。这说明在本次设备采购中，台商仅仅通过购买设备就获利 24 万美元。不久，台商又不知去向。结果该项目无法投产，以失败告终。

案例三：金坛金顺化学有限公司案。（原载《国际商报》2004 年 12 月 13日）该公司由上海、美国和韩国 3 家公司合资创办，总投资 880 万美元，其中韩方出资 75 万美元，以设备作为投资，占注册资本的 15%。该合资公司主要生产石油添加剂。该合资企业成立后，委托韩方购买设备，设备于 1999 年后分批到达，发票金额为 273 万美元。这个高价格引起中方怀疑，因而申请价值鉴定。江苏常州出入境检验检疫局经过认真取证，得出真实的鉴定价格，设备降值率达 50.2%。目前，中国国际经济贸易仲裁委员会上海分会已经做出终裁，韩方退还多收的货款及相应利息，并支付律师费与仲裁费，总计1 252.1万元人民币。搁浅几年的项目重新开始启动。

二、坚持招商引资八大原则，有效防范投资促进风险

在招商引资过程中被欺诈的主要原因表现在：过于急切的招商引资心态、轻信人言而忽略资信证明材料、缺乏专业知识和人员、违反正常的程序和规则等。为此必须树立宁缺毋滥的指导思想，务必要求对方提供资信证明材料或进行资信调查，必须按签订和履行合同（协议）的程序办事，必须请专业人员或机构提供咨询，而且应在合同（协议）中务必保留违约责任条款。在招商引资过程还必须坚持八大原则，目的在于降低招商引资成本、提高成功率，追求实效，不劳民伤财。

（一）知己知彼的原则

既弄清自己的优劣势，包括省情、市情、县情、区情、局情和企情，也把握对方的优劣势，包括技术与产品特点、准备建什么企业生产何种产品、生产规模与所需原材料等，找到双方的兴趣点和利益结合点，做到引资对象和引资项目有针对性。

（二）"活留招三结合"的原则

"活"即搞活办好当地现有企业，"留"即尽可能留住当地的项目和资金，"招"即在以上两点基础上尽最大努力从区外多招一些项目和资金进来。应做到三个方面兼顾。

（三）重点突破的原则

重点项目是指初步达成协议的项目、属于当地政府选定要重点发展的主导

产业的项目、投资额较大的项目。对重点项目要追踪跟进，要确保项目成功。

（四）招商引资机构化原则

应当成立专门机构，安排专门人员，常年负责招商引资业务。招商引资的落脚点是企业和项目，政府招商机构可以发挥组织协调、推介项目、搭建平台和营造招商环境的作用。

（五）科学招商引资的原则

树立招商引资方面的科学发展观，主要表现在注意保护自然环境、保护节约资源、保护名胜古迹、保护职工利益、保护中方利益、注意产业安全和促进地方经济发展。做到"七不招"，即违反国家政策的不招、导致环境污染的不招、不能发挥本地资源优势的不招、对增加本地财政收入和就业作用不大的不招、市场过剩与重复建设的不招、对本地经济发展关联度小和技术含量低的不招、不符合当地产业发展规划的不招。

（六）合理公关的原则

招商引资离不开公关与交际。要通过适当的渠道与方式开展有针对性活动，进行公关宣传和联络，树立本地形象，提高知名度、美誉度和成功度。

（七）创造商机和营造商气的原则

通过宣传、广告、投资机会说明会、项目洽谈会、参观、考察、交流等创造商机，营造招商引资的氛围，以便参与激烈的竞争。

（八）领导重视的原则

要把加大领导工作力度，列为政府的工作重点之一，组织一些重点招商引资活动。力争每年使引资总量、引资项目数、单项投资规模、投资方式和投资领域均出现新的突破。

领导重视举例：①山东东营市是常务副市长兼招商局局长，类似这些年开发区的干部配置。②深圳市每年召开一次全市招商引资工作会议。③江苏徐州市市委书记徐鸣、市长李福全带队到深圳等地招商，搞"投资推介会"。④北京市市级与区级基本都成立了招商局。北京在1992年时曾层层下达招商指标，对招商引资有功人员给予引资到位金额1‰的奖励。⑤山东潍坊等市均已成立市级"招商工作委员会"，书记任主任，副书记任副主任，各个局局长任委员，专设招商引资办公室，与招商局合署办公，两块牌子一套人马。另外，山东驻日韩代表机构已经设立，山东半岛八市与日韩城市经贸合作交流机制已经启动。2004年潍坊市招商引资的经验是"一二三"：一是一个观念，正确认识全民招商，做到全民招商与专业招商项结合，人人都是投资环境，每人的工作都是投资服务，营造一种人人关心和支持招商引资的氛围；2004年外资4亿美元，内资400亿元人民币，全省第四。二是两个突破：上市融资的突破，吸引

500 强的突破。三是三个措施：认真准备项目材料，需用国际通用语言并评估，搞好服务及领导重视。

三、做好招商引资中的 SWOT 分析

SWOT 的英文是：strengths-weakness-opportunities-threats，中文意思是：优势—劣势—机会—威胁。SWOT 分析法原来是用于制定企业发展战略的一种分析方法，本意是通过对企业内外环境及相关产业的分析，制定有针对性的企业发展战略。SWOT 分析法也可以用到招商引资方面来，例如，用于一个市县的 SWOT 分析。其中优势：自然资源优势、劳动力优势、地理区位优势、政策优势、物产优势、历史优势、产业优势；劣势：资金劣势、技术劣势、观念劣势、销售渠道劣势、人才劣势；机会：国家新的经济发展战略，如西部大开发战略、东北老工业基地振兴战略、上级部门新的经济发展战略（如山东省的两个战略：半岛城市群、半岛加工基地）、当地新的资源发现（如陕西延安的石油）；威胁：兄弟市县的竞争、人才流失、资源短缺等。进行这四方面分析后，制定本地区未来 5 年的招商引资战略，有效规避招商引资中的欺诈行为。

四、高度重视并正确合理利用投融资的中介机构

随着国际资本市场的发展和资本流动的国际化，国际融资的中介机构应运而生。跨国公司融资常常依赖于提供资金的各种中介机构，即跨国金融机构。当代的跨国金融机构包括各种在国际范围内进行业务经营及机构设置的营利性金融组织。其中占主导地位的是跨国商业银行，即人们通常所说的跨国银行；此外，还包括各类非银行金融机构，如跨国投资银行。

一般性融资中介机构主要包括投资银行、投资公司和金融公司。投资银行是主要从事证券发行、承销、交易、企业重组、兼并与收购、投资分析、风险投资、项目融资等业务的非银行金融机构，是资本市场上的主要金融中介。主要分四种类型：独立的专业性投资银行、商业银行拥有的投资银行、全能性型银行直接经营投资银行业务、一些大型跨国公司兴办的财务公司。投资公司是专门为个别投资者从事投资活动的机构。投资公司出面组织和汇集资金并把这些资金用于股票、债券以及商品等方面的投资，取得营利后再分给具体的投资者。因此，投资公司是通过筹资活动为自己取得赢利并帮助不内行的投资者取得营利的专门机构。投资公司分为开放型公司和封闭型公司。金融公司是经营投资和长期信贷的一类金融机构，其主要业务是收购企业发行的股票、债券以及本国和外国政府的公债券，向企业提供长期资金，参与其创业活动。金融公

司专门为筹资者提供贷款而不接受存款。

代表各国政府经办的国际金融机构是目前跨国银行体系的重要组成部分，也是国际投资的重要中介机构。目前主要国际金融机构可以分为两大类。一类是全球性的国际金融机构，如世界银行（重要组织形式为国际复兴开发银行）、国际金融公司和国际开发协会等。另一类是区域性的国际金融机构，如泛美开发银行、非洲开发银行和亚洲开发银行等。这些金融机构在促进国际投资的发展中起到了积极的中介作用。

此外，我国国内诸多中介机构，如会计师事务所、律师事务所、审计师事务所、专业商协会、咨询公司、展览公司、广告公司等正在为推动我国投资促进工作发挥着巨大作用。

第六章 消费资本化理论与投资
促进模式创新

"十二五"期间是我国经济发展方式的转型期。中央在"十二五"期间提出的有关转变经济发展方式和加强自主创新能力等战略部署，对我国今后的经济发展和各个领域的工作具有重大指导意义。改革开放以来，我国投资促进工作取得了巨大成就。但是，与其他领域的工作一样，我国的投资促进工作也面临着加强自主创新能力、转变经济增长方式、实现投资促进方式模式转换与创新、促进二次发展的问题，创造地解决这一问题对今后投资促进工作的开展将具有十分重要的意义。

由世界新经济研究院院长陈瑜教授创立的"消费资本化理论"自产生以来已经并正在给中国和世界经济带来影响。以下在阐述消费资本化理论基本内容的基础上，剖析消费资本化理论对市场经济条件下投融资和投资促进工作的重要参考作用，并试图实现在一定程度上的投资促进模式创新。

第一节 消费资本化理论基本内容简介

一、资本三种形态划分与资本概念拓展

传统的市场经济理论认为，推动经济发展的只有一种资本，即货币资本。但市场经济发展的实践证明，事实并非如此，发展中的市场经济的资本构成应包括货币资本、知识资本和消费资本，而不是单一的货币资本。在总结全球特别是中国市场经济发展实践经验的基础上，世界新经济研究院院长陈瑜教授进行理论创新，第一次提出了"消费资本化理论"[①]。这一理论认为推动市场经济发展的有三种资本，即货币资本、知识资本和消费资本，而不是唯一的货币资本。

货币资本是以货币形态表现的生产资本，它包括在产品和服务创造过程，可以用货币购入的所有物质性的投入，从广义上说，货币资本包括产业资本和金融资本。目前国内外投资大多仅限于对产业资本和金融资本即货币资本的投

---

① 陈瑜．消费者也能成为资本家——消费资本化理论与应用．广西科技出版社，2006 年 3 月第 1 版。

资。知识资本是以知识形态表现的资本，它包括在产品和服务的创造过程中所有知识性、技术性的投入，主要包括信息资本、高新技术资本和人力资本。人们对知识资本的认识经历了一个从人力资源到人力资本，再到知识资本的逐渐深入化的过程。消费资本是以消费形态表现的资本。它包括在产品和服务的消费过程中，所有由消费者创造的市场力量及其价值表现。主要包括为生产服务的消费资本和为生活服务的消费资本。消费资本是货币资本和知识资本之外的第三种资本形态。消费决定生产，也决定货币资本和知识资本能否实现其最终价值。消费资本的产生，是市场经济增长方式的一场革命：市场经济将由单一方式的增长转变为多种方式的增长，即"消费资本导向、知识资本创新、货币资本推动"的三种资本融合、三种资本联动的经济增长方式。

由此，资本的内涵得以扩展，即资本指人们可配置于生产领域或交换领域，用以创造产品和服务，以获得经济利润的各种资源，是一种对社会生产和交换进行配置的力量的价值反映。资本具有五个特征：资本可以是有形的，也可以是无形的；资本必须投入到生产领域或交换领域，用以创造产品和服务，并且带来增值；资本投入的目的是获得经济利润；资本是决定社会生产和交换的原动力；资本只有在运动/运作中才能增值。正是在资本概念得以拓展的基础上，才能真正找到解决一个国家、地区和企业经济发展所需要资本的总体思路，即：继续充实货币资本，高度倚重知识资本，大力开拓消费资本。这对指导市场经济条件下的政府企业资本运作、投融资以及投资促进工作具有重要指导意义。

二、消费资本化理论的核心内容

"消费资本化理论"核心内容，是将消费向生产领域和经营领域延伸。当消费者购买企业产品的同时，生产厂家和商业企业应把消费者对本企业产品的采购视同是对本企业的投资，并按一定的时间间隔，把企业利润的一定比例返给消费者。此时消费者的购买行为，已不再是单纯的消费，他的消费行为变成了一种储蓄行为和参与企业生产的投资行为。于是消费者同时又是投资者，其消费转化资本。这实际上是把消费者从产品链的末端以投资者的身份提升到前端，使消费者在购买产品时，既能分享企业成长的成果，同时也为企业发展注入新的动力，使消费和投资有机结合，从而使买卖双方在这种条件下合二为一，完成消费转化为资本的过程。这样，消费作为一种资本，它同货币资本、知识资本一样，成为企业和地方经济发展的直接动力。消费资本化理论在实践中应用的基本形式是"消费者投资"，通过使消费者参与企业投资、分享企业发展成果，达到吸引消费者，实现消费资本化的目的。

消费资本化理论可以通过发挥规模经济效应、消费聚拢效应、资本沉淀效应、社会资本效应和市场压力效应五个效应来解决地方和企业在经济发展过程中面临的资金和市场问题。消费资本化是解决地方和企业经济发展中资金和市场问题的关键环节之一。

三、消费资本化理论产生的意义

消费资本化理论将消费者的地位从产品链的末端提升到前端，使被动的消费者变成主动的投资者，即消费者在消费的同时，成为一个投资者，而消费则质变为资本。消费资本化理论是真正的穷人经济学理论，消费者通过合理消费投资行为也能成为"资本家"，因此，这一理论是共富理论，是促进社会和谐的理论。

消费资本化理论是一个经济增长方式变革的理论，因此是经济增长理论的一项创新，更是经济发展理论的一个重要组成部分。同时，消费资本化理论也是一个基础理论或母理论，可以广泛应用于工业、农业、服务业等各领域。目前，消费资本化理论关键在于如何应用问题。知识是财富，消费也是财富，特别是在扩大内需的当前形势下，消费资本化理论更是一个给人们造福的理论，是共同富裕的理论。

第二节 消费资本化理论与投资促进工作

一、消费资本化理论将成为新时期投资促进工作的重要理论基础之一

投资促进的最终目的是把资金引进来，今后投资促进的工作不能停留在20世纪八九十年代只引进货币资本的层面上，除了充实货币资本外，也要积极招商引"智"，包括引进人类的科技成果－高新技术，"智"作为一种新的资本形态－知识资本，对货币资本起到倍加的作用。同时，更要大力开拓消费资本，因为：第一，中国拥有世界上最大的消费市场，是13亿人口的消费大国。在消费资本化理论作用下，我国消费资本的力量将得到充分的释放，其带来的推动力量是难以估量的。第二，引进的外资在中国注册设厂、建设企业，在生产过程中会产生大量的生产资料的消费，这也在拉动中国经济的发展，对中国经济发展也具有重大的推动作用。第三，中国服务业市场和发展潜力巨大，服务业消费特别是通过服务外包等形式从而有着更为广阔的前景。因此，投资促进在中国不能局限于单一货币资本的促进，而是对三种资本的促进。而且，在签订投资合同或达成合作协议时，要高度重视和维护消

费资本的作用和消费资本所有者的权益，在利润分成上要有所体现，不能由货币资本所有者独享企业利润。这样，在消费化资本理论的指导下，中国的投资促进工作将进入一个多元化、多层次、多渠道投资促进的新阶段，进而采用多元化增长方式引导和推动我国市场经济的发展。正是在这个意义上，可以预言，消费资本化理论将成为指导我国以至全球新时期投资促进工作的重要理论基础之一。

二、借鉴消费资本化理论重要思想，实现投资促进模式一定创新

以消费资本化理论为指导，我国的投资促进工作就要实现由单一种货币资本投资促进模式转变为货币资本、知识资本和消费资本三种资本投资促进并举的新模式（见图6-1）。也就是说，企业投融资要考虑三种资本的投融资，同样，投资促进也应考虑三种资本的投资促进。

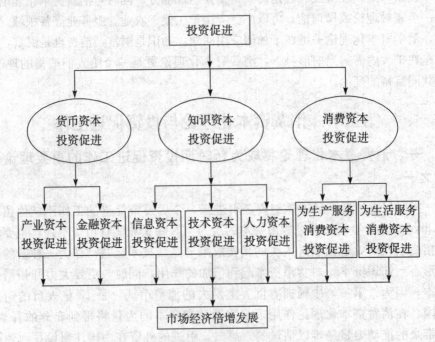

图6-1　借鉴消费资本化理论重要思想下的投资促进模式

具体而言，主要做好以下工作。

（一）通过有效的货币资本投资促进工作，积极充实货币资本

提出三种资本的思路，并非要否定货币资本的作用，相反，要通过积极扩大产业资本（实业资本）和金融资本进一步充实货币资本，使货币资本发挥更大

的作用。货币资本能够有效地组织劳动力、技术乃至土地和信息等必要的资源和生产要素，能够迅速化解经济发展过程中由于资本短缺所造成的各种问题，从而推动经济高速发展。我国目前的投资促进工作主要停留在对货币资本的投资促进阶段，具体包括产业资本（实业资本）投资促进和金融资本投资促进，而最多还是产业资本投资促进。随着投资促进工作的不断深入，今后必须实现从实业资本投资促进到实业资本投资促进和金融资本投资促进共同发展。据银监会提供的资料：截至 2006 年 5 月底，在华外资银行资产总额 963.8 亿美元，外汇贷款 333.5 亿美元，人民币贷款折合 1 349 亿元，21 个国家和地区的 71 家外国银行设立了 183 家分行，美国银行收购中国建设银行 9％的股份，汇丰银行拥有交通银行 19.9％的股权。可见，外资进入中国银行，中国银行开展投资活动都将为中国经济的快速发展发挥重要作用。因此，现阶段必须首先建立专业投资促进机构同金融部门或金融监管部门的信息交流机制，同时就金融资本投资促进同传统投资促进领域的关系进行深入研究并进行适度改革，为推动和实现产业资本投资促进和金融资本投资促进长期融合、共同发展打下良好的基础。

　　但是，必须注意到，通过投资促进工作吸引来的货币资本仍然是暂时性、阶段性的供应，远不能解决地方和企业经济长期发展所需要的资金，如果运作不好，容易出现生产链和资金链断流的现象，从而影响和阻碍地方和企业的经济发展。举例来说，在传统的经济增长方式下，国家、地方和企业主要是依靠自身的原始资本积累和银行贷款来支持经济发展。大量的资金积累和巨额的外资注入，虽然可使经济有一定程度的发展，但是，在积极充实货币资本的过程中，单一货币资本支持经济发展的方式存在一些问题：第一，随着科学技术的迅速发展和新时代的到来，已经显示这一传统的经济增长方式的局限性和不充分性。这种局限性和不充分性主要表现在依靠货币资本这一单一要素发展经济，经常会出现资本短缺、创新乏力和消费萎缩等问题，从而形成经济发展的瓶颈。第二，通过对国际经济发展经验的研究和对本国经济发展经验的总结，发现货币资本对经济的发展并不总是正面效应，有时它会造成经济过热，有时又会造成经济发展迟缓。导致过热或迟缓的原因，并不是缺少货币资本，而是由于资本相对过剩、投资过热，造成生产相对过剩和资本利用率的普遍低下。第三，货币资本推动经济增长的速度是巨大的。但是，单纯依靠货币资本发展经济很快就遇到了瓶颈。货币资本的不断增长，带来的是资源消耗的不断加速，因此很快就会出现有限的资源无法继续支撑经济高速增长需要的局面。由此看来，货币资本是必不可少的，但却不是支持经济发展的唯一动力。

（二）通过有效的知识资本投资促进工作，高度倚重知识资本

在招商引资的同时，要加强招商引智的工作，高度倚重知识资本的力量。高新技术和专业人才作为一种知识资本，对国家的经济发展具有十分重要的意义。知识资本是可以裂变的，它对货币资本作用的发挥起到一种倍加的作用。当货币资本不能充分满足一个国家、一个地区、一个企业经济发展的需要时，知识资本就起到一种点石成金的作用，它可以几倍、十几倍地扩大货币资本的作用，推动国家、地区和企业的经济发展。传统的经济发展往往用货币资本来购买厂房、原材料和零部件，再将原材料转化成产品，是一种以牺牲资源和环境为代价换取经济发展的经济增长方式，这种经济增长方式也已经走到尽头，新时代应该把产品的生产从资源依存型逐渐过渡到科技依存型，高度倚重和发挥知识资本的作用，加大科技含量，降低物耗，从而加速地方和企业的经济发展。

（三）通过有效的消费资本投资促进工作，大力开拓消费资本

消费不仅决定货币资本能否实现其最终价值，而且是给经济发展注入新的资本动力的源泉。消费资本的开拓，对经济发展具有十分重要的作用。它为国家、地区和企业的经济发展找到了一条生生不息、源源不断、永续不竭的资金源泉和资金流。消费转化为资本，打通了消费和扩大再生产的通道，它可以每月每周每天向地方和企业注入新鲜资本。一方面，资本就在我们身边，凡有消费和消费者的地方，就存在着消费转化为资本的土壤和条件，就有消费资本化的可能，影响范围极其广大，这是亟待开发的一个巨大的资本存量，取之不尽，用之不竭。以企业为例来说，只要企业产品质量优良、款式新颖，就会有市场，产品销售出去后的资金就可以回笼到下一阶段企业扩大再生产中去，这是一个良性循环。倘若把消费转化为资本，并进一步形成投资，那么对一个国家的经济发展将具有不可估量的意义。另一方面，消费者本身就是一个庞大的群体，消费者是市场竞争的、最终的决定性力量，他们既是市场的主人，又是给企业注入新的资本动力的源泉。我国是拥有 13 亿消费人口的大国，有巨大的消费市场和潜力。在地方和企业资金短缺的同时，银行城乡居民的存款却一直居高不下，据银行统计，2004 年突破 14 万亿，2005 年达到 15 万亿，截至 2006 年 4 月底，已经突破了 16 万亿大关，这是世界上独一无二的巨大消费市场，是潜在的、巨大的消费资本。如果其中一部分通过投资促进工作转移并投资应用到地方和企业经济建设中来，无疑会起到巨大推动作用。我国的投资促进机构应积极组织、动员并指导各地区各行业就地取材，将消费资本化，快速扩大本地区的投资规模。因此，我国的投资促进工作将有巨大的发展空间和广阔的发展前景。为此，应从多方

面做好消费资本投资促进工作。

　　综上所述，应积极按照党中央"十二五"战略部署，适当借鉴消费资本化理论的重要思想，尊重市场经济规律，实现市场化运作，进而迈入一个多元化、多渠道发展的新阶段。具体说，就是通过继续积极引进货币资本、高度重视引进知识资本、指导企业大力开拓消费资本，推动我国投资促进工作呈现一个崭新的局面，从而为促进我国经济发展方式转型，实现各领域、各行业的快速发展发挥重要作用。

第七章 投资促进有效性与投资促进战略

第一节 "投资促进有效性"概念

一、"投资促进有效性"概念提出的背景

上已述及，有效的投资促进是吸引大规模、高质量外商投资的基础。后金融危机时代全球经济复苏，为发展经济，增加就业，各国吸引外商投资的愿望比以往更加迫切，竞争更加激烈，而投资促进工作成为各国政府高度重视和着力发展的工作。一方面，伴随着"母国投资促进措施"的继续深入实施，引资国大幅度放宽准入政策，投资环境也更具吸引力；另一方面，各国纷纷建立健全多种类型的投资促进机构（Investment Promotion Agency，简称 IPA）；再一方面，各国不断丰富和创新投资促进技术与手段，许多国家实现了向"引进来"和"走出去"双向投资促进并举模式的转变。但是，随着国际直接投资竞争和投资促进日益发展，各国 IPA 特别是投资促进理论工作者逐渐认识到，如何提高投资促进绩效是一个重大理论和实践问题。国际投资促进开始进入"第四代"——投资促进既关注投资规模，又关注投资促进成本和综合效益，注重量的扩张与质的提升并重。投资促进正朝着更广、更深的方向快速发展。

从总体上看，发展中国家的投资促进与发达国家有着显著的差异，特别是在投资的规模、重点行业、目标市场、投资方式、投资促进技术等方面与发达国家存在明显的差距。中国作为世界最大的发展中国家，利用外资规模一直名列前茅，但也出现了一些不重视质量和效益，盲目扩大利用外资，投资促进"做无用功"、恶性竞争、资源严重浪费、效果不明显等问题。中国在积极实施"国民经济十二五规划（2011—2015 年）"过程中，如何通过更加积极有效的投资促进工作，在继续扩大利用外资规模的基础上提升利用外资的质量和效益，将是一个必须解决的重大问题。为此，提出"投资促进有效性"概念，并对其评价机制展开研究。

二、"投资促进有效性"定义

"投资促进有效性"是投资促进宏观有效性和微观有效性的统一体，通过在宏观和微观两个层面扎实做好投资促进工作，降低成本，提高经济效益、社会效益和生态效益，达到宏观和微观两个层面双赢。这一概念，着眼于提高全球

特别是中国投资促进质量和效益，进一步推动投资促进工作，加大招商引资和对外投资力度，从而为投资促进实践发挥积极指导作用。

投资促进宏观有效性主要包括环境有效性、产业结构有效性、区域结构有效性。环境有效性指通过硬、软环境的改造、完善和提高，吸引投资商进行高质、高效的投资活动。环境有硬环境和软环境之分，其中硬环境主要包括基础设施，软环境主要包括投资促进体制环境、政策环境、法律环境、金融环境、市场环境、社会生活环境。产业结构有效性指通过有效的投资促进工作引导投资流向，提高投资质量，推动产业结构优化和升级。区域结构有效性指通过有效的投资促进工作引导投资流向，促进区域经济协调发展。

投资促进微观有效性主要包括投资促进活动有效性（成本—收入分析）、投资促进项目有效性、投资促进方式有效性、投资促进人员素质有效性、投资促进服务有效性。投资促进活动有效性指以最少的投入获得最大的产出，具体指开展投资促进活动时要降低成本，提高效益和成功率。投资促进项目有效性指一切投资促进行为以招商引资或对外投资项目为核心。对于一个相对独立而又面向市场化运作的 IPA 而言，项目必须成为投资促进的基本载体，既体现为投资促进的前提，又体现为投资促进的结果。项目促进是评价和衡量投资促进有效性的主要标准之一。投资促进方式有效性指一定的投资促进任务应采用适当的投资促进方式或方式的组合，"简洁、快速、准确、高效"是检验投资促进方式或方式组合的标准。在投资促进方式的具体选择和运用过程中应注意传统投资促进方式和开拓创新相结合。投资促进人员素质有效性指从事投资促进的工作人员应具备的投资促进高品质，是研究、实际操作、沟通协调组织、项目开发等诸方面能力的有机统一体。一个成功的 IPA 应是具有多种专业知识和多种能力人才的集合体，缺一不可。IPA 人才队伍建设的目标应是培养投资促进专家型和精英型团队。投资促进服务有效性指通过对投资主体及客体的前期、中期、后期优质、高效的服务工作获得良好经济效益和社会效益。

三、评估投资促进工作的有效性是一项重要任务

政府、企业和各专业 IPA 正面临一个极为重要的任务，就是如何评估投资促进工作的有效性。投资促进工作不仅关注成本，而且注重效益；不仅关注经济效益，而且注重社会效益。讲求经济效益是市场经济赋予投资促进工作的经济责任，是由市场经济条件下各竞争主体的内在物质利益动力和外在竞争压力所决定的，它要求一方面要提高 IPA 的经济效益，另一方面要提高投资对象的经济效益；讲求社会效益是自然、社会赋予投资促进工作的社会责任，无论政府承办投资促进活动，还是将多种业务分包给其他机构，都有对投资促进

技术、方案、过程、结果等进行评估的问题，而构建科学的投资促进有效性评价机制显得尤为重要。

第二节　投资促进发展战略及投资促进工作调整

一、我国投资促进工作发展的方向

后金融危机时代，中国吸收外资工作已进入一个新的阶段，作为我国吸收外资工作重要组成部分的投资促进工作必须进一步加强，中国必须努力构建一个完整、成熟、专业、高效的具有中国特色的投资促进体系，以适应全球吸引外国直接投资日益激烈竞争的需要。同时，要切实把完善投资促进体系和运行机制、提高投资促进工作的质量和水平作为当前亟须着力解决的重大课题。要在转变观念的基础上，充分利用现代科技手段，实现投资促进方式和活动的多样化；一定要在规模和实效、质量和水平上下工夫。

可见，以创新精神做好投资促进工作是"十二五"时期我国成功吸收外资、提高利用外资质量的重要保证。为进一步提升利用外资的质量和水平，引导外资投向国家政策鼓励的产业和地区，促进我国经济结构优化及质量、效益提升，推动技术创新和国民经济健康发展，投资促进部门在新时期的工作重点应该是健全投资促进体系，优化投资促进机制，探索新思路，尝试新手段，努力提高投资促进有效性。具体来说，我国投资促进工作发展方向体现在以下几方面。

（一）以科学发展观指导投资促进工作

围绕贯彻落实科学发展观，创新投资促进的发展思路。投资促进工作要制定长期发展规划，规划要重点考虑现有投资者，避免撤资，鼓励新的投资；要与投资人直接协作，确保将其在企业经营管理方面的问题及时传达给政府有关部门；要采纳更具目的性的投资促进方式，如针对当地具有竞争力优势的关键行业和特定产业环节进行促进；要大力加强对外投资促进工作力度，认真研究在当前和今后一段时间内主要资源市场的发展趋势以及跨国公司的经营动向，积极帮助中国企业探索和拓展在重点海外资源市场的投资合作与并购机会。

（二）建立现代产业体系

围绕建立现代产业体系，加大吸收高质量投资项目的工作力度。

实施核心带动战略，促进产业集聚和产业链延伸。围绕核心项目、重点产业，采取产业集群项目联合投资促进模式，按产业链前、链后向配套能力及要求开展对外项目招商。通过引进和培育一批具有较强关联带动作用的产业集群骨干项目，带动相关企业的集聚和配套，实现上下游企业的产业集聚和产业链延伸。同时鼓励龙头企业突破垂直一体化的生产方式，剥离非核心业务，建立与中小企业的专业化分工和协作关系，构建"金字塔"式的产业生态链。

促进产业集群价值链的提升。积极参与全球产业分工，实现从参与国际产业价值链的水平分工向垂直分工转变，积极促进制造业从下游低端简单加工装配向上游高端核心技术研发延伸。建立科技创新与产业集群互动发展的有效机制，加强对产业集群中的基础性科研、关键性技术与共性技术的政策支持、技术支援与财政扶持，提升产业集群的整体科技创新能力，构建以技术研发、产品配套为核心的价值链，走以分工高度专业化、技术高新化和生产生态化为特征的可持续产业集群发展道路。

（三）提高政府服务效能，完善投资后期服务

调查表明，影响外商直接投资区位选择的因素众多，政府效率和投资后服务提供是决定跨国公司区位选择的重要因素。在区位环境基本相同条件下，政府效率成为跨国公司区位选择的决定性因素。全方位的投资后服务，不仅有利于树立良好的政府形象，还会直接产生"增资效应"和"示范效应"。

中国政府在为外资提供服务方面，存在改进的空间：第一，要塑造服务理念，增强服务意识；第二，服务提供涉及政府各个职能部门，各部门的协调成为影响服务效率和水平的关键；第三，服务提供重在落实，政府对于服务的内容应透明、公开，建立服务提供承诺机制和投诉机制。昆山市经济技术开发区率先实行了政府以契约形式，将向跨国公司提供服务的内容和方式等各项条款固定下来，为跨国公司提供了一个稳定、透明、可预期的经营环境，解除了企业的后顾之忧，极大地鼓励了跨国公司在当地增资扩股、利润再投资的积极性。他们创办的全方位、全过程、宾馆式、个性化服务，以及建立重点服务企业台账、建立结对联络机制、实行限时办结制等，成为全国效仿的提供投资后期服务的楷模。

（四）积极开展目标投资促进

继续扩大吸收外资规模，提高外资的质量和水平，需要加强目标锁定下的投资促进工作。根据联合国贸发会议的研究结论，在东道国提供激励、政策的自由化变革、目标导向等措施方面，目标投资促进是吸引 FDI 最重要、最有效的措施。这一方面因为许多国家的外资政策已经比较开放，激励措施在吸引FDI 中的作用有限；另一方面，资源型投资促进也越来越受到资源局限性的约束。因此，在竞相吸引 FDI 的措施上，越来越多的国家或地区认识到，有效地吸引 FDI，需要结合本地区的比较优势，强化吸收外资的目标导向。

目标投资促进是指投资促进不是针对所有行业、所有来源地和所有投资方式的 FDI，而是采取有目的的、有针对性的措施，选择部分行业、部分来源地

和部分投资方式的 FDI，吸引那些有利于当地经济发展的关键领域的 FDI，并通过转移技术、增加就业、资本积累等带动地区经济发展。

有效地吸收外资，需要根据区位优先发展目标，针对不同产业和企业的特点，满足其生产经营和当地配套的具体要求，同时要洞悉跨国公司不断变化的区位战略，致力于提高和改善决定 FDI 的基本经济因素。

（五）加强政策倡导

政策倡导是大多数投资促进机构在争夺投资者，形成和发现新优势方面一个很有潜力的方式。对那些存在投资壁垒的地区，政策倡导尤为重要。通过展现自身在政策倡导上的形象，投资促进机构能够把自己变为强有力的参与者，不断改善投资环境，实现投资促进的长期成功；投资促进在政策倡导方面的努力在短期内也能发挥作用，如在吸引投资者之前，针对特定产业进行培训；从中期贡献来看，如通过保障电力等措施确保投资企业的正常运转，或解决交通不便利等问题。

当然，投资促进机构在倡导为国外投资者提供优惠政策时，要权衡所倡导政策是否符合本国（地区）利益。

（六）注重吸引全球 500 强跨国公司

大型跨国公司是国际分工的主导，一个地区在世界经济一体化分工的地位和作用，很大程度上是由跨国公司决定的。而且，一旦分工和格局形成，在相当长的时间内难以改变。所以，一个地区能吸引到大型跨国公司的实质性投资项目，使其成为跨国公司全球运营中的一个战略节点，对于推动和保持一个地区的可持续发展极其重要。因此，中国的投资促进要注重吸引全球 500 强跨国公司，全球 500 强跨国公司在华投资不仅是提高外资质量的重要标志之一，还具有非常强的示范效应和带动作用。有经验数据表明，一家大型跨国公司可以带来上百家为其生产配套产品的企业进入同一区域。

不断吸引全球 500 强来华投资，并促使现有的投资规模不断扩大，形成产业关联和聚集，是中国实施目标投资促进的有效措施和进一步开展投资促进面临的紧迫任务。

二、我国投资促进发展战略

（一）我国投资促进发展的指导思想

以邓小平理论和"三个代表"重要思想为指导，全面贯彻国家"十二五"规划纲要，树立和落实科学发展观，以开拓、创新的工作精神和扎实、稳重的工作作风，着力打造高效专业化投资促进服务体系，提高服务水平；贯彻国家外经贸政策，引导外资投向国家政策鼓励的产业和地区，促进我国产业结构调整和外商投资质量效益的提升；引导和帮助有条件的国内企业对外投资，推动国民经济健康发展和全面建设小康社会。

（二）我国投资促进发展的主要目标

我国投资促进发展目标是：以新型投资促进理论为指导，建立健全投资促进体系，优化投资促进机制，创新投资促进方式和手段，全面提升服务水平，着力提高投资促进有效性，全力打造拥有国际水平、具有中国特色的双向投资促进模式。

1. 建立健全投资促进体系

以新型投资促进理论为指导，并在实践中不断加以完善。健全全国投资促进机构，加强投资促进队伍建设，推动投资促进体系健康发展。充分利用各方资源优势，组成多层次的投资促进工作组织网络。对外与有关国际组织、各国投资促进机构建立工作联系和合作；对内横向加强与有关政府部门、商协会、研究机构的合作，纵向加强对地方投资促进机构的协调与指导；组建咨询委员会，聘请国际国内知名专家和机构，推动深度服务；条件成熟时，在境内外设立代表机构，提供广度服务。

2. 优化投资促进机制

建立和完善投资促进良性运行机制，降低运行成本，力争成为营销中国、地方整体经济形象和发展战略的窗口，协调全国或地方招商引资的平台，投资政策与项目的信息中心，促进高效审批的绿色通道，以及联系政府与境内外投资者的桥梁。

构建新型、高效的专业化投资促进机制，充分利用各方资源优势，构建多层次投资促进工作体系。适应国际投资促进理论与国际投资促进发展趋势要求，结合中国实际建立新型高效投资促进机制，降低投入和运行成本，提高产出和运行效益，全面提升投资促进水平。在现有服务的基础上，重点加强咨询服务和投资项目策划方面建设，以更好地提供高质量、全方位的投资促进服务。进一步调动和整合国内外各方资源，组成多层次的投资促进工作网络体系，推进投资促进走向更深层次和更广领域。

3. 全面提升服务水平

加强投资前期、中期、后期服务，力争成为提供全方位投资服务的专业机构，特别是成为投资咨询服务、培训服务和法律服务的专业机构；加强和完善对外投资促进，逐步成为中国企业"走出去"对外投资的重要咨询和服务中心。

4. 提高投资促进有效性

加强投资促进效能的评估工作，推动区域经济协调发展，促进产业结构优化，实现规模经济效益；将投资促进经济效益、生态效益和社会效益相统一，取得较高的投资促进综合效益。

5. 打造世界水平的投资促进机构

全力打造拥有世界水平、具有中国特色的双向投资促进机构，以更好地、全面地服务于我国利用外资和对外投资总体战略，促进国内产业结构升级和国民经济健康、协调、可持续发展。

6. 主要工作目标

作为国家最高级别的投资促进机构，商务部投资促进事务局的主要工作目标应是在依托政府庞大网络资源的基础上，致力于构建全方位、多层次的投资促进服务体系，积极拓展投资促进工作渠道和领域，提供系统、高效、快捷的投资促进服务，打造七项核心功能，重点建设四类投资促进服务平台，加强自主开发的投资促进活动，成为国内外政府、机构和企业之间相互沟通的纽带和桥梁。其中，七大核心功能：塑造国家形象，发布研究报告，搭建交流平台，提供咨询服务，推介投资项目，沟通政企关系，引导业态发展。四类服务平台：以中国投资指南网站为主的咨询、信息服务平台；以论坛、投资博览会等各类大型投资促进活动为主的直接沟通平台；以协调解决外商投资企业投诉为主的法律服务平台；以五位一体投资促进机构和全国投资促进机构联席会议为机制的工作协调平台。

(三)我国投资促进发展战略概括

我国投资促进发展战略可概括为：以科学发展观为指导，以提高投资促进有效性为核心，全面实施投资促进可持续发展战略。

1. 以科学发展观统领投资促进工作全局

当前，我国许多省市的招商活动面临着本土资源匮乏、能源短缺等瓶颈制约。同时，国内外激烈的引资竞争以及国家宏观调控与经济运行也会给招商引资带来一些困难和问题。为此，要根据当前国际国内形势出现的新情况、新变化，主动及时地调整我们外资工作思路，并制定相应对策措施。

2. 深入分析外资发展新形势，增强抢抓新机遇的能力

科学发展、宏观调控不是放慢发展、放弃发展，而是更好更快地发展。宏观调控和经济运行所带来的困难和问题是暂时的。世界经济整体回暖的趋势没有改变，国际市场扩大开放的趋势没有改变。总体上看，国内国际形势仍有利于扩大开放加快外经贸发展，并为调整结构，转变增长方式、提升外经贸整体发展水平提供了良好的机遇。只有早出手，快动手，才能把握发展的主动权，保持发展的好势头，赢得发展的新空间。为此，各级外经贸部门要认真研究并抢先适应新的宏观环境，紧中见宽，冷中见热，在战胜困难中把握机遇，在破解难题中建立优势。

3. 我国投资促进必须全面实施可持续投资促进战略

主要内容：要创造总体的、良好的、有利于商业运作的投资和运营环境；要结合国家及地方实际培育优势产业、骨干企业及其要素，特别是利用外资促进国内产业结构优化升级，发展高新技术产业，形成外商投资配套产业；要促进区域经济协调发展，特别是促进中西部地区和东北老工业基地的快速发展；要促进人口、资源、环境协调发展，促进经济、生态、社会和谐发展。可持续投资促进更加注重投资集约化，更加注重投资双赢，更加注重投资质量和效率。可持续投资促进是庞大的系统工程，需要多部门协作，而不只是投资促进机构的事情。

三、引资主体投资促进战略选择

引资主体主要包括企业、开发区等。在国家投资促进宏观战略指导下，引资主体也应该结合自己实际情况适时制定、调整或完善相应投资促进战略。下面以北京经济技术开发区为例，系统介绍引资主体投资促进战略制定及实施。

（一）北京经济技术开发区投资促进四大战略。北京经济技术开发区招商引资的战略调整，主要经历了两个发展变化阶段，一个是中国加入世贸组织以后，为了适应入世要求，研究国际规则，调整招商策略；二是北京市委、市政府明确北京经济技术开发区作为现代制造业基地、提出引进产业集群化"精品"项目、带动全市产业结构调整的要求以后，及时研究并制定了招商引资的四大战略。

1. 产业集群化发展战略

开发区的产业发展主要应大力寻找和挖掘与现有产业相关的项目入区，特别注意吸引能够带动整个产业发展的龙头性企业入区，突出"产业链招商"，提高产业之间的关联度，使产业链不断完善。近期目标应突出汽车和电子信息产业两大重点。这两个产业都有较长的产业链，而且现在已经有了较好的产业集群化发展的基础，做强做大这两个产业具有其他产业不可比拟的优势。

电子信息产业应重点抓产业集群化发展的进一步深化。星网工业园建设由于北京诺基亚首信公司的成功整合，园区出现扩张的势头。揖斐电电子公司将增加投资1亿美元，生产多层印制电路板和芯片封装板。首信工业园在开发区开工建设，打造为国产化手机制造基地。富士康三期除为手机生产配套组件以外，还规划建设北方手机工厂，其产能十分可观。除诺基亚星网自身的产品链以外，摩托罗拉、爱立信、西门子、三星、松下等一批移动通信巨子都在华北地区，这是移动通信产业在中国最集中的地区，占中国移动通信生产能力的40%，也是世界上最为集聚的地区之一，无疑对开发区移动通信的集群化发展将起到重要的辐射作用。

随着京东方 TFT-LCD 第五代线项目入区并开工建设，台湾彩膜、LG 化学偏光片等近 20 家与京东方 TFT-LCD 配套企业陆续入区。维信诺 OLED、富天中瑞 PLED 新一代平板显示项目，以及富士康的 LCD 液晶显示器，台湾力晶半导体的 LED 发光二极管等项目将陆续落户开发区，使开发区成为中国有特色的显示器生产基地。

中芯国际已经投产，为芯片生产链条上的设计、封装、测试等相关配套企业提供了难得的商机。中芯国际生产的 12 英寸芯片是目前全球范围内最领先的芯片生产工艺，其配套工厂也一定是行业中国际最领先的企业才能相配。为此，抓住这一契机，为开发区引进一批微电子领域的顶尖企业完全是有可能的。

生物技术和新医药产业的集群化发展应充分利用北京市老工业中的制药工业比较发达，华北地区如原来的华北制药厂老制药业的基础以及中国医学科学院、军事科学医学院等一大批国家顶尖的科研机构和科研人员集中在北京，国家有关生物技术和新医药的鉴定认证机构在北京的优势。所有这些，均为开发区生物技术和新医药产业的发展，奠定了全国任何地区所不可比拟的优势。

北京的汽车产业原来基础比较薄弱。奔驰汽车项目具有极强的磁场效应，明年将会有一大批企业积极向奔驰汽车项目寻找商机，我们应该牢牢抓住这个机会。做好拟入区和已经入区的汽车产业项目的促进工作。

随着德国奔驰汽车的入区，一大批相关的配套企业将迅速入区。加上北京原有的北京福田、北京吉普相关的汽车零部件工厂，北京地域上的汽车产业已经具有相当的规模。从环渤海经济圈来看，这一地区还有天津、长春的产业配套相距都不是很远。同时利用天津、唐山港口，对开发区汽车产业的发展也带来了不少有利因素。汽车产业在北京的最大优势，是北京的汽车市场，目前，北京的汽车销售占全国 1/10，轿车占 1/7。如此巨大的汽车市场，使已有的汽车业会快速地发展。北京经济技术开发区现在正在建设的生产轿车和吉普两个与德国奔驰合资的生产工厂，这两个厂的产品品牌与基础，明显地高出中国现有所有汽车的地位。这些产业的相对集中，已经初步形成了产业集群，形成了产业内部的互相支撑、学习的作用，这为进一步发展壮大这些产业奠定了基础。

2. 精品项目发展战略

首都的特殊地位决定了北京经济技术开发区在区域发展过程中，必须按照北京市委、市政府的要求，抓好世界 500 强项目、符合经济效益好，技术能力强，产业带动性强，市场前景广阔的高端、高附加值、高辐射、低消耗"三高一低"的精品项目入区，才符合首都城市的要求。项目的引入既要考虑它的经济效益，又要考虑到它的社会效益以及对整个经济社会发展的长远影响。因此，开发区深入对精品项目的研究，建立精品项目管理机制，如项目跟踪制，项目考察制，项目评估制，项目终身服务制等机制，使精品项目得到精致服务。

3. 经济社会协调发展战略

产业发展应坚持统筹第二产业、第三产业，统筹经济和社会，统筹人与自然和谐发展。使北京经济技术开发区成为北京与国际接轨的、"以人为本"的、法制化运营的现代制造业和高新技术产业的重要基地。

开发区现有的产业是在原来 15 平方公里的基础上设计的，2004 年政策区域已经扩大到 40 平方公里，既为开发区的产业集群化发展提供了增值发展空间，也为最大限度地发挥国家政策作用，更合理地规划产业布局，更有效地发挥土地效益，提升产业结构质量，提高区域经济的综合竞争能力提供了难得的机遇。开发区在新扩大的区域内进一步完善开发区的产业布局和产业规划。严格按产业规划和布局，按照投资密度，土地集约利用率即：对每万平方米的用地面积，至少有 1 000 万美元的投入，达到 1.2 亿人民币以上的销售收入的要求引进精品项目入区。

区域发展需要与之配套的服务体系的建立，以促进和支撑区域经济的快速发展。但对于高科技产业，除了一般意义上的配套服务业以外，还需要建造有利于这些特有产业发展的配套产业和高科技服务业。根据开发区目前社会公共事业配套和产业服务业发展状况分析，开发区要加强第三产业的建设，而在第三产业的发展中，应特别注重发展能够推动主导产业集群化发展和完善产业链的高科技服务业。包括技术服务、物流、金融、法律，人才以及产业所需的一些服务。

4. 双生态发展空间战略

双生态产业发展空间对于产业经济的发展，区域竞争力的提升具有十分重要的意义。"双生态发展空间"是指把"产业生态"和"自然生态"有机结合在一起的企业运营环境。"产业生态空间"，即指在一定的地域内把一个或几个产业发展所需要的智力和人力资源、产业基础设施、知识产权和管理知识、资本、资金供应、上下游配套产业以及物流交通等资源更方便、更高效地进行资源的有机组合，以实现运营成本和交易成本最低化。

产业生态空间的基础和出发点是由某一个或几个行业不同规模企业在一个区域内形成的产业集群和产业链，在此基础上构成一种企业间由于同一性和差异性产生的互补、互动效应具有内生力的经济生态环境；而这种经济生态环境最终再培育出若干在产业链上不同环节中的优势企业，在本地市场甚至全球市场上拥有自己的竞争力。"自然生态空间"，即指人类一直赖以生存的、在后工业时代越来越渴求的久违的自然、舒畅、健康、人本化的企业生存环境。

双生态企业发展空间就是指在产业和自然两个领域兼有生态特征的企业运营环境。双生态不仅直接影响着企业的运营环境，也将影响大型跨国公司的投资选址决定。中国市场的高速发展、独特的文化以及自主知识产权体系的建设，将促使这些跨国公司考虑土地和廉价劳动力以外的更多投资环境组成因素；其中地方政府能否通过建立双生态企业发展空间是非常关键的因素之一，是跨国公司在中国长远发展的坚实基础。

2004年北京经济技术开发区出让的工业用地平均投资密度1 191.6万美元/公顷，已投产企业平均创造产值1.53亿元/公顷、实现年税收974万元/公顷。已投资项目的容积率平均达到0.87。2003年万元工业产值平均用水2.23吨，是全市规模工业企业平均耗水的1/7。2003年开发区以占北京1.5%的用水和1.85%的用电创造了全市11.36%的工业总产值。因此，北京经济技术开发区在集约利用资源的优势已经显现的基础上，继续从项目源头抓起，发展绿色工业，建造高尚的生活配套设施，将区域内建立一流的双生态企业发展空间作为重要的发展战略，并制定出切实有效的发展策略。

（二）为贯彻上述战略，北京经济技术开发区突出抓好四个环节

1. 突出发挥政府优质高效服务优势

为营造一流的服务环境，适应市场经济发展的要求，北京经济技术开发区在观念认识上坚持"由政府平台向市场平台转变"，淡化传统的行政意识，不居"权"自傲，淡化对特殊政策的过度依赖，强化市场意识，强化服务意识。为将这一观念变为现实，北京开发区已在下列几个方面实现了突破。一是机构精干，办事简洁。按照精干、统一、效能的原则，开发区对内部机构进行了大力度的调整，按照城市建设与管理的基本内涵，将经济、建设、社会系统原九个部门合并成三个大局，减少管理层次，建立"小政府，大社会"的管理模式。二是清理审批程序，将开发区原来比较简捷的171项政府审批减少为120项，目前还在进一步清理，把一切可以减免的审批全部减免。三是为建立"一站式""全过程"投资服务大厅，集投资商从投资咨询、建厂、生产、生活一切需求，进行全程服务、全程代理。四是清理收费制度，经过全面调查，反复认证，对原有的111项行政事业性收费，取消了97项，仅保留符合国际惯例的14项资源性、基金性收费，使北京经济开发区成为北京市第一个无行政管理性收费的

区域；五是创建了海关"星网工业园监管模式"，为了确保诺基亚星网工业园中几十家企业"零库存"和企业出口便利的需要，开发区海关在国家海关总署和北京海关的帮助下，建立了一套全新的海关监管模式，所有的企业可以在网上进行全程申报、核销，实现全程网上监管。便捷的外经贸审批及海关联网监管模式，满足了投资者"零库存"的要求，成为世界海关监管史上的灿烂明珠。六是现代电子信息化系统。开发区的电子政府网，集网上招商、网上招投标、53项网上办事系统、54项网上审批预报系统、项目管理系统、地籍管理系统、高新技术企业认证系统，网上统计系统于一体。该网络的最大特点就是：充分体现了为企业服务，为公众服务，体现了与国际接轨的思想。

2. 发挥首都优势及品牌效应

北京是中国的首都，具有政治、外交、人才、信息等众多优势。北京是中国的首都，首都在一个国家只有一个，所以，北京本身是一个品牌，北京经济技术开发区也是一个品牌。北京经济技术开发区已形成电子信息、现代装备制造业、生物技术与新医药、汽车产业四个产业，其中聚集了一大批如美国GE、芬兰诺基亚、瑞士 ABB、法国施耐德等一批世界知名品牌企业，有率领国内外先进水平的生物工程与新医药产业的"北京药谷"；集聚标志着我国集成电路生产技术水平已经进入到纳米时代的中芯国际芯片、砷化镓芯片、京东方TFT - LCD 薄膜晶体管液晶显示器件第五代项目的微电子产业基地；全球最大的 CT 机生产基地——GE 工业园；以软件开发、软件出口、IC 设计、计算机学院多功能于一体的北工大软件园；以戴姆勒—克莱斯勒集团的奔驰汽车为代表的汽车、汽车电子产品和与汽车相关产业的汽车制造基地等。使北京经济技术开发区成为北京高新技术产业的重要基地之一。产业的集聚，有利于构建相关产业链，不仅给招商引资带来独有的魅力，也为推动高新技术产业的可持续发展，实现开发区经济的跨越式发展，起着关键性的重要作用。

3. 优化基础设施和生活配套环境

北京经济技术开发区拥有科学合理的规划，完善的"十通一平"基础设施和功能齐全的配套保障。作为 ISO 14000 环保体系认证的示范区，我区总绿化面积达到了 46% 以上，拥有国家一级保护动物——麋鹿郊野公园；拥有北京市最大的单体绿地——迎宾广场；拥有北京乃至全国目前唯一的以跨国公司企业文化为主题的国际企业文化公园；拥有大型综合性现代化医院——同仁医院；拥有双语学校，北京市 21 世纪大型双语幼儿园；拥有专家公寓、各种档次和功能的别墅住宅。正准备建设北京工业大学的计算机学院，影剧院，大型SHOPING MALL 等文化、教育、商业金融等社区服务配套设施。"以人为本"的社区服务，优美高雅仿真的国际生存环境，成为投资者青睐的热土。

121

4. 正视自己的薄弱环节，扬长避短

做到"四个正视"：第一正视产业链条不完整，部分产业关联度比较薄弱的不足。作为开发区一个多个产业集群的集合体，有的产业集群在全市、在华北乃至环渤海经济圈，产业链比较薄弱，有的有明显缺陷。如微电子产业中的PC产业，产业链基本上在中国南方的长三角与珠三角；还有相当部分的家电产品的产业链也在南方，北京地区明显缺乏有效的生产配套，没有形成完整的上下游产业链，迫使北京许多研发成果在外地实现产业化，甚至一些重要企业不在北京投资或拟迁出北京市，从而抑制了一些产业的发展。如果要重塑一个产业链，在现有条件下，开发成本及其周期都相当长，在如此瞬息万变的全球化市场经济时代，显然有很多的难处，有的根本是不可能的。就开发区本身而言，在几个主要的支柱产业群体之间，也缺乏相互支持的关联度，政府与人为色彩过浓，缺乏市场自身组合的内在动力，使区域内交易成本加大，缺少经济活力。第二正视面对日益激烈的竞争压力。北京经济技术开发区的招商引资面临国际日益激烈的引资竞争。随着全球化的不断推进，包括日韩、东南亚、南亚在内的各国都纷纷采取措施，放宽外资准入条件，扩大优惠措施，加强投资促进，努力改善投资环境，加大引资的力度，引资竞争空前加剧。与此同时，还面临国内日益激烈的引资竞争。国内其他国家级开发区、其他特殊经济区、其他城市引资一直处于强势，竞争十分激烈。长江三角洲和珠江三角洲的产业链完整，服务设施完善，商务氛围浓厚，企业运营成本低廉，政策灵活等都将对我们的引资造成影响。第三正视商务成本偏高，商业氛围不足。首都商务成本居高不下，阻碍产业发展速度。据不完全了解，北京、天津、上海和广州四个城市，北京工业用水每立方米5.6元，差不多是上海的4.7倍，是广州2.8倍多，比天津高出33%；从北京、天津、上海和广东四个地区综合用电价格来看，普通工业用电价格上海最高，为0.55元/千瓦时，比北京高出5%，比天津高出16%，比广东高出32%。但从大工业用电来说，北京最高，达0.385元/千瓦时，比上海高出34%，比天津高出10%，比广东高出24%。北京是政治中心与文化中心，这本来是首都得天独厚的优势，但在公共配套设施、人文特质、服务意识等方面缺少商务氛围，影响了投资者的投资动意，直接影响产业的繁荣。第四正视入世后市场规则的挑战。我国加入世贸组织已多年，无论是行政行为还是经济行为，都需要进一步与国际接轨，一些有地方特色的柔性政策和工作行为将逐步减弱并取消。我国《行政许可法》的颁布和实施，特别是国家对规定享受优惠政策区域的规划、土地和资源等宏观管理力度的进一步加大，要求开发区管理体制必须在依法取得行政授权的同时更加严格地执行国家有关规划、土地管理等方面的法律法规。在这种情况下，无论是我

们原有的政策条款以及人员的思想观念,都需要进一步适应这种变化。我们不仅要学会把企业引进来,更要有新的招商模式,新的招商目标和新的招商手段,引进适合首都城市性质的企业,引进符合中央政策集约利用资源的企业,引进招商成本低、经济质量好、经济效益高,能够促进开发区产业发展壮大的企业。这无疑为开发区的产业促进提出了更高的要求。

四、以我国投资促进战略为指导,调整改进我国投资促进工作

在上述我国投资促进发展战略指导下,顺应我国投资促进发展方向的需要,我国投资促进工作必须做出相应调整,从具体工作来看,应注意加强以下方面的工作。

(一)更加关注跨国公司形势及其投资战略、策略调整

目前跨国公司投资战略出现新的变化,主要是:经营市场全球化;经营模式多样化,原来以制造为主,现制造、销售、研发兼顾,但现在还不能称全能型,而是制造主导型、品牌主导型等;经营业务服务化,覆盖上游、中游、下游;经营资源外部化,经常搞服务外包。从跨国公司结构看,结构调整也呈现新动向:公司治理更严格,以美国为代表;公司管理更完善,以日本、欧盟为代表,从事业部制到地区与事业部制相结合,推动全球范围内的综合协调。跨国公司经营理念也呈现新特点:突出社会责任和可持续协调发展;从硬竞争力向软竞争力发展;强调企业道德和社会责任;外资强调社会责任,使自身成本下降,同时提高我国引进外资质量。总体上,跨国公司正在调整中国战略,特别是中国定位,更加突出销售、售后服务环节,而且投资力度强化,投资项目系统化,投资方式多样化。

(二)中国外资还将持续发展下去

中国经济的新一轮增长还将持续 20~30 年,因此与之相伴随的招商引资工作也将会持续 20~30 年。20~30 年以后,中国经济还将发展,作为经济发展推动力量的招商引资和投资促进也还将与之伴随。由此看来,投资促进和招商引资机构将长期存在。

(三)既招外资也招内资

今后,对外与对内招商业务将逐步统一,招商引资将变为内外资项目兼招,对内外资项目平等对待。以往,不少地区将招商引资的范围仅限定在外商投资,这是不科学的。如今,国内的资本实力和企业竞争力都已提高,尤其在沿海地区,有一些产业需要转移,有不少企业需要到其他地区寻找商机。这就为中西部地区提供了招商引资机会。除了沿海地区外,随着综合商务成本的上升和环保标准的提高,一些位于中心城市的企业也在搬迁,这其中也蕴涵着招

商引资机会。就现阶段而言，由于受多种因素影响，新的外资项目主要落户和布局在沿海地区以及国家级开发区的格局不会有大的改变。实际上，一些地区在一定时期内重点招内资项目可能效果更好。

（四）从优惠型演变为规则型和比较优势型

随着入世承诺的逐步兑现，中国对外商投资逐步从非国民待遇（包括超国民待遇和低国民待遇）过渡到国民待遇，国家给外资的优惠将逐步减少，今后招商引资主要靠良好的市场经济规则和比较优势。当然，优惠不会马上取消，但总趋势是不再增加并逐步减少。客观来讲，在对外开放从沿海扩展到西部、东北和中部地区的时候，优惠政策正在普及化，作用也在逐步弱化。

（五）从地区倾斜为主变为产业倾斜为主

《外商投资产业指导目录》和《中西部地区外商投资优势产业目录》均已公布实行，国内相关的产业鼓励政策也已实施，今后，不论是对外资还是内资，是否给予鼓励或优惠，将主要看其是否属于国家鼓励发展的产业。以产业鼓励和倾斜为主，以地区鼓励和倾斜为辅将成为今后的发展趋势。

（六）中西部地区到东部地区去招商引资

最近几年，广大中西部地区掀起了到东部沿海地区招商引资的热潮，取得了不错的效果。到沿海地区去招商，应当注意分析产业转移的特点，注意避免承接东部"两高项目"（高污染和高耗能项目）的西进。

（七）投资促进活动专业化

即成立专门机构，下拨专项经费，安排专门人员，常年负责招商引资和投资促进工作。在知识、经验和能力逐步积累与提高的基础上，招商引资和投资促进人员逐步专业化和专家化，逐步成为行家里手。

（八）越来越重视第三个层次的投资环境

即产业配套环境在吸引和留驻客商中将发挥越来越重要的作用。这种配套环境主要指的是工业和服务业的配套能力。为了建设产业配套环境，政府需要做好以下四个方面的工作：第一，分析当地产业发展状况和产业优劣势；第二，制定当地产业发展规划，选出一定阶段重点发展的支柱产业；第三，给予支柱产业政策扶持，加快其发展；第四，延长产业链和培育服务体系。

（九）从只招产业资本到也招其他行业资本

以往讲招商引资，主要指的是招产业资本（实业资本），即要创办工厂或生产车间。今后，招商引资将会发展到既招产业资本，也招商业资本、金融资本、知识资本、消费资本、风险资本等。

（十）招商载体越来越专一化

专一化主要是指开发区倾向于发展单一行业的趋势。开发区的发展已经经历了三个阶段：第一是综合化阶段，如经济特区和改革开放初期建立的开发区，区内什么项目都发展；第二是功能化阶段，如高新区、出口加工区和旅游度假区等，在区内侧重发展某一大类产业；第三是专一化阶段，如软件园、数码园、中药园、生物园、铸造园等，在区内只发展某个具体的行业。

（十一）招商引资与各类经济社会发展规划或战略密切结合

在一个地区，各类经济社会发展规划或战略往往需要借助招商引资实现，如会展经济、旅游经济、循环经济、外资经济、飞地经济、候鸟型产业、体育产业和文化产业等的发展就需要招商引资为之服务。当然，上述规划或战略的落实，又为新一轮招商提供了坚实的基础。

（十二）"引进来"与"走出去"相结合

现在，多数地区招商引资和投资促进的主要任务还是"引进来"，也就是尽可能从国外或本地区以外多引进资金和项目。但"走出去"将成为投资促进的一项重要内容。通过"走出去"可以更好地"走进来"，即通过对外投资可以更好地促进资本回流和引进外资。

（十三）投资促进与外交活动结合

中国驻外大使馆经济商务参赞处担负着管理和协调在当地开展的招商引资和投资促进活动的任务。今后，投资促进活动将进一步配合外交活动；同时，外交活动也将为投资促进活动提供更广阔的空间和更有力的支持。随着经济全球化和一体化深入发展，经济外交的作用会越来越大。

（十四）由注重引进资金转到引进资金、技术、人才和管理经验并举

在继续加快利用外资的同时，要更加注重引进国外先进技术、高层次人才和管理经验，实现外资、外经、外贸、外智"四外"共抓、"四外"齐上。事实上，解决资金缺口并不是中国引进外资的根本目的，外资对中国经济最大的贡献也不在于解决了资金缺口，而在于推动制度变革和体制创新。目前中国经济需要解决的主要问题仍然是制度转轨，经验证明，这光靠内生力量是远远不够的，必须通过引进外商企业从而引进外部的改革推动力。纵观国内各行业，可以发现，外资进入越深的行业，制度建设越好，行业管理也越规范；相反，对外资限制越多、管理越谨慎的行业，问题也越多。

（十五）由被动式招商引资转为主动式招商选资，增强引资的针对性和有效性，从而从盲目招商到科学招商

目前，我国各地区在吸引外资方面，基本上还是"抓到篮里都是菜"的被动式方式。今后各级外经贸部门要加强调研，深入分析外资发展面临的新情况、新问题。加强对吸收外资的区域、行业和产业的研究，结合地区发展优

势有针对性地开展招商活动，防止招商项目产业趋同化的现象。2003 年，目标定位几乎成为所有东道国最为注重的方式。这种情况表明，在竞相吸引 FDI 的措施上，越来越多的国家认识到，有效地吸引 FDI，需要结合本地区的比较优势，强化吸引外资时的目标导向。一个国家有效的投资促进不应是对范围广泛的所有行业、所有来源地和所有投资方式的 FDI，而是应有选择性和针对性的促进部分行业、部分来源地和部分投资方式的 FDI。特别在拉丁美洲和加勒比地区，目标定位居于突出地位，额外激励政策在这一地区较少使用。根据对投资促进机构的调查，连续两年，目标定位一直是东道国应用最多、最有效的政策措施。总之，从招商抢资到招商选资，从来者不拒到加以选择，从只重数量到数量、质量并重，从由粗放型到集约型，从忽略项目结构到优化项目结构。

（十六）由恶性引资竞争转向加强区域合作与协调

当前，招商引资成了各地政府工作的重中之重，各地招商引资竞争日趋激烈。由于我国行政管理体制存在条块分割的问题，造成地方政府往往只注意本地区经济发展而不大注重本地区所在区域经济协调发展。为了吸引客商前来投资，地方政府纷纷推出各种优惠政策，一些地方为了争项目，不惜出怪招、使险招，突破国家政策底线，违规招商，相互挖墙脚等现象屡见不鲜，以致同一地方的园区之间恶性竞争，造成巨大浪费。最新研究显示，跨国公司在华投资越来越注重拥有广大市场和项目配套环境的区域经济体。今后要倡导和鼓励加强区域内合作，促进有关部门形成招商引资协调机制，实现信息分享、经验交流和优势互补，由单体招商到区域群体协同招商。

（十七）重视和发挥中介机构在投资促进中的作用

（十八）我国投资促进工作还必须转变三个引进外资思路，切实转变五个工作方式，实现全面可持续发展

转变三个引进外资的思路：从如何促进引进外资发展到引进外资促进国民经济协调发展，强调社会和谐，环境优化等；从如何考虑引进外资发展的硬软环境到综合考虑生态环境和谐，尤其发达地区，其中江苏省在这方面已走在全国前列；从如何考虑增外资数量到外资发挥更大作用，继续发挥引擎和催化剂作用，尤其提升软竞争力，逐步提高质量和效益。

转变五个工作方式：外资促进同外企管理相协调，前后衔接吸收外资；"引进来"和"走出去"相协调，内外联动吸收外资，走出去企业可能更好地带动引进外资，例如，北京京东方—韩国—中国，上海上工股份—德国工业缝纫机厂—上海成立新项目，都成功实现了内外联动；投资促进为系统工程，应实现

商务部门内部协调以及同其他部门相协调；鉴于外商投资往往考虑地区整体投资，以及产业集聚、产业集群等，因此应重视本地吸引外资同其他地区相协调。在这方面长三角、珠三角已为全国做出很好的范例，但京津冀环渤海经济圈还有待加快规划建设速度；政府引资同企业引资协调，例如东北地区国有企业较多，出于自身利益考虑，引资发展不很积极，政府应调动国有企业引资发展的积极性。

第八章 提高投资促进有效性的途径

第一节 优化和完善投资环境

一、"投资环境"综合介绍

(一)"投资环境"概念

世界银行将投资环境定义为企业在进行投资决策时对收益和风险的预期效益提高以及未来投入的影响因素，并认为投资环境是一个过程。实际上，投资环境又称投资气候，广义而言，投资环境是指一个地区或经济体在一定时期内拥有的对投资活动有影响的各种因素和条件的综合系统。具有系统综合性、客观先在性、绝对差异性、动态可塑性和相对性等特点。投资环境不仅是指基础设施和优惠政策，它是由众多因素构成的复杂系统，几乎包括某区域、某国或某地区的所有与投资者、投资行为及投资效益相关所有因素，如有形的自然资源、基础设施，无形的观念形态、制度体制、民俗民风、情报信息等，其中每一方面的因素又是包含若干要素。但投资环境主要由政策框架、经济决定因素、商业便利措施等因素决定。投资环境是一个涉及范围广，而又十分复杂的系统。

(二)投资环境内容

投资环境主要由投资硬环境、软环境和产业配套环境三个部分构成。所谓硬环境，指投资环境中有形要素的总和，包括物质环境和区位环境。物质环境包括基础设施和生活服务设施等环境，区位环境包括自然区位环境和经济区位环境。硬环境是相对固定、稳定且可见的环境，它们对外资的约束是刚性的或无弹性的。硬环境主要体现为硬的"九通一平"：道路、供水、供电、排水、邮电、供热、供工业蒸汽、供天然气、宽带网和土地平整。所谓软环境，指无形的投资环境中无形要素的总和，包括社会政治、社会法律和社会经济环境，以及社会文化、人的观念、风俗、习惯和政府的行政办事效率等。软环境是那些处于不可见的状态，具有一定的人为特征，且极易受到其他因素影响的环境。主要体现为软的"九通一平"：信息通、市场通、法规通、配套通、物流通、资金通、人才通、技术通、服务通、新的经济平台。硬环境是投资环境的物质基础，往往是人们首先关注的环境因素。但是，现在软环境在投资环境中起着越来越重要的作用。这是因为，总体投资环境等于硬环境与软环境的乘积，而在一定时期内硬环境的变化是有限的，有的硬环境如资源储量，在一定时期内是无法改变的，因此，如果加强软环境的建设，就能弥补硬环境的不足，最终能成倍地提高整体投资环境的水平。

所谓产业配套环境是指适宜企业生存发展的产业环境，它不仅包括企业生存发展所必需的发展空间和商务氛围，还包括企业发展需要的产业链和与之协调配套的企业群等，即处在一个相当大规模的区域经济体之中，因此，产业配套环境也称为产业集群环境，包含工业配套能力、产业链、产业集聚、企业群、经济圈、组团式投资、企业生存发展空间等方面的内容。产业集群主要通过提升集群内企业竞争力，增强内部企业黏附力和成长力、集群外企业吸引力改善投资环境，同时通过降低企业进入门槛改善投资环境。产业配套环境是第三个层次的环境，但从发展来看，显得越来越重要。对跨国公司而言，新来华投资的公司可能更关心硬环境基础设施，老客户可能更关心软环境、产业配套环境。

（三）优化和完善投资环境应掌握的原则

分析投资环境的目的，在于优化国际投资环境，从而可以更有效地引进和利用外资。在具体的实施优化的措施时应掌握以下原则。

1. 系统性协调化原则

国际投资环境涉及面广，包含内容多而彼此间又缺乏固定关系。为了更合理，有效地利用外资，东道国首先要使投资环境系统化不仅要掌握投资环境本身的构成要素，知道哪些投资环境应当优化及怎样优化，而且要把这些有待优化的各种环境因素组合起来，成为有机的整体。同时，东道国还要注意环境内部的协调和配合，应当要求各因素均衡，最好同步一致。

2. 定向化原则

优化投资环境，要有目的，有针对性。做到优化产业方向和区域优化等。

3. 双向化原则

指国际投资方和引进外资方在优化投资环境时要考虑双方的利益，统筹兼顾。

4. 费用最小化原则

基本要求在于少花钱多办事，要同时调动国内外投资者的积极性。

5. 国际性优化原则

在优化投资环境时，应当遵循国际惯例，并注意取人之长补己之短，融各国优点，达到优化本国的投资环境的目的。

（四）投资环境评价与应用

做投资环境评价主要有两个目的：一是为了对外宣传，宣传相对优势，宣传投资机会。投资人忌讳王婆卖瓜自卖自夸，这也是一个政府诚信的问题；二是对内改善，改善不足和弥补缺陷，创造更优越的条件。并且讲究最有效的方法和途径。投资环境评价有两个作用：一是将投资者引导进来，二是指导他们去投资；投资环境评价主要解决四个问题：投资环境发布的权威性、投资环境评价的科学性、投资环境信息使用的实用性、招商引资活动需要的部分艺术性。优化和完善投资环境是降低投资促进成本、提升投资促进效能的重要因素。

对一个区域的投资环境进行评估分析，指标选择与指标系统的构建非常重要，它直接关系到研究结论的科学性、客观性、准确性与可靠性，关系到能否为决策部门提供一个量化的、具有可操作性的依据。在研究、选取和构建评估指标系统时，应该遵循和贯彻以下原则：①全面性：在遴选指标时必须尽量全面、完整地选择各级各类的指标，要使得投资硬环境和软环境指标，总量指标、相对指标和平均指标，定性指标和定量指标相结合。②简洁性：指标的遴选和设置需要考虑典型性和代表性，尽量使含义相同或相关性较大的指标不被选入，用尽可能少但信息量尽可能大的指标去反映多方面的问题，把全面性和简洁性有机地结合起来，以避免重复、烦琐而造成评估时的多重共线或序列相关。③科学性：指标系统的建立应该根据投资环境本身及经济社会发展的内在联系，依据投资环境评价理论和统计指标系统建立的科学理论和原则，选择含义准确、便于理解、易于合成计算及分析的具体、可靠和实用的指标，以客观、公正、全面、科学地反映区域投资环境的本质和规律性。④系统性：在选择和确定具体指标来构建指标系统时，要综合考虑投资环境的整体性、动态性和系统性，既要选择反映和衡量系统内部各个子系统发展状况的指标，又要包含反映各个系统相互协调以及系统外部的环境指标（如政策变量等）；既要有反映和描述投资环境系统状况的静态指标，又要有反映和衡量系统质量改善和素质提高的动态指标。同时，还要随着时间的推移、地点的变化和实际情况的不同，指标系统能够适应动态发展变化的需要而进行相应的适当调整。⑤可比性：指标系统的构建应该通过借鉴和吸取国内外的研究经验和成果，便于国内各个地区对比，又能经过适当的调整而方便国际比较，同时又可以进行动态对比。⑥可操作性：投资环境系统评估指标应该具有实用性和可行性，指标数据的选择、获得、计算或换算，必须立足于现有统计年鉴或文献资料，至少容易获得、计算或换算，并采取国际认可或国内通行的统计口径，指标的含义必须十分明确，便于有效地进行定量的分析和评估。

建立分析评价投资环境体系应注意三个方面，即：一是能体现出不同层次、不同区域的差异性；二是要考虑非经济因子因素；三是评价结果要能反映各年度之间投资环境的动态变化趋势。

目前，世界银行对中国城市投资环境的调查报告最具权威性。世界银行投资环境调查采用的指标主要包括：基础设施、国内的进入和退出限制、技能和技术存量、劳动力市场灵活度、国际一体化程度、私营部门参与程度、非正规付款、税收负担、司法效率和融资。根据这些指标对各个城市的投资环境进行对比和排序，然后进行综合打分。世界银行报告将投资者对投资环境的期望归为三大类：宏观经济和政局稳定；国家的外贸投资政策：国家监管框架的效率，包括进入和退出机制、劳工关系和劳动力使用的灵活度、融资和税收的效率和透明度；环境、安全、卫生及其他法定公共利益的相关法规条例的效率：基础设施和金融服务的数量和质量，比如电力、交通、通信、银行。

（五）进一步改善投资环境，创造国际竞争优势

良好的投资环境，特别是投资软环境，是一个国家社会进步的重要标志和经济发展的重要保证，也是一个国家国际竞争力的重要体现。据商务部信息，2002年科尔尼公司把中国评为世界最具投资信心的国家。这是对中国改善投资环境所做出努力的认可，也是对中国吸收外商投资未来发展的良好预测。在改善投资环境方面，我们还有很多工作要做，还有很多问题需要解决。这是一个不断发展和上升的过程，是一个系统发展的过程。

改革开放初期，进入大陆的外资主要是来自港、澳、台等地区的华侨资金，以中小企业为主，主要利用中国廉价劳动力及资源的优势，发展劳动密集型产品的生产，产品以外销为主。这一时期，外商主要关注投资区域的优惠政策、资源优势，以及投资硬环境的改善。

20世纪90年代中期以来，随着我国对外开放步伐的进一步加大，基础设施、贸易、金融、服务等领域逐步向外商开放，欧、美、日、韩等国的许多跨国大企业纷纷进入中国，这些大企业着眼于把中国纳入其全球战略体系而考虑投资，他们的目标和理念也发生了变化，他们不再只是关注短期的目标利润和税收之类优惠政策，他们更关注法律执行、产业导向、技术标准，关注产业扩张的空间、市场变化、技术力量及人才来源、企业的稳定性等长期发展因素；对环境和服务的要求自然更高，任何与国际惯例、国际通行规则不吻合之处都认为应该列入改革之列。与此同时，随着我国各地基础设施的逐步改善和政策优势的不断淡化，外商面临的主要问题也从最初的硬环境转变为投资软环境。不少跨国公司认为，我国有关外商投资的法规和政策存在着多变、透明度和规范化程度不高；行政服务水平和效率低下；社会舆论环境也有待于进一步改进，如有的媒体对外商的一些报道有不实之词；等等。

进入21世纪后，外商对于投资环境的要求从过去强调的硬环境和软环境

进一步上升到企业的产业配套环境。一个企业的生存和发展都需要整个产业链条各个环节和相关企业群来配套。所以，政府一定要注意产业配套环境的改善。图8-1反映了外商对于投资环境不断上升的需求。

　　适应投资者结构改变、产业结构升级和生产经营方式变革等新情况，各地政府要秉承"亲商、安商、富商、强商"的理念，本着"你赚钱，我发展；你经营，我服务"的宗旨，加快政府职能转变，致力于系统优化和改善投资环境，使投资环境再上一个新台阶，进一步增强吸引国内外企业投资的综合竞争力。

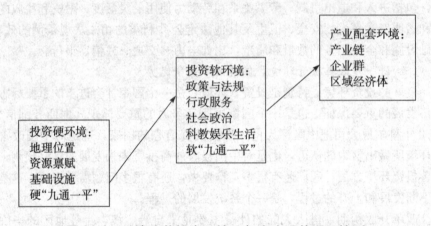

**图8-1　系统改善投资环境，努力实现从硬环境到
软环境进而到产业配套环境的提升**

　　(六)打造有利于创新的环境

　　由上述分析可知，未来靠政策优惠吸引外资将逐步向完善投资环境吸引外资转变，特别是增加创新优势。温家宝总理在2005年9月13日在深圳考察并召开特区工作座谈会上指出，《顺应新形势，办出新特色，继续发挥经济特区作用》增强自主创新能力。要着眼于拥有更多的自主品牌、自主知识产权和国际竞争力的名牌，大力加强原始性创新、集成创新和引进消化吸收再创新，加快产品创新、技术创新、产业创新。要加速科技成果向现实生产力转化。加快科技管理体制改革，完善配套服务，营造有利于科技创新和高科技产业发展的体制和政策环境。完善以市场为导向，以企业为主体的研究开发体系和自主创新机制。切实加大知识产权保护的力度，特别要强化保护知识产权的执法，这对于优化科技创新环境具有重要意义。要广纳贤才，用好人才。重视吸引出国留学人员和国外高层次人才，充分发挥人才的聪明才智。要以特别能创新的精神风貌和特别优良的创新环境，将深圳特区建设成为国内重要的高新技术产业基地和国家创新型城市。

二、完善投资促进体制环境

（一）国际投资促进体系及投资促进机构功能定位

如前述，目前世界发达国家已经建立了比较完备的投资促进体系，也已建立比较完善的国际投资促进组织。而且，世界投资促进运行机制比较完善，例如投资促进机构联席会议机制、国际投资促进论坛、WAIPA 在中国会议机制、以及 WAIPA、MIGA、UNCTAD、UNIDO、OECD、WORLDBANK 等机构资源共享和协调机制。各国或地区投资促进机构功能也存在一定差异，表8-1 给出不同国家、地区和国际组织投资促进机构核心功能。

表8-1　　　　　　　　投资促进机构核心功能

功能 ＼ 国家组织	经济合作与发展组织国家（%）	经济转型体（%）	最不发达国家（%）	其他发展中国家（%）
投资者定向	83	100	71	77
续项服务	77	86	86	
咨询服务	67	86		
投资政策制定/建议		86	93	86
推动私有化		71		
促进国内投资			93	73
提供激励机制			79	
外商投资注册			71	
外商投资许可			71	
促进旅游业			79	

资料来源：联合国贸易与发展会议 2000 年度投资促进机构调查

（二）构建我国投资促进体系和机制

目前，我国虽初步建立投资促进体系，但其运作模式各异。应在总结比较国际投资促进体系的基础上加以借鉴，致力于我国投资促进体系改革，特别倡导建立既具有中国特点又与国际发展相适应即以"开放、合作、立体、多层次"为主要特征的投资促进体系，同时构建以促进全方位服务为核心，推动整合投资促进内外资源为重要出发点的中国投资促进体系和运行机制。

1. 充分利用各方资源优势，构建多层次投资促进工作体系

投资促进很大程度上提供的是公共产品，具有明显的公益性、全局性和社

会性，理应是政府的一项重要职能；但同时投资促进又具有开放性、交流性和互动性的特点，而不是封闭的、狭隘的，它需要调动国内外各方资源。因此，在构建新型投资促进体系中，要充分利用各方面的资源优势，组成多层次的投资促进工作网络体系。作为政策执行机构的投资促进局，对内将在商务部相关政府部门指导下开展各项工作，组织实施外商投资促进活动，指导和协调各地投资促进机构的工作，并将投资者引导到地方去，根据业务发展需要借用"外脑"即聘请国际国内知名专家和机构作为顾问，成立顾问咨询委员会；现阶段要充分利用商务部驻外机构和国外投资贸易中心开展投资促进活动，在重点国家设立专门的投资促进官员，条件成熟后，逐步在境内外设立代表机构，建立全球投资促进网络。对外，加强与投资促进业务有关的国际组织、其他国家的投资促进机构及相关商会、协会建立稳定的工作联系，学习和借鉴国际投资促进先进经验，加强合作，共同组织多双边投资促进活动，通过实践和交流改善提高中国投资促进工作水平，推动中国投资促进事业进一步迈向国际化。同时，调动和整合国内外的咨询机构、律师事务所、会计师事务所等数量众多的中介机构，开展丰富多彩的有针对性的商务投资促进活动。重视加强投资促进机构的能力建设，重点加强投资促进机构同国家及地方政府的对话能力、同各相关部门的研究能力、协调能力、财政能力、专业人才聚集能力和投资促进业务开拓能力六项能力建设。

2. 利用各种投资促进机制，加强对地方服务

充分发挥双边投资促进机构作用。目前，商务部已牵头与30多个国家和地区(日本、韩国、新加坡、英国、中国香港等)建立了双边投资促进机构，通过以下工作内容为地方和企业提供服务：举办双方机构联席会议，交流投资政策和信息，研究确定双边投资合作方向，探讨解决与投资有关的重大问题，推介我方举办的重要招商活动等；举办投资经验交流会、中国投资政策说明会，直接向境外企业介绍我国最新外资政策，解答外方关心的与投资有关的问题；组织地方政府部门和企业赴境外举办投资环境说明会、投资项目洽谈会等，有效开展招商引资工作；组织外国政府和企业家代表团来华考察各地投资环境，与地方政府和企业交流；组织外商参加中国国际投资贸易洽谈会、中国中部投资贸易博览会等重要投资促进活动，等等。

建立"欠发达地区投资促进支援中心"。与国际组织合作，建立"欠发达地区投资促进支援中心"，与中西部地区一起，有针对性地开展形象塑造、项目推介、信息交流、人才培训等工作。

建立日本中小企业产业科技园。根据日本中小企业对华投资的需求，商务部和科技部等部门共同与日方合作，选择在有条件的国家级经济技术开发区内

设立日本中小企业产业科技园，促进日本中小企业来华投资。

充分发挥全国投资促进机构联席会议作用。通过召开年会、专业会议等形式，加强投资促进机构之间合作，推动投资信息交流。

3. 建立有中国特色的投资促进机构

"十二五"时期，我国投资促进工作应借鉴国际投资促进机构的经验并结合我国的实际情况，改变以往招商引资的做法，更新投资促进理念，引进市场营销手段，树立科学发展观，加快创新，建立新型业务模式。

投资促进工作是政府公共服务行为，是一项政府主导、有关方面积极参与的综合工程，需各地方政府加强重视，加大指导、支持和协调力度。

(1)投资促进工作由政府投资促进部门、专业投资促进和服务机构、引资主体所共同承担，三者各司其职，相互不可替代。投资促进部门、机构尚未健全的省、区、市，要从实际出发，根据投资促进工作的实际情况和需要，建立和完善投资促进工作体系。

政府投资促进部门是指各地负责投资促进的商务主管部门，负有指导投资促进工作，管理、协调各种投资促进资源的职责，如制定和实施科学的投资促进工作战略、建立现代化投资促进工作体系和工作制度、推广现代化有效投资促进工作手段等。各地应在政府投资促进部门设立投资促进专项资金，支持投资促进机构和投资促进活动。此外，随着我对外投资业务的发展，"招商局"的提法已不适应投资促进形势，应将之改为或组建为"投资促进局"，由单向招商引资变为吸引外资与对外投资双向投资促进。

虽然投资促进是政府提供的公共产品，但服务是有范围和边界的，不能逾越市场机制对资源的配置作用，不能扭曲市场机制。我国某些地方政府招商引资中存在的问题就是对投资促进范畴的认识和界定模糊，容易进入责权不分、急功近利盲目招商的误区。政府该干什么、不该干什么，成为科学合理界定投资促进范畴的核心问题，即政府在投资促进中的边界必须理清。投资促进是政府重要职能之一，但政府在投资促进中有应当遵守一定边界，不应超越政府服务的范围。政府在投资促进中的职能应大体定位在：调控和管理职能而不是管制；服务职能而不是行政干预；引导职能而不是最终引资主体；依法引资而不是"诱资"。

专业投资促进机构是指官方的、半官方的或民间的专业机构，如投资促进局(会)、投资服务中心等，根据主管部门的工作规划，实施各种投资促进活动、承担政府部门规划的投资促进工作、向外商提供各项投资方面的服务等。

引资主体是指企业(项目单位)、开发区等，其有效的工作如对引资项目的选择和包装等是做好投资促进工作的保障。企业、开发区等作为引资主体是当然的商务谈判主体，更是最终引资主体，这种主体作用将随着我国市场经济的发展和完善而得到进一步加强，并将在未来投资促进工作中发挥最重要的作用。

（2）商务部是全国投资促进工作的政府主管部门，负责指导和管理全国招商引资和投资促进工作。商务部下设投资促进事务局，负责执行商务部投资促进计划，承担商务部策划、布置和支持的投资促进工作，策划并组织境内外大型投资促进活动。商务部投资促进局的主要职能是：塑造国家形象、搭建交流平台、发布研究报告、提供咨询服务、推介投资项目、沟通政企关系、引导业态发展等。

（3）"中国国际投资促进会"是由中国境内登记注册的、具有投资促进职能的中介机构，是由社会团体、金融机构、咨询服务机构、投资管理研究机构和具备条件/资质的专家、学者等自愿组成的全国性专业社会团体。其宗旨是：根据中国的经贸战略，充分发挥民间组织的作用，建立全国性的民间经贸投资促进平台，促进中国参与区域经济一体化战略的实施，协助中国各级政府、投资促进机构和企业参与国际经济合作。

（4）"全国投资促进机构联席会议"是投资促进机构之间有效的信息沟通、经验交流机制，也是商务部与各地投资促进机构联系的桥梁，为投资促进工作提供了一个平台。

三、完善投资促进政策环境

借鉴国际经验并结合我国投资促进实际情况，可以考虑在以下方面制定并实施相应投资促进政策。

鼓励来华投资政策。在已施行《外商投资产业指导目录》的框架下，欢迎外国投资者到中国投资，鼓励举办产品出口或者技术先进的外商投资企业。

鼓励对外投资政策。在《对外投资国别产业目录》框架下，按照《境外投资开办企业核准事项的规定》，支持和鼓励有比较优势的各种所有制企业赴境外投资，大力推进对外投资便利化。

地区导向政策。加大对东北老工业基地、中西部地区的投资促进力度，加强东部、中部、西部之间的投资促进工作交流。

行业导向政策。抓住新一轮国际产业转移的机遇期，重点发展服务业、高新技术产业和配套工业的外商投资。

制定地方政策。各地方投资促进机构在执行国家投资促进政策的同时，要制定符合本地区特点的投资促进政策和战略。

其他行业和地区政策。对于其他行业和地区的投资促进工作，由相关的投资促进机构根据实际情况，逐步参与制定有关行业导向和地区的相应政策。

四、完善投资促进法律环境

投资促进工作既需要法律规范，又需要法律保障。应在认真研究和总结发达国家、其他发展中国家投资促进法以及国际投资协定等的基础上，进一步明确法律在投资促进中的地位和作用，推进中国投资促进法律体系建设与法律服务完善，特别是推动"中国投资促进（办）法"尽快出台，同时加快制定区域投资促进（办）法步伐，包括西部投资促进（办）法，东北老工业基地投资促进（办）法，使我国投资促进工作有法可依，从而解决投资促进工作法律真空，为促进我国投资促进工作法制化、国际化、现代化建设和我国区域经济协调发展、产业结构优化、经济社会可持续协调发展提供坚实的法律保障。

（一）外国投资促进法简析

目前，国际投资促进方面的法律较多，举例分析如下：

厄瓜多尔《投资促进与保障法》。为给外国投资提供法律保障，厄瓜多尔制定了《投资促进与保障法》。根据该法，厄瓜多尔外贸与投资委员会负责制定国家投资促进政策；外贸、工业渔业部监督国家投资促进政策的执行，协调、跟踪和监控在该范围内的活动。外贸、工业渔业部下属的贸易服务局和对外服务局也是组成投资促进国家系统的执行单位。外贸工业渔业部负责解释安第斯多国企业统一制度和对待外资、商标、专利、许可证和特权转让等方面的法律规定。外贸工业渔业部和中央银行的决定具有法律效力。厄瓜多尔中央银行负责登记外国直接投资，投资申请可由外国投资者自行办理，也可由其代表或投资对象的法律代表代为办理。登记时需提交有关注册文件副本，并根据投资方式提交相应的证明文件。中央银行不得索取该法规定之外的其他文件。该行每半年在其出版物中发表一次对外国直接投资的登记。该法规定：所有厄瓜多尔经济部门均可进行外国直接投资，无须得外贸工业渔业部的事先批准，并享有厄瓜多尔自然人和法人的同等待遇。此外，该法对外国还作了界定。对外国投资的优惠政策做出说明。

韩国《外国人投资促进法》。为给外国人投资提供支持与便利，推动外国人投资从而促进国民经济的健康发展，该法从以下方面做出规定：对外国人投资的保护，外国人投资的自由化，外国人投资程序（包括对获得新股的外国人投资、获得"既存股票等"的外国人投资、通过合并等手段获得股票、长期借款方式的外国人投资等），对外国人投资的支援（特别设立"外国投资支援中心"、外国人投资行政监察官、市、道的"外国人投资振兴官"等），外国人投资区开发支持、投资后期服务与管理、技术引进合同、罚则等都做了相应规定。

突尼斯《投资促进法》。投资促进法鼓励自由投资，加强突经济对外开放。这项促进法适用各个行业，但不适用矿业、能源业、金融业和内贸，这几个领域有专门的法规。投资鼓励重点：制造业、农业、食品工业、部分纯出口服务业和与工业相关的服务业。主要通过财政促进、投资鼓励金、代支付社保金等途径对外国投资加以支持。

塞拉利昂《2004年投资促进法》。该法案于2004年8月17日议会正式通过，旨在通过推动和吸引国内外的私人投资来扩大出口和提供就业机会以促进生产和增值活动，同时创造一个有益于私人投资的良好投资环境。该法对投资塞拉利昂的投资手续特别是商业性投资、投资激励机制和保障措施等都做出相应规定。

（二）我国投资促进相关法规、政策简介

近年我国随着投资促进工作的开展，各地不断产生和制定相关投资促进的法规、条例、政策等，例如《新疆维吾尔自治区鼓励外商投资若干政策规定》、《福建省关于促进外商投资进一步发展的若干规定》、《云南省外来投资促进条例》、《射阳县投资促进办法》。为规范和管理我国外商投资企业投诉行为，由商务部投资促进局起草制定了《商务部外商投资企业投诉工作暂行办法》。此外，应尽快制定《中国投资促进（办）法》，对我国投资促进的战略定位、目标、使命、任务、政策、秩序、体制、机制、职能、活动、服务等做出相应规定。

五、完善产业配套环境

主要从工业配套能力、产业链、产业集聚、企业群、经济圈、组团式投资等方面进行完善。

除上述外，还应逐步完善市场环境、金融环境，优化社会生活环境。特别是良好、和谐、便利、优美的社会生活环境正在成为越来越重要的提高投资促进有效性的方式和手段。

第二节　完善投资服务，建立立体式投资服务模式

一、什么是"投资服务"

投资服务，指通过向潜在投资者和现有投资者提供服务，留住已经感兴趣的投资者，帮助吸引并留住承诺进行投资的投资者，引致投资者在同一个地方再投资等活动的行为。与投资者进行投资的过程相应，投资服务可分为投资前

期报务、投资中期服务和投资后期服务三个部分。

（一）投资前期服务

投资前期服务也称"投资前协助"，主要是帮助潜在投资者了解和熟悉当地投资环境等方面的情况，确保投资者在掌握与投资相关的信息方面不会遇到障碍，给投资者留下一个良好的第一感觉，增强其开展投资活动的信心。主要包括投资咨询服务、投资环境介绍、投资前项目推介、组团参观访问、重点产业企业推介，等等，进而实现投资者商务考察便利化、信息和市场研究便利化。其中，组织安排投资商做现场参观访问是很重要的。

当投资促进过程从形象塑造转到投资行为，焦点变得越来越集中。形象塑造依赖一般的促销技巧，改善众多公司的印象，提高知名度。在投资行为阶段，投资促进机构与特定公司的特定个人建立了直接联系。一次成功的商业活动以一个演示结束，作演示的投资促进机构成功说服一个预期公司来参观地点。在给一个潜在投资者做完介绍后，应认真地完成一份公司访问报告将成为成功地为投资者服务的基础。一个成功的参观访问活动应包括四个阶段：为现场参观做准备、准备和安排访问日程以及安排参观后的事宜（post—visit）、提供后续行动和售后服务。一个成功的参观计划应包括三个重要组成部分：规划这次参观：有效的计划意味着设计一个适应客户个别需求和兴趣的参观计划，而且这个计划包括与投资者和其他能够提供正面证明和关键数据的人的会面；管理这次参观：投资项目官员必须坚持日程，一直负责并且明了所有其他要求和引用的事实和数据；准备辅助文件：投资促进机构通过提供符合公司特殊需求和与竞争对手相比较的详细资料来帮助公司准备投资评估。需要注意的是，投资者通过有效的参观活动做出投资决定并不意味着投资促进机构责任的完结，而恰恰是持续的售后服务的开始。因为老投资者的再投资和扩大投资可以是外国投资的重要来源，所以参观活动结束的售后服务是非常重要的。

（二）投资中期服务

投资中期服务指为已决定进行投资活动的投资商提供项目申请、审批、建设、开工等方面的服务。主要包括项目可行性研究、审批程序手续介绍、立项申请与审批、选址、施工、人员配备，等等。在此阶段，简化和加速审批无疑是最为重要的了，另外还包括减少优惠申请的时间等，使投资能够顺利实现。

（三）投资后期服务

1. 定义

投资后期服务指投资项目建成并投产后为投资商提供项目运作与发展的支持与便利。不同的投资促进机构 IPA（investment promotion agency）对投资后期服务概念可能有不同的理解，例如 Young 和 Hood 把投资后期服务就界定为"包括所有由政府和其他机构在合作基础上提供的潜在性服务，这些服务旨在协助在东道国/地区已建立起来的外国子公司，从而促使它们能够为当地经济发展作出贡献"[①]。其实，投资后期服务无论如何界定，它所包含的基本内容大体一致，主要包括企业国民待遇、政策法律制度融合、政企沟通机制建立、市场分析与开拓、产业配置、税收服务、诉讼与仲裁服务、安全服务、语言文化服务、广交朋友、子女就学、生活娱乐服务等。如果借助于市场营销的概念，那么投资后期服务的作用就相当于商品的售后服务，其目的在于让顾客满意并培养他们对该产品的忠诚度。投资后期服务是提供一个具有吸引力的经商环境并为外国公司与本地环境之间创造一个牢固的纽带。大批已落户投资者，以及由扩展投资而带来的巨大潜能，使投资后期服务成为投资促进工作中极为重要环节。

联合国贸易与发展会议将投资后期服务划分为行政型服务、运行型服务和战略型服务三种[②]。行政型服务使运行型服务成为可能，例如获得子公司设立许可，为外国员工提供工作/生活许可，提供法律、会计、银行等中介服务等；运行型服务使得跨国公司能够有效率、高性能地运转，这些服务包括对当地员工提供培训以满足跨国公司对高技能员工的需求，完善当地产业链，发展产业集群，发挥集聚效应等；战略型服务是影响公司未来发展方向、新能力的开发以及在东道国发展战略的服务，目的在于维持跨国公司设立的子公司在当地正常运营，并不断扩展壮大，提升产品附加值，让企业居于价值链的高端，增强企业长远竞争力。当然，投资后期服务不是一成不变的，随着时间的延伸，后期服务的内容和空间也在不断扩展。目前我国的北京、上海、天津、重庆等大城市以及部分省、中等城市成立了外商投资服务中心、投资促进机构，但这些机构在投资后期服务时间序列中，一般只停留在提供中短期范围内的行政型与运行型服务阶段，对战略型后期服务关注较少，还处于低层次服务类型。

2. 投资后期服务至关重要

(1)投资后期服务在我国往往被忽视或不受重视。部分发达国家，如美国早在 19 世纪 70 年代后期就开始关注如何维系现有投资企业，促使现有投资

① YOUNG S, HOOD N. Designing developmental after-care programmes for foreign direct investors in the European Union. Transnational Corporations, 1994 (2)：45～72.

② UNCTAD. Aftercare, a Core Function in Investment Promotion. New York and Geneva, 2007：17～19.

企业扩大再投资的问题，并将其提上政府的优先议事日程。但对大多数发展中国家而言，投资后期服务仍是一项较新的、较少受 IPA 关注的职能。特别是在我国，IPA 往往过分关注新投资，加上以吸引新投资为衡量标准的投资促进评估体系的影响，投资后期服务常常被忽视或不受重视，例如："JQK"现象不胜枚举。"JQK"是借用三张扑克牌来说明我国目前大量存在的不正常投资服务现象。"J（勾）"就是运用各种手段将投资商"勾"过来；"Q（圈）"就是在把投资商"勾"过来之后采取种种措施将它"圈住并套牢"，不让它跑掉；"K（Kai/Cut－揩油/宰掉）"就是在"圈住并套牢"投资商后想办法从其身上揩油或制造事端，直至企业难以为继。"J（勾）"和"Q（圈）"分别相当于投资前期服务和投资中期服务，而"K（揩油/宰掉）"相当于投资后期服务。"JQK"现象是对我国目前投资服务特别是后期服务过程中大量存在恶性服务现象的生动描述，已经给投资商和地区形象造成极其严重的后果，也是"外资撤离"的主要原因之一。

著名华裔科学家田长霖教授1999年考察北京经济技术开发区时曾说过，招商引资绝不能只把精力放在招商引资上，要注意投资者生活配套环境的建设，如购物、休闲、娱乐、学校、幼儿教育，等等。人家来投资，首先要来人。资金与人比较，人永远是第一位的。随着世界的进步，人类越来越注重自己的生存质量，投资者到异国他乡工作，已经不是简单地外出挣钱，讲究的是自己的一段生存经历。对于那些在异国他乡工作的年轻父母来说，还希望子女在自己身边成长，这就要有适合国际标准的教育设施，使投资者在紧张工作的同时，拥有良好的生活保障，没有在异国他乡与本国相比的迥异感觉。

（2）投资后期服务显得日益重要。一是受国际金融危机后期调整的影响，以服务外包，高科技、高附加值的高端制造，低碳经济及研发环节转移为主要特征的新一轮全球产业结构调整方兴未艾，促进了跨国资本的加速流动。随着FDI 总量快速增长，跨国公司的子公司数目大量增加，加大了投资促进机构后期服务的工作量，对投资后期服务提出了新的挑战；投资促进涉及企业并购现象比重越来越大，而且多发生于已经引入的投资者，而后期服务是已引入投资者决定是否扩大再投资的关键因素，这就更凸显投资后期服务在整个投资促进过程中的重要性。二是国际商业环境的变化改变了跨国公司的组织结构和运作流程，表现为企业的产业链条更分散、更多专业化的子公司产生、国外子公司更深刻地融入到母公司的协作网络中，这对投资企业所在地提升后期服务，从而帮助子公司维持运营提出了更高的要求。三是投资者在东道国投资的企业会经历不同的生命周期，也要经历若干发展阶段。投资后期服务也要适时跟进和调整。Delaney① 的研究表明，跨国公司设立子公司的发展要经历八个阶段，每一个阶段的子公司发展需求都是不同的，这对投资后期服务部门提出了相应不同的要求（见图 8 - 2）。投资后期服务提供者的目的在于保证子公司每个阶段任务的顺利完成，从而确保迈进下一发展阶段；针对的是投资者和东道国地区的长远发展目标，而不仅是提供一些旨在解决突发事件的零星、特殊的活动；以战略方式表述出来，而不是紧急的"救火行动"或被动的服务供给。为求发展，企业的所有者和管理者会时常改变策略，IPA 要通过相应调整适时满足每个阶段变化的需求。因此，投资后期服务必须能够预期需求的变化，在保证本国及本区域利益不受损害的前提下，尽可能满足已有投资者不同发展阶段的要求。

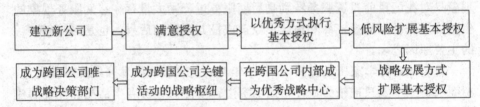

图 8 - 2　Delaney 跨国公司子公司发展的八个阶段

直到近年来，随着 IPA 的大量涌现，各机构之间的竞争越来越激烈，投资后期服务才开始逐渐受到重视，一些具体措施亦才开始实施。但这些具体措施相对随意，缺乏规范性；所提供的服务往往简单地解决个别问题，缺乏战略性；除了增加税收和吸引当地劳动力外，难以从引进投资中获得更多潜在收益。因此，建立高效的投资后期服务运行机制，包括完整的工作流程、提高质量的重点环节、科学的评价机制等，对于创造性地开展我国投资后期服务工作具有十分重要的意义。

3. 投资后期服务工作流程

投资促进机构大体经过以下五个步骤，形成投资后期服务完整的工作流程（见图 8 - 3）。由于 IPA 可用的资源、关注点以及与政府、企业关系的不同，这一流程在实践可作适当调整。

（1）实地调研，前期准备。IPA 在从事投资后期服务之前要通过实地调研、问卷调查等形式，了解跨国公司融入当地的状况、企业扩大再投资面临的障碍、企业与政府合作的经验和教训，以及企业最想从后期服务中得到什么等

---

① Delaney, E. Strategic Development of Multinational Subsidiaries in Ireland, in Birkinshaw, J and N. Hood(eds.), Multinational Corporate Evolution and Subsidiary Development. London: Macmillan, 1998.

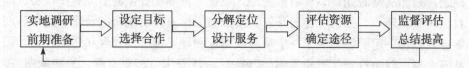

图8-3　投资后期服务工作流程

问题，从而对跨国公司现状有更清晰的认识，做到"有的放矢，有备无患"。这是成功开展投资后期服务下一步工作的基础。

（2）设定目标，选择合作。IPA在设定投资后期服务目标时，既要充分考虑对跨国公司调研的反馈信息，又要考虑地区的发展战略，找出其中的异同点；目标设定要从当地的实际出发，咨询相关组织，并能够认清可利用的资源。先确定目标，例如增多跨国公司附加值高的活动，增加对当地员工的雇用，增强与当地大学、科研院所之间的合作，认识并解决已投资企业再投资面临的障碍，以及促使已投资企业对特定地区的扩大再投资等；再设计指标体系，例如跨国公司高层管理者与子公司联系的次数，成功实现的项目数量，创造的新岗位数量等。此外，由于后期服务通常需要多方参与，还需要选择合作者，例如商业协会、外交和咨询机构、服务外包提供者以及政府，等等。

（3）分解定位，设计服务。受已投资企业跨国组织资源的影响，一国IPA所掌控的资源范围毕竟是有限的。对已设定目标作适当分解，从而确定具体目标即目标细分化，然后再根据具体目标设计相应后期服务是必要的。首先要分解目标，例如已投资企业是否追求高出口、低进口，是否能提高本地满意度，是否具备高生产能力并为员工提供高报酬，对本地关键市场的影响如何、是否提升东道国或地区竞争力、能否与本地建立强联系、有无高水平的创新能力等。一旦对目标做出了不同分解，就必须做出针对谁、以怎样的密集程度以及由谁来进行后期服务的定位。目标确定、执行机构定位明确后，后期服务才能真正展开。此外，还要明确影响因素，如员工类型、培训状况、激励和管理等。根据不同的服务类型，选择不同的资源组合，从而确保后期服务有效实施。现在被广为接受的后期服务提供方式是客户管理系统，它涉及对已投资者意愿的分解、分配IPA后期服务内容给特定的员工等，从而根据各自特长和企业特点将不同的优先事项、具体目标和服务内容提供给相应的已投资企业。

（4）评估资源，确定途径。IPA在设定目标并分解目标、定位明确后，结合评估和选择资源，确定达到目标的具体途径。主要有四种可供选择的途径：①普通伙伴型。就是IPA同已投资企业建立普通合作伙伴关系，开展投资后期服务。这种后期服务仅依赖于网络协作以及与一至两个管理者的联系进行管理，虽然也能为跨国公司提供从行政型到战略型的一系列亟待解决的问题，但缺乏规划和战略眼光；②项目依托型。就是将资源和提供的服务集中在特定项目、领域、环节，如供应链的开发，增强与大学、科研院所的合作，这种后期服务只是将一定资源局限于一个项目或特定领域，带有局限性和短期性；③团队齐上型。就是投资促进相关部门"群攻"，从而提供相对宽泛、笼统的服务，从国家或区域经济优先发展事项的角度来看，这一途径可能更照顾所谓权力和关系的"平衡"，而没有很好地发挥突出重点、以点带面的作用；④立体合作型。就是IPA以自身为主体，通过利用自身优势，发挥同其他合作伙伴的协同效应，建立同已投资企业全方位、整过程的合作关系。可见，这种后期服务"最有野心"、"最全面"，目的在于将跨国公司融入本国经济中。这四种途径的选择取决于国家、地区、IPA在确定目标上的优先顺序以及可利用的资源条件，不能机械地认为孰优孰劣，关键在于因时、因地制宜。

（5）监督评估，总结提高。对投资后期服务要作适当的监督评估，可采用定性或定量的方法，根据预先设定相关指标进行评估，比如商业影响指标和经济影响指标等，提高投资后期服务的有效性。通过监督评估，实现总结提高，再回到第一步，从而在更高层次上开始下一个工作流程。

早在19世纪80年代，美国密歇根州实施了一项名为"企业保持"的项目，确保现有投资者不迁移到其他地方；英国贸易和投资局（UKTI）通过"投资发展"项目，协助已建立起来的投资者成长，扩大以英国为基地的投资，并增多企业更高附加值的活动，从而帮助他们做大做强；爱尔兰工业发展机构（IDA）开发了一个良好的战略服务项目，该项目使IDA参与跨国公司子公司开展的整个活动，这些活动包括：协助建立完成IDA在同跨国公司子公司网络协作过程中扮演重要角色的程序，并对这一程序中的每个阶段提供有针对性的支持与服务，以协助企业在爱尔兰进一步发展。相比之下，我国从事后期服务的IPA在工作流程方面多处在"摸着石头过河"阶段，没有明确的目标、战略和程序，所从事的服务活动相对随意，基本是"救火式"地被动应对问题、弥补缺陷，因而缺乏效率。

4. 提高投资后期服务质量的重点环节

主要包括：IPA通过为跨国公司的管理层展示一些成功案例，树立IPA的诚信；建立一支高素质、专业化、复合型的现代投资促进人才队伍；研究跨国公司特点，沿着跨国公司变动方向采取相应措施，往往事半功倍；通过开发顾客关系管理（customer relation management，CRM）体系保持工作的长期稳定性和连续性；建立良性反应机制；重视现代媒体的应用；以IPA为主体，加强多部门协作，建立投资后期服务"统一战线"，实现工作的合力；等等。

此外，还可以认为有第四种投资服务，即贯穿于投资商进行投资活动全过程的服务，主要包括政府服务、引资企业服务、相关组织或人员服务、社区服务、信息服务、律师服务、市场环境与秩序服务、安全服务，等等。

二、投资服务是第一投资环境

服务打造品牌，服务塑造形象，服务也是一种良好的投资和发展环境。投资商可以选择的投资地点和合作伙伴很多，谁能够为其提供优质的服务，谁就有可能赢得投资。因此，必须对投资商热情服务，以诚相待，给投资商留下良好的印象，使他们感到引资方是可以信赖的朋友。也许一句推心置腹的话语，一个真诚和善的微笑，就能赢得投资商的信赖；反之，如果对投资商的来访冷若冰霜，态度蛮横，敷衍了事，就会使投资商望而却步。正是从这个意义上说，投资服务是第一投资环境。

以昆山开发区为例，自创办以来，该开发区牢固树立服务是第一投资环境的理念，不断增强亲商服务意识，努力实施亲商、安商、富商工程，提出了"办好一家外资企业，是一本最好的投资指南，胜过千百条招商广告"的理念。为提升服务意识，1997年开发区提出对外资企业服务不讲"不好办"，只讲"怎么办"，把为纳税人服务与为人民服务融为一体；1999年再提出"诚信服务，规范行政，降本增效"；2001年推出"国际惯例、团队合作、效率效能"三项服务新举措；2003年的服务理念是："零障碍、低成本、高效率"，让所有投资者感到在开发区一切都方便，使开发区成为最低生产、交易成本的区域之一。

再比如，在优化政务环境方面，青岛开发区先后进行了三次行政审批制度改革，大幅压缩审批项目，全面启动了一站式行政审批中心，与项目引进和建设相关的审批及服务事项全部纳入中心集中办理；此外，开发区还积极推进"零收费区"建设。自2004年11月23日起，开发区开始实行企业"绿色通道"服务制度，规定开发区企业只要持有"绿色通道卡"就可享受全程特色服务。在优化投资环境方面，推行了审批专办员、项目建设专服员、企业服务特派员以及企业负责人约见区领导等制度，及时为企业排忧解难；同时，积极整合招商资源，成立了日韩、欧美亚、港澳台、国内4个投资促进局进行专业招商，使职能部门能把全部精力放到为项目服务上来，实现由"全民招商"向"专业化招商、职能化服务"转变。同时，青岛开发区在经济持续发展过程中，致力于人居环境的不断改善，始终坚持"生态优先、以人为本、环境取胜"的战略思想，突出抓好城市生态保护和绿化建设，取得了显著成就，被建设部授予"中国人居环境范例奖"。在园区成立30年后，青岛开发区将以更加开放的眼光，更加务实的作风以及敢为天下先的精神，实现自身经济社会更快更好的发展。

由上可见,投资服务是也最有效和最经济的形象塑造与推介。满意的投资者是最好的宣传员,有可能使潜在投资者最大限度地变为实际投资者。而这种宣传、推介,往往并不需要引资方进行另外的专项投入。加强对外商投资服务,就是落实投资便利化的各个方面,包括投资前期、中期、后期(及全过程)服务,而新型全方位投资促进服务模式也必须沿着这个思路加以构建。

三、投资促进全方位与整过程服务的主要环节分析

投资促进活动是一个长期的动态的过程,一个项目从与投资商接触、谈判、审批到筹建、投产、销售,必然需要较长时间,其间又会遇到多种多样的问题。因此,投资促进服务必须要做到全方位和整过程。其中,整过程服务就是从项目信息获取、洽谈、手续办理、开工建设、投产达效到追加投资,建立项目档案,实行整过程跟踪。

(一)在全方位服务方面应重点做以下环节的工作

1. 帮助做好生活安排

要为投资商安排好饮食、住宿、交通、休闲活动,尽量为他们的工作和生活提供便利的条件,使他们有宾至如归的感觉,这将会大大地增进投资商与我方的感情,增强他们的投资信心。

2. 帮助做好市场调研与分析

了解和掌握项目背景、产业现状、市场分析、风险预测、成本核算等及土地、厂房、原材料进口和产品出口等问题。当我们急投资商之所急,想投资商之所想,为他们解决了遇到的难题时,不仅可以增加投资商对我们的信任,而且也加快了项目引进的进程。

3. 帮助选择合适地点和合作伙伴

能否为投资者选择合适的投资地点和合作伙伴,是关系到招商工作的进度和招商工作能否成功的重要因素。如果我们能尽快为投资商选择合适的投资地点和合作伙伴,就能使他们及早推进项目的计划,坚定投资的信心和决心;否则,就会使投资商犹豫不决,拖延项目进展计划甚至转到其他地方投资。为投资商选择合适的投资地点和合作伙伴时,一般应同时提出几个方案让投资商选择,并要尊重投资商的选择。为投资者选择合适的投资地点和合作伙伴的途径很多。选择投资地点时,可以与土地规划部门、土地开发公司、环保部门联系;选择合作伙伴时,则可以通过相关行业的主管部门介绍及与相关行业的厂商直接进行联系,多推荐几个合作单位,供外商决策。

4. 帮助提供政策、法律咨询

当我们与投资商联系项目时，投资商必然要了解本地区的投资政策是否优惠、稳定，投资法规是否完备、健全，这是投资商保障其投资利益的一个重要条件。向投资商提供政策、法律咨询的途径很多，不仅可以采取由招商人员口头介绍，安排投资商观看录像，向投资商提供书面资料等直接的方法向投资商提供政策、法律咨询；还可以请政府职能部门及专家介绍本地的政策、法律。

5. 帮助办理项目注册登记等相关手续

这就要求我们招商人员掌握项目注册登记相关程序。外资企业如何办？内资企业如何办？各需提供哪些资料？关键的一点要快捷、全方位地帮助办好各种手续，以增强外商投资的信心。

6. 帮助解决项目开工建设中遇到的各种矛盾和问题

如：规划、设计、施工队伍选择，施工过程与地方关系的协调与处理，周边群众的强装强卸及招聘工人等。只要投资商有需求，我们都应不遗余力，全方位搞好服务。

（二）在全过程服务方面应重点做以下环节的工作

1. 项目信息获取

项目的信息是大量的，也是零碎的，有时只是一个电话、一句闲谈。因此，要善于捕捉信息，当得到项目信息后，必须及时做出反馈；要对项目信息进行分析，找出有用的信息；要建立项目档案，并指派专人负责跟踪；要设法取得投资商的项目负责人姓名、地址、电话号码、传真号码等基本资料，以便与投资商建立联系。

2. 巩固已有联系

在与投资商建立了联系后，必须巩固这种联系，因为很多投资商都是在几个地方同时联系，从中选择一个投资地点和合作伙伴。因此，必须主动地、积极地巩固与投资商建立起来的联系。巩固已有联系的方式方法很多。如通过电话、传真询问投资商的项目进展情况；通过项目介绍人帮助巩固与投资商的联系；在重大节日，向投资商的项目负责人寄上贺卡致以问候，以表示我们对他们的友好和关心。同时要有锲而不舍的钉子精神，用我们的真诚感动投资商。

3. 关注项目落户、开工、投产与再投资

对已经落户的项目，更要给予关心和帮助，不能一引了之，甚至"关门打狗"。要比洽谈阶段更加关心落户项目建设情况，帮助他们解决建设和生产过程中遇到的各种困难和问题，使每个落户项目都能够成为我们的招商资源、招商广告，推动招商引资的良好循环和跨越式发展。

四、投资服务例证分析

(一)瑞典投资服务的成功经验

瑞典是我国北欧最大的贸易伙伴。仅在2004年，中瑞贸易额达52亿美元，出口8.6亿美元，比2003年增长28%，进口3.4亿美元，比2003年增长23%；2004年瑞典对中国投资1.2亿美元，中国对瑞典投资264万美元。我国在瑞典投资的企业主要有华维、上汽集团、五矿集团、浙江广厦集团，河北邯郸市政府也在瑞典建立了代表机构。

瑞典的投资促进服务，堪称全球典范。瑞典投资促进服务模式是立体式服务模式，为来瑞典投资的投资商提供全过程、全方位的服务，包括投资前推介、组团参观访问、投资环境介绍、重点产业企业推介、选址、施工、国民待遇、沟通机制、市场分析与开拓、广交朋友、子女上学、生活设施，以及政府服务、社区服务、律师服务、仲裁服务，等等。在瑞典还提供便捷的医疗服务，为方便老年人神经病症患者就医，瑞典政府还专门成立了一个神经疾病中心(老年痴呆症、帕金森症)，聚集一批参与者并创建瑞典智能项目。

(二)北京经济技术开发区突出发挥优质高效服务优势

为营造一流的服务环境，适应市场经济发展的要求，北京经济技术开发区在观念认识上坚持"由政府平台向市场平台转变"，淡化传统的行政意识，不居"权"自傲，淡化对特殊政策的过度依赖，强化市场意识，强化服务意识。为将这一观念变为现实，北京开发区已在下列几个方面实现了突破。一是机构精干，办事简洁。按照精干、统一、效能的原则，开发区对内部机构进行了大力度的调整，按照城市建设与管理的基本内涵，将经济、建设、社会系统原九个部门合并成三个大局，减少管理层次，建立"小政府，大社会"的管理模式。二是清理审批程序，将开发区原来比较简捷的171项政府审批减少为120项，目前还在进一步地清理，把一切可以减免的审批全部减免。三是为建立"一站式""全过程"投资服务大厅，集投资商从投资咨询、建厂、生产、生活一切需求，进行全程服务、全程代理。四是清理收费制度，经过全面调查，反复认证，对原有的111项行政事业性收费，取消了97项，仅保留符合国际惯例的14项资源性、基金性收费，使北京经济开发区成为北京市第一个无行政管理性收费的区域；五是创建了海关"星网工业园监管模式"，为了确保诺基亚星网工业园中几十家企业"零库存"和企业出口便利的需要，开发区海关在国家海关总署和北京海关的帮助下，建立了一套全新的海关监管模式，所有的企业可以在网上进行全程申报、核销，实现全程网上监管。便捷的外经贸审批及海关监联网管模式，满足了投资者"零库存"的要求，成为世界海关监管史上的灿烂的明珠。

六是现代电子信息化系统。开发区的电子政府网，集网上招商、网上招投标、53项网上办事系统、54项网上审批预报系统、项目管理系统、地籍管理系统，高新技术企业认证系统，网上统计系统于一体。该网络的最大特点就是：充分体现了为企业服务，为公众服务，体现了与国际接轨的思想。

（三）河北省石家庄泛亚龙腾纸业有限公司防火墙案例

河北省石家庄泛亚龙腾纸业有限公司（Hebei Pan Asia Long-Teng Paper Co.，Ltd.）成立于2003年6月，是新加坡泛亚纸业私人有限公司及河北龙腾纸业总公司共同出资的一家合资公司。总投资24亿元人民币，产品为新闻纸，年生产能力33万吨。公司的外方股东新加坡泛亚纸业私人有限公司又是由现今在世界新闻纸业排名第一位和第二位的加拿大雅比迪联合公司及挪威诺斯克工业公司共同出资组建。目前，新加坡泛亚纸业是亚洲除日本以外的远东地区的新闻纸及其他出版纸的最主要供应商，在韩国、泰国及中国均有其生产基地。

公司引进了世界上最先进的造纸技术和设备。年生产能力33万吨的纸机由芬兰美卓公司制造、脱墨设备由德国伏伊特公司和奥地利安德里茨纸联合提供，其生产也将最大限度地坚持环境友好理念。但该公司在施工建设时，没有按照中国的消防规定建设防火墙，这引起河北省有关消防部门的关注，并要求补建这一防火设施。此事引起双方争议，停工时间近半年，最后由仲裁机构依国际惯例做出裁决，支持了泛亚龙腾纸业有限公司不建防火墙的事实。原因是，按照国际惯例的相关规定，具备一定资质的纸业企业在确保防火安全的前提下可以不建防火墙。至此，双方争议得到妥善解决。这一案例表明，我国现行法律、制度、政策在有些方面还存在与国际惯例相冲突之处，这在客观上就存在一个相互沟通与协调融合的问题，原则上应在考虑我国具体情况的基础上依国际惯例执行，以确保外商的利益。这也同时说明，在存在政策差异、制度法律差异、体制差异、文化差异的客观事实下，投资促进工作者必须做好相应沟通协调工作，并切实建立良好、快捷、高效的沟通协调机制，更好地为投资商服务。

五、投资服务评价

（一）投资服务整体评价

投资促进机构并不定期对自己的投资服务活动进行系统性的评估，但必要的投资促进服务评估既是对投资促进服务质量的监测，也是对投资促进服务工作本身的总结与提高，同时，这也将促进投资商扩大和提高投资的兴趣。几乎可以肯定的是，低效的投资促进服务必然会减少外商直接投资的范围。

1985 年，牙买加国家投资促进局与美国驻牙买加金斯顿使馆一道调查了投资者的态度，目的是现有的投资和潜在的投资者认为在牙买加进行投资有哪些促进因素和阻碍因素。该调查的内容是对三类公司进行调查：正在牙买加经营的公司、正在把牙买加作为一个潜在投资场所进行考察的公司以及已经决定不在牙买加投资而在其他加勒比国家经营的公司。调查对象是根据牙买加国家投资服务局的档案进行的。在选择调查对象时，重点是服装加工、数据输入和电子组装等牙买加政府确定为促进目标的行业。

本项研究的主要结果是，"尽管总理和牙买加投资促进局成功地促进了牙买加作为一个投资场所的形象，但是其他与投资过程密切相关的政府机构没有推动投资。"之所以得出这个结论，原因是调查中最经常提到的阻碍因素是投资审批过程中的官僚主义。这些调查表明，投资服务不充分严重地阻碍了在牙买加的投资，作为反应，牙买加国家投资促进局试图改善投资服务。该机构在设立内阁下属的一个委员——联合投资委员(JIC)以解决投资审批过程缓慢的问题方面起到了重要作用。该机构还简化了投资者申请获得许可的过程。

除了牙买加国家投资促进委员会之外，马来西亚工业发展局和泰国投资局等机构都在机构内部成立了中心或"一站式商店"，使投资者可以做出安排，获得执行投资所需的所有批件和许可。此外，早在 1988 年，马来西亚工业发展局和哥斯达黎加投资促进计划都成立专门向已经在这些国家进行投资的投资者提供服务的处室。这些机构的行动证明，他们对于投资服务活动是非常重视的。

(二)着重建立科学的投资后期服务评价机制

评价 IPA 投资后期服务的质量或有效性是对其挑战，但反过来，也是推动 IPA 发展的机遇，帮助其改善工作，在更高层次上提高投资后期服务工作的质量和水平。投资后期服务评价机制由评价内容和评价方法两部分组成。

1. 评价内容

评价一个 IPA 投资后期服务工作的质量主要从以下两方面进行：①评价商业影响。即看 IPA 投资后期服务是否带来商业上的潜在收益，或说，通过 IPA 投资后期服务工作，是否产生"企业示范带动效应"和"项目辐射效应"。通常，受到良好投资后期服务的跨国公司会传播消息给其他潜在投资者，而且会做出很多有利于 IPA 和其所在区域的行为，而这些行为往往是投资促进工作者较难完成的，这实际上是跨国公司主动为 IPA 做"市场营销"工作。在形象方面存在问题的地区，更应发挥已投资企业的"市场营销"作用。这些都是成功投资后期服务的潜在收益。做好投资后期服务是最有效和最经济的形象塑造与推介。满意的投资者是最好的宣传员，有可能使潜在投资者最大限度地变为现实投资者。而这种宣传、推介，往往并不需要 IPA 进行另外的专项投入。良好的投资后期服务就是优质的投资环境，吸引着更多投资者来投资。②评价经济影响。即看 IPA 投资后期服务是否对企业、产业和地区经济的发展发挥积极促进作用。从经济发展的角度来看，投资后期服务提供的基础是跨国公司的投资可以为东道国带来更多利益，产生正溢出效应。为使这种效应最大化，需要 IPA 进行有针对性的活动。企业层面的正溢出效应包括：新的管理方式的引入、新技术和新科技的推广、跨国公司与科研机构之间联系增多、当地研发能力增强、国际间合作关系加强。市场层面的正溢出效应包括：资本市场、劳动力市场和本地供应链，这将导致企业、产业甚至地区经济发生巨大变化。相反，投资后期服务工作做得不好，就有可能使投资者不能很好地稳固下来，扭曲当地的要素市场，投资易从该地区迁移出去，对本地经济产生大的负溢出效应。FDI 具有流动性和竞争性，即便当地只有很少的已来投资者，发展中国家 IPA 也要有战略型投资后期服务，而其作用随着投资者逐渐增多将变得越来越突出。

事实上，从 19 世纪 70 年代起，发达国家为避免已投资本地的公司迁移到其他地区，采取了一些措施诸如积极鼓励并支持企业提高研发能力、让企业居于价值链的高端、增强企业竞争力，以降低企业因丧失成本优势而大规模迁移的现象。发展中国家目的不仅仅在于吸引更多的国际直接投资，而更重要的是为了获得国际直接投资带给其利润以及实现正溢出效应最大化。跨国公司的引入影响着发展中国家的资本、劳动力资源的配置以及政策的变化，从而改变当地工业、产业，甚至整个国家、地区的经济格局。

2. 评价方法

对 IPA 投资后期服务评价方法有很多，常用方法有：①顾客反馈表法。即邀请那些已经再投资，或由于 IPA 的协助而承担了投资活动的跨国公司来完成一个顾客反馈表，在表格中使其指出在多大程度上归因于 IPA 投资后期服务的努力。②"平衡计分卡"法。即 IPA 运用既考虑硬件因素又考虑软件因素的方法，综合考虑各项因素的权重。③案例研究法。即 IPA 运用典型案例研究的方式，来说明该机构对跨国公司的后期服务，以及描述后期服务对财产开发、培训、劳动力市场、技术转移等方面的影响。④常规调查法。即 IPA 对投资者做常规调查，调查项目的设置可以根据具体情况做适当调整，以正确评估投资后期服务的绩效。调查期可以年为单位，也可以半年为单位或另行确定。⑤第三方评价法。即借助第三方诸如独立公司或专业中介机构等完成。葡萄牙每年由独立公司完成顾客服务质量测评，以此来评价本国 IPA 投资后期服务的绩效，包括对关键客户管理者体系的评价等。需指出的是，发展中国家更加迫切需要建立、制定针对其自身的投资后期服务系统的工作流程、科学的考评体系和高效的评价机制。这项工作远比发达国家对投资后期服务的评价显得重要得多。

最后，建立健全科学高效的投资后期服务评价机制，还必须做到：树立意识，尽快从战略上树立提供投资后期服务的意识，通过实地调研、实时分析，切实找出跨国公司存在的问题，并针对问题，设定后期服务相关改进目标，采取相应措施；制定战略，结合跨国公司的需求与当地经济发展的需要，在资源允许的前提下扩展战略型后期服务空间；加强培训，使员工既能提供符合跨国公司要求的专业活动，又能处理好人际关系，增强跨国公司与 IPA 之间的信任，进一步加强双方深层次合作；运用网络，利用 UNCTAD 的电子规制系统与跨国公司互动交流，听取跨国公司的反馈建议；加强评估，借鉴国外经验并结合区域实际制定相应投资后期服务评价机制，特别是在实践中，注意充分发挥第三方例如独立公司、专业中介组织等的作用，保证评价的长期性、稳定性、连续性、公正性和公平性。总之，投资后期服务是一项涉及面广、影响力强、探索空间大的领域，规范、创新投资后期服务功能是完善中国投资促进机构职能、提高中国投资促进水平的有益尝试。

六、强化投资服务，减少"外资撤离"

商务部等四部委 2008 年《外资非正常撤离中国相关利益方跨国追究与诉讼工作指引》的出台有助于规范外资非正常撤离现象，但无法解决外资撤离的深层次问题。减少"外资撤离"，除重点做好投资后期服务工作流程、建立科学的投资后期服务评价机制外，还应做好以下两方面工作。

（一）完善政策、法律环境，改善投资促进工作

政策、法律环境是投资软环境的重要组成部分。党的"十二五"规划建议指出"注重完善投资软环境，切实保护投资者合法权益"。"保护投资者合法权益"是实现"外资保持"的最起码要求。特别是，内外资企业税制全面统一后，要注意原则的刚性与灵活性的结合，帮助外资企业解决实际困难。通过产业集群的前后关联和横向辐射，跨国公司与跨国公司之间以及跨国公司与中国企业之间形成有效的关联，并形成产业配套体系，有效降低跨国公司的生产成本。同时有意识引导产业链相关企业的投资，形成具有集群特点的产业配套协作体系，这不仅有利于吸引跨国公司进入，而且能提高外资撤离的机会成本，弱化外资撤离的动机。此外，"外资撤离"可以减少，但不可能杜绝。必须对外资撤离进行规范，建立外资良性退出机制，既要保障外资的正常退出，又要防止外资非正常撤离。在预警机制方面，要将防范"关口"前移，主动取消不合时宜的投资促进优惠政策，加强对外企的监管力度，及时向政府、银行、供应商和开发区

等提供相应的预警信息。

（二）重视投资前中期服务，严把"进口"关，注重引进外资的质量

随着中国经济发展水平的提高，要求吸收外资"升级"，即有选择性地引资、注重外资质量。要坚决禁止地方政府竞争性的投资促进活动，取缔各类竞争性的优惠措施；不再将外资引进数量作为投资促进绩效评估主要考核指标，特别在吸引外资较多的地区可以考虑将引资质量作为主要考核指标之一；新引进外资要设立技术、环保、资金等门槛，对不符合要求的外资实行"一票否决"。

七、丰富投资促进服务种类

结合我国实际情况，在完善原有投资促进服务种类或产品的基础上，应继续开拓和丰富投资促进服务种类。例如，推介优势产业、宣传和改善投资环境、提供一揽子信息、做好咨询服务、提供优质高效的法律服务等。

第三节 降低投资促进活动成本，提高投资促进活动效益

降低投资促进活动成本，提高投资促进活动效益，是每个国家和各级投资促进机构十分关心的大问题，它旨在投资促进活动中投入尽少的人力、物力、财力，获得最大的收益。小路易斯·T. 威尔斯和艾尔文·G. 温特在其合著的《营销一个国家——投资促进作为吸引外国投资的一个手段》一书中，对这一点进行了深入分析，这里做一简介以供借鉴。

一、投资促进方案及方法成本—收益分析

对投资促进活动所采用的方法进行成本—收益分析较为困难，但很重要。表 8-2 记录了具体方法的成本和成果估测数字，主要依据是研究中发现的评估结果。

表 8-2　　　　　　　　**具体促进活动的成本和成果**

投资促进活动	成本（千美元）	成果
广告[1]（爱尔兰工业发展局的方案）		广告回忆度很高
招商团		
亚瑟·D. 利特尔公司招商团（泰国）[2]	500	1 项投资，5 项申请

（续）

投资促进活动	成本（千美元）	成果
印尼商务咨询公司招商团（印度尼西亚）	100	2 个实地考察
资源管理国际公司招商团（印度尼西亚）	100	12 份意向书
行业展览（哥斯达黎加投资促进计划）	30	没有投资兴趣
直接营销[3]（哥斯达黎加投资促进计划：1986）	2 200	每年 5 000 个就业
项目背景材料（印尼）（印度尼西亚商务咨询公司/资源管理国际公司完成 8 份）	220	没有投资兴趣
咨询（印度尼西亚商务咨询公司/资源管理国际公司）（根据美国国际援助署的评估）	240	4 项投资，550 个就业

注：（1）之所以使用爱尔兰工发局的方案，是因为没有其他机构提供广告结果。成本包括广告、印刷和促进费用。参见爱尔兰工业发展局《年报》都柏林，1986 年第 71 页的数字。

（2）这个信息来自 Rhatigan 公司对亚瑟·D. 利特尔公司合约的评估。根据这些数字，该评估对由美国国际援助署提供资金的、在泰国和其他国家使用招商引资团这种投资促进方法的成本—收益有很大的保留意见。

（3）尽管许多机构都开展直接营销活动，之所以举哥斯达黎加投资促进计划为例，一方面，是因为其他机构提供的数字往往包括促进国内投资的成本。此外，其他机构提供的成果无一例外地包括进入该国的所有投资，而不管促进在吸引这些投资方面起了什么作用。另一方面，哥斯达黎加投资促进计划没有促进国内投资（1988 年以前），也没有进入哥斯达黎加的所有投资数字。该机构决定只统计本机构吸引的投资。哥斯达黎加投资促进计划的总运营成本是 250 万美元，其中包括 30 万美元的广告支出。

数据表明，不同的活动，其成本—收益也不同。直接营销活动的促进成本是，每个就业机会的成本为 440 美元。咨询服务的成本—收益也差不多，每个就业机会的成本为 436 美元。但是，这个结果必须作些调整，原因如上所述，咨询活动不一定就和这些吸引投资数有关。招商团、行业展览和项目背景材料与所引进的投资相比，成本特别高。广告的成本和其他这些活动的成本之间难以比较，这是因为广告的重点是改变态度，而不是直接引进投资。

表 8-2 的不同促进方案的成本信息可以用来解决促进活动的成本—收益的两个问题。第一个问题是一个有效的促进方案的成本是否要超过该方案所吸引的投资的益处？这里将通过表 8-3 和表 8-4 列明的投资促进成本和直接就业益处来解决这个问题。以下将比较一系列假设条件下的成本和收益。

在估测表 8-3 的一个有效的投资促进方案时，假设，该方案由两个先后阶段组成：以形象塑造为重点和以投资引进为重点。假设，形象塑造的初始攻势的成本为 200 万美元。这里还根据哥斯达黎加的促进项目假设，在初始攻势之后，形象塑造活动的成本为 30 万美元，投资引进活动的成本是 440 美元/就业机会，每年平均创造 5 000 个就业机会。此外，假设，政府的补贴率为 10%，一个为期一年的形象塑造攻势的成本可以摊提给随后的 9 年。这些假设得出的成本估测数字是 570 美元/就业机会。

表 8-3　　　　　　一个有效的促进方案的成本

假　　设		
平均一个有效的方案包括：		
形象塑造活动		
——1 年 200 万美元[1]		
——随后每年 30 万美元[2]		
投资引进活动——440 美元/就业机会[2]		
方案每年吸引 5 000 个就业机会[2]		
政府的 10%的补贴率		
形象塑造攻势费用分 9 年摊提		
分析		
形象塑造攻势的年摊提成本(200 美元，分 9 年，摊提率为 10%)		
每年的成本	$347 000	
形象塑造活动的年实际成本	$300 000	
每个就业机会的形象塑造活动成本($647 000/5 000 就业机会)		$130
每个就业机会的投资引进活动成本($220 万/5 000 就业机会)		$440
每个就业机会的总成本		$570

　　注：(1) 这是一个相对较大的形象塑造方案的估测数字，部分来源是加拿大、英国和爱尔兰的形象塑造方案的成本估测。1985 年加拿大的成本约为 300 万美元；1983 年英国的成本约为 100 万美元；爱尔兰 1986 年的成本约为 500 万美元(爱尔兰的成本包括印刷和促进费用)。

　　(2) 这些数字全部来自哥斯达黎加投资促进计划的数字。哥斯达黎加投资促进计划的总预算为 250 万美元，包括 30 万美元左右的广告和公关预算。该机构每年吸引了 5 000 个就业机会。这使得投资引进活动的成本约为 400 美元/就业机会(220 万美元/5 000 个就业机会)。

在比较一个有效的促进方案的成本和外商投资产生的直接就业益处时，还需要其他假设。假设，投资者对投入品支付的价格（劳动力价格除外）反映了这些投入品对经济的真实成本，不存在外部性，汇率反映了外汇的影子价格。假设，在基准案例里，劳动力的价格是市场价格的70%。因此，30%的工资是经济得到的益处，不是厂商账本上的益处。还假设，在基准案例里，一个项目的周期是10年，政府的补贴率为10%，劳动力的市场价格为0.50美元/小时。

基准案例的计算结果（见表8-4）表明，有效的投资促进活动是非常经济合算的。分析说明，吸引一个就业机会的促进费用为570美元，给国家带来的益处的净现值为1 917美元。在表8-5中，将考察这个结论对不同假设的敏感度。

表8-4　　　　　　　　投资的促进成本与直接就业益处

假设
通过投资促进支出570美元吸引一个就业机会[1]
一个投资项目的周期为10年
政府的补贴率为10%
投资为出口主导型，所有市场价格＝影子价格（劳动力价格除外）
劳动力的市场价格＝0.50美元/小时
劳动力的影子价格＝市场价格的70%
分析
每个就业机会的促进成本＝570美元
对国家的直接就业益处
每个就业机会每小时的直接益处（市场价格－影子价格）＝0.15美元
每个就业机会每年的直接益处（0.15美元×52周）＝312美元
整个投资周期的益处

注：（1）这个工资率代表中低国家的平均工资。

表8-5　　　投资的促进成本与直接就业益处的敏感性分析

促进成本：570美元	
基准案例假设：	劳动力的市场价格＝0.50美元/小时
	劳动力的影子价格＝70%

（续）

	投资周期＝10 年
	政府补贴率＝10％
	直接就业益处＝1 917 美元
替代案例1：	劳动力的市场价格＝0.20～1 美元/小时
	其他假设与基期案例相同
	直接就业益处＝767～3 834 美元
替代案例2：	劳动力的影子价格＝90％～50％
	其他假设与基期案例相同
	直接就业益处＝639～3 195 美元
替代案例3：	投资周期＝5～15 年
	其他假设与基期案例相同
	直接就业益处＝1 183～2 373 美元
替代案例4：	政府补贴率＝15％～5％
	其他假设与基期案例相同
	直接就业益处＝1 566～2 409 美元

这个分析表明，从基准案例结果得出的结论不会受到假设变化太大的影响。最敏感的假设涉及劳动力成本及其影子价格。如果工资率低于 0.20 美元/小时或影子价格大于 90％，即使是最有效的投资促进方案也不可能是经济合算的。但是，有些国家的劳动工资率低到 0.20 美元/小时。那些影子工资率高达 90％的国家可能接近了充分就业。对于这些国家来说，投资的益处只在于给国家带来增加就业之外的其他益处。尽管计算是以就业为重点（曾面谈过的当局都非常在乎该益处），但是在其他国家，其他益处可能更为重要。在这种情况下，可以使用适当的影子价格进行的类似计算，从而考察一个投资促进方案的收益性。

有关投资促进的成本—收益分析，还有一个问题：政府是否可以采用比投资促进成本更低的方法吸引投资呢？在本项研究中，研究者一直都表示，促进只是政府可以用来吸引投资的一种营销方法。此前的研究表明，政府可以通过诸如投资优惠政策等定价政策吸引投资。发展中国家政府最常使用的方法是税收减免。在表 8-6 里，将考察和比较促进的成本和税收减免的成本，了解这两种方法的相对成本—收益。

表 8-6	促进成本和税收减免成本比较
假设	
通过投资促进支出 570 美元吸引一个就业机会	
100 万美元的投资	
资本劳动比率为 20 000/工人[1]	
投资回报率为 15%	
税率为 40%	
分析	
促进成本	
雇佣人数＝50（＄1 000 000 / ＄20 000）	
促进就业的成本＝＄28 500（50@＄570）	
税收减免成本	
年度利润＝＄150 00（＄150 00 @ 40%）	
放弃的税收＝＄60 000（＄150 000@ 40%）	
按税收减免计算的促进成本	
＄28 500/＄60 000＝5.7 个月的税收减免	

注：（1）研究发现，资本/劳动比率差别很大，从 1 万美元/工人至 6 万美元/工人。

对于这个计算，需要其他一些假设。假设每个就业机会的相关投资为 2 万美元，此外，假设一个投资者的应税利润为投资额的 15%，东道国的税率为 40%。表 8-6 的计算就是按照一个 100 万美元的项目来进行的。

分析表明，在吸引投资过程中，促进成本相当于给予投资者 5.7 个月的税收减免。大多数国家都提供 5～10 年的税收减免期来吸引投资。因此可以认为，没有任何官员会相信，6 个月的税收减免期能够吸引一个项目。如果促进方法和税收减免是完全可替代的，而且能够同样有效地吸引投资，投资促进似乎是更加经济合算的方法。这个结论更为重要意义在于计算税收减免成本时，曾假设过，所有的税收减免期都给予那些本来并不想投资的投资者。但是，税收优惠措施一般都是根据相当不灵活的规则给予的，因此，许多厂商即使不需要税收优惠，也会获得这些优惠政策。但是，对于促进成本的计算来说，采用的数据是由一个只计算其本身促进工作所吸引的投资项目的机构所提供的。

在表 8-7 中，将考察一个结论，即促进比税收优惠成本更低，将分析表8-7 所记录的结果对于基准假设变化的敏感程度。

表 8-7　　投资的促进成本与直接就业益处的敏感性分析

促进成本：570 美元	
基准案例假设：	100 万美元的投资
	资本劳动比率为 20 000/工人
	投资回报率为 15%
	税率为 40%
	促进成本（以税收减免为单位）＝5.7 个月
替代案例 1：	资本劳动比率＝10 000 至 60 000
	其他假设与基期案例相同
	促进成本（以税收减免为单位）＝ 11 个月至 2 个月
替代案例 2：	投资回报率＝5% 至 25%
	其他假设与基期案例相同
	促进成本（以税收减免为单位）＝ 17 个月至 3 个月
替代案例 3：	税率＝10% 至 50%
	其他假设与基期案例相同
	促进成本（以税收减免为单位）＝ 23 个月至 5 个月

　　敏感度分析的结果表明，一个有效的投资促进方案可能比税收减免方案更加经济合算，这样一个结论不容易受到相对成本分析基准假设任何变化的影响。一个高效的投资促进方案值得许多国家考虑。如果市场工资率高于影子工资率（通常如此），那么就业益处就要大于吸引投资的成本。其他人进行的研究表明，促进之外的其他方法业可以吸引投资。不过，从研究中得出的结论是，投资促进吸引投资的成本至少要低于一种替代方法，即税收减免。

二、建议

　　基于上述分析，降低投资促进活动成本，提高投资促进活动效益，关键在于对投资促进活动本身是否制订完整、可行的投资促进方案或商业计划，是否采用了科学的投资促进方法。因此，在制订投资促进活动方案时，应首先考虑主客观因素，结合现有条件和可能出现的各种情况，采用科学、便捷、高效的投资促进方法或方法组合，从而达到低成本、高收益的目的。需要指出的是，随着投资促进工作的复杂度和难度进一步提高，人们越来越重视信息及其他高科技手段在投资促进工作中的应用。此外，鉴于我国目前在投资促进工作中突出存在"热、乱、重"现象，各级政府和投资促进机构建立一个科学有效、便于掌握和操作的投资促进活动约束机制是非常有必要的，也是极为重要的。

第四节　完善和创新投资促进方式

知识经济的到来催生和加速投资促进理念、内容、技术现代化。投资促进工作不仅要在继承优良传统中生存，而且要在吸收和创新中求得发展，国内外投资促进工作的先进理念、丰富内容、前沿技术都应当加以吸收并消化利用。投资促进工作要面向世界、面向未来、面向现代化。SRI 国际公司进行的一项投资促进研究提出：人们几乎普遍认为，投资促进活动应该有针对性，这不仅是为了将投资流动引入"重点"行业，同时也是为了高效地利用稀缺的促进资源。然而，实证观察表明，与传统建议相反的是，一些促进机构采用的是一般性投资方式，而其他机构则运用各种方法的组合，其中包括目标明确的方式和一般性的方式。一般规律是在一个国家开始促进工作时，首先运用的是简单的方法，譬如广告或者组织一个一般性团组。当它们明白这些方法无法带来投资的时候，他们就会转为采用目标明确的促进方式。实践证明，因地制宜地运用不同的投资促进方式是行之有效的。这就要求投资促进工作者因时因地因事使用和开拓创新适宜的投资促进方式，提高投资促进的有效性。

一、重视现代投资促进方式的开拓与创新

（一）信息技术与网络应用

信息技术的广泛使用和发展正在世界范围内改变着政府和企业运作的模式。当今的投资促进机构面临着一大挑战和机遇：利用新技术制定和实施他们的投资促进战略。与商业发展的严肃性相比，计算机技术和网络通信已经同财经报纸和电话一样成为商业时代的一部分。全球电信业的发展正深刻地改变着社会、经济和政府的性质与角色。数字电话、传真、移动电话、个人电脑、调制解调器、电子邮件以及互联网的出现使通信变得便捷和低价。时间和距离不再妨碍商业关系的建立和维持。视频会议使远距离面对面的会谈变得可能。也正是因为互联网是不受任何地点、时间和许多客观环境限制的联络方式，现已成为当今社会最为便捷的信息获取渠道。众多跨国大公司、商业机构以至政府部门将其作为重要的对外宣传和与客户沟通的媒介。

　　知识成为一种关键的经济资源，拥有这种资源的投资促进机构将可以拥有最大化的竞争优势。互联网是一个有价值的工具，可以用于调查外国投资的进展情况，企业、产业和部门的发展趋势以及竞争者的强项与弱项。机构网站对于形象塑造也特别重要，许多搜索引擎都能用于网上信息查询。目前主要的搜索引擎见表8-8。

表8-8　　　　　　　　　主要的搜索引擎

主要的搜索引擎

Yahoo：http：//www.yahoo.com

MSN Search：http：//search.msn.com

Lycos：http：//www.lycos.com

Netscape Search：http：//search.netscape.com

Go.com：http：//www.go.com

Excite：http：//www.excite.com

Alta Vista：http：//www.Altavista.com

Looksmart：http：//www.looksmart.com

HotBot：http：//www.hotbot.com

Google：http：//www.google.com

Webcrawler：http：//www.Webcrawler.com

　　资料来源：《外国直接投资理论——投资促进篇》，多边投资担保机构(M.I.G.A)编著，世界银行集团出版，第188页。

　　网站属性可分为三大主要部分：内容、营销和设计。每一部分都很重要，而且直接关系是否有人会访问网站。更重要的是他们是否会再次登录网站。表8-9给出了投资促进网站的成功评判标准。

表8-9　　　　　　　投资促进网站的成功评判标准

投资促进网站的成功评判标准

内容	标准
语言	用英语表述信息；如果资源允许，同时使用第二种语言(如果合适的话)
新闻	定期更新，显示日期
事件	定期更新
投资机会	用清晰的格式显示关键数据

（续）

基本生产要素信息和激励机制	基本劳动力和特殊劳动力成本；劳动力管理费用和津贴；公共成本；到达主要市场的运输费用(海运和空运)；基本经济数据(人口、通货膨胀率、国内生产总值和增长率、进出口等)；互联网提供商；主要经济趋势(例如，私有化，主要是私有经济主导产业的增长率)；对外贸易机制和市场准入
法律信息 1. 外国投资法律法规 2. 可适用的行业法规(例如，矿业条例)	全文英文
市场环境 1. 外国投资趋势 2. 现存投资者/合作伙伴 3. 行业趋势、数据和显著特点 4. 许可和程序性事宜	原产国投资数据、产业概况、外国直接投资统计、计划好的和实施中的工程
联系方式	姓名和职位、电话、传真号、国内办公室和国外办公室的电子邮件地址(如果可用)
营销	与用户的正面交流，网络管理员的责任心，额外的成绩
网站名称	包括机构或国家的名称(应该便于记忆)
与其他相关网站的链接	与相关政府或主要的国家级、地区级或当地的商业协会的链接
用户的邮件列表、信息组、新闻报道	与客户、研究人员、投资中介商进行在线联系和交流的机制
最新发布信息	方便一般用户了解网站内容的变化
设计	网站的总体导航、应用性和功能
搜索功能	在线搜索引擎、网页搜索链接
网站地图	为用户提供网站全景
返回主页	为用户提供操作的起点
跳转功能	避免长篇幅文档的过多翻页现象
帮助功能	只有比较复杂的网站才需要
下载时间——在用户屏幕上显示图片所花的时间	图片和实用性之间的良好平衡；为电脑配置低或网络连接不好的用户提供无图片的选择
图片、符号、图表	有目的性，而不仅作为视窗的装饰品
框架	谨慎使用，以免丧失用户
背景颜色、墙纸	不影响视线；应使内容便于浏览

资料来源：《外国直接投资理论——投资促进篇》，多边投资担保机构(M.I.G.A)编著，世界银行集团出版，第199页。

此外，一旦网站建好并投入运行，就一定要进行推广。推广网站的主要方法包括在主要的搜索引擎上进行注册、建立与其他网站的链接、利用公共关系活动、建立客户群。

我国目前基本搭起了中国投资促进信息网体系，在国家层面有中国投资指南网，在地方层面各级政府都相应建立起投资促进网络体系。但是，我国投资促进网站的建设和运行仍存在一系列问题：一是各省、市相关网站形式千差万别，缺乏相对统一的格式，可比性较差，特别是各省、市、县各自为政，缺乏全国范围内的网站统一链接；二是内容主观随意性太强，多从引资者角度考虑出发，多以宣传基础设施、政策等环境以及招商项目为主，而较少从投资者角度考虑，缺乏非常重要的投资成本分析的相关内容，同时，网站内容更新不及时，许多内容显得陈旧；三是对网站的使用不方便，正如上述，目前投资商寻求投资信息多使用搜索引擎并在相关网站上查找招投资信息，然而我国许多投资促进网站经常出现死链接、运行慢、程序烦琐、不能一目了然等特点，给投资者寻求投资信息带来极大不便。今后，一方面应加强网站内容更新的、形式创新的基础上，扩大 FDI 网站的全国链接互动功能，另一方面增加网站的实用信息，特别是投资成本分析内容，并建立强大的搜索引擎，整合网站资源，充分发挥网络在投资促进工作中的更大作用。

以北京经济技术开发区为例，几年来特别是在 2003 年中国发生 SARS 期间，大规模采用网上招商形式，取得成效。为了使网上招商在日常工作中发挥特有的作用，北京经济技术开发区开发了专门的招商网页，确保网站内容的专业性、实用性和实时性；为了提高网站的点击率，开发区与一些知名的商业网站（搜狐网、新浪网、雅虎网、中华网等）、专业网站（电子商会、半导体协会等）进行链接，提高开发区网站的可进入性。与一些知名跨国公司的中国网站进行链接，在其客户查询该公司在华投资情况的过程中，可链接进入开发区的宣传网页。开发区的网站具有互动功能，可在网上进行实时咨询或通过问卷方式回答客户所提出的各项问题。

（二）电视

在国际投资竞争日益激烈的今天，如何把握商机，如何让世界进一步了解中国，如何让我国企业进一步了解国际市场，从而促使投资者及时准确掌握市场信息并做出正确的投资决策，已经成为我国政府和企业高度关注的问题。在实践中我们深刻认识到，无论国外投资商来中国投资，还是中国企业到国外投资，信息、市场问题已成为制约我国进一步扩大利用外资规模，提高利用外资质量和水平以及我国企业走出去发展的瓶颈。那么如何让投资者及企业获取第一手的、准确无误且切实可用的投资信息，在国际市场上找到适合的发展空间；如何让我们的吸引外资和对外投资工作步入良性互动呢？如果借助电视或创造一个专业的投资促进电视栏目，以引资和对外投资双方为目标受众群体，发挥电视媒体强有力的视觉冲击效果，以其真实、权威、覆盖面广、即时性强的特点，促进国际投资商同我国市场的实时沟通与对接，从而搭建一个目前国内独一无二促进投资双向互动的国际信息交流平台。它的创播必将对我国扩大利用外资规模，提高利用外资水平和质量，加大对外投资力度，促进经济发展起到积极的推动作用。同时也会产生良好的社会效益和经济效益。

（三）加快以互联网、卫星数字电影等为代表的农村信息高速公路建设

具体从资金、信息、技术、培训、人才等方面促进对农业投资，积极推进社会主义新农村建设。

二、制订投资促进营销策略方案

一个投资促进营销策略方案是执行投资促进操作的具体连贯计划。一个投资促进营销策略方案是最终应该带来一个有关投资焦点的"谁"、"哪里"和"如何"的详细营销策略文件。这个文件应该是足够翔实的，并有前瞻性的。制定的大体步骤有三：第一，评估投资需求和潜力，主要是选择投资区位。第二，选择投资行业和投资的地理来源。特别是注意投资行业同所在地方的相容性，并制订相应短期、长期计划。第三，制定具体的市场营销策略。主要包括调整投资促进方法、评价组织功能和职责、评价中介机构的各种伙伴关系、评估预算的执行情况、制订具体商业计划。一个投资促进营销策略方案是必需的，因为它可使投资促进机构将其有限的资源集中在那些最有可能被吸引到投资所在地方的部门。这就加大了投资促进活动和组织成功的可能性。

三、建立有效的合作伙伴关系

要实现成功的投资促进，就需要每个投资促进机构与其他组织之间有效合作。由于其他公共部门机构和私营部门机构在形象塑造、投资生成和投资者服务的发展和交付过程中可能提供帮助，所以在一个投资促进战略的发展过程中，应该考虑与它们的潜在伙伴关系。

形成有效的伙伴关系不是一个核心的投资促进活动。相反，它是一个方法，以此提高投资促进机构的执行能力。伙伴关系应该是投资促进机构组织活动的补充。世界上最有效率的那些投资促进机构都知道，它们不能独立地提供外国投资者所要求的全套服务。实际上，所有成功的投资促进机构都有一个正式伙伴和非正式伙伴的网络，以此来帮助它们自己的工作。

（一）确定所需的伙伴关系的类型

一个投资促进机构参加各种伙伴关系来为投资者带来成果，这样做要比该

机构完全能够靠自己的力量来实现同样目的要更为有效率。伙伴关系的目标可以被分为三个类别：产品发展、市场营销和客户服务。

（二）管理该伙伴关系

建立一个成功的伙伴关系很大程度上依赖于该投资促进机构的准备和研究，以及工作开始前所有伙伴之间的详细讨论。理解一个潜在伙伴的各种动机、做贡献的意愿、发挥领导者和参与者角色的愿望，将为一个有效的伙伴关系建立一个牢固的基础。

（三）评价该伙伴关系

伙伴关系应该定期评价，并且至少在最开始的 6 个月内进行一次，来确保一个有效的启动（见表 8 - 10）。在该伙伴关系的结尾阶段，该投资促进机构的定期监控和一个完整的评价是随时间推移而改进工作的重要成功方法。

表 8 - 10　　　　　　投资促进伙伴关系评价矩阵

投资促进伙伴关系评价矩阵

	早期阶段	发展	成熟	长期存在
共同的目标	目标不明确，根据每个伙伴的视角的不同而不同，几乎不理解和接受对方的立场	对已就位的伙伴关系有广泛的认识，但仍不完整。制定了数套处在统一过程中的目标，而每个伙伴带着明确的目的来参与到这些目标中	伙伴关系完整的计划就位并有明确的目标、产出和里程碑。证明了每个伙伴都为了实现更广的议程而在一些个别的目标上进行妥协	证明了既定目标的成功。进行定期评价进展情况的过程就位；这个过程提示并影响着未来的活动。伙伴们被共同对目标的承诺所联合在一起。伙伴关系用"一个声音"说话
共同的文化	伙伴关系显然是不同的机构的一个组合，这些机构有着不同的观点，没有马上看得出的共同之处	一些障碍已经被打破但是仍存在一些不易改变的行为	所有成员都接受一些事实：个别组织行为不会为这个伙伴关系造成负面结果。正在拱形化的文化规范已经被确认，而这些文化规范能为所有成员所接受。对进程进行的定期评价就位了	确切的积极文化就位了，不断地得到强化，并由所有成员表现出来。一种"更伟大的产品"心态盛行。成员们公开地，诚恳地交流，并通过成为自己组织的伙伴关系中的一部分得到额外收益

(续)

投资促进伙伴关系评价矩阵

	早期阶段	发展	成熟	长期存在
共同的学习	成员们是这个伙伴关系中的组成部分，原因是他们知道什么，而不是他们能够学习什么。对在伙伴关系中或在组织层面中已经学到了什么没有进行定期评价	能够了解新知识和技术。但是，这个观点不能充斥整个伙伴关系。一些个别的成员仍然不愿了解其他成员的贡献	学习被视作有价值的附属收益，和这个过程的一部分。伙伴们公开地认可这种做法	所有成员的新知识和能力的显著增长，这些增长是在组织层级上得到的。有建设性的，安全的学习环境就位，对伙伴关系的目的和目标有帮助作用
共同的努力	小部分的伙伴负有职责中的大部分。伙伴关系承载了太多的"乘客"	越来越多成员接受工作职责，但是伙伴关系依然依靠推动关系前进的那些成员	即使是在成员中分配工作，这些成员积极地自愿担当职责	所有成员为了伙伴关系的成功，而感到高度的责任和相互依赖。证明了对伙伴关系的诸多目标的坚决承诺
分享的信息	成员们对分享信息犹豫不决，觉得保留知识是他们唯一的权力钥匙	一些成员分析并交换相关信息，但是其他的成员仍然通过仅仅提供被要求的最少量的信息来保护他们的利益	开放和诚恳的信息共享对于这个伙伴关系的成功是至关重要的。成员们感到舒服以至于与其他成员自愿地分享他们的知识	积极地分享信息和交换意见是很普遍的。就分享秘密信息和敏感信息来说，高级别的信任是存在的

资料来源：《外国直接投资理论——投资促进篇》，多边投资担保机构（MIGA）编著，世界银行集团出版，第78页。

四、强化地区形象或形象再塑造

在投资者决策制定过程中，感觉等于现实。因为没有投资者能够得到做决策所需的所有信息，他们通过基于已知的信息来做假定、推断，依靠其他人（包括媒体、顾问和竞争对手）建议和意见，来填平这些鸿沟。换句话说，当一个投资者排除其他选择，选出一个地方的时候，他或她就产生了感觉最深的选择。因为投资者没有完整的信息，所以他们可能得出关于一个地方的错误结论。在考虑安排人员、预算和数据资源限制的同时，该投资促进机构的一个中心任务就是，为流向投资者的信息流尽其所能地提供便利。

各种投资促进中介机构和世界各国政府利用形象塑造技术来改进投资者对它们地方的印象。对于许多国家或一个国家的某地区来说，在投资者如何看待这些地方同这些投资促进机构和东道国政府期望这些地方如何被看待之间存在着一条鸿沟。特别是对于在国际媒体中报道较少的，或是正在经历快速政治和/或经济改革的那些国家或地区而言，情况更是这样。对于这些国家或地区来说，形象塑造是必须在投资促进活动能够完全有效之前，所要进行的必要的第一个步骤。同时，投资促进机构通过对形象塑造本身的升级换代、不断创新，从而反复多次地为投资者提供呈螺旋式上升的丰富信息来影响投资者。正是从这个意义上说，多次形象塑造即可称为形象再塑造。

一个形象塑造战略描述了那些需要由该投资促进机构实施的，来为印象感觉和现实架设桥梁，以及来改变该地方作为投资地点的形象的步骤。这个战略必须确定一些理由、方法和目标。该投资促进机构将利用这些，在一个选定的时间，用选定的方式，来向一个目标观众传递一个关于该地方的相关信息。制订一个有效的形象塑造方案应有三个步骤。

（一）确定投资者的感觉印象并树立形象塑造的各种目标

投资促进机构需要根据投资者对投资地的看法去设计一个有效的形象塑造活动。为了确定投资者的感觉印象，应该评价那些已经公布的文件，并对有目标投资者或意向投资者进行调查。

（二）制定市场营销主题

中心市场营销信息应该由调查的结论来决定。特别是制订一个独特的营销计划显得尤为重要。在这个计划中，应强调所在地方的部门优势或强调组合的或者一揽子的优势，比如人才优势、产业集群优势等。例如，苏格兰和爱尔兰都成功实行了产业集群计划，并已经设计了市场营销主题来鼓励来自集群相关行业的外国直接投资。在1983年和1987年之间，爱尔兰的投资促进机构——爱尔兰发展署，进行了一个广泛的认知活动支持该计划。为这个活动而进行的这个非常的阶段就是"年轻的欧洲人——雇佣他们，在他们雇佣你之前"。这个活动的中心市场营销主题集中在一个单一的信息上：年轻的爱尔兰劳动力高度发达的智力资本。

（三）选择和创造投资促进的工具，并使市场营销组合一体化

一旦确定了市场营销信息，就必须选择合适的投资促进工具或方式来传递这个信息，以使投资促进活动影响最大化。确定使用的正确工具或方式是由在

投资促进周期中所处的阶段决定的，它们往往形成市场营销组合，发挥整体合力。信息工具包括情况说明小册子、部门研究、情况说明书、时事通信、CD光盘、互联网和录像等。需要指出，CD光盘和互联网的出现，并没有消除对诸如情况说明小册子这样的技术级别较低的工具的需要。

除上述外，更重要的要通过下述方式塑造形象：第一，广告。对于许多国家来说，广告活动已经成为了一种成功的形象塑造技术。但是，广告是特别昂贵的，要注意成本与收益的比较。第二，公共关系活动。一个公共关系活动是吸引投资者关注和可信媒体报道的一个低成本的方法。应该既进行国内的公共关系活动，又进行国际的公共关系活动。第三，举办研讨会和讨论会。如果精心策划，这些活动能使投资促进机构直接接触到目标投资者。但是，策划它们是花费时间的，并且它们如果组织得不好，还会产生负面的印象。

最后，在形象塑造过程中还必须关注一个新的现象。我国招商引资中的形象塑造工作许多停留在项目包装上，事实上，投资者目前进行投资活动许多都是自带项目去寻找投资地，同时特别注重产业链投资方式。例如，美国北美集团主要投资垃圾发电项目，该投资商通过在我国境内的积极联系与寻找投资信息，目前已与黑龙江、河北等省的部分城市达成投资意向。因此，适应这一新特点，形象塑造工作思路应当有所调整，即将产业链形象塑造和相关项目专业投资环境形象塑造同项目综合包装兼顾并有机统一起来。

五、确定并制造投资机会

一般认为，投资成功的商业活动有五个关键目标：巩固在形象塑造阶段所产生的利益；识别公司的需求并证明这些需求可以在投资地得到满足；通过准备高质信息和专业服务来对决策过程产生积极的影响；与一个预期的公司在私人决策层面以及/或者管理层面上保持对话；不断创造新的投资机会，以及可以完善预期项目的传播途径。

主动制造或创造一些投资机会，对促进投资成功是很有效的途径。投资机会不是消极等待的结果，而是主动寻找并积极创造的。例如，负责投资促进的工作人员在适当地点、适当时间采用适当方式同一名或若干名潜在投资者讨论、策划未来拥有的有利投资机会，就是一个很可取的方式。为了制造投资机会，以下步骤可供参考。

（一）促进实现从形象塑造到投资成功的转变

形象塑造的活动和技巧常常跟那些用于投资成功的活动和技巧相互重叠。

在实现形象塑造到投资成功的转变之前，必须做好以下事项：①应当确定投资地点是否已经做好开始投资的准备，如果形象塑造活动已经产生效用，或者投资环境的要件适宜的话，那么这个地点已经做好开始投资成功过程的准备。②设计严密的市场营销信息，市场营销信息必须紧紧围绕一个中心，即证明投资地可以使投资者更好地为顾客服务，同时又提高了运作效率和收益率。③将意向公司里的单个公司和关键决策者作为目标，而将一个公司作为目标有四个要素：文献评论；制作一个满足指定标准的公司的初始名单；为额外的公司信息联系外部资源；根据新的优先顺序重新给名单排序。④熟悉并正确应用促进投资成功的工具和手段。关键的投资成功工具包括：广告；直接营销（包括直接邮件和电话营销）；互联网（网址和电子邮件）；参与促销活动；以及驻海外的代表；等等。

一般来说，"直接营销"是指与投资者联系的两种形式：直接邮件和电话推销。在实践中，这两种方式通常是一起发挥作用：比如，电话推销用来确认一名投资者的名字和地址，接着给投资者发送一封直接邮件，然后在邮件之后再跟上一个电话推销。根据以前锁定投资者的经验，对于那些相信或者有可能对投资地点感兴趣的公司，应该只使用直接营销方式（见表 8-11）。这一点与定向招商方式很相似。

表 8-11　发起一次直接营销商业活动——一个案例研究

发起一次直接营销商业活动——一个案例研究

定时/活动	特征/内容	目标/有效产出
3月1日 投资促进机构的首席执行官写给在数据库中最大的 100 家金融机构——主要在纽约和波士顿——的首席执行官或者经营执行副总裁的介绍性的信件。（这份列表要经过预先证实和电话促销来检查联系具体细节的准确性）	发送邮件。强调了关键的优势；告诉这些公司这是一个将持续几个月的过程的开始。公司有机会提出一个将来进行联系的其他人选——比如说，专门负责海外地点决策的经理	·建立起最初的联系 ·确保对大多数主管经理的准确关注 ·获取反馈信息来指导第二步行动——大约有 75% 的经理人希望收到进一步数据，而且要包括在市场营销商业活动中需做相应变化的情况；因为在欧洲扩大投资的未来决定要来自伦敦或者法兰克福的办事处（后续行动的责任就转到投资促进机构在英国和德国的办事处了）。另外，大多数公司任命了一个更加合适的经理负责今后的联络

（续）

发起一次直接营销商业活动——一个案例研究

定时/活动	特征/内容	目标/有效产出
3月15日 与公众建立直接营销关系。财富杂志发给目标公司关于当地受欢迎的金融企业的文章的复印件	这个独立的项目确认了投资促进机构正在宣传的市场营销信息，并显著提高了其信用度	继续进行与客户的对话。要注意防止一次"强行销售"，因此这个信息必须是简单明了的，"我们认为你可能会对这个项目感兴趣"
3月28日 核心的直接营销要支持送给目标观众的材料	要具体说明以美国股票形式表现出的投资收益，并要有书面表述——每份材料要用投资促进机构的标志封印起来——包括以下五个内容：优秀的传统；合适的人员；低启动和财产花费；卓越的通信和服务；出色的生活质量	目标是突破杂乱的普通直接邮件材料，用一种难忘的具有创造性的方法来实现这些收益。这个活动很受欢迎——许多客户喜爱这种创新的方式，并希望得到其他资料
4月20日 要准备新的支持材料来强调这个地点所能提供的知识资本和其他相关利益。把这些材料发给目标观众	劳动力技能要体现在书面上，并以一种美国学校成绩单的形式表示出来——将这个地点已经具备的各种标准进行分类	投资促进机构继续对话并确定收益的数量 在商业活动的这个阶段，对项目收益进行识别，其中包括一个能够导致投资决定的主要兴趣
5月10日 计划好客户金融机构和投资促进机构的首席执行官之间的公司访问，并安排他们的会面日期。首席执行官与金融机构之间的互访，与先前的公共关系活动之间有着明显的关联。投资促进机构的首席执行官接受"高素质"媒体的采访——获得了美国有线新闻网络(CNN)财经节目的一段时间	基于先前的反馈以及在投资促进机构和客户之间已建立的亲善度水平，安排了一次全面的参观计划	·筛选项目利益 ·保证已经了解客户的需求 ·根据反馈来决定如何最好地重新安排未来的直接营销活动

资料来源：《外国直接投资理论——投资促进篇》，多边投资担保机构(M. I. G. A)编著，世界银行集团出版，第119页。

上述案例研究解释了一次直接营销商业活动所包含的要素。这个表格描述了为与纽约和波士顿的金融服务公司取得并保持联系，并最终促成其在一个欧洲国家进行投资，一个投资促进机构在几个月的时间里所采取的一系列行动。在这次商业活动中，市场营销活动的核心已经明确（在两个城市里的100个金融服务公司），关于每个公司的联络信息也得到证实。当一些收信者（投资者）回复信件的时候，投资促进机构的回应要确保在随后的市场营销活动中适当地结合这条信息。例如，对于一些公司来说，后续行动的责任就要转换成代理处的英国和德国办事处。最后，在每一步中，所有的反馈都应融进市场营销的方法并输入数据库。

（二）制作一个引导投资成功的档案或数据库

一个引导投资成功的数据库或档案应该是能够实现自我更新的。这将有利于及时对数据进行收集和处理，因此就可以做出高度关注目标公司的促销决策。

（三）发起并实施投资成功的商业活动

投资成功商业活动的实施需要三个关键因素：制订一个市场营销计划；准备直接营销的信件；并制作一个公司演示。

（四）公司拜访之后的后续行动

对目标公司的每一次拜访后，都应立即建立一个公司拜访报告。报告中所包含的信息为制造和创造新的投资机会以及为成功的投资者服务奠定新的基础。

六、应用消费资本化理论，实现企业投融资方式创新（详见第六章）

总之，以科学的投资促进理论为指导，逐步改进传统手段，探讨和采用现代化招商手段，创新投资促进方式，提高投资促进工作效能。随着国民经济的整体发展和对吸引外资整体要求的不断增高，投资促进工作必须开拓新思维、采用新手段，尝试各种更具实效的招商引资和对外投资技术。特别是要善于充分利用各种资源，包括通过驻外机构、多双边经贸联系机构和高层互访等渠道，开拓性地开展工作；要多开展目标明确、主题突出、前期准备充分的专题招商，专项引资和门对门招商引资活动或定向招商；要根据实际情况派遣小分队赴境外对重点项目招商，有条件的可向境外派驻机构和人员招商；要结合地区产业发展，紧紧抓住已经投资的跨国公司龙头项目，带动其横向、纵向配套投资项目，形成产业链，通过"带头羊"实现最佳运营；要通过锁定目标改善投资环境吸引外商投资；大胆实验招商代理；要充分利用现代科技手段，大力开展网络招商等。从多层次全方位经济合作

171

中不断寻求商机，加强同新闻媒体的合作，重视并发挥中介机构在投资促进中的作用。积极推进投资促进效能评价工作，并以此带动投资促进工作效益明显提高。

第五节　构建投资促进有效性评价机制，对投资促进活动实施监控与评估

参考国际惯例，投资促进有效性评价机制的构建，具体可通过对投资促进作绩效评估来实现。

一、投资促进绩效评估

"绩效"在学术界没有公认的定义，主要有三种代表性的认识：完成某种任务或目标；资源获取与使用上的能力（OECD：经济合作与发展组织）；3E：经济（economy）、效率（efficiency）、效能（effectiveness）。三种认识并不矛盾，都强调结果与产出。投资促进中的"绩效"就是 IPA 达到设定的目标，目标涵盖范围非常广泛，对于不同的机构而言，内容也有所差别。越来越多的政府和组织使用绩效评估作为一种提升其管理水平和测评投资促进有效性的工具。投资促进绩效评估工作起源于微观层次的绩效考评，但随着投资促进的快速发展，宏观层次也逐渐开展这项工作，从技术上主要体现在以微观性评估指标为基础增设若干宏观性评估指标。越来越多的政府机构、专业 IPA 或企业开始使用绩效评估，以便通过监控成本、有效性、客户满意度等来提升其竞争优势，而如何设计一套科学、合理的绩效考评指标，建立相应的体系、机制是亟待解决的课题。

投资促进绩效评估一般由监控和评估两个环节构成。监控是对 IPA 或某项活动相对于计划目标所取得进展的常规检查。评估就是检查一个项目是否已经达到目标，假如达到目标，又是如何比较经济地达到该目标，总结经验以利推广；假如未达到目标，找出原因并吸取教训以利改正。为方便定期的监控和评估，所有的 IPA 项目和活动都应该事先确定实现的目标和执行的时间表，以确保完成它们。这些目标和时间表都是成功监控和评估的基础。同时，监控和评估并不是孤立的任务，二者是统一体，并作为 IPA 正常工作的一部分来实施。

投资促进绩效评估由监控评估目的/目标、内容/步骤两个部分构成，详见表 8-12。

表 8 - 12　　　　　IPA 绩效评估目的/目标、内容/步骤

	目的/目标	内容/步骤
投资促进绩效评估	1. 根据内部目标测量进程、跟踪和测量业绩使 IPA 能够针对内部目标和计划来评估机构的发展。 2. 根据国家目标来测量进程。监控使 IPA 的工作成果与国家的政策和目标保持一致，并能为国家的政策和目标做出贡献。 3. 收集有用资料以及能够促进投资活动的信息。 4. 记录自身经验，反思其中的错误与不足；从经验中学习，从教训中成长。 5. 表明 IPA 正在行使自己的职责，让政策制定者感到满意。绩效评估表明 IPA 是负有公众责任的，展示 IPA 管理者的成绩，显示 IPA 对财政预算的使用是值得的，并显示他们对公共资金的使用已经使纳税人的金钱在货币上实现保值。这有助于 IPA 在未来获得更多资源。 6. 提高独立审计的质量，用于内部管理相同的许多测量和跟踪系统，都能用来加速和提高周期性独立评估或审计的质量。 7. 通过评估活动和结果，可以把 IPA 的资源使用和业绩取得与其他类似机构进行比较，从中找出差距和不足并在以后工作加以弥补和改进。	1. 决定监控与评估的时间和对象。在回顾 IPA 的内部目标和国家目标及总体工作基础上决定应该对什么样的结果和活动进行测评，将会使用什么样的衡量标准及多长时间进行一次。 2. 监控投资所在地区的投资环境。可以通过 SWOT 分析、追踪国际媒体的关注程度和征求现有投资者的看法来监控和评估投资环境的竞争力。然后将这一信息用于 IPA 在政府之前所扮演的指导者角色。 3. 监控和评估 IPA 的主要活动。一个 IPA 应该监控和评估的重点因素可见表 8 - 13。定性和定量评估都可以被应用。 4. 跟踪和衡量实际投资。对一个 IPA 业绩的最终衡量就是它所吸引的附加投资和再投资的数额。对投资的跟踪可以通过仅记录由 IPA 客户所进行的投资来进行，也可以通过跟踪对当地的所有投资来进行。跟踪投资收回也非常重要。 5. 设定投资业绩的相对基准。相对基准使 IPA 能够将它的各个活动的有效性，或它在吸引投资方面的整体业绩与其他类似机构进行比较。 6. 将跟踪、监控和评估工作合并到 IPA 的现行运转中。监控和评估不是单独的或者偶然的活动，它们应该是一个有效管理 IPA 资源的总体方法的一部分。定期的业绩衡量应该被应用于组织里的所有重要支出和动议。

二、国际投资促进绩效评估经验

国际多边投资担保机构(MIGA)从 IPA 绩效评估所要实现的目标出发，根

据 IPA 的指令(职责)、资源以及客户三方面因素设计了监控与评估体系,并给出了有效实施监控与评估的途径(参见表 8 - 13)。

表 8 - 13　　　　　IPA 应该监控和评估的重点三因素

IPA 应该监控和评估的重点三因素

　　一个 IPA 执行很多活动,但实际上,IPA 并没有时间和资源来监控它们所有的活动。一般要对三个因素进行考虑:IPA 的指令、IPA 资源分配和 IPA 客户。

　　• IPA 指令:每一个 IPA 的指令是不同的,它与其他政府机构的优先考虑和关系也是不同的。除了他们对投资促进的责任之外,许多 IPA 也扮演着政策倡议的角色,也许还有某种研究能力来进行支持。有一些 IPA 也负有调节责任。一些是独立的中介;一些设在较大的贸易或工业部门内部。所有这些因素都可以对最相关的信息种类产生影响。

　　• 内部资源的使用:IPA 只拥有有限的资源,所以必须聪明地运用那些资源。应该依据组织目标对那些正在占用 IPA 最大比例预算的活动进行监控,从而评估它们的成本效率。

　　• IPA 客户:监控范围的第三重要因素就是 IPA 的组成部分或客户。要保证 IPA 正在监控和评估那些对投资者或公共官员来说最为重要的活动、服务和结果。

　　这些是广泛的指导方针。每一个单独的 IPA 要将这些指导方针应用于其自身的情况,以便于形成一份有关活动的具体清单来进行监控和评估。

　　资料来源:《外国直接投资理论——投资促进篇》,国际多边投资担保机构(MIGA)编著,世界银行集团出版,第 176 页。

　　小路易斯·T. 威尔斯和艾尔文·G. 温特在其合著的《营销一个国家——投资促进作为吸引外国投资的一个手段》一书中,对微观投资促进有效性特别是投资促进活动本身的有效性问题还进行了实证研究。两人认为,在举办各种投资促进活动,特别是在向政府解释预算时,评估经常是非常重要的内容。如果 IPA 打算总结经验,把资金更高效地配置给不同类型的活动,就有必要进行评估。如果打算把工作分包给其他机构,也有必要进行评估。而这些机构完成此项任务的方式相差很大。评估方式的差异与机构的重点是形象塑造、引进投资或投资服务。同时,投资促进方式也存在一个经济合算性或有效性的问题。研究表明,不同投资促进组织架构,不同的从业人员,不同种类的促进活动,不同的投资促进方式等,其有效性评估结果差异较大;对于找出哪些类型组织架构和投资促进活动等能够最有效地促进投资,绩效评估则具有特别强的指导意义。

　　投资促进对外商投资流动起着非常重要的作用。一般而言,投资者在选择投资地点的时候,首先会考虑政治、社会、经济稳定性以及开放的投资环境。

因此，为投资者提供相关信息，帮助其了解当地的投资环境是很有必要的。为评估 IPA 给潜在投资者提供信息的能力，2006 年，联合国贸发会议（UNCTAD）作了一份调查，从网站建设和咨询服务两方面，对 114 个发展中国家和转型经济体的 IPA 以及 11 个发达国家的 IPA 进行了考察。结果表明：在咨询服务方面，许多发展中国家的 IPA（至少占调查样本的 50％）没有为投资者提供所期望的服务和信息，相对来说，IPA 在网站建设方面表现良好。这表明 IPA 在沟通技术上已经有了最初的投资，但在系统、有效地与投资者沟通、提供信息方面还有待加强。

大多数 IPA 需要开发更好的信息，以帮助潜在投资者进行选址决策。尤为重要的是，它们需要了解有潜力吸收外资的部门和行业，掌握更细节、更具体的信息，从而有效地回应投资者的咨询；大多数 IPA 缺乏先进的营销。IPA 应该学会向特定的投资者宣传将当地优势如何转变为投资者的有利条件，而许多机构没有做到这点；大多数 IPA 都缺少接收、处理和回应投资者咨询的系统或系统功能较弱，在很多情况下，投资者能否得到回复似乎取决于咨询的当天是否有合适的人来处理。为了更好地进行咨询处理，IPA 应从整个流程的角度整合咨询服务，从而有效监控和提高咨询服务；应加强对咨询人员的培训与考核；应进行软件方面的能力发展，加强咨询处理系统、归档和记录系统等建设。

三、中国投资促进绩效评估存在的问题

当前，中国投资促进绩效评估实践已经起步，但由于很多 IPA 是政府部门的组成部分，其绩效评估体系与政府绩效评估类似，还处于实践摸索阶段，主要存在以下问题。

（一）价值取向不正确

即 IPA"政府本位"价值取向，不以公众和投资者满意度作为评价投资促进绩效的出发点和落脚点，而以政府的意愿、期望和要求作为其出发点和归宿，绩效评估指标大多涉及引进项目、企业或资金的数量、举行大型推介会或签约仪式的数量、招来世界 500 强企业或大型外资企业的数量以及出台的税收、土地优惠政策的数量等，很少涉及投资者与民众的意愿、期望和要求等。政府过多考虑自己的目标，会造成对投资者目标的忽视，不利于投资促进工作的开展。

（二）考核对象错位

中国很多 IPA，尤其是地方 IPA 大都隶属于政府部门，导致投资促进"全民出动"，党政机关、事业单位等被纳入绩效考核对象，严重错位。

(三)指标体系不科学

中国尚未建立健全遵循国际惯例、适合自身国情的评估原则和指标体系，表现为指标设定注重定性指标、忽视定量指标；注重短期收益、忽视长期收益；注重经济指标、忽视社会管理和公共服务指标以及其他宏观性指标等。

(四)工作程序不规范

中国投资促进绩效评估的程序基本上以自我评定、主观定性评价为基础，上级主管部门抽调人员组成工作组深入调查研究不够，社会公众参与度低，严重影响评估结果的科学性、客观性和民主性；绩效评估既没有形成健全、明确的制度和法律法规，也没有建立专门评估机构，导致评估内容、指标、程序和方法的随意性和主观性都较大，影响了绩效评估结果的可靠性和准确性。

(五)奖惩方式不灵活

一般而言，投资促进绩效评估结果与部门和单位的经费、个人荣誉、官吏的提拔以及个人利益紧密挂钩，奖惩方式缺乏弹性。资本流动是高度市场化的现象，受市场、信息、环境、经济、文化和社会等各种因素的影响，具有非常大的不确定性，以硬性任务指标来对应具有高不确定性的投资流动，往往使得纳入投资促进绩效考评体系的部门和单位处于尴尬境地。缺乏弹性的奖惩制度设计，一定程度上加剧了政府职能定位的偏差，影响了政府部门的正常工作安排。

四、对中国投资促进有效性评估的建议

把树立科学发展观与坚持正确的政绩观紧密结合起来，在投资促进工作中，避免为完成引资计划指标而降低技术标准，以及"虚高"、"盲进"、滥竽充数乃至"假冒伪劣"等现象发生。指标选取与设计要以突出"绿色理念"为原则；要针对中国投资促进绩效评估体系中的问题，在借鉴国际经验基础上结合我国投资促进工作实际，设计一套能提高投资促进有效性的绩效考评指标，进而建立科学、合理的投资促进绩效考核体系和运行机制，这对规范 IPA 的工作职能，提高我国投资促进有效性将大有裨益。

(一)调整价值取向

由单纯的政府主导变为政府、投资者/企业、民众等多重导向。主要做到三点：从国际经验来看，IPA 必须重点关注投资者，突出政策指导职能；IPA 要考虑投资者的价值取向和判断标准，从投资者满意的角度出发，设计绩效评估的指标体系；IPA 要考虑民众意见，不能蜕变为投资者的代理机构。投资促进工作过程中存在大量的土地占用、搬迁安置、环境保护以及与就业相关的问题，这些都与当地群众密切相关，需要民众利用绩效评估途径表达自身的利益诉求。

(二)规范考核对象

　　必须明确专业 IPA 是投资促进工作主导者的角色，把绩效考核对象定位在专业 IPA 以及政府相关职能部门，而不是其他部门，更不是"全民招商"上。

（三）设计指标体系

　　指标体系是绩效评估的依据，也是绩效奖惩制度、绩效援助制度等其他绩效考核制度的前提。据分类方式不同，指标选取也有较大差别。大体有两种：一是采用国际多边投资担保机构（MIGA）三因素法：根据指令（职责）、资源与客户选取指标（见表 8-14），这种方法更适合于较为独立的 IPA；二是也可参照投资者（企业）、政府、民众三种不同主体选取指标（见表 8-15），这种方法更适合于政府主导型的 IPA。指标选定后，通过调查问卷、个案研究、面对面访谈、统计计量分析等方法，进行绩效评估指标的分析、修正，形成投资促进绩效评估的指标体系。

表 8-14　根据 MIGA 三因素法设计的绩效评估指标体系

三因素　　　　指标设计	指令/职责（order/responsibility）	资源（resources）	客户（customers）
指标体系内容（可作调整）	形象塑造 投资环境 引进投资 对外投资 投资服务[①] 政策指导	详指资源利用率： $R = \dfrac{\text{IPA 职能预算/成本}}{\text{产生的效用/收益}}$ 注：理论上，R 值越小越好。发达国家 R 值较小，发展中国家 R 值较大	投资者、政府、民众等对 IPA 的态度，具体包括： 认知度 参与度 满意度

表 8-15　根据不同主体设计的绩效评估指标体系

不同主体　　　　指标设计	投资者/企业	政府	民众
指标体系内容（可作调整）	投资环境评价 引进新投资者 促进对外投资者 为投资者提供服务 项目投资开工率 项目投资投产率 外资企业贡献率 项目优良率 项目技术水平	政府用于投资促进预算与引入投资项目数量或对外投资项目数量； 投资促进政策指导职能发挥的程度； 拉动效应； 产业结构优化； 区域经济协调、均衡； 生态效益、环保效益	投资创造的工作岗位量； 所引入项目对当地环境的影响； 对 IPA 的满意程度

---

① 王习农．投资服务：确保投资促进成功的必要环节。国际经济合作，2011 年 1 月。

（四）科学规范流程。投资促进绩效评估，一要重视发挥绩效评估专家、专业社会中介组织在投资促进绩效评估中权威、中立的作用；二要重视 IPA 内部的自我评估，提高工作积极性和创新精神；三要通过法律化、制度化使投资促进绩效评估成为经常性的工作。

（五）优化奖惩方式。投资促进绩效评估中的奖惩方式要灵活，要充分考虑 IPA 的性质、人员分工的特点以及引进投资和对外投资的难易程度等，设置有弹性的绩效奖惩模式，不能仅仅以引资数额为投资促进绩效评估的唯一标准。

五、日本经济界对提高中国投资促进有效性的建议

鉴于中国引进日资发展状况，日本经济界相关人士对提高中日间投资促进有效性提出如下建议。

（一）变更招商主体

大多数参加过中国赴日招商会的日本人士都感到，中国地方政府对投资环境的宏观介绍十分必要，但日本财团和企业更为关注的是政府政策和投资项目的前景与可行性的具体问题，招商应更多地面对面选择那些具备经济和科技实力、有利于本地整体经济发展需要的企业与财团。为此，建议变由政府官员为主出面招商为由政府主要领导主导重大宏观决策，以政府职能部门和企业为主出国招商。

（二）加强在日本媒体上的宣传

特别要注重主流媒体扩散招商信息的社会效益。中国在日本举行的招商推介会，多数情况是依托当地日中友协或当地华人组织给予协助进行，很少能够在日本的主流媒体如《读卖新闻》、《朝日新闻》、《产经新闻》以及日本 NHK 电视台上看到相关信息。日本各大主流媒体对中方在日本搞的招商推介会不作报道由来已久，原因是中方缺少与日本各大主流媒体的交流与沟通。

（三）重视平台招商，多做细致工作

招商推介会是促进日本财团、大企业到中国投资和建立企业的重要平台，大量的投资合作项目不可能通过短短几天的招商推介会就可以顺利获得，还需要中方投资促进职能部门和中方合作伙伴大量艰苦细致的洽谈与准备工作，以招商推介会这种简单直接的接触方式为契机，进一步使日方人员及时了解到中国的投资环境、招商项目，从而为寻找和对接合作伙伴打下基础。

（四）拓宽方式，增强同日本政经界上层联系

投资促进工作是一项长期的系统工程，中国地方政府相关部门要善于借力招商，在具体工作中可通过多种渠道，在日本政经界有影响的世界级财团法人

中适量聘请经济顾问，以授予荣誉市民等方式，建立起地方政府与日本政经界上层的沟通渠道，从而借用这些日本政经界上层人物，有目的地推动重大招商项目，实现招商项目与投资人及高新技术企业的有效对接。在日本政经界聘用的高级顾问，多是免费的，每年只要邀请这些顾问或荣誉市民到中国考察访问一至两次，便会使中方在日本的招商推介活动事半功倍。

第六节　着力提高对外投资促进有效性

一、其他国家或地区对外投资促进考察——以亚洲四小龙和德国为例

（一）新加坡政府对外投资促进经验

新加坡政府在推动企业跨国经营、投资方面扮演了积极的角色，发挥了积极的作用。1993年，新加坡政府成立了以财政部政务部长为首的"海外企业促进委员会"，其职能是找出并消除企业跨国经营的障碍，制定政策性建议，协助企业向海外发展。政府在鼓励企业跨国经营方面的作用主要表现在三个方面。

1. 政府为海外发展的企业提供财务援助

特别是对那些刚刚向海外发展的公司，或是一些大规模的基础设施发展计划，政府除在增股集资方面提供援助外，还实施新的税务鼓励措施，如对已批准的海外企业提供长达10年的免税优惠。对于已经颇具规模的大公司和财团在海外的经营活动，政府则以参股形式予以支援。此外，政府还设立由政府、私人界和金融公司提供资金组成的"创业资本基金"，支持企业向海外发展。

2. 政府成为私人企业在海外发展的伙伴和共同投资者

在公共部门的运作和基础设施的投资方面，政府拥有技术专长、丰富的经验以及良好的信誉。与政府有关联的公司和法定机构的公司，和私人公司联合、搭档，或一起成立联营公司或投资财团，参与一些大型基础设施发展规划。

3. 政府在企业海外投资方面提供服务

现有的政府机构，如经济发展局、贸易发展局和外交部，向海外企业提供一般的海外资讯、寻找商业机会、协助同有关国家及地方政府官员建立联系，并设立区域商业论坛，由私人和公共部门的成员组成，并由一名部长或政务部长担任主席，彼此协商，加速企业区域化的有效发展。

（二）韩国政府对外投资促进经验

179

韩国海外投资的成因主要有：第一，国内工资成本上升迫使企业转向海外投资；第二，绕开国际上贸易保护主义的壁垒，开拓出口市场，需要加快对外投资；第三，产业结构的调整和换代推进了对外投资的步伐；第四，政府大力支持和鼓励是推动对外投资发展的重要力量。在韩国的对外直接投资中，政府发挥了重要的政策导向作用，主要体现在：

1. 放宽对海外投资的限制

从 1994 年起，凡每年对外贸易超过 10 亿美元的企业，可以允许在海外持有 1 亿美元的外汇，或者持有其年进口额 10% 的外汇。而在此之前，只有 8 家公司被允许在海外持有 1 000 万美元的外汇。此外，还允许各公司在国内持有其年进口总额 20% 的外汇，但不得超过 2 亿美元，在此之前其持有外汇的限额为 10%，不超过 1 亿美元。韩国公司可以将其持有的外汇在国外购买外国证券或其他资产(不含不动产)，在此之前，只有证券商、保险公司和信托公司、投资公司才允许这样做。在投资主体上，改变过去限制做法，鼓励中小企业扩大对外投资，甚至允许资本达不到限额的非法私人及私人企业进行 10 万美元以下的小规模对外投资。在投资管理上，过去 100 万美元以上的对外投资须经海外投资委员会批准，现改为 500 万美元以上，500 万美元以下的由企业自行决定，并把批准期限由过去的 20 天缩短至 10 天。从 1988 年起，分阶段把海外投资"批准制"改为"申告制"；1990 年起全面放开。

2. 建立海外投资保障体系

为使韩国企业获得与投资对象国同等的待遇，采取以政府名义与投资对象国签订各种有关协议，以防止经济摩擦和保障投资安全。在出口保险中设"海外投资保险"，保险金由政府贷款解决，当投资对象国发生突发事变不能履行合同时，由保险公司承担损失的 90%，从 1988 年起，将海外投资风险保证金比率从 15% 提高到 20%。

3. 建立海外投资推进机构

韩国在经济企划院内设置海外事业调整委员会，下设海外事业调整实务委员会和海外事业调整业务长官会议，由这两个机构审议和调整政策，解决海外投资中出现的问题。在进出口银行设立海外投资洽谈室，进行项目论证、产销规划，在进出口银行还设"海外投资调查部"，了解各国政经动态，及其向企业提供信息资料和咨询；进出口银行还设立"海外投资金"和"海外资源开发基金"，向海外投资企业优惠贷款。"中小企业振兴公司"设有海外投资洽谈中心，重点支持中小企业对外投资。海外投资洽谈中心还与世界主要国家的 300 多个机构建立联系，搜集资料、情报。各驻外使馆及金融部门的海外分支机构，也对当地的韩国投资企业进行监督、管理、服务。

（三）中国台湾对外投资促进经验

20世纪80年代以后，中国台湾对对外投资采取了积极的鼓励政策。台湾对外投资扩大的动因：第一，台湾出口遇到发达国家贸易保护主义的限制，迫使企业对外投资；第二，工资成本的提高，使劳动密集型产业失去竞争优势，不得不转向海外；第三，台湾经济结构转型和产业升级的需要；第四，巨额外汇储备及台币升值为加快对外投资创造了条件；第五，当局制定了促进海外投资的政策和鼓励措施。

1982年，台湾公布了《对外投资及技术合作审核处理办法》，并根据形势需要在1984年以后进行了两度修改；实施了一系列有利于对外投资的财政金融鼓励政策；为对外投资提供一揽子服务；制定全方位和多层次对外投资战略，如放松外汇管理，全部开放经常账户，废除进出口外汇申报制，厂商可以持有并自由运用外汇，运用范围包括可以进行金融性（投机性）交易，允许台湾金融机构到海外设立分支机构；设立"国外损失准备金"鼓励海外投资等，这些政策都推动了对外投资的步伐。此外，通过"海外经济合作发展基金"协助台商对外投资。

（四）中国香港政府对海外投资促进经验

中国香港对外投资扩大的原因：第一，土地、工资价格上涨导致成本增加；第二，为避开西方国家对香港纺织品进口配额限制，利用发展中国家的输出配额和低税或免税待遇，大力推销香港制品，港商大力向发展中国家投资；第三，国际化的经营因素，通过对外投资，扩大企业规模、取得规模效益；同时，也分散投资风险，实现国际化、多元化。

（五）德国对外投资的管理和促进

1. 德国政府对德国国民（包括自然人和企业）向境外投资，一般无审批和登记等要求（敏感行业如军事工业等例外）

投资者如向银行贷款，则有承贷行对项目进行评审。所有通过银行汇出资金的数据（时间、数额及用途）都会由其中央银行（德意志银行）汇总并统计出对外投资数据。

2. 对于本国国民对外投资，德国政府原则上一视同仁

不论其投资者类型、投资方式、投资类型和投资国别。对于未建交国家，德国政府原则上不阻止国民对其投资，但由于德国与未建交国家不可能签订投资保护协议，所以风险很大，一般投资者也就望而却步了。对于国民在"避税港"投资，德国政府的态度也是听其自然。

3. 如何保护和促进境外投资

德国政府通过与发展中国家和新兴国家签订投资促进与保护双边协议来保

障德国企业在国外的经济利益；联邦政府对德国企业在国外投资的政治风险予以担保，且对担保的金额没有限制，所承担的风险主要为：战争及武装动乱、禁止付款或延期偿还、无法汇兑或汇付、所在国或国家所控制的有关部门违反法律约定、被收归国有或没收，等等，其中经济风险不包括在内；在德国经济部和德国工商大会的支持下，在 75 个国家和地区成立了约 110 家国外商会和德国经济代表处，对德国企业在当地的投资，特别是德国中小企业的投资也起到一定的保护作用。另外随着经济全球化的不断深入，德国经济界日益重视德国的资产和技术随境外投资而流失的问题。为此德国工商大会专门成立了德国经济安全工作协会，与联邦宪法保卫局合作加强对德国在境外企业的技术保护工作。德国促进到海外投资的主要机构是德国投资发展公司、德国技术合作公司和德国复兴信贷银行。

4. 对境外资产的管理

派驻国外机构的任务之一就是对所在国家或地区的德资企业进行管理。以调查问卷等形式了解经营情况及时发现问题，此外，德国使馆商务处也设专人负责管理所在国的德资企业；根据国际劳工组织（ILO）的劳动标准和经合组织（OECD）2000 年 6 月 27 日通过的对跨国公司的指导原则，德国对跨国经营活动进行监督和管理，重点是雇工，环保，竞争手段和纳税；德国联邦证券监督局、信贷监督局和保险监督局对德国的跨国公司，特别是银行和保险公司的境外资本运作起着重要的监督和管理作用。三个监督局都隶属于联邦财政部。另外，联邦卡特尔局与欧盟卡特尔局合作对德国公司超过一定限度的跨国并购进行评估，以防止产生市场垄断，包括区域性的垄断。

二、国际对外投资促进措施概括

从 20 世纪 80 年代起，发达国家纷纷放松了对对外投资的限制，取而代之的是对跨国投资采取了不同程度的鼓励，以推动本国企业的跨国扩张，形成了一系列"母国投资促进措施"。在世界经济一体化加速发展的背景下，发展中国家和转型经济国家正愈来愈深地融入经济全球化浪潮中，世界投资格局也正经历显著的改变，后起的新兴工业化国家（地区）和发展中国家、转型经济国家，在世界对外投资中的比例呈上升趋势。企业跨国发展已成为后起国家增强企业国际竞争力、扩大市场份额的重要战略环节，也是提升国家竞争力，加速经济发展的有力杠杆，这些国家也都纷纷放松对对外投资的限制，并采取各种鼓励对外投资的政策。

综合各国对外投资促进经验，国际通行的对外投资促进措施主要有以下几方面。

（一）信息服务与技术支持

几乎所有 OECD（经济合作与发展组织）成员国都对海外投资提供这方面的支持。母国政府与中介机构通过各种渠道收集、加工、传播投资东道国宏观经济、产业条件、法律框架等关于投资环境的基本信息。渠道包括网站、出版物、组织研讨会、派遣投资访问代表团，等等。由于发达东道国市场信息较完备，获取渠道多，因此，这类信息服务多针对发展中东道国。这种服务对于国内中小企业的帮助尤为重要，因为大型企业自身一般拥有强大的信息收集能力，中小企业的能力较弱，而正是一些中小企业，其跨国投资活动更易于与发展中东道国的条件相匹配。母国提供的技术支持包括对发展中东道国政府提供支持，以改善其投资管理体制，加强其吸收外资的能力；对对外投资企业，尤其是中小企业提供可行性研究、项目开发与人员培训等方面的技术服务，这种服务甚至可向东道国合资方提供。

（二）金融支持

发达国家一般还对本国企业对外投资提供直接的金融支持，例如向投资项目提供贷款。金融支持有时会针对特定的对象，例如专门对基础设施投资提供支持，或专门对中小企业投资提供支持，或对能扩大母国出口等项目提供支持等，从而将海外投资活动与母国的经济目标有机结合。

（三）财政支持

投资母国促进对外投资的财政支持主要体现在税收上，向对外投资企业提供税收优惠，以及消除国际双重征税等，包括对签有双边税收协议的国家的投资，东道国所提供的税收优惠与减免，母国不再征收抵补税；对海外投资收入减免税收；允许海外投资企业实行亏损提留制度等。

（四）投资保险

投资保险是一项传统的投资保护措施，一般是通过国家、区域或多边的投资保险计划，为海外投资的政治、非商业性风险提供保险，近年来这种方式得到了较大的发展，对于促进投资发挥了主要作用。有些国家的国家投资保险计划仅针对向发展中国家的投资，而有的国家则覆盖对所有东道国的投资。1988年成立的多边投资担保机构（MIGA），近年来业务发展迅速，为其成员国海外投资提供了灵活、多样的承保服务，缓解了境外投资迅速扩张产生的投资保险的供求矛盾。

（五）促进技术转移

一些国家向某些特定类型的对外投资进行倾斜资助，例如有些投资促进计划对包含环保技术转移的投资项目予以特别支持；有些则分别对电信、能源、健康、农林牧渔项目予以资助，等等，有些对东道国提供技术帮助，以增强东道国吸纳技术密集型产业的能力。通过这些有选择的投资促进，可加速某些对人类、环境有积极影响的技术在国际间的扩散。

（六）市场准入安排

这是一种促进投资的贸易措施，通过产品认证、原产地规则、优先进口安排等措施，赋予某些国家、某些产品进入投资国的优惠地位，从而可增强这些东道国对外国投资的吸引力，尤其是对出口导向性的投资项目，具有显著的促进作用。

以上几类对外投资促进措施主要为发达投资国所采用，各国根据各自经济发展与外交目标各有侧重，在具体实施中各国的差别也较大。随着发展中国家在全球资本外流中所占比例的提高，越来越多的发展中国家也开始采用母国投资促进措施，推动本国对外投资的发展。从总体上看，发展中国家的对外投资，从投资动机、企业竞争优势、国内外要素价格比、国内经济发展水平等诸多方面，与发达国家有着显著的差异，因而对外投资的规模、重点行业、目标市场、投资方式等亦与发达国家存在明显的差别。而且各国的具体条件各异，因而各国对外投资的战略与对策一方面应遵循投资发展的一般规律，另一方面应充分体现具体国情，具有灵活性与创新性。

三、我国对外投资主要特点（以 2009 年为例）

2010 年 9 月 5 日，商务部、国家统计局、国家外汇管理局联合发布《2009年度中国对外直接投资统计公报》，正式公布 2009 年中国全行业对外直接投资统计数据。《公报》分为中国对外直接投资概况、中国对外直接投资特点、中国对主要经济体的直接投资、中国境内投资者的构成、对外直接投资企业的分布、综合统计数据 6 个部分，对 2009 年中国对外直接投资基本情况进行统计、分析。

根据《公报》，2009 年中国对外直接投资呈现以下特点：

——对外直接投资再创新高，连续 8 年保持增长势头。2009 年，中国对外直接投资净额（以下简称"流量"）565.3 亿美元，较上年增长 1.1%。其中非金融类 478 亿美元，同比增长 14.2%，占 84.5%；金融类 87.3 亿美元，同比下降 37.9%，占 15.5%。联合国贸发会议《2010 年世界投资报告》显示，2009 年全球外国直接投资（流出）流量 1.1 万亿美元，年末存量 18.98 万亿美元，以此为基期进行计算，2009 年中国对外直接投资分别占全球当年流量的 5.1%，位居发展中国家、地区首位，名列全球第五位。中国对外直接投资连续 8 年保持了增长势头，年均增长速度达到 54%。

——对外直接投资存量规模比上年大幅增加，国家分布更为广泛。2009

年中国对外直接投资存量规模超过 2 000 亿美元，亚洲、拉丁美洲是存量高度集中的地区，对发达国家、地区的投资存量占 7.4％；国有企业和有限责任公司占到存量份额的 90％左右；在非金融类对外直接投资存量中，中央企业和单位占 80.2％，地方企业占 19.8％。截至 2009 年年底，中国 1.2 万家境内投资者在全球 177 个国家、地区设立境外直接投资企业 1.3 万家，对外直接投资累计净额 2 457.5 亿美元，境外企业资产总额超过 1 万亿美元。

——在亚洲、非洲地区投资覆盖率最高，在亚洲分布最为集中。2009 年年底，中国的 1.3 万多家境外企业共分布在全球 177 个国家和地区，其中亚洲、非洲地区投资覆盖率分别达到 90％和 81.4％。从境外企业的地区分布看，亚洲是中国设立境外企业最为集中的地区，其次为欧洲，非洲位居第三。境外企业分布的主要行业依次为制造业、批发和零售业、租赁和商务服务业、建筑业及农、林、牧、渔业，其中，制造业、批发和零售业分别占 30.2％、21.9％。

——地方对外投资快速增长，其中中部地区增幅最大。2009 年地方对外直接投资达 96 亿美元，同比增长 63.4％，其中中部地区增幅达 2.1 倍。上海、湖南、广东对外直接投资流量位列前三，当年直接投资分别达到 12.1 亿、10.1 亿和 9.2 亿美元。截至 2009 年年底，浙江、广东、江苏、山东、北京、福建、上海、河南、黑龙江七省二市的境外企业数量占境外企业总数的六成。浙江省是中国拥有境外企业数量最多的省份。

——对欧美投资较上年成倍增长。与以往我国对亚洲、非洲投资较快增长不同的是，2009 年中国对欧洲、北美洲、拉丁美洲投资快速增长，其中对欧洲投资 33.5 亿美元，增长 282.8％，对北美投资 15.2 亿美元，增长 3.2 倍，对拉美投资 73.3 亿美元，增长 1 倍。

四、我国对外投资促进存在的主要问题

（一）企业体制落后分散化经营，使得企业无法在资本、技术、市场、信息以及生产等资源上实现共享与互补，甚至会引发越来越严重的内部过度竞争

这一方面反映了这些企业投资母体之间相互缺乏联系和合作，另一方面也反映了在当今经济全球化趋势下，跨国企业都以兼并或建立策略联盟作为发展手段以实现规模效应，而我国企业显然尚未跟上这种跨国经营的潮流。其中的主要原因是传统的企业体制制约了企业国际化经营的模式。

（二）投资结构尚待完善

集中表现在地区结构、产业结构、规模结构三个方面。从境外投资企业的分布上看，我国企业跨国经营的地理选择以周边发展中国家和地区为主。尽管随着改革开放的深入和对外交流的扩大，我国的境外投资企业已遍及世界各

地。但从总体方面看，我国企业跨国经营的地区分布仍相对集中在亚太经济区。其中，亚洲以其优越的地理位置和投资环境吸引了我国大部分的投资。在产业结构上，我国的跨国投资过分偏重于对加工、制造等初级产品产业的投资，对高新技术产业的投资严重偏少。在规模结构上，以中、小型为主。目前90%的海外中资企业投资规模不到 100 万美元，平均单项投资额仅为 57 万美元，远远低于发达国家平均 600 万美元的水平，同时也低于发展中国家 450 万美元的水平，甚至低于东欧 140 万美元的水平。

（三）企业缺乏核心技术且科研创新能力较弱

随着国际竞争格局的变化，原始性创新水平已经成为科技乃至经济竞争成败的分水岭和决定国际产业分工地位的基础条件。我国企业从总体来看，企业的技术水平偏低，在主流市场或主流产品中我们并没有多少资助的核心技术，目前我国大中型企业研究开发经费占销售额的比例平均还不到 1%，仅有极少数大企业能在 3%以上，这样低的开发投入维持生存尚有困难，更谈不上与别国大型跨国企业竞争了。

（四）企业缺乏跨国投资的战略意识和有效的战略设计

中国企业对外直接投资存在投资动机过分短视，企业之间缺乏整体配合、各自为战的问题。中国大多数跨国公司目前并不具备真正的全球观念和跨国经营意识，进行对外直接投资的动机仅仅是为了增加出口创汇或为眼前利益驱动，而不是在全球范围内寻求生产和交易的比较利益。境外分支机构之间往往缺乏经常的多项联系，各自为政，母公司也很少使用转移价格等方式获得最佳资源配置效益。更有甚者，中国企业特别是中小企业受中国传统意识影响，长期故步自封，缺乏对外投资贸易的意识。

（五）缺乏对投资目的地的深入了解

企业到境外投资，面对的是与我国政治、法律、文化、风俗等有很大差异甚至完全不同的环境，涉及所在国法律问题很多，处理不慎、会给经营带来不少麻烦，必须进行深入细致的研究，制定相应的措施，才能使企业的投资顺利进行并获得预期的效益。由于在这些问题上的工作不到位，使我国一些境外投资企业受到很大的损失，甚至不得不半途退出。

（六）对投资方向缺乏认真的分析

很多企业到境外投资缺乏对市场与经商环境缺乏学习与研究，对境外的商机，自身的优势、劣势及竞争风险缺少客观的分析，特别是缺少对未来发展的分析，急于求成，什么赚钱干什么；或者出于多元化扩张的需要，背离自身核心专长而盲目到境外投资。

（七）不注意舆论、宣传等投资促进工作

我国大企业到境外大规模投资建厂或并购,对于当地的经济具有重大的影响,往往会受到当地政府和民众的较大关注,宣传和公关工作不可轻视。对外联络和宣传不到位极有可能形成外界对我国企业的误解和偏见,从而使企业形象大打折扣,在建厂和并购过程中可能会遇到意想不到的困难。2005年海尔收购美国第三家电巨头美泰和中海油并购尤尼克的失败,很大程度上就是因为这个原因。在美泰总部所在地曾传言海尔在并购完成后,将把产品制造转移到低成本的中国国内进行,结果遭到美泰员工的反对。这一传言恰恰是当地一家媒体发布的,而起因是海尔此前曾冷落过该媒体。再如中海油,本来曾经一度与尤尼克接近达成并购协议,但后来还是失之交臂,原因是尤尼克拒绝为中海油积极游说美国国会,而雪佛龙的游说却成功地激起了国会对中海油的反对情绪,以至于考虑动用一系列法律条款来推迟甚至破坏中海油完成交易,削弱中海油收购要约对尤尼克股东的吸引力。

(八)合作渠道狭窄

如果有得力的境外合作伙伴或介绍人,企业到境外投资不但成功率高,而且可能取得事半功倍的效果。由于合作者或介绍人在当地没有影响力或信誉不佳,在投资建厂或并购时遇到的阻力很大,难以成功,甚至上当受骗。我国一些有实力的大企业,就是因为境外合作伙伴缺乏实力,或者为了图方便,老是围绕在华人社区里打交道,而难以获得预想的发展。

(九)对困难和风险估计不足

近年我国企业的国外并购越来越多,但是一些企业在并购之后就陷入困境,出现长期亏损的局面,主要原因是对并购后的困难估计不足,出现许多意想不到的事情,使企业难以应付。因此,可以说完成收购相对容易,真正的问题在于并购之后的整合和管理,联想、TCL等在境外并购规模较大的企业都碰到过这样的问题。

(十)缺少专业人才

企业到境外投资能否成功,首要的条件是要有一批熟悉境外投资业务的法律、财会、资产管理、市场分析和营销、公关、生产运营管理等方面的专业人员,特别是涉外律师工作亟待推进和发展。

五、采取有效措施提高对外投资促进有效性

从2006年至2020年的15年是我国加快实施"走出去"战略的机遇期,外部发展环境总体有利,内部条件日益具备。我们必须抓住机遇期,加快实施"走出去"战略,推进境外投资办厂,扩大境外资源合作开发,拓展对外工程承包,加强基础设施合作,提高对外劳务合作水平。根据商务部"十二五"规划,

"走出去"与对外贸易、吸引外资等外向型经济协调发展，对经济社会发展的贡献度进一步提高。

因此，应逐步把对外投资促进工作放在更加突出的地位，在促进我国对外投资方面发挥日益重要的作用。为此，积极实施"走出去"战略和对外投资促进政策措施体系的构建工作成为迫在眉睫的重要任务。根据我国对外投资政策体制的现状，在对外投资的战略制定与投资促进措施的选择方面，应着重加强以下两个层面的工作。

（一）对外投资促进的宏观战略层面

1. 应着重从资源供给、产业升级、对外贸易等方面，将对外投资纳入国民经济发展框架

对外投资作为国内生产的延伸，应纳入宏观经济综合平衡框架，充分考虑对外投资对总供求平衡与行业局部供求平衡的影响，使国内外生产与流通有机结合，充分发挥对外投资对我国经济发展的积极作用。第一，随着经济的持续快速增长，我国的资源短缺问题已日益显现，对国外资源供给的依赖程度将大幅上升。据预测，到2020年我国的石油、天然气对外依存度将分别达到70%与50%，其他重要矿产资源如铁、铜、铝等也面临供应的巨大缺口，因而我国对外投资的主要动机之一是参与国外资源性产品的开发与生产，取得资源性产品的稳定供应，这关系到国家经济安全的大局。为此，应在科学测算中长期资源需求及资源短缺的基础上，通过对资源性投资项目的鼓励、扶持措施，实现对外资源投资的扩张，为经济发展提供资源保障。通过市场手段而非行政手段实现对跨国资源投资的调控，对政府的行为能力提出了很高的要求，政策的设计首先要对政策措施作用于企业所可能产生的效果做出准确的判断，并在此基础上使企业的投资规模与投向在政策的牵引下，与国家资源发展战略吻合。第二，对外投资可从两个方面为产业结构升级提供更大的转换空间。国家的对外投资政策应视为国内产业政策的延伸，根据国内产业发展的趋势与目标，有针对性地对处于不同发展阶段的产业提供对外投资的服务与扶持。第三，对外投资与出口贸易作为厂商供应海外市场的主要方式，有些情况下二者之间存在着相互替代的关系，有些情况下则形成互补、相互促进的关系。因此，对外投资政策必须与对外贸易战略相互衔接。

2. 全面实施中小企业成长工程，积极支持我国中小企业走出去

我国中小企业在国民经济和社会成长中发挥着越来越重要、不可替代的作用。中小企业在"十二五"期间面临新的形势、新的机遇，也面临着新的挑战。我们如何用科学发展观统揽中小企业工作，"十二五"提出我们要转变经济发展方式，提高自主创新能力，在这方面我们有大量的工作要做，在这种情况下国

家提出中小企业成长工程意义非常重大。在全面开展我国中小企业对外投资状况调查的基础上，形成正确决策，逐步拓宽我国中小企业融资途径，培养和支持在国际融资和发展、抵御风险的能力，力争做大做强。

3. 把吸收外资与"走出去"战略统一起来

经济全球化就是一个商品、资本和劳动力在国与国之间的相互介入和渗透的过程。当世界经济发展到一定程度时，后发展起来的国家所出现的资本相对剩余和生产力的比较优势，就会向资本和商品市场最集中的地区转移，形成发展中国家向发达国家反向投资的过程，即新的国际分工格局。因此，中国实施"走出去"战略有其历史的客观必然性。国际资本运动的规律表明，当代表某种相对优势的产业资本流向国外的时候，一方面会对当地商品市场形成正面冲击，增加在当地市场的商品占有份额；另一方面又会在正面冲击的过程中形成一种反向冲击力，把部分国际资本吸引到占有相对优势的产业或产品生产中来，并由此形成以这种相对优势的产业或产品为中心的现代产业群落。如美国一直是最大的资本输出国，然而近10多年来，国际资本的输入量却超过了输出量。中国的"走出去"战略刚刚开始，力量还显得十分薄弱，但从深圳、青岛、北京的某些单项技术的国际开发来看，如海尔集团，已形成了以对外开放吸纳国际资本的良好态势。

迄今为止，我国各地的投资促进机构其工作重点多集中于促进吸引外资。随着我国利用外资模式的转变，应加快整合投资促进的资源，增加投资促进机构的职能。事实上，内流与外流投资促进所需的资源虽各有所侧重，但在很大程度上是重叠的、互补的，例如，投资促进的信息服务网络、与政府及产业的联系渠道、人力资源等方面都可共享资源，建立内流、外流投资相互融合的促进体系，可提高资源利用效率，提高投资促进效果。

4. 应建立和完善相应的对外投资促进管理、保障、服务体系

按照"统一领导、科学决策、有效协调、一致对外"的原则，建立健全由商务部牵头、其他部门参与的涉外经济工作机制。商务部已经制定下发了《关于境外投资开办企业核准事项的规定》，大大简化了程序，积极推进投资便利化，方便了企业。制定了一系列鼓励政策与措施，涉及财税、信贷、外汇、保险、出入境、领事保护等方面，有力地促进了境外投资的发展。继续完善企业"走出去"的信息、人才、法律、风险预警、财务、咨询、知识产权、认证等社会服务体系。建立境外投资国别环境信息库，通过网络、报刊等渠道，及时收集、传递和发布境外市场、境外项目信息，如发布《境外投资国别产业导向目录》和《国别贸易投资环境报告》，提供及时有效的信息服务。加强人员培训，举办各种类型的培训班，为各地企业培养开展境外投资业务的专业人员和经营

管理人员。

强化经济外交，为企业"走出去"营造环境。我国坚持走和平发展道路，重视发挥经济外交作用，与许多国家（地区）建立了新型的合作关系和战略伙伴关系。要进一步加强政府间磋商与谈判，推动与有关国家签订贸易、经济合作、投资保护、避免双重征税、司法协助、领事保护、社会保险、检验检疫等政府间双边协定，为企业"走出去"营造良好外部环境。充分利用中国与东盟（10＋1）、中非合作论坛、上海合作组织、中阿合作论坛、中葡合作论坛、中国—加勒比、中国—太平洋岛国经济发展合作论坛、中国—亚欧博览会等多边合作机制，拓宽我企业"走出去"渠道，为企业跨国经营起到"加速器"的作用。继续建立包括预警系统、风险防范系统、紧急处理系统和善后系统等在内的企业"走出去"的安全保障体系，保障境外中资企业和机构人员、财产安全。

5. 建议尽快制定"境外投资促进法"

鉴于我国对外投资迅速发展态势，对境外投资应当采取"积极促进、尽力保护、适度监管"的方针，做到：认真研究制定我国境外投资的总体战略；加速完善境外投资立法，建议尽早着手制定"境外投资促进法"；利用财政及金融手段支持有实力的企业跨国经营；建立国家境外投资专项基金，用于支持我国企业在境外的合作开发项目；设立境外投资促进中心，负责国家境外投资专项基金的运营；依靠外交手段促进并保护境外投资；改革并规范境外投资的审批制度，应逐步放宽审批标准，简化审批程序；加强并改善对企业境外经营的监管。

（二）对外投资促进措施层面

我国对外投资促进应在广泛借鉴发达国家与新兴工业化经济体对外投资促进的经验，继续制定、改进和强化对外投资促进措施。

1. 规范信息服务，加强技术援助

我国在提供海外投资信息方面与发达国家相比存在很大的差距。信息的采集不规范，缺少信息资料的加工整理，信息服务没有明确的机构，信息发布缺乏权威渠道。信息服务体系的不健全直接影响了信息的质量和数量，影响企业的跨国经营决策。信息服务的改善不仅可以减少企业海外投资的信息搜寻成本，提高决策的科学性，亦可为政府提供海外投资援助提供可靠的依据，使有限的援助资源充分发挥作用。

2. 针对大型企业与中小企业的不同需求，有针对性地采取不同的鼓励援助措施

根据我国现阶段对外投资的实力与目标，应鼓励投资主体的多元化，而不

同类型主体对政府援助的需求是不同的。培育中国大型跨国公司是增强国家竞争力的重要方面，大型企业自身往往具备对外扩张所需的信息搜寻、资金技术供应等商业条件，政府的作用主要应体现在为其营造有利的国际环境。例如，加强双边政府合作，由本国政府出面，与外国政府达成市场准入许可；争取国外的大型投资项目等，尤其是在市场化程度较低的发展中国家进行较大规模的投资，政府的上述推动作用是不可或缺的。广大中小企业的对外投资，则需要政府较为具体的扶持，例如为中小企业海外投资提供政策性融资、贴息以及税收等方面的优惠，为中小企业海外投资提供人员培训服务等。

3. 加强对外投资鼓励的区域导向，重点开拓发展中国家和新兴市场国家投资市场

发达国家虽然是国际直接投资的主要目的地，但近年来发展中国家和新兴国家市场投资环境有所改善，在国际投资中的比例呈现上升趋势，而且我国企业现有的特定优势与这类国家的区位优势的匹配度相对较好，能吻合双方的利益与需要。因此，我国的对外投资促进政策应与外交政策与区域合作政策有机结合，采取区域、国别导向与协调措施，既实现重点布局，又要避免"一窝蜂"现象。应针对发展中国家投资风险大、资金供应缺乏等具体困难，着重在投资担保、融资等方面采取切实可行的措施。

发展中国家与新兴市场国家由于经济发展水平以及市场发育程度的限制，投资风险较大，许多发达国家为此特别加强政治风险及非商业风险的担保机制。我国现有投资保险覆盖范围很小，主要只是针对直接带动出口的境外带料加工项目，尚未建立起海外投资保险体系。提供投资保险是促进海外投资的基本措施，除了加大政府担保力度外，还应充分利用国际组织的作用，例如用足 MIGA 的国别担保额度，并利用 MIGA 的再保险网络，扩大保险容量。

此外，结合商务部实施的境外经济贸易合作区工程，积极推进相应国别、地区的《中国对外投资促进国别/地区系列报告》，积极引导和支持中国企业对外投资。《中国对外投资促进国别/地区系列报告》以促进我国企业"走出去"、加快我国对外投资步伐为宗旨，通过我局与对外投资目标国/地区投资促进机构卓有成效的合作，形成目标国/地区投资环境立体式的分析报告。报告采取重点突破、以点带面的方式逐步建立起多个国家/地区投资促进丛书分卷，并建立起年度更新机制，既展示目标国/地区投资环境，又服务和促进我国企业"走出去"。

4. 促进同国际投资促进机构的合作，并积极开拓和创新适合于我国对外投资促进的方式、手段

第七节 其他提高投资促进有效性的重要途径

一、投资促进活动必须落实到投资促进项目

从项目运作的角度考察，投资促进项目类型大致有六类：一是总部型项目：总部型项目是企业集群的龙头、企业裂变与扩张的母体和内核，可产生项目引进的"几何级数"与"乘数效应"；二是重大型项目：重大型项目带动系数大、影响度深，是引进项目的叠加；三是规模型项目：规模型项目可扩大在产品在市场上的占有率、竞争力，是引进项目的市场生命力所在；四是研发型项目：研发型项目是高科技产业扩张壮大的基础所在，是原创性新产品的源泉和内生新项目的"撒手锏"；五是关联型项目：可以生成产业的"前向、旁侧和回顾"效应，可延长产业链，形成混合型企业集群；六是效益型项目：对地区的税收、就业、经济发展、社会进步、生态环境优化能带来更大效益的项目。

投资促进活动是一个系统运行过程。作为一个相对独立而又面向市场化运作的投资促进机构而言，项目必须成为投资促进活动的基本载体，既体现为投资促进活动的前提，又体现为投资促进活动的结果。所谓项目促进，就是由引资方根据市场需求和自身优势认为可行的项目，通过一定的途径加以宣传、推介和运作，以吸引投资者参与投资共同建设。项目促进是评价和衡量投资促进活动成效的主要标准之一。因此，必须重点研究和做好项目准备（特别是项目推介、项目库建设等）、项目实施与推进、项目监督和评估等三个方面的工作，扎实推进项目招商引资和对外投资工作。

在实际操作中，还必须由重视抓外资大项目转到大小项目都要兼顾上来。重视吸引大型跨国公司和发达国家企业来华投资的重要性不言而喻，但现在一些地方不顾本地区的具体情况，一味"抓大放小"，对引进中小企业和发展中国家投资重视的程度明显不够，以致"高不成、低不就"的现象很普遍。建议各地今后在推介大项目、为大项目服务的同时，要充分重视、研究、分析发展中国家和发达国家中小企业对华投资需求与趋势，采取有针对性的引资策略和招商方式吸引这部分企业与资金，对于我国扩大引资规模和提高引资水平非常必要。其原因在于：第一，"造大船"固然事半功倍，但是投资动辄成千万上亿元的大企业大集团毕竟不多，众多中小型投资者"积少成多"，同样可以造就一方经济的繁荣。第二，目前外商对华投资的主要来源仍然是发展中国家和地区，主力仍然是中小企业。第三，那些靠人力资本、符合信息时代发展特征的项目往往资金数额不是很大。第四，从长远看，小额投资未必小，背后隐藏着很大的潜力。例如，台港澳地区和东南亚等发展中国家来的投资项目总是"由小到

大",亦即一开始是一些小企业、小项目先进来(大部分是"三来一补"的出口型项目),之后大的企业才陆续前来投资,但中小企业始终是主力。第五,欧美发达国家一般是"由大到小",先是跨国公司、大企业进来,现在则是与跨国公司生产配套的中小企业跟进的时候了。第六,跨国公司和发达国家企业对华投资主要集中在沿海地区特别是一些较大的城市,而中小企业和发展中国家地区的投资则几乎全国"遍地开花"。

在项目促进中,项目资料或称项目包装的优劣对招商效果有很大影响。通过项目包装,可以达到吸引投资者的注意力,使外商得到更多的信息,加快项目推进速度的目的。因此,投资促进人员在项目包装上必须具有良好的专业水平。投资促进人员必须准备和掌握的项目资料有:①项目的投资总额;②应用的技术、工艺及相应的水平评价;③产品的市场前景即市场调研报告;④国内同行业的发展状况;⑤项目现状即前期准备如何;⑥项目所在地产业状况对该项目的配套能力;⑦基础设施状况即水、电、气、交通、排污等条件;⑧国家和地方对此类项目的政策;⑨财务分析即投资风险分析。

二、加强投资促进人员培训与交流,提高投资促进从业人员素质

现代投资促进是专业性很强的具有创造力的实践活动,投资促进活动能否成功的关键在于人才,为此,需要努力建设一支善于学习,勇于进取,能够熟练掌握外语,具有投资、法律、经济、会计、营销、计算机、产业技术等专业技能的高素质、专业化、复合型的投资促进人才队伍。

投资促进是一项长期的战略任务,也是一项难度大的工作。因此,作为投资促进从业人员,无论是领导还是专业人员都必须做到:具有良好的综合素质和责任感、使命感;良好的政治素质和良好的政策水平;注意第一印象,有良好的形象意识;要有主动性、耐心和毅力;在对外洽谈中,充分体现"灵活性",不轻易说"不"字,多一些创造性思维,要根据投资者投资行为类型即习惯型、理智型、经济型、冲动型、想象型、不定型等因人而异;做好洽谈项目的组织工作,"外事无小事",要十分注意细节问题;要尊重外商的一些通常做法,合同要尽可能考虑得十分周到;高度重视信息的搜集和分析,优秀的招商人员对信息要有相当强的灵敏度和良好的分析能力;介绍情况,回答问题要实事求是,不能夸大其词,更不能随便承诺;应有强烈的形象意识和公关意识,在工作中要勇敢、自信、更好树立自身和单位的形象。

投资促进工作人员必须具备过硬的业务素质。投资促进是一门综合的专业工作,招商工作涉及的行业领域很多,从石油化工、重工业到轻纺、电子、玩具、鞋帽制造业,它不仅要求招商人员有一定的公关水平,更要求招商人员具

有金融管理、投资、国际经贸、法律及相关行业的专业知识和良好的外语水平。有了这样的专业知识，就易与投资者沟通，易判断出该项目一般的要求和自己的比较优势，从而确定对该投资者的宣传重点。比如，科技水平高、自动化程度高的产业，除了要求良好的基础设施外，当地的科技人员、高素质劳动力资源及相关配套产业的现状会是投资者注重的焦点。招商引资工作所面临的形势是不断变化的，形势的变化会对招商引资工作提出新的更高的要求。招商人员必须通过自身的努力，不断掌握现代化的招商手段，探索新的招商思路。要做优秀的投资促进推销员。在信息时代的今天，作为一个优秀的投资促进人员，要熟悉和掌握网络技术，利用网络技术宣传自己的政策和最新的投资环境，发布招商引资的项目信息；懂得如何利用电视、广播等新闻媒体达到最佳的宣传效果。

投资促进工作人员应善于站在投资者的角度思考问题。在对外洽谈中，有时我们觉得非常容易理解的事情，外商却认为不太好理解，有时我们认为非常容易解决的问题，外商却认为困难很多，顾虑重重。这并不奇怪，因为双方所处的位置不同，考虑问题的角度不同。要成为一个优秀的招商人员，必须学会从投资者的角度去看待问题。例如，项目地块的选择，有时我方推荐出合适的地块给外商，他们却不满意；尤其是亚太区的投资客商还非常注重地理位置问题，交通非常方便、基础设施完备的地块，有时他们却认为位置不好。因此，在交往过程中，要善于学习和掌握外商的思维方式和习惯，根据项目的性质和特点，有耐心地提供更多的选择给外商。为此，要特别重视信息的搜集和分析工作以及熟悉不同类型项目的特点，做到因时因地制宜，并且要实事求是。

由以上可见，投资促进工作人员应成为本领域的专才，综合素质应比较高。投资促进工作人员总体须具备六个基本素质：①开拓进取精神：主动思考，主动出击，策划谋划，崇尚行动；②交际公关能力；③投资、经贸、金融、产业发展相关知识和一定的战略眼光；④外语等语言能力；⑤具体项目和各类会议等活动的运作能力；⑥熟悉投资促进与招商引资方面的政策、程序、方式和组织等。

为此，必须建立投资促进从业人员国际、国内培训和交流机制，并创造投资促进从业人员良好成长环境。特别值得一提的是，应加大对各省、市、县领导国际投资贸易及投资贸易促进内容的培训。可以考虑编写专门教材，以及在培训各级领导的学校增设相关内容的课程。

此外，通过借用"外脑"来加强投资促进工作也是一个值得推荐的途径。例如北京经济技术开发区、烟台开发区、西安开发区等都专门聘请1人或1人以上的专家顾问团队，他们多来自美国、欧洲(比如德国等)、日本、新加坡、中国香港等国家或地区，有的也聘请部分中国内地专家共同参与，从而为本地的投资促进工作发挥了较大的作用。

三、实施投资促进品牌战略

品牌是一个国家综合国力和经济实力的集中体现。从某种意义上讲，一个国家经济崛起的过程，就是本国品牌发展壮大的过程。美国在当今世界的经济霸主地位，就是建立在大的跨国公司和全球品牌基础上的。在2005年《世界品牌500强》中，美国有249席，占了49.8％。第二次世界大战后的二三十年间，德国、日本能够从战争的废墟中恢复起来，迅速发展，是与品牌的成长和崛起分不开的。大众、丰田、本田都是在这一时期发展壮大的。作为亚洲四小龙的韩国，能够创造出著名的"汉江奇迹"，成功的秘诀之一也是品牌。它们培育了三星、现代、LG、SK、浦项制铁等全球知名的品牌，从而在电子、汽车等领域形成了较强的国际竞争力。品牌体现着一个国家的实力和形象。日本前首相中曾根康弘曾经讲过："在国际交往中，索尼是我的左脸，丰田是我的右脸。"反过来说，没有品牌作龙头，就必然处在国际分工的低端，缺乏竞争力。实施品牌战略是转变经济增长方式的重要抓手。品牌是商品内在价值的综合体现，它不仅是一个标识、一块牌子，而且是质量、是效益、是竞争力；它的诞生也不是靠炒作，而是靠研发、靠技术、靠管理、靠企业文化。从根本上讲，创建品牌的要求与转变经济增长方式的要求是一致的。

做好投资促进工作是生产和制造优质的投资促进产品是分不开的。好的投资促进产品能为投融资双方沟通与交流，联系与合作架起一座桥梁，正确引导和促动投资流向和融资取向，能够产生较大的咨询、示范带动作用和影响力。创造名牌投资促进产品，必须根据当地的具体情况结合国内外形势，特别是党和国家的大政方针来制定。目前以宣传推介投资目的地的投资环境为最多，例如文字产品（如书、杂志、报纸、宣传册等）、投资促进活动产品（如论坛、展览会、项目推介会）、电视产品、网络产品，等等。其中文字产品有"投资促进项目库"、"投资环境评价体系"、"中国地区优势产业投资促进报告"、"中国对外投资促进国别/地区系列报告"、"投资×××省"、"投资×××国"等。投资促进工作上质量、提档次，就必须建立投资促进名牌产品的研究、开发与建设机制。

四、积极鼓励外资在华设立研发中心

（一）外商投资设立研发中心对中国经济发展的作用

2003年，伴随着高新技术产业的投资占到整个制造业投资的比重也有明

显的提升，外商投资更加集中于高新技术产业、技术附加值和资金附加值比较高的行业，投资于研发中心的新的外商投资增长也比较快。据不完全统计，截至 2004 年 9 月，以各种形式设立的研发中心已经超过 600 家。研发资金主要来源于美国、日本、欧盟、维尔京群岛、中国台湾、香港地区，累计投入的研发金额约 41 亿美元。主要分布在电子及通信设备制造业、交通运输设备制造业、医药制造业、化学原料及化学品制造业等行业。截至 2007 年年底，跨国公司在中国共设立研发机构 1 160 家。

外商投资研发中心对中国经济发展起到了积极推动作用，主要表现在：第一，中国正面临着产业结构由劳动资金密集型向技术、知识密集型转变的历史新时期，外商在中国投资设立研发中心有利于提高中国利用外资的质量，提高中国的整体技术水平，缩短中国由消化吸收成熟技术向研究开发先进技术的进程，加速中国产业结构升级的进程。第二，外商投资设立研发中心所开发的应用型技术商业化形成的产品，极大程度地满足了中国消费者日益多样化的需求，同时促进了市场竞争，加快了中国市场经济制度的构建和完善。第三，随着全球经济结构的调整，中国经济形式的稳定向好，投资环境的日益完善，越来越多的跨国公司将地区总部、全球研发中心迁至中国，这些研发中心的技术开发重心逐渐向基础技术研究过渡，同时应用型技术的研究地域对象也不再限于中国市场，而是面向亚太地区，乃至全球。这一点无疑带动了中国相关配套产业的发展，提高了中国参与国际分工的地位，改善了中国出口商品结构。第四，外商在中国设立的研发机构形成了中国科技人才的重要培养基地。大型跨国公司设立的研发中心一般能够提供较好的科研条件，这些研发中心中储备大量适应市场经济要求、拥有较高研发水平和研发能力的科技人才，为"科技兴国"战略的实施提供有利的人才支持。

（二）外商投资在我国设立研发中心的特点

主要有：第一，跨国公司投资研发中心增长迅速。据不完全统计，仅在 2003 年 6 月～2004 年 9 月外商投资设立的各种类型研发中心超过 200 家。许多已经在华设立研发中心的跨国公司纷纷增加研发投入，如西门子公司、施耐德、北电网络、英特尔。第二，越来越多的跨国公司提高了在华研发中心在其全球战略中的地位。微软亚洲研究院、诺基亚杭州研发中心、上海贝尔阿尔卡研发中心、松下研究开发(中国)有限公司、索尼爱立信(中国)有限公司研发部都是集团公司全球研发中心。第三，外商投资研发中心分布比较集中，主要设在广东、北京、上海、江苏、天津等外商投资集中的地域。第四，外商投资研发中心可以分为独立法人和非独立法人(公司内部研发机构)两大类研发中心，外商普遍倾向于设立非独立法人形式的研发中心。在 600 余家研发中心里，大部分采用的是非独立法人形式。第五，外商设立的非独立法人研发中心又可分为公司内部研发部门和分公司形式的研发中心两类。两者之间，外商更偏爱内部研发部门形式的研发中心，通常，这类研发中心规模比较小，灵活性强。第六，一般跨国公司进行研究开发主要分为两个阶段：一是产业科技基础阶段，研究重点是产业共性技术，开发周期长、资金投入大；二是具体产品研发阶段，主要针对特定的市场需求研究开发适用性产品，投入适中，研发成果商业化迅速。相应的，研发中心研究开发的技术分为三个层次：核心技术、共性关键技术、产品应用技术。目前外商在华设立的研发中心主要是以产品应用技术研究为主。第七，外商投资研发中心的行业分布与该行业发展中技术的重要性有关，主要集中在技术密集型行业，如电子及通信设备制造业、交通运输设备制造业、医药制造业、化学原料及化学品制造业等行业。

（三）我国外商投资设立研发中心相关政策

跨国公司投资研发中心的大发展和我国政府相继出台的一系列鼓励外商投资设立研发中心的政策措施密切相关。总体上，国家已明确出台的鼓励外商投资设立研发中心的政策有：第一，投资总额内进口自用设备及其配套的技术、配件、备件（不包括《外商投资项目不予免税的进口商品目录》中的商品和船舶、飞机、特种车辆、施工机械），且限于不构成生产规模的实验室或中试范围的，免征进口关税和进口环节税。第二，利用自有资金进行技术改造，按照《海关总署关于进一步鼓励外商投资有关进口税收政策的通知》（属税（1999）791号）的规定，在原批准的经营范围内进口符合前条条件的自用设备及其配套的技术、配件、备件，免征进口关税及进口环节税。第三，自行研发技术的转让收入免征营业税。第四，技术开发费比上年增长 10% 以上（含 10%）的，经税务机关批准，可再按技术开发费实际发生额的 50% 抵扣当年度的应纳税所得额。第五，允许跨国公司投资研发中心为进行其研发产品的市场测试进口并销售少量其母公司生产的高新技术产品。

（四）加大投资促进力度，鼓励外商投资设立研发中心

现在中国已经加入了世贸组织，稳步提高国家竞争力是中国发展的重要内容之一。作为中国经济的主要成分之一的外资经济起着举足轻重的作用。我们要坚持积极引进外资，提高引进外资的质量，特别是加大促进外资对我国技术转让力度，继续鼓励外商在我国投资设立研发中心。从现阶段看，进一步鼓励外商投资设立研发中心建议如下。

1. 改善外商投资设立研发中心环境

首先要进一步完善知识产权保护体系，加大侵权打击力度，尽快出台关于技术转移、转让程序的法律规范；同时根据我国 WTO 承诺，适当加快技术服

务领域的开放；完善外商风险投资的有关政策，缩短外商投资研发中心技术成果产业化进程；简化技术人员的国内、国际交流手续，减少外商投资研发中心人员招聘限制。

2. 加强对于外商投资研发中心研发方向、设立地域的引导

结合《鼓励外商投资高新技术产品目录》的出台，相关部门应尽早研究出台配套鼓励政策，引导外商投资高新技术产品研发；同时在现行外商投资研发中心优惠政策基础上，对于侧重于基础技术研究、面向国际市场需求、设立于中西部地区的外商投资研发中心给予更多的税收、人员交流等方面的政策优惠。

3. 允许外商投资研发中心参与政府支持的高新技术研发项目

有科研实力的外商投资研发中心应获得和内资研发机构相同的参与国家高新技术研发项目的机会，尤其是积极和内资研发机构开展合作的外商投资研发中心可以适当被赋予参与该类研发项目的优先权。

有关部门应允许外资在华研发机构平等参与不涉及国家安全的重大科研攻关项目；允许外资在华研发机构出口自主研发成果，提升其在跨国公司研发布局中的作用和地位；鼓励跨国公司与国内科研机构、高等院校和企业共同设立研发机构；鼓励国内企业与外资企业开展技术配套，加速高新技术研发领域的国际化进程，实现"溢出效应"最大化。

4. 强化外商投资研发中心优惠政策的实施力度

要求各地方税务、海关等部门切实履行现行外商投资研发中心优惠政策，保障政策执行效力，降低外商投资研发中心成本。

5. 学习借鉴国外先进做法

考察了解国外研发机构设立、管理、运营状况，特别是比较其他国家在吸引跨国公司设立研发机构方面的具体做法，为下一步制定国内鼓励和规范研发机构的配套政策措施积累知识和经验。

五、重视开发区、高新区投资促进作用

(一)调整中国开发区发展思路

面对开发区国际国内发展趋势，开发区应积极调整思路，特别是在激烈的国际竞争中，必须切实依靠开发区综合环境优势来吸引外资，并将引进外资同引进先进技术和管理相统一，而且要注重质量效益的提高。在工作上应着力做到：从土地经营转为资本经营和技术经营，由经济开发转为经济和技术开发并重，从注重引进向注重消化吸收创新转变，以运行机制的转换和体制创新开创开发区发展的新优势。积极吸引国际跨国公司投资建立高新项目和设立研究开发中心，并发挥这些项目的孵化和辐射作用，带动相关配套产业发展，形成高

新技术产业链条和产业群，实现品牌效应，同时把开发区办成高素质人才的摇篮。以上既是国家对开发区发展的下一步要求，又是中国开发区未来发展的方向。

（二）探索中国开发区招商引资的新方式

开发区招商引资是我国利用外资的一个重要平台和载体，多年来对我国扩大利用外资发挥了重要作用。针对新的形势，开发区招商引资不仅需要开拓新思路，而且要探索新方式，保持开发区持续快速发展。必须注意到：软环境招商是开发区招商引资的基础；产业链招商是开发区招商引资的有效形式；并购招商和承接服务外包招商是开发区招商引资的新形式；民资招商是开发区招商引资的战略趋向；孵化器招商是开发区招商引资的摇篮。

（三）中国开发区发展的战略选择

中国开发区正面临着新的发展机遇、新的挑战和新的发展趋势，必须正确选择发展战略。开发区发展应坚持后发优势、超前发展、可持续发展、以人为本、文化主导、系统协同等原则。全面实施竞争力开发、服务贸易、环境优先、产业升级、联动、人才开发战略。

2004 年 12 月 14 日吴仪副总理在北京京西宾馆"全国国家级经济技术开发区工作会议"上指出，我国开发区发展的方针是"三为主二致力一促进"，即"以提高吸收外资质量为主，以发展现代制造业为主，以优化出口结构为主，致力于发展高新技术产业，致力于高附加值服务业，促进国家级经济技术开发区向多功能综合性产业区发展，以外资带动内资，增强自主创新能力，发挥辐射、带动作用，促进推动形成多个经济增长带，为全面建设小康社会做出更大的贡献。"具体要做到：直接引资与间接引资并举；资本经营与产品经营、土地经营并举；引进来与走出去并举；外资与内资并举；引资和引"智"并举。在继续加大引进资金的同时，高度重视引进国内外智力资源是时代发展的需要。这包括各类专业技术人才、管理人才以及专有技术和专利等。

吴仪副总理 2004 年 12 月 14 日在"全国国家级经济技术开发区工作会议"上指出，中国开发区今后的发展目标是："把开发区努力建设成为促进国内发展和对外开放的结合体，成为跨国公司转移高科技高附加值加工制造环节、研发中心和服务外包业务重要的承接基地，成为高新技术产业、现代服务业、高素质人才的聚集区，成为促进经济结构调整和区域经济协调发展的重要支撑点，成为推进所在地区城市化和新兴工业化进程中的重要力量，成为体制改革、科技创新、发展经济的排头兵。"

因此，中国开发区发展的战略目标是可持续发展战略。这是总结国内外开发区建设经验而得出的科学结论，也是进一步贯彻吴仪副总理讲话精神以及上述开发区发展战略原则、战略方向和战略方针的统一概括和集中体现。

（四）促进两类开发区未来协调发展

进入 21 世纪，随着经济全球化、信息化和市场化进程的加快，诞生于"有计划的商品经济"特殊历史背景下的经济技术开发区和高新技术产业开发区，在市场经济体制框架日趋完善、市场运行机制日渐成熟以及应对 WTO 挑战等现实变革中，面临着"相互协调、共同发展，增创新优势、更上一层楼"的考验。新世纪、新形势要求两类开发区在未来的发展中相互协调，优势互补，并具有更大的突破和创新。

国家级经济技术开发区应以科技创新、体制创新为动力，充分发挥现有的体制优势，率先形成符合国际通行规则的运行机制，同时要以运行机制的转换和体制创新创造自身发展的新优势。国家级高新技术产业开发区应继续坚持以市场为导向，以营造环境为重点，以技术创新和制度创新为保证，以发展高新技术产业为主要任务，深入实施科教兴国和可持续发展战略，积极促进科技、经济、社会协调发展，推动产业结构优化升级，努力提高国际竞争力，加快实现新时期国民经济和社会发展的目标。就总体而言，两类开发区应积极遵循"并存共荣，优势整合，突出重点，择优扶持，强化特色"的原则，不断发展创新。这里，并存共荣是基本前提，优势整合是战略策略，突出重点是宏观政策，择优扶持是管理方法，强化特色是发展方向。总之，两类开发区要努力加强自身建设，同时要在现有基础上创造新优势，更上一层楼。具体模式有并行发展、择优发展、合并发展等。

六、重视发挥投资促进中介机构的作用

（一）投资促进工作是一项政府主导、各专业机构积极参与的综合性系统工程

投资促进工作应由政府投资促进部门、专业投资促进机构、引资主体共同承担，三者工作各有侧重，相互不可替代。政府投资促进部门是指各地专负投资促进之责的政府部门，负有指导、管理、协调各种投资促进资源的职责，如联合有关机构制定和实施科学的投资促进工作战略、牵头建立现代化投资促进工作体系、探讨和普及有效的投资促进工作手段等。专业投资促进机构是指官方的、半官方的或民间的中介机构，如各级别投资促进会、中小企业国际合作协会、投资服务中心、投资咨询公司、国外政府或企业驻华投资促进机构，也包括为投资服务的其他中介机构，如律师事务所、会计师事务所、审计师事务所、展览公司或协会、各有关专业商协会。这些机构主要通过策划和实施各种投资促进活动、承担政府部门规划的投资促进工作、向外商提供各项投资方面

的服务等，协助政府实现投资便利化，促进外商投资或我国企业对外投资。引资主体是指企业、开发区等，其有效的工作如对引资项目的包装等是做好投资促进工作的保障。

（二）专业投资促进机构特别是民间中介机构在投资贸易促进工作中将发挥越来越大的作用

正如上述，专业投资促进机构多是官方的、半官方的或民间的中介机构。它是以兼顾社会公共利益和自身利益为目的，以政府监督下的自主行为为准则，以地区设置、部门设置、专业组合和跨国发展为空间，以民间活动为方式，为广大客户提供各种服务的市场中间服务组织，是中间服务体系中的重要组成部分，具有承上启下的中间性。同时具有机制灵活、专业优势明显、勤奋敬业、完成工作及时、质量从优等特点。现代市场经济的商会、协会、投资促进会等可以在增值服务、政企沟通、行业自律、力量整合、企业维权、商业协调、纠纷仲裁、国际交流、推动行业健康发展、投资贸易促进等多层面发挥重要经济职能。

在社会管理体制上，如果缺少中介机制，会增加企业的交易成本和社会管理成本。中国企业特别是民营企业的规模小、交易分散、组织化程度低，达成交易的信息成本、外部竞争成本、谈判成本、签约成本都很高，与此同时，市场风险和经营风险也很大。在传统体制下，政府直接面对企业，直接依靠国家机器调节经济，中间没有一个过渡层和中介机制，这样的调控系统会增加企业的交易成本和社会管理成本。商会通过信息咨询、资信评估、价格协调，能克服信息的不充分和不对称，有效地节约交易成本。

在为客户服务方面，中介组织主要提供以下服务：一是提供信息服务，降低企业信息成本。要通过认真的调查研究，建立信息共享平台，为企业提供信息服务。二是提供培训服务，使企业员工的技能和知识不断更新。通过举办各种讲座、研讨会、培训班来提供适用性和针对性强的职业培训来满足会员的需要。三是提供中介服务，为企业投融资、贸易、市场开拓及其他活动牵线搭桥。四是积极开展创业辅导、政策咨询、技能培训等服务。

在投融资贸易促进服务方面，中介组织扮演着政府不可代替的重要角色，发挥着日益重要的职能。以国际业务为例，中介组织主要发挥以下职能：①市场开拓。通过承办一些展览会，帮助企业提供国际国内市场经济信息，开拓国际市场。②合作推进。在吸引外资、"请进来"方面起着"穿针引线"的"交际花"作用，开辟获取国外技术和资金的各种渠道，在"走出去"方面发挥重要的中介作用。③申诉服务。通过行业组织的协调作用，组织实施反倾销、反补贴等法律措施。④应诉保护。帮助企业开展反倾销应诉，展开相应的调查工作对行业数据进行统计分析，设立相应的产品预警机制。⑤争端规避。利用"行规"保护本国企业免受侵害，维护企业的正当利益，避免争端。⑥壁垒应对。作为强有力的行业代言人和市场谈判主体，参与各种非官方的国际经济活动，应对贸易壁垒，以民间渠道对国际经济决策施加影响。温州的调查表明：在国际贸易争端中，民间中介组织特别是商会有着政府没有的优势，政府只能"不到万不得已不出手"，而民间中介组织则是"该出手时就出手"。

（三）政府可以利用民间中介机构，实现投资促进政府化与商业化适度结合

从国际上看，投资促进主要是政府行为，民间行为近年来发展较快。正如前述，世界各国在投资促进工作中多采取政府促进与民间中介组织促进相结合的方式，而且发达国家民间中介组织投资促进趋势更为明显，发展中国家则以政府促进占优势。在我国几乎成了所有省、市、县领导"一把手工程"，受到各级政府的高度重视。但是，出于人力、物力、财力资源的制约，政府投资促进工作必然受到多方面制约，而且具体业务及实际操作方面也不具有相对优势，因此，可以在投资促进工作中将部分业务外包给中介机构，从而实现资源整合和优势相长。这样就实现了投资促进政府化与商业化的适度结合，但是，受各种条件制约，在我国目前完全实现投资促进商业化的时机还不成熟，现阶段以及不久的未来仍然要以政府促进为主、中介机构促进为辅的模式。可以预见，随着市场经济秩序的逐步完善和我国国际竞争力的不断提升，中介组织在投资贸易促进中的作用将越来越大。

（四）例证分析

以中关村科技园区为例：中关村科技园区招集了众多的专业化创业中介服务机构，包括风险投资、银行、会计师、律师、猎头公司、咨询顾问及其他专业人员，为这里的创业提供一应俱全的支持服务。而园区内创业孵化体系日趋成熟。拥有众多由多元投资主体建立的各类专业孵化器和综合孵化器，基本形成专业化、市场化、社会化、国际化的创业孵化网络，为入孵企业提供多样化的创业服务。到2006年年底，中关村有各类孵化器34家，在孵企业1 500多家，孵化面积达50万平方米。

再以北京经济技术开发区为例：北京经济技术开发区通过整合社会资源，发挥借力招商的作用。开发区一班人认为"资源共享"已成为了新市场的突出标志，因此在开展招商工作的过程中，不仅充分发挥自身力量的优势，同时也注重充分发挥各种社会力量、社会资源的作用，"借力"、"借市"促进自己的工作，建立各种可能的区域合作、单位合作的联系。北京经济技术开发区在以下两方面取得了可喜的成绩。

1. 利用中央、北京市各种活动、特别是重大活动进行招商活动

北京这方面的机会比较多，如一年一度的北京科技博览会，各种展销会，高层峰会、国际论坛，等等，凡是对招商引资有价值的就积极参加，大力展示自己的形象。还借助新政策出台的时机，举办以发布相关产业政策为专题的招商推介会。借助重大项目入区的时机，举办以项目签约为专题的推介会。此类活动充分展示了开发区的强劲发展势头，让外界了解了开发区的产业发展态势，对有意向在开发区投资的潜在客户起到一定的鼓动作用。

此外，开发区还作过许多其他尝试。比如，通过参加政府组织的大型境内外招商活动，扩大开发区的对外影响。比如，借助企业平台进行招商。入区的每一个企业都可以成为开发区招商引资，通过这些企业在开发区举办年会、配套商交流活动或开业仪式等活动的契机进行相应的招商宣传工作。还比如，借助兄弟区域的招商平台进行招商。与其他兄弟区域建立良好的战略性合作关系，在招商过程中进行商务层面的互通有无。再比如，利用外国驻华使馆、商会组织和代表处的商务平台进行招商工作。每年外国驻华机构都要在京举行各类商务、联谊、交流和庆祝活动，如各国国庆日的聚会、各国商会的商务聚会、区域性的投资贸易洽谈会等活动。这些举措，都收到了很好的效果。

2. 委托中介机构招商

在进行招商工作的过程中与国内外知名的中介服务和咨询机构建立良好而长期的合作关系，无疑延伸和拓展了开发区的招商手臂，对汇集我们重点吸引的项目，提升招商的质量将起到关键性的作用。北京经济技术开发区与美国、日本、中国香港、德国等国家或地区，先后与20多个中介机构建立了合作关系。

为了与委托招商机构能够长期合作共事与取得实际成效，开发区制定一套切实可行，并具有一定竞争力的委托招商激励政策，充分发挥被委托机构的工作积极性。开发区在选择委托招商机构的时候充分考虑被委托机构的相关资信、业绩等背景，选择高质量的委托机构作为开发区的招商顾问。

七、投资促进与贸易促进相结合

入世以后，我国各项产业更大程度的开放是我国促进贸易和投资活动的一大契机，贸易和投资的自由化并不排斥而且更加需要政府和行业协会的引导和协调。贸易和投资促进的国际经验总结，为我国今后开展投资贸易促进活动提供了借鉴。贸易和投资促进的国际通行做法主要包括：建立 WTO 全球性的多边贸易开放体系，扩大各类产品的出口市场；通过区域内或区域间经济合作，促成服务市场的进一步开放；加强知识产权保护，用创造发明、取得专利、商标保护来积极占领国际贸易市场；实行以出口为导向的贸易发展战略；建立完善的投资环境以吸引国际资本的流入；加强外国投资管理，保质保量地引进外资；利用全球和本国产业结构调整的机会，吸引外资和进行海外投资；发展风险投资业，吸引国际创业投资机构到本国运作以吸引高技术产业的投资，等等。

对外投资与出口贸易作为厂商供应海外市场的主要方式，二者之间往往存在着相互替代的关系，有些情况下则形成互补、相互促进的关系。因此，对外投资政策必须与对外贸易战略相互衔接。在综合考虑国内外要素成本、贸易壁垒、企业发展战略等因素的基础上，引导企业进行不同类型的对外投资，以期形成海外市场上企业间有序竞争、分工协作的良性关系。例如采用"水平型"对外投资，在目标市场设厂，产品在当地销售，这种投资将替代国内生产和出口，适用于国内成本优势不明显的产业。采用"垂直型"直接投资，将一部分生产环节分离出来，移植于具有要素成本优势的国家或地区，从而可提高产品的整体竞争力。这种类型的投资具有强化出口的效果，而且运用灵活，既可将技术、资金密集型的生产环节配置于发达国家，也可将资源、劳动密集型的环节配置于这类要素价格低廉的发展中国家。近年来所谓"出口平台"型的直接投资十分活跃，这种类型的投资，既不是为了供应当地东道国市场，也不是为了回供母国市场，其目标市场是第三国市场。这类投资往往以某自由贸易区内具有要素成本优势的国家为目的地，对于绕过贸易壁垒，同时利用低成本要素有显著成效。

第九章　促进以服务外包形式利用外资成为投资促进工作的重要方向

顺应产业分工新潮流，积极承接服务业国际转移，促进以服务外包形式利用外资将成为我国投资促进工作的重要方向，必须相应创新投资促进方式。同时，特别关注，通过积极有效的投资促进工作，促进我国中西部地区特别是新疆服务外包发展。

第一节　服务外包与利用外资

一、服务外包

服务外包是指作为生产经营者的业主将服务流程以商业形式发包给本企业以外的服务提供者的经济活动，实际上是通过购买第三方提供的服务或产品来完成原来由企业内部完成的工作。因而外包从本质上来说是发包方向承包方购买产品或服务的一个过程，但这个过程远比单纯的购买商品过程复杂得多。外包包含以下要素：一是外包的形式。发包方和承包方以合同的形式确定双方的权利和义务，主要体现为分时操作、合同编程、家庭办公、现场设施管理、商业流程外包(BPO)与离岸外包等。二是外包的内容。包括制造业和服务业并逐渐转为以服务业为主。三是外包的目的。主要体现为降低成本、提高效率、保持优势和加强核心竞争力等。

服务外包种类繁多，按分类标准的不同可进行不同的分类，主要有：①根据服务的交易对象不同分为：为生活(消费)提供服务的服务外包和为生产提供服务的服务外包。仅仅把服务外包理解为为生活(消费)提供服务的外包是片面的。事实上，随着社会的发展，为生产提供服务的服务外包将在服务外包中占有越来越重要的位置。②根据外包领域，可将服务外包分为制造业外包和服务业外包。制造业外包通常是指对生产制造活动的外包，即是将产品的某个或某几个非关键性的零部件交由其他企业来完成的外包方式。服务业外包则是指除了制造业外包之外其他一切外包活动。据联合国贸发会议资料，全球跨国直接投资已从制造业外包转向服务业外包为主，服务业外包成为跨国投资的主要引擎，预计未来几年全球软件与服务外包市场将以 30% 至 40% 的速度递增。另据麦肯锡预测，2020 年，全球服务外包市场整体收入将超过 150 万亿美元。

服务领域的外包现象成为全球经济活动转移的"领头羊"。但必须注意到服务外包在这里的划分，是从服务外包广义概念来谈的，即结合服务外包发展过程看，广义服务外包主要包括为服务业提供的外包，也包括为制造业部分流程提供的外包。③按外包范围的工作性质可分为"蓝领外包"和"白领外包"。前者指产品制造过程外包，后者指狭义的"服务外包"，具体指技术开发与支持和其他服务活动的外包。④按业务性质可分为信息技术外包 ITO 和业务流程外包 BPO。ITO 包括产品支持与专业服务的组合，用于向客户提供 IT 基础设施、或企业应用服务，或同时提供这两方面的服务。BPO 指企业在核查业务流程以及相应的职能部门后，将部分流程或职能外包给供应商，并由供应商对这些流程进行加工和重组。⑤按发包方和承包方所在国家的不同可分为在岸服务外包和离岸服务外包。前者指发包方和承包方同处于一个国家之内，其特征是外包处于一个经济体内，职位在公司之间转移；后者指公司将其业务交给其他国家的企业经营，即发包方和承包方处在不同的国家里，其特征是职位在国家之间转移。⑥按服务外包的级别由低到高依次可分为基础技术外包、商业应用程序外包、业务流程外包和业务改造外包等。企业服务外包级别越高，则越具备战略价值。上述分类中，最常用和最重要的分类是第四种和第五种分类。上述对外包的分类有利于对服务外包的理解，但外包活动本身并不存在截然不同的分类，而是交叉进行，即某项外包可能既包括制造业外包和服务业外包，也可包括在岸服务外包和离岸服务外包，还可能包括"蓝领外包"和"白领外包"，等等。

随着经济全球化的深入发展，服务外包的形式、内容也一直在变化、充实、发展，其内涵也不断得到充实、丰富。在 20 世纪 80 年代外包刚刚发展起来的时候，主要限于制造业，并采取合同外包形式。90 年代，随信息技术的飞速发展，为商业活动降低了交易成本和风险，提高了跨国沟通和协调的效率，外包这一经营策略更被发达国家公司普遍接受和采用，并从制造业向其他行业如服务业扩展，成为业务调整和转移的新方式，外包市场得以迅速发展，外包成为跨国公司在国际范围内进行产业调整和转移的新趋势。所以，进入 20 世纪 90 年代以后，外包的含义已不再局限于制造业，而是逐渐向服务业转移、扩散，其囊括的业务范围越来越宽泛。根据美国邓百氏公司的调查，全球的企业外包领域中扩张最快速的是 IT 服务、人力资源管理、媒体公关管理、客户服务、市场营销等，外包几乎涉及服务业包括为生活的服务和为生产的服务的方方面面。彼德·德鲁克称，任何企业中仅做后台支持而不创造营业额的工作都应该外包出去，任何不提供向高级发展的机会和活动、业务也应该采用外包的形式。

二、发展服务外包是中国发展服务业，承接新一轮产业转移的战略抉择

继上一轮全球制造业向具有劳动力规模和成本优势的发展中国家转移的浪潮后，现在又出现了以美国为代表的发达国家服务产业向具有智力人才优势的发展中国家转移的新浪潮。服务业国际转移主要表现为三个层面：一是项目外包，即企业把非核心辅助型业务委托给国外其他公司。二是跨国公司业务离岸化，即跨国公司将一部分服务业务转移到低成本国家。三是服务业外商直接投资，即一些与跨国公司有战略合作关系的服务企业，如物流、咨询、信息服务企业，为了给跨国公司在新兴市场国家开展业务提供配套服务而将服务业进行国际转移，或者是服务企业为了开拓东道国市场和开展国际服务贸易而进行服务业国际转移。这轮产业转移，对我国调整产业结构，发展服务业产业是一个历史性机遇。我们应充分认识到承接服务业国际转移的重要性，并采取综合的、配套的措施积极承接服务业国际转移，争取赢得这一场新的国际竞争。

与制造业相比，服务外包属于无烟工业没有污染资源消耗少，可以涵盖银行、保险、贸易等传统行业，又包括电信、商业服务、视听、医疗卫生、远程教育、信息管理、技术服务等新兴行业，而且可以安置大量就业人口，使我国经济结构调整面临着新的机遇。根据"引进来"与"走出去"相结合的原则，发展我国服务外包业，提升中国产业水平，无疑是承接新一轮产业转移的战略抉择。我国拥有大量的低成本劳动力以及政府的支持，再加上对未来经济进一步发展和市场扩大的预期，而被认为具有巨大发展潜力的服务外包承接地，很可能成为印度的最大竞争者。

在全球制造业转移过程中，中国继日本、韩国之后，通过改革开放，基本抓住了这次机会，成为全球制造业中心之一。但在把握和利用新一轮的服务产业转移上，我国还缺乏战略上的重视和部署，整体发展上与制造业比较还有很大差距。面对刚刚兴起的服务业国际转移，我们应尽快行动起来，充分认识到承接服务业国际转移的重要性，并采取综合的、配套的措施积极承接服务业国际转移，争取把握机遇，抢得先机，赢得这一场新的国际竞争，使中国不仅成为全球制造业的外包基地，也能成为全球服务业的外包基地。

三、对服务业外资的促进取向

在新一轮全球产业结构重组中，跨国公司发挥着关键性作用。他们通过建立可控制的离岸中心或子公司服务于第三方，而不直接地向当地的服务提供者分包业务。因此，投资促进机构日益把目标对准服务业。除了向外国直接投资

开放市场并邀请外国投资者参与部分服务业的私有化外，越来越多的国家积极地寻求吸引服务业的外国直接投资。然而，各个地区有明显的差异。发达国家和中东欧国家的投资促进机构的目标往往是计算机服务，但是也有相当数量的促进机构的目标是旅游业。几乎占非洲和拉美 80% 的投资促进机构的目标是与旅游相关的外国直接投资。在亚太地区，比其他地区的促进机构更重要的目标是与运输业和供水服务相关的外国直接投资。

服务业日益增长的可贸易性，使得各行业部门的公司纷纷在国外重新分布各种服务的功能。为了评估投资促进活动在这个领域所反映的新机会的程度，在对投资促进机构的调查中询问他们是否选定一些公司服务功能，结果是 IT 和呼叫中心服务的功能在所有地区都是最具挖掘潜力的。例如，在非洲超过 50% 的投资促进机构已经在积极地寻求 FDI 在这个地区投资。在发达国家和 CEE 国家，研究与开发活动、呼叫中心、分享服务中心及地区总部功能也已经被至少 50% 以上的投资促进机构作为招商引资目标。相反，在发展中国家，仅有不足 20% 的投资促进机构寻求吸引研发类的外国直接投资。

我国则应重点鼓励引进国外服务业的现代化理念、先进的经营管理经验、技术手段和现代市场运作方式，同时注意以引进高端服务业为主，兼顾低端服务业，这既有利于改善我国服务业结构，提高服务业的水平，又可以为制造业的发展提供有力的支持，进而吸引更多的国际资本投入制造业。例如，加大银行、保险等行业的开放，与世界著名的基金管理公司、投资公司进行合资合作，加快发展中外合资的会计、律师、投资咨询等中介机构和中介服务业，将有利于引进国外现代化的管理经验、管理科学和先进技术，培养熟悉国际惯例和资本运作方式的专门人才。只要政策得当，适当放宽准入条件，服务业吸收外资的绝对值和比率将明显提高，可望拉动吸收外商直接投资总额的较大增加。

四、正确处理"服务外包"与"服务贸易"的关系，既加快通过服务外包形式利用外资，又扩大服务贸易

(一)服务外包、服务贸易同服务业内在联系

服务是通过提供必要的手段和方法，满足接受服务之对象需求"过程"的一种活动，从事服务的行业称为服务业。现代服务业是在工业化高度发展阶段产生的，主要依托电子信息等高技术和现代管理理念、经营方式和组织形式而发展起来的服务部门，侧重于指在新技术革命浪潮推动下产生或有较大发展的服务行业。具有"三新"(新技术、新业态、新方式)和"三高"(高人力资本含量、高技术含量、高附加值)特征。服务业还同第三产业既区别又联系：第三产业

的界定采用的是剩余法，即把第一产业、第二产业以外的所有经济活动统称为第三产业，而服务业的范围是以生产或提供服务来确定的。第三产业是供给分类，它与第一产业、第二产业间是单向依存关系；服务业同农业、制造业的划分，是以经济体系的需求分类为基础的，它同农业、制造业之间是相互依存关系。第三产业的经济结构含义主要是相对于国内经济的，服务业的经济结构含义则是面向国内和国际两个市场的。正确理解服务业同第三产业划分上的区别与联系，对于正确把握服务外包和服务贸易间的关系及其同服务业的内在联系是很重要的。

受金融危机后期调整的影响，跨国公司开始了新一轮产业结构调整。以服务外包，高科技、高附加值的高端制造，低碳经济及研发环节转移为主要特征的新一轮全球产业结构调整方兴未艾。如果我国能把握住这一重要机遇，将加速产业优化和升级过程，有助于促进中国经济结构调整和经济发展方式的转变。通过积极有效的投资促进工作推动我国以服务外包形式利用外资成为我国投资促进工作的重要发展方向之一。而且服务外包已为我国优化贸易结构、加快转变发展方式、拓宽大学生就业渠道做出了积极贡献。预计 2013 年我国离岸外包业务执行金额将达到 300 亿美元，为此需要再培养至少 120 万服务外包专业人才以满足需要。

根据 1993 年底乌拉圭回合多边谈判达成的《服务贸易总协定》的规定，服务贸易是一国劳动者向另一国或多国消费者提供服务并获得外汇的交易过程，既包括有形劳动力的输入输出，又包括提供者与被提供者未实体接触情况下服务的国际间有偿输入输出。其内容十分广泛，服务贸易涉及 150 多项，20 多个领域。显然，服务贸易是国际贸易的一种。仅将其理解为劳务贸易，以及将其理解为"国内服务贸易"等都是错误的。

由以上可见，服务外包和服务贸易都以服务业为基础，服务业又以服务外包和服务贸易为重要发展形式。服务外包和服务贸易的快速发展是一个国家/地区服务业快速发展及其国际化的重要途径。但是，服务业的发展还有其他形式，不能认为服务外包和服务贸易是服务业发展的仅有形式。此外，人类进入信息时代，服务业已经成为产业进步的标志，服务业的知识密集型特征已经使其成为代表一个国家科技实力和综合国力的重要标志，对制造业和农业的渗透作用也越来越强，直接关系着整体经济效率的提高。

（二）服务外包和服务贸易在内容上有交集部分

服务外包中的离岸外包可全部归为服务贸易，服务外包中的在岸外包则不属于服务贸易；服务贸易有更多内容。事实上，按照《服务贸易总协定》的规定，服务贸易既包括上述所说的第三产业，还包括建筑业和交通运输业，其内涵和范围比我们对服务业的传统理解要大得多。那种认为"服务外包是服务贸易一部分（或一种）"的说法是不确切的。服务外包和服务贸易是相互独立而又密切联系的两个概念。"服务外包包含于服务贸易"这种"被包含与包含关系"的命题更是不成立的，正确的表述应为：服务外包中的离岸外包是服务贸易的一部分。如图 9-1 所示。

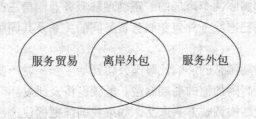

服务贸易　离岸外包　服务外包

图 9-1　服务贸易、服务外包关系

同时，必须注意到，服务外包不仅包括为服务业提供的服务外包，而且也包括为其他行业部分制造过程、部分业务流程等提供的服务外包，那种将服务外包单纯理解为是服务业一家的事情，显然也是片面的，不符合服务外包发展史以及服务外包快速发展实际的。"服务外包≠服务业外包；服务外包＝服务活动的外包"。对服务外包的这一理解，不仅拓展了服务外包的内涵与外延，而且也扩大了服务贸易的范围。

此外，主张将"服务外包"重新表述为"外包服务"，也是不必要更是不可取的；认为"服务外包""影响服务贸易双方主动者与被动者的关系，影响我国在国际服务贸易的客观地位。"[①]的说法也是错误的。这可以从服务外包构成要素得到说明。"服务外包"实际上包含以下要素：一是形式。发包方和承包方以合同的形式确定双方的权利和义务。一个成功的服务外包案例必须既有发包方，又有接包方。二是内容。包括制造业和服务业并逐渐转为以服务业为主。三是目的。主要体现为降低成本、提高效率、保持优势和加强核心竞争力等。这里的关键是正确理解服务外包所包含的内容以及对其科学的分类。由上述可知，服务外包本身就有发包方和接包方，例如，"我国企业承接美国企业外包业务"，就很清楚地说明，我国企业是接包方，而美国企业是发包方。我国目前以及今后相当长一个时期将主要作为发达国家服务外包承接地，并把承接服务外包作为转变贸易增长方式和经济发展方式的重要战略举措，但今后随着产业尤服务业整体实力的提高，我国也会作为服务外包的重要发包地之一。不过，

① 袁永友，魏宏贵. 外包服务与我国服务贸易增长方式的缺陷、效应及创新. 国际贸易，2007 年 8 期，p. 33.

我国企业无论作为接包方，还是作为发包方，都与我国发展服务贸易的主动者和被动者没有什么必然联系，更不会影响我国在国际服务贸易的客观地位，关键是表达清楚谁是接包方、谁是发包方而已。那种坚持将"服务外包"变成"外包服务"的说法，不仅是概念变换问题，而更重要的是，会使本来在"服务外包"、"服务贸易"的概念及其相互关系需作深入探讨的情况下又平添新的混乱，故实不可取，更何况党的"十二五"规划建议之第(47)项已明确表述为发展"服务外包"。

（三）服务外包和服务贸易在统计上存在交叉，且互为依存

内容上的交叉可能带来统计上的重复。仅以 2009 年为例：一方面，我国当年服务贸易进出口总额为 2 868 亿美元，其中进口 1 582 亿美元，出口 1 286 亿美元。试分析这里有多少来自离岸外包，并没有给出明确的统计数字，当然就离岸外包自身也有"进出口"即"承包和发包"问题。另一方面，我国 2009 年承接国际服务外包业务合同执行金额超过 100 亿美元，这里是否可以说，100 亿美元是 2009 年我国服务贸易进口额 1 582 亿美元的有机构成部分。此外，2009 年并没有对我国发包业务合同执行金额作出统计，更没有对我国在岸外包业务作出统计，因而就不能得到我国全年服务外包总额。但可以肯定的是，服务外包、服务贸易存在着交叉重复统计现象，这需要统计工作者做深入分析，并制定出切实可行的办法，至少应在统计数字上分别说明服务贸易构成和服务外包构成，从而有助于人们对服务贸易、服务外包的理解以及对其相互关系的把握。

（四）服务外包和服务贸易都以发达国家为主体

离岸外包主要是发达国家为节省成本、提高效率、加强核心竞争力而将业务外包出去，发达国家占据主导地位。同时，发达国家也是服务贸易的主体。据统计，2003 年服务贸易出口前 8 位都是发达国家，依次是美国、英国、德国、法国、西班牙、意大利、日本和荷兰。这 8 个国家的服务贸易出口额占世界服务贸易总出口额的 51.2%，服务贸易进口前 10 位中有 9 个也是发达国家；2007 年服务贸易出口前 10 位中有 9 位是发达国家，分别是美国、英国、德国、日本、法国、西班牙、意大利、荷兰、爱尔兰(中国作为唯一发展中国家排在第 7 位)，这 9 个国家服务贸易出口额占世界服务贸易总出口额的 49%，几近一半，服务贸易进口前 10 位中也有 9 个是发达国家。

（五）服务外包和服务贸易在发展速度上都表现出快速发展的势头，且呈相互关联、相互促进态势

20 世纪 80 年代以来，随着国际分工深入发展，国际服务贸易异军突起，发展速度超过货物贸易，成为衡量一国国际竞争力的重要标准之一。1980 年

服务贸易总额为 3 800 亿美元，1990 年为 19 951 亿美元，2000 年为 28 150 亿美元，2003 年达到 29 060 亿美元，年平均增长速度达 6%。2008 年，仅全球服务贸易出口额为 3.7 万亿美元，同上年相比增长 11%。离岸外包本身就是服务贸易的一部分，离岸外包的快速发展无疑促进了服务贸易额迅速增长，同时，服务贸易的急剧发展，也必将带动更多的服务进入离岸外包。而作为推动全球产业结构转型的重要力量，服务外包对形成新的服务贸易以至世界贸易和生产格局、推动世界经济结构调整，都具有重大作用。

对于我国，通过大力发展服务外包，可以产生若干联动积极效应，例如，可以促进产业转移和结构优化、减少服务贸易逆差、改善贸易结构、突破贸易壁垒、改善国际收支、促进劳动力就业、扩大服务业利用外资和对外投资，从而转变经济发展方式等。自改革开放以来，我国贸易得到很大发展，已跻身贸易大国行列。但在贸易结构中，货物贸易长期呈顺差，引起众多贸易纠纷和贸易摩擦，而服务贸易长期处于逆差状态，2004 年逆差达 108 亿美元；2009 年，逆差达 296 亿美元，比上年增长 1.6 倍，主要逆差行业为运输、专有权利使用费和特许费、保险服务和旅游等。服务出口贸易额占贸易总体出口额的比重也较低，2004 年仅为 9%；2009 年我国服务出口贸易额为 1 286 美元，居世界第五，但占我国贸易总体出口额的比重也只有 10.7%，虽比 2004 年略有提高，但都明显低于 19% 的世界平均水平，且服务贸易优势部门主要集中在海运、旅游等比较传统的领域，而金融、保险、计算机服务等现代服务业的国际竞争力还较低。因此，必须大力发展出口导向型服务业，逐步形成新一轮出口增长，真正实现出口"主战场"由第一产业、第二产业向第三产业的延伸，为实现我国从贸易大国向贸易强国转变奠定扎实基础，为我国经济发展提供持续动力。同时，随着贸易结构的改善和经济发展方式的转变，我国服务业整体利用外资和对外投资也必将出现一个高速发展的新时期。印度和爱尔兰作为通过发展服务外包扩大出口、提升服务贸易、促进服务业利用外资和对外投资、带动经济发展的典型，其经验值得借鉴。

（六）服务外包和服务贸易日益显现出技术、知识密集化的趋势

由于信息技术的发展，服务贸易的范围不断扩大，技术、知识、资本密集型服务业迅速发展，金融、银行、保险、法律、租赁、咨询快速进入服务贸易的范畴。国际服务贸易的发展呈现以高新技术为核心、以技术进步为动力、在世界范围内整体上升趋势。而服务外包中的离岸外包就是以技术、知识尤其是以互联网为基础迅速发展起来的，一开始就体现其高技术、高技能的特征。

（七）服务外包和服务贸易在风险防范与控制机制上联动

可以通过发展服务外包风险防范与控制机制建立和完善服务贸易风险防范

机制。在货物贸易中我国企业大多处在制造链条的下游，频频落入贸易保护等陷阱。在突破贸易壁垒、处理贸易保护争端过程中，也积累了不少经验。我国发展服务外包的同时，由于大多数企业仍处于服务外包的价值链的低端，加之外包企业的不规范竞争，也难免出现国外反"服务倾销"及服务贸易摩擦问题。为此，可以适当借鉴我国货物贸易风险防范机制的部分经验并吸取必要的教训，认真研究制定发展服务外包的风险识别与控制管理机制，切实防范服务外包企业内部和外部风险，建立国际服务外包风险防范的长效机制，包括健全价格形成、监控与处理机制等。

最后，国家"十二五"规划纲要指出："……积极承接国际产业和沿海产业转移，培育形成若干国际加工制造基地、服务外包基地。……大力发展服务外包，建设若干服务外包基地。扩大金融、物流等服务业对外开放，稳步开放教育、医疗、体育等领域，引进优质资源，提高服务业国际化水平。"这对我国"十二五"期间利用外资、发展服务外包、扩大服务贸易、促进服务业国际化等指明了新的发展方向，并提出更高的要求。面对新的发展形势，应当在理论和实践中正确把握服务外包与服务贸易的关系及其同服务业的内在联系，扎实推进其又好又快发展。

第二节　创新投资促进方式，加快服务外包发展

目前全球吸引服务外包的竞争日益激烈，各国纷纷制定政策，成立机构，理顺机制，竞相承接国际服务外包。爱尔兰、东欧、印度、菲律宾、中国、东盟、巴西等竞相承接美国、日本、欧盟等外包业务，一些发达国家如加拿大、澳大利亚等也加入了接包竞争的行列。如果我国能把握住这一重要机遇，将加速产业优化和升级过程，有助于促进我国经济结构调整和经济发展方式的转变。党的"十二五"规划建议指出："提高利用外资水平。……扩大金融、物流等服务业对外开放，发展服务外包，稳步开放教育、医疗、体育等领域，引进优质资源，提高服务业国际化水平。"这对我国"十二五"期间利用外资、发展服务外包等指明了新的发展方向，并提出更高的要求。为此，必须创新投资促进方式，加快通过服务外包利用外资步伐。

一、服务外包投资促进方式有其特殊性

投资促进是各国政府、民间机构、企业通过制定有利于资本合理流动的政策、法律、措施，调整体制结构，完善运行机制，并应用多种适宜的技术和方法开展一系列营销活动或生产一定产品，做好相应管理和服务，从而促进吸引

资本和对外投资，推动经济、社会、生态协调发展的行为。投资促进营销一个国家。投资促进方式是促进投资的合理合法的方式、手段、模式等。有效的投资促进是吸引大规模、高质量外商投资的基础。其他国家投资促进机构的经验显示，尽管促进服务业外国直接投资的一般原则与制造业有相似之处，但是，对于服务外包投资促进来说，不能照搬，一些方式、手段是新的，有其特殊性。目前我国尚缺乏针对这种新的特殊产业转移的比较完善的促进手段和方式。促进跨国公司投资服务外包业务，不仅是一般意义上的招商引资、投资环境推介、项目推介，还需要采用新的适宜的投资促进方式，并采取相应的措施扫除跨国公司在我国服务外包投资道路上的障碍，实现服务外包投资便利化。因而投资促进机构和投资促进工作者需要学习并掌握相关投资促进服务的特征、企业运作、知识产权保护、价值链协调组织以及市场驾驭艺术等，以便更有效地促进外商通过服务外包投资。例如，对于出口导向性服务外包投资，诸如呼叫中心、计算机相关服务、医疗和社会服务、地区总部和研发服务等，要应用自由贸易区、出口加工区和自由经济区等各种各样的自由区激励方式，同时要区分各个跨国公司的目标市场并采取相应的措施。成功的服务外包投资促进不仅是要应用和发挥现有的优势，而且要创造新的亮点。

二、科学规范投资促进工作，正确定位政府在加快服务外包发展中的角色

政府是投资促进主体之一，投资促进工作主要由多种性质的政府投资促进部门、专业投资促进机构来完成，其主要职能是：营造投资环境、塑造对外形象、提供周到服务、搭建招商平台、组织大型活动、提供鼓励政策、制定规划和法规等。但是，投资促进工作绝不仅是政府投资促进部门、专业投资促进机构的事情，还是多单位、多部门、多人员共同协作的结果。自改革开放以来，我国许多地方政府为标榜政绩，以引资数量为标准，在投资促进工作中盲目攀比，过于追求规模与声势，存在"泡沫招商"、数字浮夸的现象。一些地方出台有违国家政策的优惠措施，不仅危害了国家政策和法律的统一性和严肃性，而且造成地区间的恶性竞争；一些地方不顾部门性质和职能，一味压指标、分任务，将引资数量与干部政绩考核、个人收入挂钩，等等。可见，许多地方政府在投资促进工作方面存在误区。

事实上，投资促进是政府重要职能之一，但不应超越服务的范围。商务部《全国投资促进战略》规定："促进外商投资是我国各级政府部门的一项重要职能，投资促进工作是一项政府主导、有关方面积极参与的综合工程，由政府投资促进部门、专业投资促进机构、引资企业所共同承担，三者各司其

职、工作各有侧重、相互不可替代。"政府主导就是政府为企业和园区等的引资与建设服务，引导并建立承接服务外包的良性机制。例如，可考虑在地方政府成立外包行业机构，具体负责为本地区服务外包业务提供服务并进行监管，包括：进行行业动态分析和预测，为政府决策提供依据；代表企业利益参与地方有关政策的制定；组织和组团参加行业会议和展会；帮助外包供应商建立自己的可靠度和信誉度，建立企业信誉档案，评定企业信用等级；创建地区外包门户网站，对外宣传本地区外包整体形象，介绍本地区外包产业链构成，宣传和推介地区企业，利用网站建立交易平台。不过，必须注意，随着市场经济体制和运行机制的完善，投资促进服务职能应当更多地由专业化的投资促进机构来承担，而不是由政府代劳，以适应服务外包市场不断发展变化的要求。

在目前全球服务外包迅速发展的形势下，政府在承接服务外包投资促进工作中的主要职能应是"引导、支持、调控、服务"，并需要在以下方面加强：一是认真研究全球服务外包发展的最新趋势，借鉴其他国家的成功经验，打造既与国际接轨又具中国特色的服务外包管理体制和运行机制；二是拟定符合中国国情的服务外包促进政策，提高我国承接服务外包的国际竞争力；三是在商务部指导下，统筹规划，形成合力，积极有序开展服务外包投资促进工作；四是充分发挥商务部投资促进局、中国国际投资促进会、中国服务外包协会、中国服务贸易协会、各地投资促进机构等组织的作用，针对跨国公司服务外包战略和具体意向，制订专项工作方案，通过多元化定制服务，积极有效开展投资促进工作，力争跨国公司将其具有一定规模的服务外包业务转移到中国；五是注意东、中、西地区协调、均衡发展，特别支持中西部地区服务外包发展工作。

三、以培养高素质服务外包人才为重点，推进服务外包人才教育培训工作

整合教育资源，培养服务外包的专业人才，特别是培养高素质、复合型、国际化的领军人才是承接服务外包的重要工作。服务外包业需要基层从业者"金字塔型"的人才结构。必须着力解决人才紧缺、人才培养与实际企业用人需求脱节的现实问题，积极实施外包人才培养工程，为服务外包企业培养符合国际标准的高素质和实用型人才。建议在某些大学设立服务外包专业或学院，目前东南大学已成立服务外包学院，着力促进产、学、研相结合。培训从业人员，加强投资促进队伍建设是搞好投资促进工作的重要保障，更是提升工作水平的有效途径。要加强工作方法、手段、语言等培训，使从业人员不断更新工

作思路，不断改进工作技能，提高投资促进工作水平。

四、着力完善通过服务外包吸引外资服务工作

树立和加强服务观念，强化服务意识，加强对外商投资立体式服务，塑造良好形象。落实投资便利化，在投资前期、中期、后期服务三个阶段都为投资者提供良好的服务。成功的投资者是最好的宣传员，因而要保护好外商投资企业合法权益。整合资源，建立服务外包产业园区。服务外包产业的发展，离不开集优越的地理位置、优惠的扶持政策、完善的配套服务和完备的孵化功能于一身的产业园区，形成产业的集聚效应，对外有效引资引智，对内有效起到辐射、带动和示范作用，形成有利于服务外包企业发展的、各具特色及优势的专业园区。在政策上，要规划出产业发展的总体方向，成立由政府领导和相关职能部门组成的专门协调机构，及时研究解决服务外包产业发展中的实际问题；设立扶持服务外包产业发展专项基金，在产业园区、人才引进和培养、跨国公司入驻、促进对外合作、企业专业认证等方面提供资金支持，逐步形成"以政府投入为引导、企业投资为主体、社会广泛参与"的创业投资体系；协调金融机构，加大信贷支持；实施人才战略，形成服务外包专业人才"留得住、用得好、引得来"的良性机制；加强中介机构建设，为服务外包产业发展提供专业服务。

同时要积极提供创新式服务，特别是要建立服务外包的绿色通道。对企业进行专业化服务，简化审批手续，对所出现问题提供全套解决方案，进而提升企业招商竞争力。例如，大连软件园就设立了企业服务中心、人才服务中心、业务解决方案中心、物业设施管理中心等专业化服务机构，在招商和服务的同时，帮助企业拓展业务；提供"人才订制"服务，邀请企业参与教学、培训课程设置，甚至直接请企业人员进入课堂授课，提高人才的实用技能，满足企业的需求。

五、充分开发服务外包业务，间接增加外商直接投资的机会

我国一直重视传统领域特别是制造业领域的直接投资，但往往忽视外商通过服务外包形式的直接投资尤服务业利用外资。前者既提供订单又提供资金，后者只提供订单而不提供资金，企业的运营资金需要接单者自行通过当地银行融资解决，只是后期结算才得到外国资金。由于各种原因，我国多选择较少依赖本地金融机构和市场的传统领域外商直接投资而不是服务外包业务。然而，在后金融危机时代，受外商直接投资国际竞争的影响且证券市场表现一时还难以有较大改善的情况下，我国需要思考如何充分开发服务外包

业务，从而间接增加外商直接投资作为应对外商直接投资国际竞争的对策，拓宽引资思路。

六、加强引导和指导，规划建设服务外包重点项目

国际经验表明，通过促进服务外包投资可以大大提高利用外资的质量和水平。着重引进先进技术、管理经验和高素质人才，鼓励和吸收跨国公司来华设立面向其销售网络的生产制造基地、服务外包基地、产业配套及物流配套基地、人才培训基地，以及更多的采购中心、研发中心和地区总部；要引导和加强中小企业与跨国公司的合作，促进国内企业逐步进入跨国公司全球生产、销售和服务网络；同时要积极、稳妥地推进服务贸易领域对外开放，提高服务贸易领域吸收外资的比重；要提高引进外资的质量与效益，特别对于新进入的外资，必须加强投资方向的引导和指导；要精选一批对优化结构和对经济社会有较大影响的高新技术、附加值高、现代服务业等重点服务外包招商引资项目，加强宣传和推介。

七、搭建服务外包业务拓展平台和交易平台，积极开展服务外包招商活动，打造国际知名品牌并发挥品牌宣传、推介效应

一方面，全国各地市应结合实际情况搭建服务外包业务拓展平台，利用多种形式促进服务外包引资。例如，中国软交会作为中国唯一国家级软件交易会在大连的举办，为当地企业带来了巨大的市场机遇。每年有韩国、马来西亚、新加坡、印度、日本、美国等多个国家的企业参展，大连充分利用这一平台，为软件企业提供交流和合作的机会。另一方面，采取政府指导、市场化运作方式，举办国际服务外包交易会，邀请世界著名服务外包的发包商和接包商参展，将交易会逐步打造成专业化的国际服务外包交易平台。

加强对外包业务的研究，分析规律，整合资源，针对外包的特点进行个性化招商。例如，大连市从 2002 年开始在日本定期举办人才招募活动：大连市政府设专项资金支持举办"大连，软件精英的舞台"IT人才国际巡回招聘活动，先后在美国硅谷、加拿大多伦多、日本东京和大阪，以及国内的北京、上海、南京、济南、天津等地组织召开大型招聘活动，130 多家企业提供了 1 万多个招聘职位，30 多家企业参加了现场招聘活动。在对美国花旗银行进行招商时，高新园区针对银行业特点，将大连的金融、会计及业务流程中涉及的各种资源整合后提供给花旗，顺利促成了花旗银行落户大连。

要充分利用宣传、推介途径扩大国内外影响，形成品牌效应。例如，世界著名的咨询公司麦肯锡、科尔尼、加德纳在全球外包方面的研究报告中都提到

大连，并把大连作为其中一个重要案例来说明中国承接国际服务外包业务的优势；美国多家主流媒体还撰文介绍大连外包业务发展前景。2006 年以来，美联社、《计算机世界》、《纽约时报》、日本 NHK 电视台、《国际商业日报》、《华尔街周刊》等知名国际传媒先后发布介绍大连软件产业的专题报道。通过品牌宣传，大连的产业集聚效应和投资环境在国际外包业内得到了广泛的关注，对国内外企业的吸引力日益增强。

八、加快公共技术服务设施建设，提升管理服务外包技能

仍以大连为例，结合东北老工业基地建设，国家在大连设立了继北京、上海、广州之后服务东北地区的国际数据传输出口，设立了大连与全球数据的直达电路。建设公共测试中心、公共数据中心、公共实验室等公共技术服务设施，为企业提供最佳的创业和研发条件。

另外，我国进入服务外包市场时间不长，急需提升关键员工的商业管理技能，并增加高质量项目经理的资源。这就要求从事服务外包的公司在原有教育培训基础上，必须增加新的管理培训计划，使其员工获得全球商业理念的培训。关注于培训诸如责任感、首创精神、好奇心、商业远见、有效的沟通、团队建设和适当的商业行为等"软"技能。无论对于发包商还是接包商，全面变革管理战略对业务流程外包（BPO）行动的成功是至关重要的，特别是对接包商而言，技术、人才、接交能力（transition）是极其重要的（见表 9 - 1）。

表 9 - 1   全面变革管理战略对 BPO 行动的成功至关重要
（无论发包商还是接包商）

沟通和变革管理	指导原则
方法	直接、诚实的沟通——分享信息
	当做与外包和离岸相关的宣布时，在可能的地方使用面对面的沟通
受众	支持包括的流程——清晰的定义决策制定流程以及沟通关键要素
	与受影响员工首先沟通，其次与其他内部受众沟通，接着是外部受众
消息	确保外包决策与公司价值观一致
	在与雇员沟通时，提供外包和离岸的公司背景和商业案例
	适当平衡业务需要的机敏性，以实现透明度和雇员及时沟通的目标
频率	建立贯穿行动的规则和一致的沟通
	跨客户投资银行组织提交完结和进行定期检查

第三节　加强投资促进工作，推动中西部地区服务外包快速发展

一、我国服务外包区域发展不平衡

中国政府非常重视服务外包的发展，现已形成以上海为龙头的长三角地区、以深圳为龙头的珠三角地区、以北京、大连为代表的环渤海地区以及汇聚了西安、成都、武汉的中西部地区四大服务外包集聚区的发展格局，但分布不平衡，主要集中在东部地区。环渤海经济圈正在形成我国服务外包特别是软件外包的重要基地，北京乃至整个东北、华北地区丰富的教育资源和人力资源又为其发展服务外包提供了强大的支撑。这里聚集了北京、天津、济南、大连四个中国服务外包基地城市，同时青岛、沈阳、大庆等地也在根据自身特点开展外包业务，现已成为中国最大的服务外包区域。在全国服务外包基地城市及示范区中，长三角地区占据 5 席，即上海、南京、杭州 3 个"中国服务外包基地城市"，苏州工业园"中国服务外包示范基地"，无锡太湖保护区"中国服务外包示范区"；同时，常州、昆山等地也形成了一定特色的产业规模。以深圳、广州为龙头的珠三角地区计算机产业发达，人力资源丰富，加之毗邻香港，在发展服务外包方面得天独厚。可见，经过几年的发展，在中国北京、上海、深圳、大连、杭州等几个主要城市形成了区域外包中心，尤其在开展对日韩外包业务方面优势明显，初步形成对日韩服务外包的骨干企业群。日韩大型企业、跨国公司及美国多家跨国公司在东部地区的主要城市设立服务外包分支机构和"全球研发中心"。上海成立中国国际服务外包研究中心，东南大学成立中国服务外包学院，东部地区高校正加紧培训从事服务外包人才，一大批具有科技水平和管理经验的人才正成为东部地区服务外包业务的中坚力量。

中西部地区服务外包发展落后于东部地区，仅初步形成以中心城市如西安、成都、武汉、重庆等为中心的服务外包集聚区雏形，而有的省份如新疆、青海等地几乎才开始此项工作。与东部相比，中西部地区不仅在经济总量上，而且在其他许多方面也存在着明显的差距。就政府服务以及市场环境而言，中西部地区条块分割严重，地区间经济协调成本高，市场化程度低，资金、人才、技术等要素流动也不够畅通，市场配置资源的能力相对较弱，致使在体制创新上，与环渤海、长三角、珠三角有一定差距。不过，西部中心城市在软件产业的发展方面表现出不凡实力，这与当地政府大力支持发展软件产业，制定相应的优惠政策是分不开的。其中，西安、成都软件产业发展的行业成熟度甚至优于东部、中部的一些大都市。西安是全国四个拥有软件产业基地和软件出

口基地的"双基地称号"城市之一，成都是全国 11 个软件产业基地城市之一。西安软件园、成都天府软件园在全国的总体发展水平位居前列，在国内外享有一定盛誉。尽管如此，由于目前我国发展服务外包时间不长，对于东、中西部地区来说都还属于新生事物，因而，可以说东部与中西部在进入服务外包行列方面基本处于同一起跑线上。而且，与传统制造业相比，服务外包对地理位置、交通设施等基础条件的依赖程度相对较低。从这个角度而言，中西部与东部地区机会均等，关键在于谁先发挥出自身优势，创造出承接服务外包的良好环境。这是挑战，但更是机遇。在新一轮的服务外包产业转移中，中西部地区尤中心城市要及时抓住机遇，充分发挥人才、商务成本、行业成熟度、交通基础设施等方面的相对优势，合理定位，整合现有资源，迅速形成生产能力，较快具备与东部竞争的优势，形成齐头并进的格局，实现服务外包跨越式发展。服务外包正在成为推动我国向西开放、推动区域经济协调发展的新的助推器，中西部地区将在新一轮的产业调整和转移中获得更大的收益。

二、促进区域合作，加快中西部地区服务外包发展

我国发展服务外包，坚持协调、均衡发展的原则，强调根据各地区实际情况，有条件、有步骤地在东、中、西部地区开展服务外包业务，建立各有特色的服务外包基地。国务院以及商务部、信息产业部、财政部、科技部等职能部委都研究制定了多项支持中国服务外包产业快速发展的相关政策，包括建立服务外包公共信息及技术服务平台，大力推广为承接服务外包企业的定制培训，支持服务外包企业通过国际资质认证，以及加强知识产权保护等。政策指导下，地区间经济协作与联合不断加强。以经济利益为纽带，东部大批企业相继到中西部地区投资发展，区际要素流动规模不断扩大，地区间联手开发产业、相互开放市场、联动发展的趋势增强。

(一)鼓励东部地区企业到中西部地区投资创业

目前，我国东西部地区正加紧合作，且发展良好。东部地区已有 1 万多家企业到西部地区投资创业，其中包括国有企业、民营企业和外资企业，投资总规模超过 3 000 亿元人民币。进一步促进开放型经济和产业向中西部地区转移。商务部副部长傅自应在"中国重庆投资洽谈暨全球采购会"(渝洽会)上曾指出，西部地区资源优势明显，装备制造、高新技术、电力、煤炭、石油、天然气、有色金属、棉花、畜牧、旅游等产业发展速度不断加快。目前，渝洽会、西洽会(西安)、亚欧博览会(乌鲁木齐)是我国西部地区重要投资贸易促进活动，为西部地区参与经济全球化进程、开展多种形式的经贸合作搭建起良好的平台，对推进西部大开发、统筹区域发展、引导产业梯度转移、扩大国内外贸

易、提高西部地区对外开放水平起到重要作用。商务部希望将其培育成为实施"万商西进"工程的对接平台,推动西部有区位优势的城市承接东部地区加工贸易梯度转移,以及承接国际服务外包业务。同时,加强与西部各省区市政府的合作,推动西部地区的招商引资和对外开放,促进西部大开发战略的实施。

(二)继续加快和扩大实施"万商西进"工程

一是以东部、中西部国家级经济技术开发区和具备条件的中西部省级开发区为载体,发挥窗口、示范、辐射和带动作用,加强东中西部互利合作,促进东部地区"腾笼换鸟"产业优化升级,支持中西部地区特别是具有区位优势的城市"筑巢引凤",承接国际和东部开放型产业梯度转移。二是支持中西部地区国家级开发区和省级开发区基础设施建设,为其提供财政贴息和政策性贷款支持;使用外经贸发展促进专项资金,将"万商西进"工程纳入中央外贸发展基金支持范围,扩大中西部外经贸发展促进专项资金的规模。三是为中西部地区承接产业梯度转移开展人才培训。支持、帮助中西部地区的人才培训计划,加强东中西部的培训合作,举办各类商务人才培训班,按照中西部地区的需求,为中西部地区培养包括服务外包人才在内的急需人才。四是着力提升中西部地区高端服务业。支持中西部地区创造条件,积极承接跨国公司离岸外包业务,并选择中西部地区符合条件的城市建立服务外包基地;大力促进中西部地区开展对外承包工程和劳务合作。五是积极开展投资促进活动,帮助中西部加大招商引资力度,扩大对内对外贸易、培育旅游支柱产业;建设"万商西进"快速物流通道,着力加强中西部农村商贸流通及其信息化建设,促进中西部地区社会主义新农村建设。

(三)中西部地区要抢抓机遇,发挥自身优势,更多通过承接服务外包引进外资

改革开放以来,我国吸收外资成效显著,但外商在华投资布局极不平衡。2010年,东部地区新设立外商投资企业22 992家,实际使用外资金额898.5亿美元,同比分别增长16.7%和15.8%;中部地区新设立外商投资企业3 056家,实际使用外资金额68.6亿美元,同比分别增长16.4%和28.6%;西部地区新设立外商投资企业1 358家,实际使用外资金额90.2亿美元,同比分别增长22.3%和26.9%。东、中、西部地区实际使用外资占全国的比重分别为85%、6.5%和8.5%(中西部合计15%),分别比去年同期降低1.2个百分点、增加0.6个百分点和增加0.6个百分点。可见,虽然近年来国家制定了一系列政策措施,鼓励外商到中西部地区投资,中西部地区吸收外资呈现缓慢上升的局面,但是,外商投资向东部地区"一边倒"的情况并没有得到根本改善,中西部如何更加积极有效地利用外资,尽快缩小与东部地区的发展差距,是摆在中

西部地区经济发展的一个关键课题。随着国家对外资利用质量重视程度的不断提高，服务外包业的兴起提供了一个新的发展机遇，在中西部地区建立服务外包基地，加入承接发达国家服务外包业务行列，将成为加快吸引外资，促进中西部快速发展的新方式。

1. 发挥中西部中心城市人才密集和人力成本低的相对优势

一方面，中西部地区中心城市人才培养机构、高校数量众多，为本地区培养出大量的优秀人才。据统计，中部地区的高校数量、中专学校、大专以上文化程度人数和专业技术人员总量占全国的1/4强；武汉作为全国第二大智力密集区，聚集着18所高校和56个科研院所；西部地区的西安、成都也是中国重要的教育与科研中心，高等教育门类齐全，综合实力居全国前列。另一方面，在当前就业竞争日趋激烈的情况下，人才配置将在全国范围内进行，无疑将使我国中西部的人才配置在所需要的水平上。同时，中西部地区人员工资较低，因而在人力成本方面比东部地区占有优势，国内一家人力资源网站的调查显示，西安、成都等地的员工平均工资水平仅为上海、深圳的一半左右；其中软件业人力成本为上海、北京、深圳等地的60%～70%。今后要充分考虑到产业持续发展的要素，重点培养掌握西方商务流程的人才，而对人才培训工作进行重点资金支持是推动服务外包发展的当务之急，更要制定灵活实惠的人才政策，吸引中高级人才。

2. 发挥生产成本低的优势，通过应对印度产业转移趋势承接欧美、日韩的离岸外包业务

长期以来，印度是欧美、日韩离岸外包业务主要承接国之一，但受国际金融危机影响，美国经济衰退且难以在短期内得到恢复，致使最大接单国印度许多企业面临成本攀升、零利润甚至负利润的经营状态。在此情况下，印度企业开始寻求成本低廉，而且能够满足业务需求条件的转接承包地，我国中西部地区的成本优势和良好的人员储备开始得到印度等国企业的高度关注。因此，中西部地区要抓住印度产业转移的大好机遇，积极整合资源，加强基础条件的配备和建设，以吸引更多的企业将其业务转移过来，从而更多承接欧美和日韩的离岸外包业务。

3. 发挥特色优势，做好产业规划，资金重点扶持

中西部的服务外包需按照各地的特点重点发展各有特色的服务外包，内容可主要涵盖软件开发、信息技术支持、财务结算、人力资源服务、研发设计、现代物流和金融后台服务等多个行业，涉及的专业技术领域尽可能广泛。必须按照各地特有的优势分别发展，统筹安排，不能搞大而全，小而全。例如西安、成都等人力资源优势明显的城市，可重点着眼于包括软件开发、信息技术

支持在内的 ITO 业务。要深度发掘适合当地发展的产业，找准制约产业发展的因素，特别是中西部的各个中心城市要明确各自的重点发展领域，既对重点领域予以资金方面的倾斜，又要避免相互间的重复建设和恶性竞争。同时，应尽快打造统一的服务外包信息平台，使各地、各企业间形成既分工又协作的良好局面。

4. 发挥基础设施相对优势

在基础设施方面，中西部地区已大有改善，且在通信、信息、航空等现代服务业要求较高的基础条件方面已与东部沿海城市发展水平相近。武汉、长沙、合肥、南昌、西安、成都、重庆等中心城市已经体现出一定的综合竞争优势。同时，互联网的迅猛发展与传输速度的提高，在很大程度上已能满足服务外包的要求，这使得东部沿海地区的地理优势大打折扣。

5. 发挥政策优势

在政策、法律环境方面，国家为支持中西部地区的发展，给予中西部地区一定的政策倾斜。商务部原外资司司长李志群表示，商务部实施的 12 项重点工程之一就是推动"外资西进"。该工程将引导国内外企业，特别是跨国公司、东部发达企业向中西部转移，包括产业和服务贸易的梯度转移。"外资西进"的主要方式是制造业和服务外包。商务部将中部地区的安徽、湖南、江西三省作为承接制造业外包的重点地区，西部的四川、云南、陕西则成为服务外包的重心。同时，政府在服务外包人才培养方面下工夫，出台相关地方优惠政策，以保证服务外包的顺利进行。一些有眼光的跨国公司已经捷足先登。宝洁公司将其在上海的制造工厂全部搬迁到安徽合肥，在上海原址建立起研发中心，安徽、上海和宝洁公司实现了共赢。安徽在全省遴选了 43 个有代表性的开发区，承接上海外向型经济的转移。

总之，在当前国际国内服务外包发展形势下，中西部地区面临重要发展机遇。在国家政策支持下，中西部地区要以东中西区域合作为契机，抢抓机遇，发挥自身优势，加快通过服务外包利用外资步伐，促进我国区域经济协调发展。

第四节　强化投资促进，加快新疆服务外包发展

一、新疆发展服务外包面临大好机遇

同国际以及我国东部地区相比，新疆服务外包发展相对滞后。在全国对口援疆形势下，新疆要善于抢抓服务外包发展的各种机遇，采取更加积极的投资促进措施，推动服务外包快速发展，为实现新疆跨越式发展做出贡献。

（一）面临扩大开放，快速融入全球化的机遇

服务外包通过 ITO、BPO、在岸、离岸等形式，在球范围内配置资源，组织生产活动。服务外包既是经济全球化的产物，又进一步推进经济全球化。新疆地处内陆，市场经济还不够发达，因此，开放式发展是实现新疆跨越式发展的重要途径。张春贤书记指出："全方位扩大对内对外开放，促使将新疆对外开放提升为国家战略，加快建设一批对外开放型经济区，发展面向周边国家的外向型产业，努力把新疆打造成我国对外开放的重要门户和基地。"[①]新疆跨越式发展战略之一就是打造中国西部区域经济的增长极和向西开放的桥头堡，而通过承接国内外企业服务外包业务，将资源配置和市场受众等扩大到国内外，必将有助于新疆扩大对外开放，快速融入经济全球化。

（二）面临扩大吸引外资，引进先进管理经验和模式的机遇

承接外包将使跨国公司更为依赖国外市场，有助于承包国/地区进一步吸收外商投资。新疆 2010 年实际利用外资 2.37 亿美元，但仅占全国利用外资规模的 0.23%，只有 19 个世界 500 强企业入驻，显然，同我国发达地区相比，差距还较远；新疆"十二五"规划确立了 FDI 年均增长 25%以上，借用国外贷款五年累计 15 亿美元以上的目标，而通过积极承接国内外企业外包业务将是扩大利用外资的重要途径，加强新疆以服务外包形式利用外资的投资促进研究与实践工作将显得格外重要。此外，承接外包还给接包地企业带来先进的管理理念和管理模式，有利于企业提升经营管理的国际化水平。进入 21 世纪后，全球社会经济环境发生了巨大变化，特别是以计算机技术和现代通信技术为代表的信息科学技术正主导着经济与社会的发展，知识经济时代正在到来，组织赖以生存的外部环境和组织内在管理方式也需要进行变革。新疆要紧跟时代步伐，企业经营必须以经济全球化为背景，以知识为经济发展的关键要素，以创新为核心，追求可持续发展。

（三）面临促进产业结构升级，加速新型工业化进程的机遇

新疆可以通过发挥后发优势，主动接包，承接产业转移，带动相关配套产业和服务业的发展。目前全球产业不仅调整步伐加快，而且转移层次也在不断提高，呈现出从劳动密集型产业向资本技术密集型产业、传统产业向新兴产业、制造业向服务业、低附加值产业向高附加值产业不断提升的趋势。跨国公司的投资方向和方式，主导着全球产业调整、转移，深刻地影响和改变着全球分工体系。扩大新疆企业接包业务将有利于承接发达国家的产业转移，提高新疆在全球分工中的地位和重要性，为后续服务业附加值提升打下

---

① 张春贤．在新疆自治区七届九次全委（扩大）会议上的讲话．2010 年 5 月 26 日。

良好基础。

改革开放 30 年(1978—2007 年)新疆 GDP 从 39 亿元到 3 513 亿元人民币,增长了 16.7 倍。1978 年三次产业结构为 35.7∶47∶17.3;2007 年三次产业结构为 17.9∶46.6∶35.5。其中,第三产业比重提高 18.2%,达到 35.5%,而全国同期服务业占 GDP 比重达 42%以上,发达国家服务业占 GDP 比重达 70%以上,服务业在 GDP 比重是一个国家发展程度的重要标志。现代服务业侧重于指在新技术革命浪潮推动下产生或有较大发展的服务行业,有生产服务业和生活服务业之分。根据钱纳里工业化进程阶段的划分,新疆 2009 年人均 GDP 约为 19 000 元人民币,以当年平均汇率计算,约合 2 800 美元,也就是说新疆仍处于工业化中期的初期阶段,即处于转型时期。而现代服务业是实现新型工业化的重要组成部分,通过大力发展服务外包、服务贸易,将加快培育和发展现代服务业,促进产业结构优化升级,大大加快新型工业化进程。

(四)面临承接我国东部地区产业转移的机遇

我国坚持协调、均衡发展的原则,强调根据各地区实际情况,有条件、有步骤地在东、中、西部地区开展服务外包业务。政策指导下,地区间经济协作与联合不断加强。以经济利益为纽带,东部大批企业相继到中西部地区投资发展,区际要素流动规模不断扩大,地区间联手开发产业、相互开放市场、联动发展的趋势增强。中央新疆工作座谈会后又开始新一轮对口援疆,而"产业援疆"是对口援疆的重要内容,许多企业到新疆投资创业。新疆面临东中西部交流与合作、"万商西进"、"外资西进"等大好机遇。通过打造东部地区服务外包承接地,既可承接东部地区产业转移,又可通过东部地区承接发达国家服务外包业务。

(五)面临扩大就业、刺激需求的机遇

发包企业把部分业务外包出去,将为承接地企业提供新的就业机会。承接地企业可借接包缓解区域内就业压力,解决人才就业问题,同时提高居民收入,扩大内部消费需求。居民消费需求将带动一些消费品产业和服务业的发展,从而创造更多较高收入的职位,培育较高收入人群,这又是高附加值产品和服务发展的基础。此外,收入水平的提高、技能培训和教育机会的增加,促进劳动力素质的提升,为产业升级准备前提,这给承接地企业带来更多市场机会。我国 20 世纪 90 年代以前 GDP 增长 1%可带动就业增长 0.3%左右,而从 90 年代中上期开始 GDP 增长 1%,才能带动就业增长 0.1%左右,就业弹性系数明显缩小。新疆 2008 年就业弹性系数仅为 0.14 左右,而通过大力发展服务外包,推进现代服务业的发展,将扩大现代服务业吸纳就业的能力,有助于提高就业弹性系数,大大促进解决新疆就业问题。

（六）新疆比较优势明显，凸显机遇

目前，新疆服务外包尚处在起步阶段，但潜力巨大，比较优势也很明显：一是周边与8国接壤，边境线长达5 600多公里，与周边国家语言相通，习俗相近，具有发展服务外包的良好地缘优势、文化优势；二是新疆劳动力资源丰富，每年农村富余劳动力转移人数高达100多万人，每年应届高校毕业生和历届高校毕业生合计达到10万余人，劳动力素质的不断提高为服务外包发展提供充足的人力资本存量；三是新疆经济的快速增长，人民生活水平的提高，货物进出口贸易结构的优化，第一产业、第二产业规模的扩大为服务外包发展开拓了更广阔的市场前景；四是新疆特有的旅游资源、多元的文化产业、服务产品质量的提升、运输通信等基础设施的完善为服务外包的发展奠定良好的基础；五是国家对新疆商务事业的政策支持、自治区政府对服务外包、服务贸易的重视及相关财政扶持措施的出台，各省、地区对新疆的对口支援等为新疆服务外包的发展提供动力和保障①。大力发展服务外包，将有力提升新疆服务业在国民经济的比重，推动服务业国际化和对外开放，实现建设资源节约型、环境友好型的"两型社会"的目标，促进经济转型。

二、强化投资促进、加快新疆发展服务外包的若干建议

（一）正确认识和处理"服务外包"与"服务贸易"关系

新疆大力发展服务外包，必须从一开始就清醒认识两者关系，做到合理规划、科学发展。当前应着重将服务外包、服务贸易作为新一轮对外开放的战略选择和推动新疆外向型经济发展的战略支点，制定出台配套政策，支持服务外包、服务贸易企业的快速发展，力争在5年内全区服务外包业务总额达到300亿元人民币。

（二）充分发挥"中国—亚欧博览会"平台作用

自2011年始，"乌洽会"升级为"中国—亚欧博览会"。中国—亚欧博览会能更有效地发挥新疆东联西出、向西开放的地缘优势，搭建新疆招商引资和区域经济发展的平台，对拓展与中、西、南亚和欧洲各国全方位、多领域的经贸合作具有十分重要的意义，有利于推动形成我国"陆上开放"和"沿海开放"并进的对外开放新格局以及发挥新疆在向西开放过程中的枢纽作用。为此，应以中国—亚欧博览会为重要平台，既适度拓展新疆开放领域，引进优质资源，又可考虑在博览会上增加"新疆服务外包发展分论坛"，"服务外包产业分博览会"等内容，促进新疆同国内外企业服务外包的交流与合作。

---

① 和宜明．在新疆自治区商务厅首届服务贸易培训班上的讲话．2011年1月12日。

(三)以园区为重点发展服务外包

以乌鲁木齐国家级经济开发区、高新区，喀什、霍尔果斯特殊经济开发区为重点发展服务外包工作，以点带面，增强其示范带动作用，发挥其辐射功能。首先要明确目标、确立重点。重点发展国际离岸外包业务，加快形成以制造经济与服务经济并重的产业结构，大力培育一批具有自主知识产权、自主品牌、高增值服务能力的服务外包企业；发展软件开发、系统应用管理和维护、信息技术支持管理、数据处理、银行后台服务、财务结算、人力资源服务、跨国公司全球采购中心的流程处理服务、研发服务和设计服务等领域，提升服务外包品级。其次要选择模式、政策到位。园区开发无统一最好模式，只有最适合本园区模式。理论上，园区模式取决于区位模式，区位模式取决于交换成本；从实践看，园区主要看配套发展。同时，政府激励机制、人才培养、综合服务等政策要确保到位。

(四)以建立乌鲁木齐软件产业基地为契机，打造中国服务外包基地城市

目前，新疆在多语种嵌入式软件技术、多语种自主知识产权软件技术研发等领域已经取得了一定成果，而地处亚欧大陆中心的乌鲁木齐市，毗邻俄罗斯、哈萨克斯坦等国家，极具多语种国际软件服务外包产业发展潜力，有望成为我国软件与服务外包业向西国际市场拓展的桥梁和国家多语种软件产业基地。2009年新疆软件服务业总收入达16.8亿元，比2008年增长90%。在2009年中国软件与信息服务外包产业年会上，乌鲁木齐与重庆、沈阳等7个城市荣获软件服务外包产业最具潜力城市奖，成为西北五省唯一获奖城市。应充分发掘新疆多语种国际软件服务外包产业发展的潜力，进一步将新疆打造成中国软件和服务外包"西出"基地，逐步进入中亚和中东市场。加快推进乌鲁木齐多语种软件园的建设工作，力争在较短时间内将其打造成为我国西部地区一流的软件园区。政府要对软件和服务外包产业予以相应资金、政策上的支持。

"中国服务外包基地城市"采取"基地城市＋示范区"模式，由商务部、信息产业部和当地省级人民政府(计划单列市)共建。中国政府非常重视服务外包的发展，现已形成以上海为龙头的长三角地区、以深圳为龙头的珠三角地区、以北京、大连为代表的环渤海地区以及会聚了西安、成都、武汉的中西部地区四大服务外包集聚区的发展格局。中央新疆工作座谈会将进一步扩大对外开放作为实现新疆跨越式发展和长治久安的重大部署提升到国家战略高度，自治区党委、政府确立把新疆建设成为环境友好、企业和人才集聚度较高、国际竞争力较强的承接全球服务外包业务重要区域的战略目标。为实现这一目标，应积极向国家商务部申报将乌鲁木齐列为国家重点支持的第22个服务外包示范基地城市，并以此为动力，实现服务外包和服务贸易"双跨越"。

（五）大力发展生产性服务业，推进新疆生产性服务外包工作

制造业的良性发展离不开生产性服务业的有力支撑，生产性服务能够提高制造业劳动生产率和产品的附加值，形成具有较强竞争力的制造业部门。制造业整体水平和产品品质的提升，依靠于服务的附加和服务业的延伸与整合。新疆大力发展金融、保险、电信、会计、技术服务、咨询、R&D、物流及交通运输、信息服务等领域的生产性服务业具有非常重要的意义。目前新疆制造业生产方式落后造成生产性服务需求不足，服务外包意识较弱且涉及面窄；生产性服务业总量不足，发展滞后，效率低下，缺乏竞争力；生产性服务业产业结构不合理，传统服务业比例偏大且竞争过度，新兴服务业比例偏小且规模较小、业务范围狭窄；生产性服务业区域发展不平衡，体制性障碍明显；生产性服务业对制造业的"推力"不够，制造业对生产性服务业的"拉力"也不足，造成生产性服务业与制造业之间发展不协调，等等。因此，加快制造业转型发展、大力发展生产性服务业成为全面贯彻落实科学发展观、创新发展模式、提高发展质量、增强产业竞争力的迫切要求。

为此，政府方面，要积极创造有利的政策环境，消除生产性服务业的体制障碍，鼓励市场竞争，促进专业化分工，推动服务外包业务发展，从供给和需求量方面激活生产性服务业发展的内在动力；优化产业布局，加强区域协调，建立优势突出的分工格局；制定服务业标准体系，促进现代生产性服务业有序发展。企业方面，要积极推进生产性服务业自主创新，建立健全技术创新机制和生产性服务业企业奖励机制，塑造企业核心竞争力；大力发展生产性服务外包，可以考虑将软件开发、技术支撑、财务结算、人力资源服务等非核心、非专业业务外包出去，由专业机构承担，以降低成本，提高自身竞争力；构建生产性服务业与工业的互动机制，将一些非核心的生产性服务环节剥离为社会化的专业服务；以信息化加速带动生产性服务业现代化，建立信息共享平台，健全中介体系，推动相关企业间的合作；打造一批特色生产性服务业集聚区，鼓励生产性服务业集群发展；要把物流外包及物流整体外包作为新疆发展生产性服务外包的重要内容。

（六）以投资服务为重点完善投资环境

投资环境是一个过程，从广义而言，指一个地区或经济体在一定时期内拥有的对投资活动有影响的各种因素和条件的综合系统。软环境在决定投资商投资行为过程中显得越来越重要。在软环境中，投资服务是最有效和最经济的形象塑造与推介，它包括投资前、中、后期服务，是贯穿于整个投资活动的一根"红线"。投资服务数量的多与寡，投资服务质量的优与劣，直接或间接地决定

着投资活动的成与败。因此，投资服务是第一投资环境①。新疆目前正以对口援疆为契机，加强"行政效能"建设，打造"新疆效率"，为国内外投资商提供良好的投资环境尤投资软环境。

（七）构建面向服务外包的企业运行机制

新疆 2008 年规模以上工业企业结构为大中型企业 86.5%，中小企业 13.5%；轻重结构为轻工业 8.1%，重工业 91.9%。同国外以及我国发达地区相比，新疆呈现整体上企业规模小，企业实力弱，中小企业市场发育不充分，轻重结构不平衡等特点，致使服务外包市场总体发育滞后；人才结构有待完善，人员素质有待提高，特别是缺乏高素质、复合型、国际化的领军人才；信息化程度低，操作程序不规范，流程管理水平低，运行成本较高；企业抵御服务外包风险能力差；与此同时，相关服务外包企业的政策制定相对滞后，各部门协调有待加强，企业技术和融资体制障碍较多，等等。上述现象的存在，给新疆企业发展服务外包提出严峻的挑战，影响着新疆发展服务外包的竞争力。新疆企业必须积极构建面向服务外包的企业运行机制。

从一般意义上讲，服务外包发包商在选择接包商时注重两大类关键要素：外包地区的商业软、硬环境要素 X 和接包商的成本、能力要素 Y。X、Y 要素分别包含多个子要素。$\varphi = f(X, Y)$。服务外包发包商在选择接包商时会先考察 X 要素，再考察 Y 要素，即先考察外包地区的商业软、硬环境要素，再考察服务外包接包商的成本、能力要素。因此，政府和企业应通力合作，在完善上述要素的基础上，增强企业素质，提高企业承接服务外包的国际竞争力。主要有：加快配套设施建设，改善法制环境，保护知识产权，完善服务体系，强化企业基础；调整人才培养战略，大力培养贴近服务外包市场的高素质人才，增强企业核心竞争力，可以考虑在新疆大学、石河子大学等院校开设服务外包专业或建立服务外包学院；重点发展国际离岸外包业务，培育一批具有自主知识产权、自主品牌和高增值服务能力的实现规模经济的服务外包企业；政府可考虑以补贴的方式鼓励服务外包企业申请服务外包国际标准认证，通过奖励、安排资金等支持服务外包企业拥有自主知识产权和实施品牌战略，为不同规模的企业提供投融资支持，帮助企业开拓海外市场；以实施"中小企业成长工程"为契机，加大对中小企业资金支持力度，特别是完善和落实国家各部委支持中小企业发展专项资金，扩大商务系统"中小企业国际市场开拓资金"支持范围，设立中小企业服务外包人才培训、教育专项资金，强化管理，加速中小企业成长步伐，使其尽快具有参与国内外服务外包市场竞争的能力。

---

① 王习农．投资服务：确保投资促进成功的必要环节。国际经济合作，2011 年 1 期。

（八）积极推进企业 CMMI 资格认证工作

2001 年美国国防部卡内基梅隆大学软件工程研究所（Carnegie Mellon Software Engineering Institute（SEI））发布了能力成熟度集成模型 CMMI（capability maturity model integration）1.1 版。这一模型主要是将所有的以及将被发展出来的各种能力成熟度模型集成到一个框架中去。CMMI 级别代表着一个企业承接服务外包的能力和资质，共五个等级，从一级到五级增高，分别为初始级、受管理级、已定义级、量化管理级和持续优化级。级别越高，企业承接服务外包的能力和资质也就越高。

通过一定的符合要求的质量认证是企业承接服务外包最重要的因素之一。质量认证是国际上通行的管理产品质量的有效方法。在跨国公司对接包企业不甚了解的情况下，如果企业没有适当的符合国际标准的质量管理体系作为保证，承接外包的可能性是较小的。而 CMMI 资格认证，是最综合、最权威的认证，拥有之，可达到事半功倍的效果。目前我国通过 CMMI 认证的企业是少数，通过 CMMI 3 级及其以上的企业更是寥寥无几。新疆企业要通过承接服务外包参与国际市场竞争，就必须积极推动企业实施 CMMI 认证工作。

（九）注意趋利避害，防范风险

承接服务外包有风险，必须建立健全风险防范机制。服务外包风险主要有决策风险、人力风险、财务风险、管理风险、技术风险、知识产权保护风险、市场风险、系统风险等。服务外包发包方往往牢牢掌握核心技术和营销网络，千方百计地将承接产业转移的地区、企业纳入由其主导的国际分工体系，并且外包出去的主要是技术含量低、能够进行标准化大规模生产和附加值低的生产制造环节；发包方对接包方进行产业转移有可能形成技术、品牌、市场和产业垄断；发包方外包是为了在全球范围内实现资源的优化配置，不一定符合承接地产业布局和结构调整目标，从而对承接地产业政策和区域发展战略构成挑战。尽管如此，承接服务外包，是适应国际产业转移潮流的，对加快新疆产业结构调整升级，促进经济快速发展等有着不可替代的作用，只要趋利避害，建立健全风险预警和处理机制，特别是加强承接外包过程中的考核管理等，就完全能够在新一轮的国际产业转移中站稳脚跟，实现经济的持续、健康、快速发展。

第十章 后金融危机时代与投资促进

第一节 后金融危机时代

一、什么是"后金融危机时代"

由美国"次贷危机"引发的金融危机，2008 年 9 月席卷美国、欧洲和日本等世界主要金融市场，并影响整个世界经济。究其原因：美国长期的经济繁荣和市场繁荣，自由主义的理念在监管者的头脑中占据上风，放松管制、让金融更加自由化成为这一阶段监管者的核心价值观；普遍上市的金融机构，特别是投资银行，在追求业绩目标驱动下，片面追求业务规模和业务利润的快速增长，忽视风险甚至无视风险，道德风险和逆向选择在金融行业更加普遍，从业人员的道德水准与风险管控水平下降。严谨的权威评级机构也无视风险、盲目乐观，做出不客观的评级结论，加剧危机深化过程中的信息不对称问题；低收入人群在消费信贷的刺激下，对房价的上涨抱有不切实际的幻想，对自己财务能力弱小的现实视而不见，盲目贷款购买大面积住房，最终被迫接受破产的悲惨命运。这次美国金融危机，无论是监管者、金融机构和个人，都存在忽视风险管理的因素。金融机构对金融衍生工具过分信任，认为一切风险可以通过工具创新转嫁他人，忽视了衍生工具内在的风险，最终导致金融风险被成十倍地放大。如果金融机构关注风险管理，那只是作为银行的不良贷款而停留在银行系统层面。

自 2009 年二季度以后，世界经济特别是发达国家的经济开始走出衰退，从经济增长率来讲开始走出衰退。因此，世界要进入后危机这样一个阶段。2009 年 12 月的中央经济工作会议上，胡锦涛总书记在中央经济会议上讲话的时候，他也用了后国际金融危机时代这样一个说法。这样一个说法就越来越流行了。所谓后危机时代就是从危机低谷到缓慢地回升，到下一个经济繁荣期的到来之前，这样一个时间段大概都属于后危机时代，这个后危机时代阶段到底多长，也是一个学术问题还在讨论当中。

（一）增长前景有乐观态势

表现一是当前的经济衰退已经有所缓和，2004 年四季度以后，美国、欧洲的这些主要发达国家，它的经济增长速度都有所增长，都走出了负增长，有所增长。2009 年四季度，欧元区经济没有增长，三季度增长，四季度没有增长。2010 年一季度又增长了 0.2%，尽管它主权债务危机开始发生。

表现二是日本经济很少有的，它从 1994 年初期以来一直很低迷，在金融危机期间也不好，从 2009 年二季度以后开始有所增长，2010 年 4 月日本中央银行行长说日本经济要陷入更深度的衰退的担忧也在减少，意思就是说日本经济还没有那么坏，也在向好的方面发展。

表现三是新兴经济体的增长态势当然很明显了，中国就不用说了，印度、巴西，还有俄罗斯这些国家，特别是东南亚这些经济体增长态势都还比较强劲，增长速度比较高。因此，对近期经济增长的前景，国际组织的预测都是比较乐观或者是谨慎的乐观，这么一种态度。

由于各国政府采取了财政刺激方案和扩张性货币政策，世界大多数经济体在 2009 年后期和 2010 年初出现正增长。预计世界经济形势将会持续改善，2011 年的增长率将达到 3.1%。在发达经济体中，美国经济从 2009 年下半年开始恢复增长，2010 年的增长率为 2.9%；日本经济复苏缓慢，预计 2010 年、2011 年，两年平均增长率为 1.3%；西欧 2010 年的经济增长率仅为 0.9%。东亚经济 2010 年增长 7.3%，其中中国达到 9%；南亚经济增长 6.5%。

（二）不确定性因素依然存在，往复发展可能性较大

不确定的因素依然较多，经济复苏表现缺乏合力，基础很不稳固，甚至可能出现往复发展。各国经济复苏速度仍很缓慢，因此无力刺激就业增长。此外，各国复苏情况仍不均衡：一些发展中国家经济前景看好，但发达国家经济前景欠佳。在大多数发达经济体，高失业率预计仍将持续相当长时间。美国 2009 年四季度按年率算增长 5 点几，实际上它的增长仅仅是在消化库存。欧元区也是这样，产能都还很低，它的增长都在消化，要消化库存，就要靠国家的政策刺激。这次金融危机出来以后，和过去资本主义经济危机有个很大的不同。就是说，这一次危机开始爆发，资本主义主要国家就采取了大量的手段在进行救援，而且是各个国家联合的救援，无论是中央银行还是财政，都采取了很多的手段来援助它，这个危机硬压下去，就像用大量的药物把病毒消灭了，实际上机体内部的体能并没有调动起来，所以活力就很不够，现在这些经济增长完全是靠国家的一些救援，国家释放的流动性，财政的债务，包括美国搞的汽车以旧换新政策，刺激消费的政策，实际上都是用国家财政的手段和投资的手段刺激经济，所以基础很不稳固，特别是民间企业投资也没什么增长，活力不够，往往出现反复性特征，当前美国信息评级被降低就是一个典型的例证。

二、后金融危机时代的经济特征

（一）全球生产格局重新调整和贸易保护主义重新抬头

由于长期以来发达国家实施"去工业化"，使经济发展的主导产业由生产制

造业转变为服务业，造成发达国家进口依赖度加强。这次金融危机使发达国家认识到工业化的重要性，因此，这些发达国家会重新推行"再工业化"进程，这对世界产业的调整和分布会产生很大的影响，会使全球性的生产格局产生重大变化。发达国家由于"去工业化"付出了重大的代价，他们采取针对发展中国家产品以"过于低劣的产品质量和过于低廉的价格"为借口发动攻击，以补偿他们在"去工业化"进程中的损失。"后危机"时代，各国发起的贸易保护措施具有隐蔽性、广泛性、多样性等特点。当"中国制造"以低成本价格竞争优势占据了大量外国市场的时候，其他国家产品所占的市场份额就相应减少，为了夺取市场份额，刺激本国经济的发展，采取贸易保护措施是发达国家在国际政治和经济领域与中方博弈的需要。据官方统计，2009年1月至8月，共有17个国家（地区）对中国发起79起贸易救济调查（其中，反倾销50起，反补贴9起，保障措施13起，特保7起），涉案总额约100.35亿美元，同比分别增长16.2%和121.2%。从2009年各国的经济数据来看，全球经济正在走出金融危机的阴影走向稳定，并有望复苏，美国等发达国家为了在新一轮的经济增长中占领先机，取得新一轮国际竞争的主动权，发起贸易保护主义、保护本国市场就成为其主要手段。

（二）全球金融体系的变革与金融监管体系的加强

随着金融格局的改变，全球增长格局也在发生变化，增长重心从西半球转向东半球和新兴经济体已不可避免。这次金融危机对美国的冲击主要表现为：美元国际结算货币的霸主地位、美国金融市场作为全球资源配置中心的地位受到严重挑战。受这些因素的影响，美国金融体系在全球的地位将会逐渐下降。另外，这次金融危机使发展中国家在国际金融体系中的地位和作用有所增强。长期以来，西方发达国家脱离实体经济盲目发展金融业，使得金融业遭受重创。金融危机使人们看到了失去监管的金融市场的破坏力，各国在投资基金与金融创新时会更加谨慎。加强金融监管已成为全球共识，强调金融谨慎发展原则以及回归实体经济已成为一种良性发展之所需。金融业特别是银行业的发展要以客户为中心，监管当局应致力于确保银行业金融机构的资本充足，加强流动性管理、风险管理监管、实施宏观微观监管、经济逆周期监管以及完善监管保障建设，以此促进金融稳定与经济增长。

（三）催生新科技革命

科技创新是经济发展的内生变量和驱动力，经济危机实际上是科技创新不足而导致经济增长缺乏推动力。中国科学院院长路甬祥（2009）认为，经济危机往往催生重大科技创新。如1857年的世界经济危机推动并引发了以电气革命为标志的第二次技术革命；1929年的世界经济危机引发了以电子、航空航天和核能等技术突破为标志的第三次技术革命。当前，无论是后金融危机时代的强烈需求，还是科学技术内部所积蓄的能量，都正在催生着一场以新能源技术和生命科学重大突破为标志的第四次技术革命。正是科技上的重大突破和创新，为经济结构的重大调整提供新的增长引擎，使经济重新恢复平衡并提升到更高的水平。谁能在科技创新方面占据优势，谁就能够掌握发展的主动权率先复苏并走向繁荣。

（四）改变生产生活方式

随着世界工业经济的发展、人口的剧增、人类欲望的无限上升和生产生活方式的无节制，世界气候面临越来越严重的问题，二氧化碳排放量越来越大，地球臭氧层正遭受前所未有的危机，全球灾难性气候变化屡屡出现，已经严重危害到人类的生存环境和健康安全。经过这次经济危机，很多人对目前的生产生活方式进行了深刻的反省，人们认识到过去过度消耗能源所形成的环境污染会对人们生活造成重大影响，建立低碳社会、发展低碳经济已成为人类社会的一种共识"低碳经济"将成为不可忽视的新的经济增长点。低碳经济核心是能源技术创新、制度创新和人类生存发展观念的根本性转变。发展低碳经济不仅是一场直接涉及低碳技术研发、国家产业政策调整、国际贸易规则改变等各方面的全球性革命，而且与我们每个人生活方式、价值观念的转变息息相关。换句话说，发展低碳经济不仅需要国家适时调整经济发展战略，而且要求我们适当改变不合理的生活方式与生活观念，亲自参与其中。

三、后金融危机时代中国面临的机遇与挑战

当前国际形势跌宕多姿，变幻莫测。世界各种力量粉墨登场，加紧角逐，纵横交错，分化组合。各国忙于本国经济尽快企稳回升，并为后国际金融危机时代布局谋篇，力争在国际舞台上占据有利地位。全球正处于大发展、大变革、大调整之中。在此形势下，中国面临前所未有的机遇和挑战。总体来看，机遇大于挑战。

（一）中国面临的四大机遇

1. 国际舆论正向有利于我国的方向转变

近年来，随着我国综合国力的增强，"中国威胁论"在国际上甚嚣，尤其是西方媒体的大肆渲染和炒作，更是闹得乌烟瘴气，甚至许多发展中国家也受到负面影响，个别非洲媒体污蔑中国是"新殖民主义者"。事实胜于雄辩，中国的发展有助于推动世界经济的发展。比如国际金融危机发生后，中国发挥了独特的稳定作用，已被公认为世界经济增长的火车头之一。2009年，中国经济在世界上率先出现了回升向好的趋势，GDP增长率达到了8.7%，这对世界经济

复苏至关重要。中国继续扩大对外贸易，有助于稳定周边经济。在20国集团金融峰会上，中国不仅提出了多项合理务实的改革建议，还在发达国家与新兴市场国家之间扮演协调角色，在国际金融体系改革中发挥了建设性的作用，受到国际社会的普遍好评。目前，国际媒体对我国的正面报道增多，对我国的发展模式和倡导建立和谐世界的理念兴趣增加，国际舆论正向对我国有利的方向转变。我国可借此加强对外文化交流，提升心灵沟通的境界，正面宣传我国和平发展道路，强调尊重文明和发展模式的多样性，以便同各国建立在多样中求同一，在差异中求和谐，在交流中求发展的新型关系。这样，一方面，可增强中国软实力，逐步改变国际社会对中国崛起的失落感、恐惧感，树立中国的良好国际形象，消除"中国威胁论"的不良影响；另一方面，可增强中国在国际上的话语权，使中国成为世界上不可或缺的积极因素。

2. 对外经济合作领域将继续扩大和深化

中国已经具备加快实施"走出去"战略的基本条件和思想准备，有利于进一步开拓国际新市场，寻求新资源。在当今许多国家急于恢复经济，但又面临资金短缺的情况下，中国可实施向国际市场全面进军的战略。对欧美，可在高科技、新能源、环保等领域开辟新的合作天地，抓紧引进先进的环保技术和设备；吸收各类高端人才；适时收购即将倒闭的大型企业和技术含量高的设备；投资或参股有关项目的外国公司。对发展中国家，可做好拓宽市场、开发资源和建立安全运输渠道的大文章。具体操作上，要因地制宜，区别对待。首先，可加强同它们的经贸往来，扩大出口，提高出口产品质量，以改变出口下滑的局面。其次，对石油输出国，可通过预付贷款方式，同其签订中长期供油合同；通过独资、合资或多方合资开发其石油项目；收购或参股石油公司。对矿产资源丰富的经济欠发达国家，可发展易货贸易，也可搞"项目换资源"或援助带项目等多种形式。对于东亚，可用好东亚峰会、"10＋1"、"10＋3"等区域性组织。对于非洲、阿拉伯和拉美国家，可发挥"中非论坛"、"中阿合作论坛"和"中拉论坛"的作用，加强双边和多边合作，认真落实温家宝总理2009年就全面推进中非合作提出的8项新举措。做好上述工作需抓住三个关键环节，一是不干涉别国内政，遵守对方的选择，平等待人，坦诚相见，广泛交友；二是换位思考，合理开发，互利共赢；三是以人为本，多为当地老百姓做实事、做好事，力争融入当地社会。

3. 发展低碳经济大有可为

气候变化问题已成为全球性的热点、难点和必须解决的重点问题。国际社会已意识到其严重性、复杂性、顽固性和长期性，并从拯救地球和人类的战略、道义高度应对。今后，谁能走在前头，谁就能占领国际道德制高点，进而

235

引领世界新的产业革命。中国经济发展已驶入快车道，但二氧化碳的排放量已经提前达到世界第一。作为负责任的大国，中国不但要正视现实，而且要努力解决问题。近年来，中国政府为治理污染、节能减排、开发新能源等采取了一系列措施，并取得了有效的成果。但我们依然需要进一步加强环保、治理污染，这项工作依然是任重而道远。

现在中国已具备解决该问题的条件和氛围。主要表现在：①举国上下环保意识增强，普遍认为不但应高度重视，而且应予认真解决相关问题，以实现人与自然的和谐相处，并造福子孙后代。2009年12月，中国为哥本哈根气候会议取得成果作出了重要贡献；②拥有开发、利用替代能源的雄厚资金和先进技术，有能力加大对水力、风力、太阳能的投入，并开发清洁新能源；③大势所趋，形势逼人。来自国际社会，特别是世界上非政府组织的压力增大，中国需要变压力为动力，加快在这一领域的改革、创新；④美国、欧盟、日本等发达国家表示愿同中国加强在环保领域的合作。在后金融危机时代，发达国家在尽快复苏国内经济、争夺世界经济主导权和重新占领国际市场等方面，均有求于中国。这使中国处于较为有利的主动地位，有可能通过较为合理的价格获取西方的先进环保技术和设备，加速中国低碳经济的发展，进而走向世界的前沿。

4. 人民币有望走向国际化

在此次金融风暴中，美元大幅贬值，"跌跌不休"，严重动摇了美元在国际储备体系中的主导地位，世人对之丧失信心，怨声载道。包括欧盟在内的许多国家强烈要求国际货币多元化。中国的人民币在风暴中经受住了考验，受到了多国青睐。周边一些国家和地区开始将人民币作为民间交易货币。世界银行行长佐利克称：美国再也不能靠美元主宰一切，欧元和中国的人民币将会成为候选的储备货币。当前，保持人民币的稳定是对全球经济复苏的一个重要贡献。中国的人民币国际化，有利有弊，但总体来看，利大于弊。目前，对中国来说，是一个难得的机遇。我们应有超前意识，做好充分准备，争取和迎接人民币国际化的早日到来。

（二）中国面临的三大挑战

1. 国内一些深层次矛盾特别是结构性矛盾仍然突出

中国经济正进入结构性全面调整、创新阶段，面临体制性变革。从某种意义上讲，这是一场革命。要改变经济增长中资源与环境代价过大的状况，涉及面广，情况复杂，阻力大，尤其是受金融危机的影响，中国经济发展还会遇到一些预料不到的困难。总之，经济回升的基础还不稳定、不巩固、不平衡，一些深层次矛盾特别是结构性矛盾仍然突出。从中国国情来看，国家大，底子薄，人口多，并且几乎年年都有重大自然灾害。比如，2008年的南方雨雪冰冻、汶川大地震；2009 年冬季到 2010 年春季的西南地区大旱；2010 年 4 月青海玉树的 7.1 级地震……由于人口众多，中国较早进入了老龄化社会。2010年老年人口约 1.7 亿之多，占全国总人口的 13％以上，出现了未富先老的现象。随着经济发展的不平衡，三大差距（东西部、城乡和贫富差距）相对拉大。据有关报道，中国的富豪人数已经排在世界第二位，仅次于美国；但另一方面，中国尚有总量较多的人口生活在贫困线以下。当前民生问题也日显突出，不少群众仍面临看病难、上学难、住房难等问题，从而影响了社会主义和谐社会的建设。值得提及的是，中国尚未实现国家统一，台湾问题涉及中国国家主权和领土完整，台独分裂势力仍在发难，美国还在通过对台军售等干涉中国内政。

2. 中国的和平发展要赢得国际社会的真正认同尚需时日

中国需要世界，世界离不开中国。为此，中国的和平发展模式需要得到国际社会的认同。只有这样，中国才能融入国际社会，以实现互利共赢，进而促进中国经济的更大发展。作为拥有 13 亿人口的大国，中国和平崛起，实属世界空前。无论中国政府如何宣讲，人们总会用历史上英国、美国、德国、日本崛起的发展模式看待中国：英国用炮舰建立了日不落帝国；美国、德国、日本用对外侵略扩张壮大自己。而中国是否也要走这条老路？这对他们来说是一个问号，因而疑虑重重。美国等西方发达国家，对中国高速发展"五味杂陈"。一方面，它们愿与我国合作，寻求经济利益；另一方面，又担心中国崛起，挑战其既得利益。美国想方设法遏制中国发展。有的美国人宣称，如今中国已崛起为美国政治制度的竞争者，"中国每天都在损害美国的利益"。（美国《时代》周刊，2010 年 4 月 8 日）欧盟媒体表示："欧洲须制定新政策制衡中国。"（英国《独立报》，2010 年 1 月 3 日）日本视中国崛起为"不稳定因素"；俄罗斯对此感到"不安"；印度在防备中国；有的发展中国家担心中国"掠夺其资源"。鉴于此，从自身利益角度考虑，世界各国都在评估中国的和平发展。在此情况下，中国的一举一动，备受世人关注，即使一件小事，也会被西方媒体炒作。最近，他们又推出了"中国傲慢论"、"中国强硬论"、"中国必胜论"，意在抵制中国的国际影响力。这就要求中国要审时度势，趋利避害，冷静观察，韬光养晦，低调务实；积极承担与我国发展程度相适应的大国责任和国际义务；化被动为主动，变压力为动力，充分运用软实力，尽快更好地融入国际社会。

3. 周边环境动荡，安全局势不容乐观

泰国、缅甸、吉尔吉斯斯坦政局不稳；西部边陲安全突出，三股恶势力活动猖獗；南海争端加剧；朝核六方会谈搁浅。许多周边国家大都采取"经济上靠中国，安全上靠美国"的政策，故美国军事战略部署东移，打造亚洲式北约，以图包围中国，牵制中国发展建设。《新周报》(总第196期)指出：中国是世界上唯一被核武器包围的国家，且世界六成以上的热点会聚在中国周边。中国地缘政治环境的复杂程度，世界少有，特别是同印度之间的关系。

尽管当前中国的机遇与挑战并存，但综观全局和大势，中国正处于天时、地利、人和时期。只要我们认真贯彻落实科学发展观，锐意进取，积极创新，勇往直前，就能化挑战为机遇，取得更大成就。

第二节　中国政策取向与投资促进

一、中国政策取向

(一)重要"战略机遇期"

刚刚过去的"十一五"时期是我国发展史上极不平凡的五年。国际金融危机、汶川特大地震等重大自然灾害、北京奥运会、上海世博会等。五年取得的成绩来之不易，积累的经验弥足珍贵，创造的精神财富影响深远。"十一五"时期是新中国成立以来发展最快的时期。"十二五"期间我国仍处于可以大有作为的重要战略机遇期。

"战略机遇期"是指国际国内各种因素综合作用形成的，能为国家(地区、集团)经济社会发展提供良好机会和境遇，并对其历史命运产生全局性、长远性、决定性影响的某一特定历史时期。战略机遇期是有利于战略实施的历史阶段及其大的背景、环境和条件。同一般的机遇期相比，它主要有以下几个特点：第一，时间的长期性。战略机遇期比一般机遇期存在和发挥作用的时间要长，能给战略实施以更多的回旋时间。第二，空间的开阔性。战略机遇期比一般机遇期涉及范围广，能给战略实施以更多有利条件和回旋空间。第三，影响的全局性。战略机遇期比一般机遇期对实现战略目标的影响更带有根本性和整体性。提出"大有作为的重要战略机遇期"的判断，就是说，"十二五"时期是各种难得的历史机遇交汇在一起的重要时期。这一战略机遇期，不因发生国际金融危机而改变。这要从国际、国内环境新趋势、新特点加以分析。

"十二五"时期是全面建设小康社会的关键时期，是深化改革开放、加快转变经济发展方式的攻坚时期。我们要统筹国内国际两个大局，把握好在全球经济分工中的新定位，积极创造参与国际经济合作和竞争新优势。而完成"十二五"各项目标成为实现新第二步战略和全面建设小康社会的"关键的五年"、"关键的时期。"

2020年全面建设小康社会，有两个最突出的结构问题需要改善：一是城乡结构。2009年我国城乡差距3.33：1，事实可能更大。二是东中西部结构。

根据 2009 年中国统计年鉴资料，中国四大区域发展水平、速度等多方面存在较大差距，见表 10-1。

表 10-1　　　　　　　　"四大板块"非对称情况分析

	东部	中部	西部	东北
国土面积比重(%)	9.5	10.7	71.5	8.2
人口(%)	39.6	27.1	27.9	8.3
生产总值比重(%)	54.3	19.3	17.8	10.1
固定资产投资比重(%)	46.7	21.7	21.3	11.1
地方财政收入比重(%)	58.4	15.4	18.0	8.2
人均生产总值(元)	37 023	17 817	15 951	25 929
城镇居民人均可支配收入(元)	19 203	13 226	12 971	13 120
农民人均纯收入(元)	6 598	4 453	3 518	5 101

资料来源：2009 年中国统计年鉴

（二）"十二五"时期政策取向

1. 主题与主线

以科学发展为主题，以加快转变经济发展方式为主线，坚持把经济结构战略性调整作为加快转变经济发展方式的主攻方向。构建扩大内需长效机制，促进经济增长向依靠消费、投资、出口协调拉动转变，即"投资、出口拉动为主→主靠消费拉动，联动投资和出口模式"。坚持把科技进步和创新作为加快转变经济发展方式的重要支撑。坚持把保障和改善民生作为加快转变经济发展方式的根本出发点和落脚点。坚持把建设资源节约型、环境友好型社会作为加快转变经济发展方式的重要着力点。坚持把改革开放作为加快转变经济发展方式的强大动力。注重把抓住发展机遇和创新发展理念、发展模式有机结合起来，努力实现又好又快发展；注重处理好政府和市场的关系，努力提高全社会资源配置效率；注重处理好经济发展和收入分配的关系，努力促进经济良性循环和社会和谐稳定；注重把维护中央权威和发挥地方积极性统一起来，努力增强政策执行力和发展活力；继续实施积极的财政政策和稳健的货币政策，增强宏观调控的针对性、灵活性、有效性，注意"积极稳健"与"审慎灵活"相结合；注重统筹国内发展和对外开放，努力实现互利共赢。

2. 中国在世界舞台将扮演更重要角色

中国在国际经济中的新角色，中国将会成为：①新的世界级市场。中国被人们称为"世界工厂"，但人们会看到，中国正在一步步成为世界级的大市场。其中原因：一是国内市场规模大；二是国内需求层次多；三是城市消费群体日益壮大；四是农村消费水平提升空间很大；五是各种新兴消费模式不断创新，绿色消费方兴未艾，信用消费即将成为时尚，网络消费渐入佳境，租赁消费空间很大。②理想的投资场所。现在中国的人均 GDP 只有 3 000 多美元，属于中等收入国家之列，因此提升空间很大。一是中国正处在工业化中期阶段，仍然需要大量的投资；二是经过 30 年的改革开放，中国的经济体制在转型中成熟，并且在继续推进和完善要素市场，对外商投资形成了制度性保障。③全球范围的新投资者。从商品输出到资本输出，从资本集聚战略到资本辐射战略，从贸易大国走向资本强国，是中国未来改革开放的必然选择。迄今为止，中国已与世界上 100 多个国家和地区建立了双边经贸混委会的机制，签订了 127 个双边投资保护协定。这些机制和协定为企业"走出去"起到了保驾护航的作用。由于全球金融危机，世界范围内海外投资者对国内的投资乏力，而中国海外投资正成为世界经济中的亮点。④国际金融新获序的建设者。中国积极主张并参与改革国际金融体系，优化全球金融监管，为重建国际金融新秩序作出了积极努力。在 2008 年的 G20 峰会上，中国就改革现行国际货币金融体系、维护国际金融稳定、促进各国经济金融政策协调和加强国际货币金融合作等重大议题，发表了一系列看法和政策主张，受到了国际社会的关注和重视。2009 年年初，中国人民银行行长提出了关于改革国际金融体系的具体设想，包括：创造一种与主权国家脱钩并能保持币值长期稳定的国际储备货币，等等。

3. 中国仍要坚持内外需并举战略

美国 2009 年上半年的储蓄率上升将会使其进口增长率放缓，这对中国出口增长将有很大影响。但我们要关注形势变化，不要过分鼓吹美国要高储蓄低消费。据有关专家估算，我国出口占 GDP 的 35%，相当于国内市场消费总额的 90%，因此，外需全部转内需是不可能的。我们在全球新均衡中的政策调整需要适度。现在需要继续坚持内外需并举的战略，"三驾马车"都要加油。

4. 要根据新形势提升内资的作用

目前我国外资贡献率为 46%。2009 年 3 月，商务部印发了《关于 2009 年全国吸收外商投资工作的指导意见》，要求各地商务部门积极创新发展思路，加强和改进服务，促进吸收外资又好又快发展。但是受国际大环境影响，要注意调整内资企业与外资企业出口比重。适度扩大内资企业出口和对外投资比重，特别是对外收购成本相对下降，应该提高对内资企业信贷支持规模，扩大对外企业并购和出口。

二、投资产业选择

产业转移，是国际间或地区间产业分工形成的重要因素，是 20 世纪下半叶以来最显著的经济现象之一，主要指在市场经济条件下，随着客观经济环境的变化，如资源供给或产品需求条件等因素发生变化，产业由高经济梯度的国家或地区转移到低经济梯度的国家或地区。后金融危机时代，我国要在更高的层次参与国际分工和承接产业转移，必须深刻反思产业转移传统理论，走出认识误区，认真研究承接产业转移战略。而通过卓有成效的投资促进工作促进中国产业结构调整、优化和升级是投资促进工作的一项重要任务，也是提高投资促进有效性的重要途径。从全球形势来看，外商直接投资的主战场正在逐步转移，中国成为主战场之一。对于投资促进而言，就必须通过积极有效的投资促进工作，特别是对重点产业的促进，推动我国产业结构存量调优、增量调强。

（一）后金融危机时代产业转移的新特点及可能出现的问题

第二次世界大战后的历史经验表明，危机往往是产业转移的重要"催化剂"。这次由美国次贷危机演变而成的全球金融危机，使全球成熟加工制造业向低成本地区进一步转移的趋势得到加强。但是，全球经济发展模式、国际分工、治理结构等都面临深刻的调整和变革，已经或将对产业转移产生深刻影响。主要有：

第一，短时期内承接产业转移的竞争更加激烈。欧美发达国家至今尚未完全从国际金融危机所造成的困境中走出来。2010 年第 2 季度经济仅增长 2.4%，美联储主席伯南克在国会听证时称前景"高度不确定"。一些跨国公司虽然在成本倒逼机制驱使下，迫切需要通过加快产业转移步伐，寻找最低综合成本，但由于经营受挫，市值损失，融资能力下降，对外直接投资能力相应减弱。2009 年欧盟对外直接投资减少 24%。在这种形势下，短时期内无疑会加剧对外国资本和承接国际产业转移的竞争。当前，湖南、湖北、广西、四川、重庆、安徽等中西部省份都把承接国际和沿海地区产业转移，作为促进本地经济发展的重要战略。避免国内承接产业转移的恶性竞争已经成为不容忽视的重要问题。第二，控制资源和能源将成为产业转移中更加重要的筹码。资源和能源具有不可再生性。任何时候，加强资源能源控制都是经济角逐的突出重点之一。当前，新一轮的资源并购风已在全球刮起。2010 年前 8 个月，全球已经发动了 3 160 亿元自然资源企业并购活动。出于降低成本和赚取超额利润考虑，发达国家一方面将采取直接投资、并购的方式，甚至不惜运用战争手段，控制大宗资源性产品。另一方面，将利用发展中国家对承接产业转移的激烈竞争，对外输出更多的资源和能源消耗性产业。对于拥有丰富资源而开采和加工技术能力薄弱的发展中国家而言，如何利用资源优势承接国际产业转移是一个急需解决的重要课题。第三，能否承接集群式转移将成为重要衡量标准。产业转移的根本目的是实现效益最大化。单个企业转移需要单独背负所有配套成本，只有产业以集群方式转移才具有乘数作用。20世纪90年代后期以来，产业转移不再是某一产业的整体转移，而是产业链、供应链的区位中心转移，涵盖产供销等全部产业链的企业集群式、组团型转移。因此，产业转移承接地必须有具备承接产业集群式大规模转移的基础条件。第四，对承接地的产业基础和人才具有更高要求。通过第二次世界大战以来的多次产业转移，国际产业已基本完成低端制造业的转移。新一轮的产业转移，主要是对技术上处于相对高端的机械装备制造业进行转移。这就对承接地的产业基础和人才素质提出了更高要求。第五，战略格局内产业转移成为国际产业转移新趋势。在金融危机冲击下，欧美发达国家开始重新反思制造业过度转移所形成的空壳经济带来的弊端，更加重视战略格局内的经济循环。欧盟对外投资和产业转移有1/3在成员国之间进行。我国沿海地区加工制造业向中西部地区转移的趋势也更加明显。据测算，2010年仅广东、上海、浙江、福建四省市需要转出产业的产值将达1.4万亿元。

（二）后金融危机时代承接产业转移的对策与建议

后金融危机时代，我国中西部地区和越南、马来西亚等东南亚国家仍然是产业转移的主要承接地，中西部地区还将成为承接国内产业转移的重要地区。我国特别是中西部地区在承接产业转移时，应该着力做好以下几方面工作。

1. 应该继续突出抢抓机遇承接产业转移

改革开放，我国的外向型经济从"三来一补"破题，迅速成长为世界工厂，经过30多年的发展，中国经济总量实质上已经超过日本成为世界第二经济大国。当前，新兴经济体对承接产业转移竞争十分激烈，但中国依然是外资最信任的国家，2010年7月，外资对中国直接投资（FDI）69.2亿美元，增长29.2%，连续12个月同比正增长。因此，无论是从国家层面还是中西部省份，都应抢抓机遇、积极承接产业转移。

2. 应该突出资源战略性整合，增强在承接产业转移中的话语权

受低成本理论、GDP至上的政绩观和地方经济发展冲动等多重因素影响，一些地方为招商引资、承接产业转移，对资源能源过度开发，不惜牺牲环境，发展方式粗放，已经产生了严重后果。后金融危机时代，发达国家对资源和能源的拼抢将更加激烈。因此，作为资源能源相对丰富的中西部地区，地方政府应该充分发挥引导作用，出台政策措施，整合战略性资源，增强在承接产业转移中的话语权。

3. 应该突出高水平承接基地建设，增强对高端产业转移承接能力

与越南等东南亚国家相比，我国产业基础相对较好，人力资源素质相对较高，高水平承接产业转移特别是产业集群式转移的条件更加优越。因此，应该依托现有产业基础、产业园区和科教人才的比较优势，完善基础设施，强化规划引导，努力加强产业配套能力，增强对高端产业转移的吸引力和承载能力，提高承接产业的档次和水平。

4. 应该突出创新和自主品牌建设，改造提升已经承接的产业

耐克、阿迪达斯等公司，并没有在国际金融危机中轰然倒下。但是，从2007年下半年开始不到三个月时间，"世界鞋都"东莞的1 000多家鞋厂中就有200多家关门，整个广东五六千家鞋厂中倒闭了上千家。根本原因在于只从事普通加工，缺乏再创新能力和自主品牌。后金融危机时代，对已经承接的产业不应该也不可能完全抛弃。因此，应该以市场化需求为导向，以长远生存发展为目标，以技术创新、管理创新与打造自主品牌为核心，积极寻求内生型发展之路，加快产业的改造升级。

（三）投资重点产业选择

1. 继续积极促进外资向我国高新技术产业投资

各级政府应鼓励发展，并给予政策等优惠；可以建立专门高科技园区发展，积极推动建立"承接产业转移示范园区"。2009年1月14日至2月25日，国务院陆续审议通过了发展改革委、工业和信息化部牵头制定的汽车、钢铁等十大重点产业调整振兴规划。各部门、各地区迅速行动，针对落实调整振兴规划，确定需要制定165项配套实施细则，围绕"控制总量、淘汰落后、产业集聚、提升水平"展开，力争短时间内形成一批新的增长点。

国家"十二五"规划纲要指出，培育发展战略性新兴产业。科学判断未来市场需求变化和技术发展趋势，加强政策支持和规划引导，强化核心关键技术研发，突破重点领域，积极有序发展新一代信息技术、节能环保、新能源、生物、高端装备制造、新材料、新能源汽车等产业，加快形成先导性、支柱性产业，切实提高产业核心竞争力和经济效益。发挥国家重大科技专项的引领支撑作用，实施产业创新发展工程，加强财税金融政策支持，推动高技术产业做强做大。

2. 顺应产业分工新潮流，积极促进和承接服务业国际转移

继上一轮全球制造业向具有劳动力规模和成本优势的发展中国家转移的浪潮后，现在又出现了以美国为代表的发达国家服务产业向具有智力人才优势的发展中国家转移的新浪潮。服务业国际转移表现为三个层面：一是项目外包，即企业把非核心辅助型业务委托给国外其他公司。二是跨国公司业务离岸化，

即跨国公司将一部分服务业务转移到低成本国家。三是服务业外商直接投资，即一些与跨国公司有战略合作关系的服务企业，如物流、咨询、信息服务企业，为了给跨国公司在新兴市场国家开展业务提供配套服务而将服务业进行国际转移，或者是服务企业为了开拓东道国市场和开展国际服务贸易而进行服务业国际转移。这轮产业转移，对我国调整产业结构，发展服务业产业是一个历史性机遇。我们应充分认识到承接服务业国际转移的重要性，并采取综合的、配套的措施和有效的投资促进工作，积极承接服务业国际转移，争取赢得这一场新的国际竞争。

（1）积极、稳妥、有序地开放服务市场。积极稳妥地进一步开放铁路运输、航空运输、国际货运代理、银行、保险、证券、电信、外贸、商业、文化、旅游、医疗、会计、审计、资产评估等领域，借助服务业国际转移促进我国服务业向更高水平发展。重点鼓励引进国外服务业的现代化理念、先进的经营管理经验、技术手段和现代市场运作方式。

（2）认真研究鼓励发展服务外包等服务业国际转移形式的政策法规。服务业国际转移具体形式包括新设投资、收购兼并、风险投资等。我国现有的一些规定与服务业国际转移并不配套。应逐步解除现有的不合理的限制，允许并鼓励境外投资者通过并购等方式对我国服务业进行投资，健全统一规范的服务业市场准入制度，培育有利于吸纳并购投资的制度环境，为跨国公司参与企业的改组、改造创造条件。当然，也要加强监管，使外资并购能够有序进行。要进一步完善税制，支持我国企业承接国际项目外包，充分利用各种形式的服务业国际转移。

重点发展服务外包。我国发展服务外包产业具有难得机遇和独特优势，前景广阔。发展好这个专业技能密集型产业，对于当前保增长，促进就业特别是高校毕业生就业，调整和优化产业结构，具有重要意义。未来五年，国内服务外包产业将吸纳百万大学生就业。多年以来，"中国制造"在世界市场上占据了相当的份额，而"中国服务"的国际品牌，经过社会各界共同努力，也会成功的。

（3）重视服务业投资促进特别是招商引资工作。目前招商引资工作大多是围绕制造业开展的。根据 WTO 规定，服务业即第三产业，包括 12 大类 146 个具体行业，因此，招商潜力大。今后应重视服务业的投资促进工作，为承接服务业国际转移创造良好条件。当前，要抓住机遇吸引港澳服务业到内地投资，加强与港澳服务业之间的合作。

3. 着力加强农业投资促进工作

（1）充分认识加强农业投资促进工作的重要性。中国是一个发展中国家，资金积累十分有限，经济实力不足以使政府像发达国家那样从其他部门转移资源来支持农业。相反，中国农业始终担负着工业积累资金的重荷。1952—1989年间，国家及地方对农、林、水、气系统的直接投资和对农村的社会救济，只相当于由于工农产品剪刀差和农业税而使农业向国家提供资金的1/2。同时，中国农业还必须在资源紧缺的条件下为众多人口提供更多的粮食、水果、肉类及工业原料。中国经济正持续高速成发展，在这个重要时期，农业仍肩负着为工业及其他部门积累资金的重任。中国特殊的社会经济和文化背景以及农业在国民经济中举足轻重的地位，决定着中国工业化进程中所面临的农业问题更加严峻。众多不同角度分析中国农业发展的研究结论，均指向中国农业必须走可持续发展之路这一焦点。

外商投资在中国经济发展中所发挥的促进作用是有目共睹的。但也存在产业结构、地区结构不合理的问题，2004年我国农业实际利用外资11.14亿美元，在全部行业中的比例仅为1.84%，而同期制造业外商投资比重为70.95%。这说明农业利用外资还少之甚少，外商投资在农业中的作用尚未得到有效发挥，农业利用外资还有很大空间。因此，必须加大农业利用外资的力度。然而，受主客观等多方面因素的影响，我国长期以来对农业投资促进工作重视不够，农业投资促进工作一直处于劣势或被忽视的地位，而过多地将注意力集中在其他行业上，特别是制造业上。这实际上是一种扭曲了的投资促进模式，谈不上促进产业结构协调平衡发展，更谈不上通过有效的投资促进工作促进国民经济产业结构调整和升级。

《国民经济和社会发展十二五规划纲要》以及2011年中央第1号文件等向全党全国发出了建设社会主义新农村的号召。建设社会主义新农村，是党的十六届五中全会提出的我国现代化建设进程中的重大历史任务。农业、农村和农民问题，始终是关系我国经济和社会发展的全局性根本性问题。建设社会主义新农村，是推进农业现代化的强大动力，是实现国民经济平稳快速发展的重要支撑，是构建社会主义和谐社会的必然要求，是全面建设小康社会的根本举措，是统筹城乡协调发展的重要途径。必须坚持以人为本和全面、协调、可持续的发展观，扎实稳步推进新农村建设，实现"生产发展、生活富裕、乡风文明、村容整洁、管理民主"的总体蓝图。

因此，新时期的投资促进工作必须同国家的大政方针结合起来，积极推进社会主义新农村建设。农业投资促进工作显得极为重要。

(2)加大农业投资促进力度，促进社会主义新农村建设。从投资促进的角度应着力做好以下方面的工作：

①制定、完善和实施农业投资促进倾斜政策，同时，在商务部投资促进局

专门成立农业投资促进处，发挥专业运作、管理和同其他各部、委、局、处的协调功能，形成农业投资促进工作的整体合力。

②实现农业产业化。这是解决从"输血"到"造血"功能的治本之策。因此，必须合理引导包括外资在内的资金投向生态农业、高附加值农业，实现农业产业化。包括农、林、牧、渔四个具体行业，有产前、产中、产后三个环节。农业招商将使自给型农业变为市场型农业，改变农业的投资、组织和经营方式。产前——农业育种、苗圃；产中——农业企业化或农业基地化，高效农业、高科技农业、产业化农业、绿色农业、观光农业、创汇农业、品牌农业；产后——农产品深加工、运输、储藏保鲜、包装销售、农产品批发市场等。同时，应根据《外商投资产业指导目录》，实现分类、分区域指导，例如，受土地制约，东部地区农业投资逐步向中、西部地区转移等。

鄂尔多斯市通过基地建设和扶持农牧业龙头企业，把农牧民增收与龙头企业的效益连接起来，大力推进农牧业产业化，使农牧产品有一个稳定的销售渠道和价格，从而有效地规避了市场风险，使农牧民的收入大幅度提高。同时，农牧业大发展又为"农"字号企业的发展提供了原料保障，并刺激了同类企业的相继跟进。龙头企业产生集聚效应，形成规模产业群，发展壮大的龙头企业和基地互相建立了更可靠的平台，加速了农牧业产业化的进程。

③加大资金支持力度，建立农业资金支持体系。改造中国传统的农业与落后的农村，面临最大的约束是用于农业发展的资金。为此：一要建立农业资金支持体系。这个体系涉及国家财政、金融、保险等部门、农业产业化主体的投资行为，涉及国家相关法律、政策的制定和完善，涉及对支持资金的管理、监督与延续等。可将资金支持体系的构建切入点确定为资金的投入、资金的补偿、资金的保险和资金的管理四个方面。二要发挥国家农业发展资金支持作用特别是农业中小企业工作。继续发挥"国家发改委、财政部、科技部、农业部、商务部、国家开发银行"中小企业工作"六架马车"作用。三要充分发挥大商业银行的作用，特别是农行的作用，不断创新服务形式，促进农民增收。四要建立新农村建设完善农业投融资资金担保体系，充分发挥政府资金和民间资金两个作用。五要高度重视外资对农业的投资以及农业利用外资工作。

④推进新技术、新工艺在农业应用。全面推进和实施"农业硅谷试验区"工程。农业硅谷试验区由"综合协调中心和生产链、功能链"组成，是在科技是第一生产力的思想指导下，沿着科技推动生产力发展，从而引发农业生产方式创新的思路，提出的一种农业发展的组织体系和运行机制。

⑤培养实用型新农村建设人才，可考虑建立"中国新农村建设培训学院"。

⑥信息建设。建立农村投资项目信息库。多参加论坛及多项投资促进活动，实现投资方和农业项目的对接；支持农村数字电影工程，建立农村信息高速公路。

⑦推进农产品品牌建设。例如，青岛把发展品牌农业作为建设现代农业的一主攻目标，不断出台扶持政策，以市场为导向，以产业育品牌，以品牌拓市场，大力实施农业品牌战略。目前，品牌经济已占全市农业和农村经济的40%以上，全市注册农产品品牌128个，其中国家级名牌13个、省级名牌17个、市级名牌36个，初步形成了农林牧渔多层次、多领域的农业品牌集群。

⑧认真研究国际特别是德国、日本等国家农村小城镇建设模式经验并借鉴。

⑨采取适当的投资促进方式。例如，做好产业和项目规划；做好宣传推介工作，高度重视现代媒体在投资促进中的作用；引资考察，强调目的性、实用性；树立开放意识和国际大农业观念，建立对外投资与吸引外资相结合发展模式；重视农业领域的服务外包引资工作；建立全方位服务模式。

⑩通过有效投资促进工作支持农村四个体系的建设，即可持续发展集约村镇建设体系，具有现代化功能信息化管理服务体系，可循环发展区域特色产业经济体系，多层次低保障覆盖广的社会保障体系。

4. 鼓励投资创意产业

前不久，厉无畏先生在一次演讲中说："在这个经济寒冬中，创意产业的增长一枝独秀。""任何一场经济危机发生之后，总需要由创新带来突破，由发现新市场战胜困难。当前我们面临经济危机下产能过剩、价格竞争等不利局面，同样需要改换思路、转变角度以寻求突破。这充分说明创意经济、创意产业已经成为一股令人振奋的暖流，成为推动经济创新的重要力量。"

5. 高度重视发展文化产业

2010年4月26日中国投资咨询网指出，后金融危机时代，文化产业将成为投资者新的投资方向和投资兴趣点之一。中国社会科学院发布的《中国文化产业发展报告书》称：面对国际金融危机，我国文化产业异军突起，呈现较好的发展形势。

三、投资区域与区域主导产业选择

（一）投资促进与区域营销

投资促进可以营销一个国家，也可以营销一个区域。投资促进营销一个区域的核心是营销一个区域的投资环境。主要体现在以下四个方面。

1. 系统性

它就是使投资促进机构或投资促进人员能够参与到整个区域、战略的制定，并且能够参与到或者说直接制定整个投资促进的战略。也就是说向投资者或者潜在投资者提供或者推介我们的投资环境，把它视作一种产品，但是这个产品如何定位，这个区域在投资促进上向哪个方向走，需要把投资促进当做一个过程进行策划和研究。

2. 专业化

它就是如何让整个的战略制定，形象的包装和形象的推广更具有专业化、技术上的意义。

3. 预见性

它就是把投资环境当成产品，作行销的主题，既向客户推荐也反馈信息，不断调整产品适用性，从而永远寻找那些适合在中国市场上发展的产业。投资者要考虑投资的静态效益，更要考虑投资动态效益，因此投资者将预见性更多地体现在产业长远发展上。

4. 具体营销方面

可以借鉴商业部门产品推销的做法，提高专业化水准和提高针对性。目前营销已经不仅针对一般的市场，而且在公众中更需要一定的形象，但更多的是针对专业市场。要借助和应用区域形象推广的现代技术性手段，如天津开发区作为一个区域，在全国最先推行 CIS 系统。还要做好投资促进机构的推广环节。做好投资促进前中后期服务工作并注意服务的反馈。借助专业化咨询机构和专家指导，切实做好区域形象推广工作。

(二)我国区域投资促进总体规划

当前，国家鼓励外资加快向有条件的地区和符合国家产业政策的领域扩展，形成若干外资密集、内外结合、带动力强的经济增长带：长江三角洲地区要建设成为重要的经济、金融和贸易中心，成为高新技术产业研发和先进制造基地。珠江三角洲地区要着力加快产业升级步伐，发展广深高新技术产业带，逐步建成为技术水平较高的全球制造业基地。福建应依托对台经贸的优势，带动海峡西岸经济带的发展。京津唐地区要发挥科研和人才优势，重点发展技术和知识密集型产业。东北等老工业基地要鼓励发展装备制造业和重化工业，结合大力改造传统产业，有选择地发展高新技术产业，逐步建成开放型的"新工业基地"。山东半岛要依托一批骨干企业，加快发展一批特色突出的产业集群和现代农业基地。以成都、重庆、西安、武汉、郑州等中心城市为龙头的中西部地区，要根据各自特点，有重点地发展高新技术产业，并主动利用沿海地区产业转移的机遇加快发展，努力建设一批资源产业基地、特色产业基地和现代农业基地。

（三）系统推进东北地区投资促进工作

目前东北地区仍不同程度地存在招商错位现象，主要表现在"四重四轻"现象：重"经营环境"轻"法制环境"；重"先期免费"轻"后期服务"；重"引资"轻"规矩"；重"外商"轻"内商"。因此，东北地区在招商引资的战略选择上，不应为手段所限，应采用更为广泛的形式，并积极加强与国内科研院所的科技交流及合作。除传统的利用外资方式之外，可选择利用外资和技术结合改进传统产业，强化技术引进的消化和创新机制，不断提高利用外资质量和水平。技术引进应借鉴日本的"上游引进"战略，强调"软件"，即通过高起点的引进，强化消化及创新机制，例如可采用与外资相结合的技术贸易方式。积极实施"走出去"战略，推动国际经济合作。加强东北区域经济合作，大力推进对内开放。

（四）积极实施"万商西进"工程，加大对东北老工业基地、中西部地区的支持力度，加强东、中、西部之间交流

例如，与经合组织（OECD）合作，就东北地区振兴的政策与措施进行研讨、交流；与世界银行集团（包括 MIGA、FIAS、IFC 等）合作，研究中部、西部地区在新形势下吸收外资、发展经济的思路与措施，设立"中国欠发达地区投资促进支持中心"；对中、西部地区在境内外开展投资促进工作予以积极支持；利用"中国国际投资促进会"、"全国投资促进机构联席会议"等平台，促进东、中、西部之间的工作、信息交流，提高工作效率，缩小地区差距。

（五）西部地区面临机遇与投资促进方式改进

后金融危机时代，西部地区发展面临着前所未有的发展机遇。第一，国家致力于扩大内需对西部地区而言是一个重大发展机遇。无论是扩大城乡居民消费、鼓励民间投资，还是建设国内市场、加大基础设施建设力度，对西部地区而言都是一个非常重要的战略性机遇。第二，西部地区要抓住国家构建现代产业体系的机遇。构建现代产业体系也包括发展战略性新兴产业。高新技术和先进制造业的发展以及现代服务业的发展，都会成为今后经济发展和产业结构调整的方向。西部地区一定要抢抓机遇，构建西部现代产业体系。第三，后金融危机时代，西部地区迎来城市化和区域化快速发展的机遇。城镇化的推动和户籍制度的改革，都将给西部地区的发展带来新的历史性机遇。同时，随着区域化速度的加快，西部地区的基础设施，包括航空、铁路、陆路等交通网络建设将进一步成为很多地方发展的重点。第四，随着我国外贸政策的变化，西部一些地区将迎来新的发展机遇。从 2010 年开始，"10＋1"中国与东盟自由贸易协

定全面实施。同时，"两岸四地"的经济融合和经济一体化将会加深，东亚地区内部相互贸易、相互投资的趋势也将加快，这对西部很多地区都是一个历史性的机遇，尤其对广西、云南这样的沿边省区意义更大。今后，西部地区向西开放应该是发展的一个亮点。第五，后金融危机时代，随着我国内部金融市场一体化的建设，西部地区将迎来发展金融业的机遇。经调查发现，现在西部很多地区的发展，尤其是西部中心城市的发展，都把本地区的金融中心、金融市场和金融业的发展作为地区发展的重中之重。这既是整个后金融危机时代我国出现的新变化，也是西部地区面临的一系列重大机遇。

西部地区更是后金融危机时代的投资"洼地"。西部许多城市将凭借良好的环境和多方面优势，吸引了越来越多的资本来此"落地生根"。这些城市就像一个"聚宝盆"，将汇集大量优秀企业和人才，高端产业和产业高端相融相生，产业发展与新城建设相互促进，包括金融总部商务区、金融后台服务业集聚区、软件园区，区域经济将实现和谐快速健康发展。

然而，西部地区投资促进能力较低、技巧单一，已成为影响西部投资环境的重要因素，特别是政府一相情愿拟定优先投资产业，投资者不予理睬；招商项目宣传资料受冷落；招商大会、海外考察作用不大。投资促进的具体方法很多，但如果实践验证某种方式效果不好，就应果断限制或停止使用。事实上，投资者满意的口碑是对一个地区投资环境的最高评价，也是吸引潜在投资者最有效的投资促进方式。同时应在西部地区设立专门的投资促进机构，引进国际专业化的投资促进操作方法，使西部地区的投资促进工作走向专业化、规范化、国际化。

（六）对口援疆与新疆发展

2010年新疆财政收入突破5 000亿元。对口支援省市每年 0.3％～0.6％财政收入用于援疆，总量不低于 300 亿元/年。其中，例如，喀什 2008 年兄弟省市给 39 亿元，相当于其 3 年财政收入（14 亿元/年），且每年递增。新的对口援疆机制代表了中央解决新疆发展问题、特别是基础问题、民生问题的决心。在初步明确了资金来源之后，相关政策也在中央新疆工作座谈会上出台，对推动新疆跨越式发展和长治久安作出重大决策部署，其中重要的一项就是促进产业援疆，特别是中央企业援疆。

（七）区域主导产业与投资促进

区域经济发展过程的实质是区域主导产业的发展与变换，从而带动整体产业结构先进、合理的过程。在当前国际产业转移呈现团组式、产业链整体转移的趋势下，主导产业已成为投资促进的引擎与区域经济发展的主动力。根据区域特点确定主导产业，着力将资本引向主导产业及相关配套产业，完善产业链，能最大限度地获得聚集经济效应，提升区域竞争力，因此，主导产业的确定是做好投资促进工作的重要内容。

1. 区域主导产业的选择

主导产业的概念最早由美国经济学家罗斯托提出，定义为"有革新创造的可能或利用新的或有利可图的或至今尚未开发的资源的可能，将造成很高的增长率并带动这一经济中其他方面的扩充力量"。国内关于主导产业的定义多源于此，"根据罗斯托的阐述，主导产业是指能够依靠科技进步或创新获得新的生产函数，能够通过快于其他产品的'不合比例增长'的作用有效地带动其他相关产业快速发展的产业或产业群。"根据主导产业的定义以及对既有区域主导产业的实践分析，主导产业大多具有以下特征：综合效益较好并在长时间内具有较大增长潜力；有较强的创新能力，获得与新技术相关联的新的生产函数，能够实现"产业突破"；产业链较长，关联度较高，具有很强的扩散效应，对区域经济发展的驱动力大；显著的产业规模和广泛的商品交换基础上的专门化、社会化、商品化；时间上的阶段性和空间上的层次性。主导产业随经济发展阶段的变化而不断转变，大产业带、综合经济区、省（市）区域层次不同，其主导产业也有所不同。值得注意的是，与支柱产业、基础产业不同，主导产业的重要性体现为它的扩散效应，也就是具有较高的产业关联度，能促进产业结构高级化。

2. 主导产业下的投资促进

在投资促进中，单靠拼资源、卖土地、给优惠等粗放式、初级型的投资促进策略已不合时宜，以确定主导产业、聚集上下游产品、降低综合配套成本、拉长产业链条、形成产业集群为核心内容的投资促进，正以其独特的吸引力和强大的生命力，吸引着大量投资，这有助于避免投资促进恶性竞争，降低投资促进成本，提升投资促进有效性，实现区域经济的跨越式发展。

同时，投资促进工作也将提高区域主导产业的竞争力，加快产业升级，推动区域产业结构高级化、合理化。主导产业是启动产业结构调整、实现产业升级的动力之一，根据确定的主导产业群，实施有针对性的投资促进，加大引资力度，加快高新技术项目的引进，能够提升主导产业的技术层次，实现产品升级换代；通过与外商的合作，引导区域内企业进入跨国公司全球配套网络，沟通主导产业与国际高新产业技术的联系，能够提高主导产业对于国际市场的适应性和竞争力，从而培育主导产业的生命力。

为此，要突出做好以下工作：明确投资促进重点，科学规划；顺应产业发展趋势，合理布局；合理引导投资方向，优化结构；完善相关政策和服务，重点扶持，等等。

第三节　后金融危机时代中小企业发展

2010 年 12 月 20 日中央经济工作会议指出，要实施稳健的货币政策，按照总体稳健、调节有度、结构优化的要求，把好流动性这个总闸门，把信贷资金更多投向实体经济特别是"三农"和中小企业，更好服务于保持经济平稳较快发展。面对后金融危机时代，中小企业如何求得生存并获得很好的发展是一个突出的问题。虽然说后金融危机时期的各种经济特征对中小企业的生存状况提出了严峻挑战，但是中小企业只要利用好政策，充分发挥自身的优势，及时调整发展策略，就会获得很好的发展。

一、我国中小企业发展状况

(一)总体情况

我国中小企业在国民经济和社会成长中发挥着越来越重要、不可替代的作用。现在中小企业有 4 242 万户，占全国企业的 99.8%，其中法人实体 420 万户。我国现有大型企业 2 500～2 600 户。我们大企业是顶天立地，中小企业是铺天盖地。

我们中小企业销售额占了所有企业销售额的 58.9%，我们的最终产品和服务价值占国家 GDP 58%左右。我们的税收占了 48%左右，我们的专利占了全国专利的 66%，我们的新产品占全部新产品的 82%，我们解决的就业占城镇净增就业人口的 3/4，也就是说大部分都是我们中小企业的国有、非公有制经济的发展。

中小企业在"十二五"期间面临新的形势、新的机遇，也面临着新的挑战。我们如何用科学发展观统揽中小企业工作，"十二五"提出我们要转变经济发展方式，提高自主创新能力，在这方面我们有大量的工作要做，在这种情况下国家提出中小企业成长工程意义非常重大。中小企业成长工程是以科学发展观统领中小企业工作的一个重大决策，它代表了国家的意志也代表了企业强烈的愿望，它也是我们在新形势下贯彻落实《中小企业促进法》和《国务院若干意见》的重大部署，是"十二五"期间中小企业工作的行动纲领，意义非常重大。

(二)后金融危机时代中小企业融资困境

1. 内源融资不足

内源融资是企业经营活动结果产生的资金，即企业内部融通的资金，是企业长期融资的一个重要来源。我国中小企业是从 20 世纪 80 年代初才刚刚起步的，中小企业自身的资本积累尚不足以支持企业的发展。同时，由于长期以来传统人文因素的作用，在企业的合作方面也因缺乏相互信任和完善的制度安排而难以协调多个出资人的利益关系，从而主要所有者的投入仍然相当有限。

2. 直接融资门槛高

中小企业的直接融资渠道主要是通过股权融资、债权融资、风险投资与资产证券化。我国资本市场虽已初具规模，但发展还不成熟，资本市场进入壁垒较高。大部分中小企业的经营规模和管理能力不能达到上市的要求；中小企业所能得到信贷资金品种也比较单一；我国的风险投资业处于探索阶段，存在着种种问题；资产证券化存在着投资主体单一、银行实行证券化意愿不强烈，以及相关法律金融制度不完善等问题。

3. 间接融资渠道狭窄

企业间接融资一般主要包括银行贷款、其他金融机构贷款等。其中，银行贷款是世界各国间接融资的最主要渠道。然而，按我们国家现在的基本情况，商业银行的大部分贷款都流入了一些大企业，中小企业要想从银行取得贷款那简直是一件"不可能的事"。

（三）后金融危机时代中小企业融资面临的机会

1. 宽松的财政金融政策所提供的机会

2008年8月以来，一系列旨在支持中小企业健康发展的金融利好政策和措施密集出台：8月，中国人民银行将劳动密集型中小企业小额贷款的最高额度从100万元提高到200万元；9月初，明确各银行业机构信贷规模在年初基础上增加10%，新增贷款主要用于中小企业等领域；9月中旬下调中小金融机构人民币存款准备金率1个百分点；11月，实行积极的财政政策和适度宽松的货币政策，在10项进一步扩大内需、促进经济增长的措施中，明确提出加大对中小企业的信贷支持。全面放开贷款规划限制，支持银行业金融机构加大对中小企业的信贷支持，央行再次下调中小金融机构存款准备金率2个百分点，比大型金融机构多下调1个百分点。从2008年12月23日起，下调一年期人民币存贷款基准利率各0.27个百分点，其他期限档次存贷款基准利率作相应调整。同时，下调中央银行再贷款、再贴现利率。此外，从2008年12月25日起，下调金融机构人民币存款准备金率0.5个百分点。财政对中小企业的支持力度之大更是罕见。

2. 税收改革所提供的机会

为应对全球金融危机对经济发展产生的不良影响，2008年11月，国家适时推出了增值税转型改革，增值税将由生产型转向消费型。自2009年1月1日起，在维持现行增值税税率不变的前提下，允许全国范围内的所有增值税一般纳税人抵扣其新购进设备所含的进项税额，未抵扣完的进项税额结转下期继续抵扣。同时，作为转型改革的配套措施，将小规模纳税人征收率统一调低至3%。此外，2008年8月1日起将部分纺织品、服装的出口退税率由11%提高到13%，自12月1日起，国家进一步提高部分劳动密集型产品、机电产品和其他受影响较大产品的出口退税率，财政部和国家税务总局还将通过调高增值税、营业税起征点等政策在税收上进一步鼓励中小企业的发展。

3. 竞争力可能借机提高

市场空间的扩大所提供的机会在这次金融危机中一些大买家和大型供应商遭受了巨大损失，经济效益下降会使他们采购的规模慢慢缩减，成本不断上升，导致竞争力下降。与之相比，中小买家却能获得更多的发展良机。比如，美国是个消费大国，美国人可能减少对欧美产品的消费，转而加大对中国基础品的消费力度。这给中国的中小企业提供了拓展市场空间的机会。金融危机使全球的外贸形势发生了根本性的改变，新的外贸形势要求中小外贸企业扮演更积极的角色：对外积极利用社会和行业资源，开拓有效外贸渠道；对内提升运营能力，提升核心竞争力。与此同时，国外买家为了降低采购成本，势必会减少商务旅行和参加展会的数量，进而更依赖中国的电子商务平台进行采购。我国中小企业充分利用电子信息平台收集更多的商贸信息，这有利于中小企业扩大市场空间，创造更多的贸易机会。

4. 经济萧条提供产业整合的机会

由于经历了经济危机的冲击，很多企业面临生存困难，有的甚至破产或倒闭，这给有些中小企业提供了延伸产业链进行产业整合与兼并的良好机会。中小企业要充分利用国家进行产业结构调整与升级的有利政策，利用第四次科技革命的契机，顺应国家鼓励科技创新的方针，通过收购、兼并等方式引进先进的技术和设备来实现产业结构升级。

二、后金融危机时代中小企业生存发展的策略

（一）调整产业结构，促产业结构升级

产业结构调整与升级是后金融危机时代各国都在倡导的经济发展策略，我国长期以来存在传统产业技术落后，产业结构分布不合理的问题。这次金融危机使国内的传统制造业受到挑战，特别是有些产业出现重复建设或产能过剩的现象，这就需要我们进行产业升级和技术改造。因此，中小企业一是要顺应国家的产业规划调整与振兴计划，进军国家鼓励发展的、有利于扩大内需的产业，如家电下乡和汽车、家电以旧换新政策、低碳经济的代表——新能源等有关的行业，积极开拓新兴市场。二是要顺应国家产业政策进行产业转移，主动

融入建设先进制造业基地和现代产业集群的潮流中。在产业结构调整的同时还需要提升、优化传统产业。中小企业是以外贸为主的出口型企业，可以积极利用外贸和外资来进行产业的升级。一方面，要利用我国的比较优势，大力发展劳动密集型产品，努力提高其中的技术含量，同时，注重引进国外先进的生产设备和技术以及不可再生的生产性资源产品。另一方面，在现有比较优势基础上，抓住新一轮全球产业结构调整和我国市场进一步开放的有利时机，通过技术创新，培育新的资本技术密集型产业，进一步促进资本、技术密集型产品的出口。同时，能及时消化、吸收引进的先进技术，通过学习模仿，在技术创新的基础上，开发出自己新的产品和技术，从而提升和优化我国进出口产品的结构，提高产业的整体竞争力，促进产业的不断升级。在产业调整与升级的同时，中小企业要瞄准市场与时机进行产业链的延伸与扩张，选好伙伴加快重组，把自己做大做强。在后危机时代，企业往往要进行大洗牌，优胜劣汰，淘汰落后的产能，发展高新技术产业、环保生态产业，中小企业要在洗牌中调整自己的结构和产业定向，加快兼并重组的步伐。

（二）实行自主创新和品牌战略

创新是节约资源、节约能源、节约人力、节约经济成本的一种方式。我国中小企业很大的弱势就是缺少创新能力，过去依靠低劳动力所占的出口优势已逐渐丧失，在产品创新和技术设备的升级上投入更多的精力，要依靠加快新产品研发、提高技术含量等来打造核心竞争力。通过自主研发，扩大自己无形资产，促进产品从低附加值向高科技含量转变，建造具备小规模定制、个性化生产、低消耗、高附加值等特点的企业，塑造自己的高科技品牌，这样才能在竞争中立于不败之地。中小企业要抓住世界第四次科技革命的契机，充分利用国家对科技创新和自主创新方面的政策鼓励和资金资助等有利时机，进行"技术升级"和"产品创新"。

（三）发挥集群效应

利用集群效应实现中小企业的国际化在竞争日益激烈的经济全球化进程中，中小企业必须实行集群发展战略。根据全球价值链模型，如果一个集群能够融入国内产业链，其产品市场就可以得到充分扩展；如果一个集群能够嵌入全球价值链中去，成为全球价值链的一部分，就可以带动集群的产品走出国门，从而为集群的持续发展奠定基础。在后危机时代，由于缺少品牌与核心竞争力，中小企业依靠单个企业很难获得国际订单，但是，若通过企业集群就可形成统一对外促销、规范品质标准、认同专项技术、推广共同商标、共享集群信誉等效应。通过统一对外谈判，中小企业集群可以获得更多订单，并更容易获得政府产业优惠政策。在一个产业集群中，中小企业可动态而持续地为核心大企业提供配套协作服务，将自己的发展同核心大企业紧密结合，成为企业集群生产经营体系中的一个组成部分。通过集群协作，中小企业可建立起相对稳定的供销渠道，在一定程度上缓解市场竞争压力，降低经营成本，依附核心大企业而融入全球价值链。集群协作策略是中小企业实现全球价值链从低端环节向高端环节跃升的重要途径。

（四）加强内部控制，充分利用电子商务来降低成本

在后金融危机时代，虽然全球需求有所反弹，但是与以前相比还是比较低的，企业的人工成本也大大提高。另外，西方发达国家的"再工业化"政策也给我国中小企业的发展带来了一定的压力。在一定的市场份额内，中小企业要想获得竞争优势，必须加强内部控制从而降低成本，而采用电子商务是一种有效的办法。电子商务可以极大地降低中小企业的生产、经营与交易成本。原材料的采购、产品的成本和交易等都可以集成到电子商务这个链条上，从而实现中间渠道缩短、广告促销费用降低、管理成本降低，等等，这都将使企业的运营成本大大降低，增加赢利能力。

（五）充分利用贸易政策发展对外贸易

在后金融危机时代，各国为了转嫁经济危机带来的损失，希望在经济复苏过程中抢占先机，贸易摩擦会不断增多，为此，首先，应树立"以质取胜，质量第一"的观念，依靠科技进步，重视科技成果在生产中的运用，不断开拓新产品，在提高产品的质量、档次和加工深度上下工夫。其次，要积极推行国际标准，提高我国标准档次。再次，要实施名牌战略，中小企业通过创名牌，塑造其在国际贸易中的形象和地位。最后，在市场开拓方面要实施市场多元化，多方位、立体式构筑全球多边贸易体系，走专业化、差异化道路，突出自己的特色和核心竞争力。在贸易实务操作中严格按照国际贸易惯例办理。这些措施在一定程度上能够规避贸易风险。

三、高度重视和解决中小企业投融资问题

（一）着力解决中小企业融资问题的对策

1. 中小企业自身方面

后金融危机时代，中小企业在激烈的竞争中应从根本上提高内源融资能力。具体措施例如，规范财务成本管理制度，硬化企业财务约束，严格执行折旧提成制度，建立以留存盈利增补企业资本金的制度等。此外，在后金融危机时代，中小企业应该抓住金融危机给其带来的诸多机会，提高企业的核心竞争能力，尽可能使企业价值最大化，并在此基础上提高企业的内源融资能力。企业的不同发展阶段所需要的资金支持应是不一样的，企业应根据所处的时期

（如创业期、成长期、成熟期、衰退期）选择适合企业的融资方式及风险规避方式。

2. 银行方面

商业银行要根据中小企业的特点和需求，开发适合中小企业的信贷产品，构建各具特色的创新金融服务产品。针对中小企业不动产少的情况，积极扩大贷款担保抵押物权的范围，同时对有良好信用的中小企业，应适度发放信用贷款。要积极探索建立符合中小企业特点的信用征集、评级和发布制度及奖惩机制，发展完善中小企业客户的风险控制机制，提高对中小企业的金融服务水平，根据中小企业的特点，不断改进信贷授信审批机制，完善信用评估机制。

3. 政府方面

首先，政府要切实转变职能，优化行政服务环境，加强政府为中小企业的服务职能，从税收、财政支出、贷款援助等各方面建立和完善我国中小企业资金扶持政策体系，解决中小企业的共性问题和个性问题。其次，政府应努力减轻企业负担、清理各种形式繁杂的收费项目，把收费项目限定在合理的范围内。最后，政府应根据《中小企业促进法》，抓紧制定《中小企业发展基金管理办法》和《中小企业信用担保管理办法》等法律、法规；尽快出台中小企业信用担保、基金管理等方面的暂行办法，依法推进融资环境的改善。

（二）后金融危机时代中小企业融资途径选择

中小企业融资途径有多种，不能仅限于银行贷款一种方式。主要有：

1. 债权融资模式

它包括：国内银行贷款；国外银行贷款，自 2006 年 12 月 11 日对外资银行全面开放，为非限制性贷款，利率高，还款方式多；发行债券融资；民间借贷融资，主要形式：纯粹个人行为、商业化较浓、民间担保；信用担保融资；金融租赁融资；可转换债券融资，等等。

2. 股权融资模式

它包括：股权出让融资；增资扩股融资，即扩大股本融资，按价格分溢价扩股和平价扩股，按来源分内源增资扩股（集资）和外源增资扩股（私募）；产权交易融资；杠杆收购融资；引进风险投资；投资银行投资；国内上市融资，即 A 股；境外上市融资，即香港 H 股和 B 股；买壳上市融资，等等。

3. 内部融资和贸易融资模式

它包括：留存盈余融资；资产管理融资；票据贴现融资；资产典当融资；商业信用融资；国际贸易融资；补偿贸易融资，等等。

4. 项目融资和政策融资模式

它包括：项目包装融资；高新技术融资；BOT项目融资；IFC国际投资；财政资金融资；产业政策投资；信托融资，成功关键：一是项目本身具有优势，二是能否制订良好信托投资计划，降低信托投资风险。

5. 消费资本融资

（见第六章）。

6. 财政资金融资

每年国家财政投入资金支持中小企业发展，大致形成"多架马车"支持形势，即国家发改委、财政部、商务部、科技部、农业部、文化部、开发银行等。必须加强中小企业财政资金申报与管理工作。

第四节 后金融危机时代企业风险规避

尽管金融危机与金融创新和美国次贷危机关系密切，但金融危机的真正罪魁祸首却是隐藏在这些创新背后贪婪的欲望和对风险控制的极端漠视。

一、企业风险所在

金融危机对企业的影响表现在各方面：①市场需求减弱。企业产品受国际市场价格下跌的影响，难以实现生产增值，导致企业生存空间减小；外贸出口减少，企业销售渠道受阻，企业发展受到制约。②资金占用增加。由于市场疲软，企业资金占用增加，不仅增大了财务成本，也使企业资金周转面临严峻挑战。产品外销后，货款未能及时到账，导致生产资金链条出现周转困难。③投资速度减缓。对金融危机，由于企业目前抗击风险能力弱，银行对其回收贷款资金来源没信心，而且，企业贷款不易于管理，所以导致各企业向银行贷款处于难上加难的境地。因此，企业投资改造、投资扩张都难以进行，导致新办企业固定资产：投资建设速度减缓。受金融危机影响，企业融资空间小，资金链容易中断。④信心遭受冲击。由于这次金融危机是第一次对我国企业产生如此深刻影响，很多企业家缺乏足够的心理准备，在困难面前普遍信心不足。具体表现为：投资信心不足，签约项目落地率不高，未开工项目延缓开工，在建项目投资进度放缓，建成项目推迟投产；拓展市场信心不足，持等待观望态度者居多，而且已有企业已经采取了"放假式"的裁员措施。

二、应对风险措施

后金融危机时代，中国经济稳步回升。企业作为创新主体，必须与时俱进，主动应对，对策如下。

（一）加强对风险与危机深刻的认识

对于企业来说，首先应当对风险与危机有深刻的认识。无论是华尔街的衰落，还是全球的金融危机，当危机发生时，相信每一个人都会问一个问题：为什么会走向与平衡背道而驰的极端？最有力的答复就是是否真正认识到了"风险"与"危机"的真正含义。对于企业来说，没有风险管理体系；对于一名企业的高层领导来讲，没有风险和危机意识，就是最大的风险和危机。

（二）关注企业的法律风险

企业作为独立法人实体的角度看，企业风险主要有自然风险、商业风险和法律风险。法律风险是以承担法律责任为特征的风险。具体而言，企业法律风险是指企业由于未实施或未有效实施法律控制措施，而导致企业利益发生损失的可能性。

企业的各种行为如改制、并购重组、对外投资、合同履行和营销行为等都存在不同程度的法律风险，因此任何企业都要重视风险、防范风险、化解风险。法律风险一旦发生，企业自身难以掌控，往往带来相当严重的后果，有时甚至是毁灭颠覆性的灾难：企业财务与商誉的损失、高管人员的责任、企业的彻底毁灭等。

法律风险控制中，应当注意：一是究竟采取哪种方式解决法律纠纷，应该在诉前就进行风险度的识别和分析，并加以控制；二是有些法律纠纷是绝对不能进入诉讼领域的，一旦进入根本无法控制，最后的胜诉或败诉对企业来讲已经根本不重要了；三是企业的高层领导和每个企业法务工作者要认真总结这方面的教训，并时刻提醒自己：事后救济不如事中控制，事中控制不如事前消除。

（三）改革企业经营战略，从竞产品转向竞品牌

品牌是无形资产，品牌是高利润的回报，企业要加大投入营造品牌，耐得住寂寞，经过长时间的包装和宣传，才能得到社会的认可。核心技术的研发，品牌的打造是高端的竞争。企业要把经典产品品牌化，用心研发产品新潮化，才能占领市场，赢得更多消赞者。

（四）加快产业结构调整，从低端化走向高端化

世界经济经过全球化的洗礼，产生了新的分工链。一类国家办银行，像美国这类的发达围家，将实体经济都转移到海外，集中精力办银行，办虚拟经济，办资本市场，现在办过了头，办出了泡沫，酿就了金融危机；二类国家办工厂，像中国等东南亚国家牺牲着资源，搭上廉价劳动力，用低汇率形成低价位竞争优势，占领全球市场；三类国家卖资源，像俄罗斯卖油、卖煤，中国过去卖一次性筷子，都是在消耗自己的资源，靠卖资源获得经济的发展。在经济

全球化的大格局中，一个国家、一个省区，企业的竞争也在不断地产生分化，所以我们要调整好自己的产业结构，抓好产业升级，从低端化走向高端化。

(五)加大自主创新力度

从模仿型走向研发型，提升核心竞争力。中国是世界工厂，世界各国市场上都有"中国制造"，我们要研究将其变成"中国创造"。胡锦涛主席提出，到2020年，我国要变成创新型国家。创新主体是企业，创新的灵魂在于研发，加大专利的申报量，加强自主产权的申请和保护，加入对新产品、新技术的投入和研发，增大无形资产，增强企业形成核心竞争力，企业才能从模仿型走向研发型，实现提档升级上水平。

(六)加强企业文化建设，竞争热点由硬实力转向软实力

一个成功的企业必须有成功的企业文化。企业文化是一种管理，为企业打造一个统一的磁场，使每一个员工像钉子一样被磁场所吸引，朝着一个方向努力，形成共同的价值观和行为取向，激发企业精神，传承企业文化，增强企业活力。所以一个有特色的成功的企业文化可以整合员工，放大团队的力量。市场上企业产品的竞争最后延伸为企业文化的竞争。高档的管理是文化的管理，高端的竞争是文化的竞争，这是市场竞争新形势带来的新挑战。

企业之间的竞争低阶段有三个竞点，现在又有新的三个竞点，有市场，有商机。过去企业在低端阶段，主要竞成本、竞价格、竞质量，成本靠规模，质量靠管理，这是必要的，但这只是低端的竞争。高端化的竞争一是竞文化，谁的企业文化好，谁的产品蕴涵的文化含量就高。企业向消费者提供的产品既有使用价值又有文化价值。随着人们生活水平的提高，更加追求产品的文化含量。所以高端的竞争，内部是企业文化品位的竞争，外部是产品文化含量的竞争。我们的所有产品都力求提升自己的文化品位。二是竞服务，谁的售中、售后服务健全周到谁就能赢得更多的消费者。海尔提出为客户做终身服务，所以现在做得很大。过去的春兰空调现在销声匿迹了，它提出的理念就是错误的，好空调不需要服务，结果被市场所淘汰。所以服务很重要，今后的竞争是产品之外的外在的竞争最终体现为是服务上的竞争。三是竞品牌。为什么人们都愿意花高价去买金利来领带呢？因为金利来有文化含量，形成了品牌效应。消费者带上金利来是一种文化上的享受、精神上的愉悦，是一种身价和尊严的显示。

(七)情报战略与商业秘密保护同样重要

在后金融危机时代，企业在风险控制之外，还须注意情报战略与商业秘密保护。力拓案件就是一个很好的例子。澳大利亚力拓集团驻上海办事处的胡士泰等4名员工涉嫌窃取中国国家机密被拘，震惊业界，这是自2004年铁矿石

谈判以来为公众注目的最大新闻。由于以力拓为代表的国际铁矿石垄断商通过窃取情报,几乎完全掌握了中国国有钢铁企业的核心信息,从而在铁矿石谈判中洞悉了中方的底牌,使得中国钢铁企业累计损失高达 7 000 亿元人民币。

（八）企业建立与实施有效的内部控制制度和控制程序

全球金融危机的爆发使得企业经营环境恶化,中小企业出现了倒闭,充分暴露了内部控制诸多方面存在的问题,因此,企业建立与实施有效内部控制成为企业的燃眉之急。2008 年 6 月 28 日财政部、证监会、审计署、银监会、保监会联合发布的我国第一部《企业内部控制基本规范》(2009 年 7 月 1 日实施)也涉及企业风险管理的内部控制。企业建立与实施有效的内部控制,应当包括下列要素。

1. 内部环境

内部环境规定单位的纪律与架构,影响经营管理目标的制定,塑造单位文化并影响员工的控制意识,是企业实施内部控制的基础,它通常包括下列几个方面:单位的治理结构、单位的内部机构设置及权责分配、内部审计、人力资源政策、企业文化等。

2. 风险评估

风险评估是企业及时识别、系统分析经营活动中与实现内部控制目标相关的风险,合理确定风险应对策略的过程,是实施内部控制的重要环节。风险评估主要包括目标设定、风险识别、风险分析和风险应对。企业必须制定与采购、生产、销售、财务等业务相关的目标,设立可辨认、分析和管理相关风险的机制,以了解企业所面临的来自内部和外部的各种风险。

3. 控制活动

控制活动是企业根据风险评估结果,采用相应的控制措施,将风险控制在可承受度之内。常见的控制措施有:不相容职务分离控制、授权审批控制、会计系统控制、财产保护控制、预算控制、营运分析控制、绩效考评控制。

4. 信息与沟通

信息与沟通是企业及时、准确地收集、传递与内部控制相关的信息,确保信息在企业内部、企业与外部之间进行有效沟通,是实施内部控制的重要条件。

5. 内部监督

内部监督是企业对内部控制建立与实施情况进行监督检查,评价内部控制的行效性,发现内部控制缺陷,及时加以改进,是实施内部控制的重要保证。

后金融危机时代,中国企业只要顺应国际潮流,抓住全球结构调整的机会,埋头苦干,中国企业头顶的光环,不仅是中国制造的光环,而应该产生更多的中国创造的光环。

第十一章 部分投资促进案例简析

本章在第五章"投资促进方式、模式与有效构成"的基础上，具体列举和分析国内部分通过富有特色的模式做好投资促进工作的案例，以供投资促进工作者参考[①]

案例一：上海张江高科技园区——"产业集聚"模式

注解：产业集聚能够强化企业间协作、降低成本，提高企业以及地区竞争力，从而吸引大量投资者。基于建设成国家自主创新示范基地，具有国际竞争力的科学城，真正提升横式服务功能的发展目标，张江高科技园区利用园区"产业集聚、布局集中、用地集约"的特点，把外来企业集聚到园区，延长产业链，形成产业聚集，推动簇群经济和块状经济的发展，取得了巨大成功。

世界高科技产业重心从美国硅谷经过日本、韩国、中国台湾转移到中国内地，从而形成了"北有中关村，南有张江园"态势。作为支撑上海先进制造业发展的六大产业基地之一"国家微电子产业基地"的核心区，张江高科技园区跳出简单的开发区发展模式，走出了产学研驱动、引领制度创新的大胆思路。作为开发、引资、运营主体的张江集团不做简单的开发区房地产开发商，其投资促进工作被誉为园区发展的"生命线"，从引进生产线到建立完整的产业链，从追赶先进技术到与全球同步研发或引领先进技术，张江不只是一个区域名称，已成为中国高科技产业发展的一个缩影，改革开放成果的一个标识。

（一）高科技集聚与产业溢出

上海张江高科技园区位于浦东新区，是国家级高新技术园区，成立于1992年7月，规划面积25平方公里。1999年8月，上海市委、市府颁布"聚焦张江"战略决策，明确园区以集成电路、软件、生物医药为主导产业，集中体现创新创业的主体功能，此后园区步入了快速发展阶段。截至2007年年底，园区累计注册企业5 000余家，其中外资约2 000家，研发机构140家。

开发至今，园区构筑了生物医药创新链和集成电路产业链的框架，建有国家上海生物医药科技产业基地、国家信息产业基地、国家集成电路产业基地、国家半导体照明产业基地、国家863信息安全成果产业化（东部）基地、国家软

---

① 注：本章参考或转引自商务部投资促进局"投资促进实务与案例集萃"，2010年。

件产业基地、国家软件出口基地、国家文化产业示范基地、国家网游动漫产业
发展基地等多个国家级基地。在科技创新方面，园区拥有多模式、多类型的孵
化器，建有国家火炬创业园、国家留学人员创业园，一批新经济企业实现了大
踏步的飞跃。"自我设计、自主经营、自由竞争"和"鼓励成功、宽容失败"的园
区文化和创业氛围逐渐形成。

　　信息技术(IT)和生物技术(BT)是 21 世纪中前期全球范围内最新兴、活
跃、具挑战性和普惠于大众的产业，也是国家中长期科技发展的战略产业和关
键产业。经过铺垫式探索和"聚焦张江"战略，园区在 IT 和 BT 领域重点培育
并形成了集成电路、生物医药、软件三大支柱产业，发展并建立了文化科技创
意、金融信息服务(银行卡)、光电子和信息安全四大关联产业，真正形成了国
家战略产业和关键产业的集聚。

　　高科技产业的集聚不仅仅体现在企业的集聚上，更体现在功能的集聚上。
"十五"期间，浦东新区提出"大力吸引跨国公司地区总部落户浦东"的战略举
措，园区密切跟踪外商投资动向，积极开展营销，最终形成了跨国公司地区总
部争相会聚的局面。跨国公司地区总部在空间布局上与浦东新区"两个聚焦"战
略相符，体现合理性和集聚特征。从集聚浦东新区的 75 家跨国公司地区总部
来看，除了近一半属于金融机构集聚在陆家嘴功能区之外，有 17 家跨国公司
地区总部集聚在张江功能区，占 24％，跨国公司 6 家研发中心中通用电气、
杜邦、德州仪器、英飞凌 4 家在张江注册。

　　园区在促进高科技企业集聚的同时，形成了高科技产业对周边地区的溢出
效应。园区孵化出的许多企业在研发成功以后，将生产基地设在江浙一带。比
如日资迪赛诺在研发新药后将工程设在苏北大丰；留学生企业商迪亚在研发新
药后将工厂设在了嘉兴。

　　(二)人才集聚与产学研一体化

　　园区跳出传统的开发区发展模式，积极贯彻政府相关优惠政策，通过提供
舒适的居住、学习环境构筑人才高地，实现产学研驱动的发展机制。目前为
止，园区集聚了两院院士 20 余名，博士后流动站 14 家，博士 2 100 多名，硕
士 11 700 多名。就业人才总数达 13 万人，其中 80％以上是大学以上文化，
80％以上是 35 岁以下年轻人。两个 80％凸显了张江园区的含金量和创新力。

　　园区引进的国内外研发机构和重点大学，包括复旦大学微电子研究院、交
通大学信息安全工程学院、上海中医药大学、新加坡南洋理工大学、北京大学
上海微电子研究院，其引进基准都与产业领域相匹配。

　　人才集聚为研发提供了保障和后续发展动力，形成了产学研一体化的格
局。园区集聚了 140 多家半导体芯片设计企业，其中多家从事芯片标准制定，

如从事手机 3G 的展讯通信、手机电视接收的泰景多媒体、高清电视传输与接收的上海高清等企业。园区的 IC 产能占全国的 50%，其中两家著名的企业：宏力 8 英寸工厂每月产能达到 1.2 万片；中芯建有 3 个 8 英寸、1 个 12 英寸芯片生产企业。

（三）聚焦战略与品牌共享

张江从一片寂寥冷清、默默无闻的郊野农田成为海内外投资家和创业者瞩目的焦点，超越了普通的地理概念跃升为中国高科技园区的著名品牌。实现这一历史性跨越的是 1999 年 8 月启动的"聚焦张江"战略一举全市之力推进张江，使之成为上海乃至中国技术创新的样板和高科技产业的龙头。"聚焦"后短短 20 个月，信息产业、生物医药产业和科技创业三大基地轮廓初显。

2006 年，国务院批准"上海高新技术产业开发区"更名为"上海张江高新技术产业开发区"，包括张江高科技园区、漕河泾新兴技术开发区、金桥现代科技园、上海大学科技园、中国纺织国际科技产业城、嘉定民营科技密集区，简称"一区六园"。由"一区六园"组成的上海高新区统一打出"张江"牌，不仅是张江品牌的扩展，也是高科技园区的辩证发展思路，从而真正形成"北有中关村、南有张江园"的新格局。更名后的"上海张江高新区"以浦东综合配套改革试点为契机，以核心区张江高科技园区的建设带动和辐射其他各园区发展，从内涵和外延上同步推进以自主创新为核心的"二次创业"。

当然，品牌共享并不等同于品牌整合。由于各园区间发展不平衡等原因，从资源整合、功能分工、自主创新到凸显张江品牌效应、形成整体优势等方面还有较长的路要走。

（唐胜春　提供）

案例二：合肥开发区引进高新技术产业——"产业梯度转移"模式

注解：产业梯度转移是大势所趋，也是中西部地区实现跨越发展的一条捷径。位于中部地区的合肥市经济技术开发区在产业梯度转移的时代背景下，依托区位优势、人才优势、成本优势、文化优势，优化发展环境，创造比较优势，吸引了一批发展前景好、带动效应强的高新技术企业，并形成了敢冒风险、选准项目、创新举措、高效服务等中西部地区开发区承接产业梯度转移的经验。

近年来，合肥市经济技术开发区抢抓沿海发达地区产业向内地转移的历史机遇，解放思想，改革创新，优化发展环境，创造比较优势，先后吸引了捷敏、杰事杰等一批发展前景好、带动效应强的高新技术企业入区发展，为实现

"多领域领跑中西部国家级开发区"迈出了坚实的一步。

（一）合肥开发区引进高新技术企业的优势

一是区位优势。杰事杰、捷敏将公司主业从上海西移合肥既是产业转移的必然结果，也是高新技术实现规模产业化的理性选择。合肥承东启西、连南接北，是沿海的腹地、内地的前沿，紧邻全国最具活力的"长三角"经济圈，优越的区位条件使合肥成为承接新一轮产业梯度转移的"近水楼台"。近年来，国家把合肥作为区域性综合交通枢纽，相继开工建设合宁、合武高铁和新桥国际机场、合肥新港以及合淮阜、合六、合黄高速公路等重大基础设施项目。自2005年以来，合肥开展以道路等基础设施建设为重点的"大建设"，城市内外交通条件日趋完善，承接产业转移的能力明显提升。库里介绍说，捷敏全球生产总部设在上海嘉定，从嘉定到合肥，车程只需4个小时，飞机往来更快。这有利于两地人员相互交流和支持，有利于决策和投资的平衡。未来，嘉定将成为捷敏产业配套研发基地和国际新技术、新设备的科技创新窗口，而合肥则是捷敏大幅提高产能的生产基地。

二是人才优势。捷敏、杰事杰等外地高新技术企业纷纷落户合肥的一个重要原因，就是合肥科教资源丰富。当初，捷敏在考察合肥时，惊讶地发现，合肥竟有59所高等院校，每年有6 000多名学习电子工业的毕业生。做半导体行业，专业技术人才是最重要的。目前，合肥还没有从事半导体专业的工业基地，这些毕业生大多要到外地去谋职业，而捷敏进驻合肥经济技术开发区，可就近纳聘这些专业人才，使他们的专长得到更好地发挥。

三是低成本优势。降低成本，是每一个企业都面临的问题。合肥作为内陆城市，劳动力、土地等要素价格相对较低，供给量相对充沛，这种低成本优势正是吸引捷敏、杰事杰等高新企业转移至合肥市的一个重要因素。捷敏电子公司总裁理查·库里介绍，特别是2007年美国"次贷危机"后，美国高新技术产品市场竞争越来越激烈，这就要求全球的高新技术企业必须千方百计降低生产成本。捷敏移师合肥，最关键就是看重合肥的低成本优势。据测算，捷敏转移至合肥，除土地成本外，公司各项运行成本下降近40%，其中企业管理人员成本下降2/3，一线生产员工成本每人每月可降低300元。杰事杰认为，合肥目前已成为中国家电、汽车等行业的重要基地之一，杰事杰移师合肥可以贴近市场，位于合肥的长虹、江汽、国风、海尔、江森自控、延锋伟世通等正在成为杰事杰的客户，近60%的产能可在合肥市场消化，产品运输成本大大降低。

四是文化优势。在新一轮产业转移大潮中，众多高新技术企业选择合肥，其中的创新创业文化氛围也是一个重要因素。千百年来，合肥文化始终保持着鲜明的个性，其开放开明、诚朴诚信、创业创新的人文精神在传承中发展。当前，合肥文化的优势已经转化为现实生产力，超常规、跨越式发展的态势，极大地鼓舞了外地高新企业落户合肥的信心。合肥一直是徽商文化的重要组成部分，群众历来有着强烈的勤奋进取、艰苦创业的创新创业传统。捷敏需要国内最顶尖的半导体专家，而这些人才不可能全部在合肥招聘，必须面向全国，尤其是在省外工作的安徽人才。因此，捷敏在外地招聘人才时，首先宣传的不是企业，而是合肥这座城市，特别针对那些在省外工作的安徽人才，把合肥近年来发生巨大变化对外推介，使他们对来合肥发展充满希望，先后从全国成功网罗了600多名安徽籍人才。此外，他们还加强与合肥高校合作，注重培养本土化的半导体工程师。杰事杰选择合肥，其中一个重要原因也是对合肥文化传统的高度认同和浓厚的乡土情结。杰事杰从董事长到普通员工，绝大多数都是来自安徽本省。

（二）合肥开发区引进高新技术企业的服务

1. 并联审批制，加快项目落地

为使项目尽快落地投产，合肥经济技术开发区对工业项目审批实行并联审批，开辟绿色通道，把项目审批由过去的单项逐次审查改为多项合并审查。对企业报批事项，采取多部门并联审批，同时办理多项手续，简化了办事程序，大大缩短审批时间，项目从立项到开工的周期也由过去的几个月缩短到6个工作日。对重点项目和高新技术项目实行"绿色通道"制度，企业厂房建设的土地、规划手续必须向省市报批的，可以允许先开工，边开工边补办手续。便捷的审批、高效的服务为捷敏、杰事杰的快速发展创造了条件。如杰事杰从签订合作协议到投资代建协议，仅用了不到1个月的时间；从开工奠基到产品投产，仅用了1年零2个月的时间，其间还克服了春节、雨涝耽搁的工期2个月，累计完成7万平方米工程量，杰事杰公司称之为"创造了公司建设史上的一个奇迹"。

2. 项目代建制，缩短建设周期

根据高新技术企业的特点，合肥经济技术开发区创造出了"项目代建"新模式，加快项目建设进程。项目代建制采取厂房由开发区所属的专业项目公司代建，资金由开发区垫付，企业在3～5年内分期回购。

项目建设前期，合肥经济技术开发区海恒集团围绕捷敏、杰事杰的项目征地拆迁、市政配套、综合管线等开展了大量协调实施工作，协助业主单位完成项目可行性分析、项目策划和项目可行性研究报告；派出专业技术人员完成项目开工前的各项审批手续；协助招标单位组织工程勘探、设计、监理、施工、安装、材料设备采购等的招标工作；向业主提供全面的技术咨询服务、参与合同谈判与签订；负责优化设计、核查初步设计、施工图设计、工程预算和施工组织方案等工作。项目建设中，海恒集团对工程质量、进度、投资、安全、文明施工等各项目标实施严密监管，对每一道施工工序进行全面监管，按时编制项目实施进度计划和财务预决算，并报投资方批准。为了合理、有效地利用建筑单体，他们还会同投资方多次到捷敏项目施工现场对工程图纸进行会审修正，满足生产工艺要求。在质量管理方面，海恒集团坚持防患于未然，坚决不返工的原则，注重过程管理，对每一道施工工序进行全面监管，按时编制项目实施进度计划和财务预决算，并报投资方审批。在杰事杰项目建设中，严格执行工程质量"三检"制，即自检、互检、交接检，确保工程质量与设计要求保持一致。

通过项目代建，使企业从烦琐的建设程序中解脱出来，让专业的人做专业的事，更好地发挥各自的优势。海恒集团拥有丰富工程建设管理经验和熟悉相关报批流程，大大缩短前期报建时间，为工程后期建设赢得了时间。另一方面，捷敏、杰事杰可以集中资金和精力做产品研发、生产线购置、高级人才储备、营销网络的布点、市场开拓等工作，为迅速投产创造了条件。

3. 多渠道融资，打破资金瓶颈

高新技术企业多属资金密集型企业，研发投入、设备购置等对资金的需求较大。特别是像捷敏、杰事杰等有产品、有市场的企业，正处在规模扩张期，普遍存在融资难的问题，如果政府协助企业融资，有助于企业的迅速成长。在为杰事杰融资过程中，开发区创造了反担保的新模式，即由海恒集团为合肥杰事杰提供担保，同时再由上海杰事杰为海恒集团提供反担保，此举迅速为企业筹集了所需设备采购资金，同时增强风险可控性，在一定程度上规避了担保风险。针对杰事杰缺乏建设资金的实际情况，合肥经济技术开发区还委托海恒集团投资 3 000 万元，参股 8%，扶持企业发展。待企业成功上市后，海恒集团全部退出持有股份。

4. "保姆式"服务，优化成长环境

捷敏、杰事杰这两家企业之所以能落户合肥，并在短短的一年多时间内，实现快速发展，其中最主要的原因就是合肥经济技术开发区及市直有关部门为企业提供"保姆式"服务，以实际行动践行着"为投资者服务"。捷敏、杰事杰在厂房建设过程中，由于资金的压力，项目一度面临停工的紧急时刻，经济技术开发区管委会提出即使职工工资暂时停发也要保证工程进度，全力支持项目建设。在项目投产过程中，捷敏因生产需要 1 600 万美元，但由于该公司总部在国外，本地银行对其不太了解，不敢向其提供如此大额度的贷款。市领导得知情况后亲自出面，协调处理，最终成功融资。2007 年年底，合肥市对杰事杰公司项目鼓励类确认书的认定，使该公司进口设备享受了免税，仅此一项即为该公司进口设备节约成本80余万元。2008年，合肥市又将杰事杰公司确定为全市14户重点工业企业之一，进行重点调度和政策支持。捷敏公司对电力供应要求非常高，断电0.1秒都会使电子元件报废，为此，经济技术开发区想尽一切办法，帮助协调有关部门，确保其用电安全。

（三）合肥开发区引进高新技术企业的成效

捷敏、杰事杰都是从上海转移到合肥的高新技术企业，近年来，这两家企业以惊人的发展速度、辉煌的经营业绩，令众人瞩目，犹如两只凤凰，在庐州大地翩翩起舞。

1. 企业发展速度惊人

捷敏、杰事杰自落户合肥以来，企业发展呈超常规、跨越式的态势。捷敏是一家致力于半导体电源管理集成电路封装和测试业务的外资高新技术企业。1998年诞生于美国硅谷，2000年10月，捷敏电子（上海）有限公司成立。2007年，公司已拥有1 880名员工，年销售额达到了1.2亿美元，入选"上海2006年成长最快的十佳公司"。2006年，为进一步拓展发展空间，捷敏先后考察了甘肃、成都，四川、深圳、东莞、合肥等地，最终选择并落户合肥，从此，捷敏迎来了一个高速发展时期。捷敏电子（合肥）有限公司一期项目规模24 200平方米，2006年6月28日开工，2007年6月18日竣工交付使用，7月投产，仅用11个月就达到利润平衡点。杰事杰是一家民营高新技术企业，重点从事工程塑料及高分子复合材料的研究、开发、产业化及"四技"服务。2006年，在合肥注册成立合肥杰事杰新材料有限公司，一期项目规模79 032.3平方米，2006年10月16日开工，2007年10月28日投产。

2. 技术水平世界领先

捷敏和杰事杰有一个共同的特点，就是在业内都拥有世界领先的核心技术。捷敏拥有30多项国际专利，2001年，通过了ISO 9002和ISO 9000认证。2003年8月，通过了ISO 14001认证。杰事杰拥有工程塑料领域120余项专利，已授权40余项，占全国的40%，一直处于领先地位，其产品包括ARS，PC，PP、聚酯等改性工程塑料。该公司1999年通过科技部及中科院双高认证，2004年度获上海市科技自主创新第一名，2005年度被评为上海市民营科技企业100强，2006年度被评为新材料行业最具创新力奖，2007年度被评为上海市名牌产品。2008年2月，通过美国LEAR公司（世界第五大汽车塑料配套商）的产品认证和体系认证，为产品远销海外奠定了坚实基础。该公司在合肥即将上马拥有自主知识产权的高新技术耐高温尼龙（HPN）项目，达到国际先进水平，已经通过中试验证。一旦投产，杰事杰将成为世界第三家拥有500吨/年以上的HPN产品聚合装置的企业。

3. 市场前景十分广阔

捷敏在国际微电子行业赫赫有名，业务量占全球近 10％的市场份额。产品已被广泛地应用在国内外各个领域，如手机无线通信、PDA、个人电脑、家用电器，其中超过 95％的产品市场份额在北美、日本和欧洲，客户主要包括诺基亚、NEC、东芝电子等跨国公司。近期又与日本东芝以及一家韩国公司合作建设两条生产线，项目建成后年产值可达 3 亿美元。杰事杰主要从事新型材料的研发和生产，产品运用于汽车部件、信息、能源、航空航天以及国防等各个领域，合作企业主要包括神龙富康、东南汽车、大众、通用、TCL、国际电工、三菱电机、日立、松下、夏普、海尔、哈尔滨光宇、斯瑞高能、韩国三星、LG 等众多国际知名企业。在 2008 年 4 月 18 日上海举行的"亚太橡塑展"上，通用、Bayer、GE 等行业巨头推出了全由橡塑制作的概念车，代表汽车行业的未来发展方向，为杰事杰的发展提供了广阔的市场空间。

（四）合肥开发区引进高新技术企业的启示

捷敏、杰事杰从开工建设到建成投产，再到产量成倍增长，有力地阐释了"合肥速度"。与此同时，这两家企业的加快建设、迅速壮大的经验，也为合肥发展高新技术产业提供了启迪：

启示一，加快高新技术产业发展，必须敢冒风险。捷敏、杰事杰能落户经济技术开发区，其中最关键的一条就是合肥经济技术开发区解放思想，敢冒风险。如果当时没有经济技术开发区的思想解放，也就不会有今天的捷敏、杰事杰的成长壮大。敢冒风险，并不是"瞎大胆"，而是有勇有谋，既有勇气，更有智慧，支持高新技术企业发展，在法律政策允许的范围内，探索建立"共赢"的体制机制，为加快高新技术产业发展奠定制度保证。

启示二，加快高新技术产业发展，必须选准项目。合肥经济技术开发区高新技术产业发展之所以能开创今天的局面，前提就是选准了像捷敏、杰事杰这样的项目。因此，各级在发展高新技术产业时，要在注重培育壮大现有高新技术企业的同时，更要充分认识高新技术产业的梯度转移规律，高度重视对发展前景好、实力强高新技术企业的引进，特别要对那些在行业内占领"制高点"的企业，要利用一切办法和渠道，千方百计将其引进来，并通过一个项目引进，带动一批企业发展，培育和形成一个产业。

启示三，加快高新技术产业发展，必须创新举措。合肥经济技术开发区的微电子、工程塑料等产业能从无到有、从弱到强，最根本的一条经验就是敢于打破陈规，创新举措。在加快发展高新技术产业时，他们紧紧围绕企业发展的需求，对影响和制约高新企业发展壮大的资金、土地、人才等问题，不等政策、不等文件，一项一项梳理，以海纳百川的胸怀，创新理念，创新政策，认真研究，帮助寻找切实可行的办法，有效化解企业面临的困难。

启示四，加快高新技术产业发展，必须高效服务。捷敏、杰事杰的高速发展，得益于合肥经济技术开发区"全程保姆式"的高效服务。可以说，如果经济技术开发区在审批、土地、资金、人才、供水、供电等任何一个环节服务不到位，都会使得捷敏、杰事杰成长的步伐放慢，也就不可能有今天这么好的发展局面。因此，加快高新技术产业发展，各级都要努力倡导"人人都是投资环境"、"事事都是投资环境"的理念，从每个人做起，从每件事做起，从每个细节做起，全力创造良好的投资发展环境，切实把投资者人引进来、心安下来、事干起来。唯有如此，合肥这棵"梧桐树"下才能引来更多的像捷敏、杰事杰一样的"凤凰"。

（合肥市经济技术开发区提供）

案例三：广州开发区打造现代服务业聚集区——"服务业聚集"模式

注解：目前服务业投资已成为国际直接投资的主流之一，发达国家服务业转移趋势加快，流向发展中国家的部分也明显增加。广州开发区紧紧抓住新一轮全球产业转移特别是现代服务业加快转移的战略机遇，提升对第三产业的认知高度，发挥特有的比较优势和竞争优势，走出一条成功的现代服务业发展之路。

2007年3月，国务院正式出台了《关于加快发展服务业的若干意见》（国发〔2007〕7号），明确指出"十一五"时期服务业发展的主要目标。2008年3月，国务院办公厅又出台了《关于加快发展服务业若干政策措施的实施意见》（国办发〔2008〕11号），从政策的角度提出了诸多促进服务业发展的具体措施，发展服务业及其相关问题已经成为"十一五"时期和今后国民经济发展值得关注的重要方面。同时，结合发达国家服务业的发展情况来看，服务业对国民经济的推动力与经济发展水平呈正相关，服务业对 GDP 的贡献随国民经济发展水平的提高而增大，因此，现代服务业是衡量生产社会化程度和市场经济发展水平的一个重要标志，在国民经济和区域经济发展中的作用越来越突出。

经过20多年的开发建设，广州开发区经济社会发展取得了显著成就，2006年、2007年地区生产总值和财政收入连续两年在全国国家级开发区中名列第一，成为广州的一个重要经济增长极。随着生产性企业的高度集聚以及城市化的快速推进，广州开发区进入新的发展阶段。面对新形势，广州开发区认真贯彻国家级开发区"三为主二致力一促进"的发展方针，落实国务院下达发展服务业若干建议的实施意见，在继续拓展吸收外资、发展现代制造业和高新技术产业等原有经济功能的同时，紧紧抓住国际服务业转移的大好机遇，大力发展现代服务业，推动产业链条集聚从工艺性向价值性转变，推动现代制造业、高新技术产业与现代服务业相互融合、相互促进，并取得了初步的成效。2007年，广州开发区第三产业实现增加值 208.84 亿元，同比增长了 24.38%，拉动经济增长近 3 个百分点，服务业占全区产业比重提高到 22.04%。

目前，信息服务、服务外包、科技研发与服务、商品检验检测、总部经济、中介服务等知识与技术密集的现代服务业呈现良好发展势头，形成了区域发展现代服务业的聚集。

（一）广州开发区发展现代服务业是解放思想的产物

广州开发区发展现代服务业，经历了一个由被动到主动、由自发到自主的过程。最初是为了满足生产性企业对服务业的需求，有选择地引进一批服务业项目。随着国家实施宏观调控政策，为解决土地资源紧缺、能源供给不足的问题，开始主动寻找一些高效的服务业项目。当国家提出新时期国家级开发区"三为主二致力一促进"的发展方针时，发展服务业便正式提到议事日程，并开始进行系统规划。在这一过程中，广州开发区努力克服认识上的偏差，坚持以科学发展观为指导，不断更新观念，统一干部职工的思想认识，形成了发展共识。

1. 牢固树立协调发展观，构建现代制造业、高新技术产业与现代服务业相互融合的产业新格局

长期以来，广州开发区已习惯于引进工业项目，发展现代制造业。一些同志认为，服务业项目初期投资小，效益低，发展服务业不合算，应该把有限的土地资源留给工业项目，产生更大的经济效益。为了消除这种认识误区，广州开发区以国际上早期建设的工业园区为例，使大家充分认识到，现代服务业与加工制造业的融合，是先行工业化国家后期工业化的一个重要特征。制造业的高度集聚，要求有相当数量的现代服务业与之相配套；而现代服务业的集聚与升级，又能推动制造业内部结构向更高层次发展，两者紧密融合，互利共赢。只有顺应当前产业分工高度化演变和国际服务业发展的潮流，加快构建现代制造业、高新技术产业、现代服务业三足鼎立的产业新格局，才能实现广州开发区的第二产业、第三产业协调发展。

2. 牢固树立综合发展观，提高现代服务业的比重

多年来，产业结构单一、服务业发展严重不足、只适宜生产不适宜居住，这似乎成为广州开发区无法跨越的难关。而一些同志虽然认识到应该发展一定规模的服务业，但认为区内的人气不足，配套不完善，发展服务业的条件不具备。为此，广州开发区认真分析区情、行情，以大量的事实使广大干部职工认

识到，以工业为主导的单一功能区是脆弱而缺乏生命力的，只有建立多功能综合性产业区才是开发区未来的发展方向。早在 2003 年，广州开发区党委就提出了打造适宜创业发展和生活居住的综合性产业园区的目标，明确以发展生产性服务业为主导，提高服务业在国民经济中的比重。

3. 牢固树立集约发展观，提升现代服务业的效益

近年来，面对"地荒"、"电荒"、"能源荒"的影响与威胁，广州开发区经济发展形势日益严峻。为此，广州开发区抓住机遇，增强发展现代服务业的共识，在集约化发展观的指导下，将投资促进的重点逐步向占地少、耗能低的项目倾斜，大力引进现代服务业项目，节约、集约利用资源，减少对资源的依赖，从而化解资源瓶颈，实现经济发展的新跨越。

4. 牢固树立可持续发展观，强化现代服务业的绿色内涵

这几年，通过一些服务业项目的示范作用，全区广大干部职工逐步看到了发展现代服务业的益处，充分认识到发展现代服务业，可以减少环境污染，保护生态环境，推进绿色开发区建设。以发展现代服务业为契机，广州开发区积极倡导生态优先、人与自然相和谐的方针，努力探索经济社会发展系统与生态环境系统良性循环的可持续发展的新路子。

(二)2003—2005 年，广州开发区现代服务业小规模聚集

2003—2005 年广州开发区展开了对服务业个别行业引进的尝试，重点集中在为制造业提供基础配套的服务领域，包括交通运输业、工业软件设计、工业产品交易市场等方面，取得了一定的成效。

1. 交通运输仓储业发展迅速

2005 年，全区交通运输企业 35 家。具有代表性的企业有：南方航空、鼎胜物流、信义物流、普洛斯和雅川物流中心、广州集装箱码头公司等，占全区交通运输业收入的 78%。保税区物流项目招商和仓库建设进展较快，空运物流直提直转的新型物流业务成效明显，初步建成了陆、海、空立体运输的物流快速转关体系。2005 年，开发区口岸货运总收入 2 430 万元，比上年增长18.91%；集装箱进出口 5.79 万标箱，散货 8.64 万吨。

2. 软件业取得初步进展

在得到国家、省、市对广州开发区发展软件业的支持下，广东省成立了广东软件科学园，作为软件企业成长孵化的摇篮。

广东软件科学园是由广东省人民政府投资、省科技厅组织筹建的软件产业技术资源建设及服务机构，承担了国家 863 软件专业孵化器广东基地的建设任务，旨在为国家 863 软件成果、软件企业提供优良的孵化环境及技术支撑环境，并突出为开发区通信、信息产业服务的特色，通过构建软件共性技术支撑

体系、产业配套服务体系和资源整合服务平台，促进软件产业规模化、规范化和可持续发展。截至 2005 年年底，广东软件科学园总投资近 3 亿元人民币。

2005 年年底，软件园区共有各类软件企业 100 多家，软件企业营业收入达 27 亿元，业务范围已囊括系统操作服务、系统应用管理服务、技术支持管理服务等方面。代表企业有华智科技、方欣科技、IBM 软件创新中心、微软产业基地。其中，微软（中国）产业基地项目总投资约 1.8 亿美元，建成后预计员工人数将达到 1 万人，年产值约 43 亿元人民币，将成为微软华南技术支持中心、高级软件培训中心及软件外包产业基地。由留学人员创办的华智科技有限公司主要从事面向日本客户的各种应用软件开发、数据库及中间件开发、嵌入式软件开发，并向本地的日资企业提供软件开发、系统集成及各种咨询服务。公司员工已达 197 人，年销售额 810 万元，出口创汇 104 万美元，成为广州规模最大的对日软件外包企业。

3. 工业产品交易市场纷纷落户

依托开发区六大制造业支柱产业的发展及延伸，截至 2005 年年底设立了四大专业市场，分别是：钢铁交易中心、煤炭交易中心、棉花交易市场、汽车用品专业市场。

广州钢铁交易中心有限公司。广州开发区内已有 10 家钢铁生产和加工企业，生产、销售量达到 800 万吨，产值约 3 000 亿元，在此基础上钢铁交易中心应运而生，注册资本 2 000 万元人民币，占地 1.5 万平方米。钢铁交易中心的运作主要分为两大部分，一是提供交易平台，二是提供相应的集仓储、深加工、配送、包装于一体的配套体系，为客户提供"一站式"全方位服务。华美汽车及汽车用品专业市场。投资总额 4.3 亿元人民币，主要由汽车用品交易区、品牌区、汽车用品电子信息港、汽车配件用品企业总部中心等功能区构成。汽车用品交易区内有经销商和生产企业窗口约 1 500～1 700 个。电子信息港内设市场电子网络平台，虚拟国际汽配用品交易中心。

广州港煤炭交易中心是在广东省政府和广州市政府的支持下，由广州港集团投资承建，占地 1 500 平方米，集煤炭电子交易、信息、加工、配送、检测、船舶代理、货运代理、质押贷款服务于一体的公司，是广州市现代服务业"十一五"重点建设项目。交易中心构建了第三方交易平台，推出现货要约销售、现货要约采购、招投标、拍卖和远期电子合同等多种交易模式，交易经销商和用户可在网上报价。该项目建成后预计煤炭年交易量达到 100 万吨，交易额达 5.5 亿元。

华南棉花交易市场。依托中央棉库的有利条件，进行现货交易、网上交易、国内外期货买卖、国际期货套期保值。项目预计 2010 年正式投入运营，年进出库棉花达 30 万吨。

(三)2006 年至今,广州开发区初步形成现代服务业聚集区

2006 年 3 月起,广州开发区放开步子,在前期发展现代服务业基础上,搭建系统、规模的集群框架,以广州科学城为主要载体,集中力量加快规划、建设综合研发孵化区、商品检验检测园区、总部经济区、科技服务区、金融创新服务区、创意产业园区、服务外包示范区、会展物流园区,初步形成了"八位一体"的现代服务业聚集区新格局。科学城先后被列为国家电子信息产业基地、国家生物产业基地、国家新材料产业基地、国家知识产权示范区、国家服务外包示范区。其中,建成和在建孵化器面积近 100 万平方米,形成了华南地区规模最大的孵化器集群,同时,启动国家创新型科技园区建设,规划建设 100 万平方米的科技企业加速器,为高成长性科技企业提供产业化场所。

1. 总部经济区

广州开发区总部经济区由科学城 A 组团、总部经济一期、总部经济二期组成:

(1)科学城 A 组团是科学城中心的核心部分,是广州开发区提高自主创新能力、构筑现代服务业创新体系的主要载体。20 万平方米综合商务区已建成并投入使用,定位为区域总部、商务办公、商贸会议、餐饮休闲等多种功能为一体的办公化商业群楼,入驻企业超过 15 家。

(2)总部经济一期,位于广州科学城中心区西侧,开创大道以南,拦月路以西。总用地面积为 17.7 万平方米,建筑面积约 30 万平方米。目前,已通过招牌挂的形式出让了 80% 的总部办公用地。

(3)根据总部用地供不应求的现状,总部经济二期的规划方案已被提上日程。计划在 2010 年,集聚和培育 5 家产值 100 亿元高科技企业,几十家产值 10 亿元高科技企业,上百家现代服务业企业总部。

目前,英国乐购特易购华南区总部、意大利著名国际奢侈品牌 VASTO 中国总部、香港松日集团中国投资公司、安利中国总部、箭牌中国总部、京信通信中国总部、南航股份、宝钢南方贸易总部、中国建设银行总行集约化中心、七喜集团、南方电网等一批总部项目已正式落户开发区。

2. 服务外包业

为响应国家商务部实施"千百十"工程的号召,发展园区服务外包业,开发区依托区内的广东软件科学园、智通信息产业园、创新基地,积极整合区内外软件外包企业,组建了广东软件外包行业联盟。着力开拓欧美软件外包市场,承接软件外包业务,并为软件企业提供标准和规范管理、质量管理、分包管理,以及提供人才和技术服务。开发区在 2007 年被商务部评为"中国服务外包

基地城市广州示范区"，为完善园区内配套环境，广东软件园致力于加强自身的软件研发服务能力，累计投入近 3 亿元，建立起广东省软件共性技术重点实验室、广东省软件共性技术公共实验室、软件工程国家研究中心、广东软件评测中心、广州软件公共信息及资源服务平台，为园区内外软件企业提供完善的研发、测评、信息检索及咨询服务。外包联盟的成立有效改变过去软件企业"单打一"的被动局面，极大提高了行业的整体竞争力。

当前，共有 15 个国家(地区)在开发区设立服务外包企业 50 多家，投资总额约 2 亿美元。2006 年，广州开发区服务外包产值约 10 亿元，其中信息技术外包(ITO)和业务流程外包(BPO)分别占 45％和 55％；面对的海外发包市场主要是欧美、日本等国家和地区。据初步统计，2007 年，开发区服务外包合同数为 40 多件，合同协议金额总计约达 3 亿美元。目前，主要的服务外包企业有微软、IBM、甲骨文、英特尔、电讯盈科、东亚电子、华智软件、盛华信息、万国数据。2006 年，开发区通过 CMM/CMMI 认证企业共 28 家，其中，速达软件和奔步电脑 2 家企业等通过了 CMMI5 级认证，奔步电脑公司是华南地区首家通过 CMMI5 认证的软件企业。

3. 检测认证服务业

目前，开发区已聚集了 2 600 多家企业，其中外商投资的生产性企业数量超过 1 000 家，企业在国际贸易、出口业务方面发展迅猛。商品检验、检测机构纷纷自发落户，瑞士通标、德国莱茵、英国天祥、美国美华认证、中国电器科学研究院广州威凯检测技术研究所、广东省化妆品检测中心、广州市计量所等多个世界一流项目在开发区形成了大规模集聚，开发区的商品检测认证产业园区已成为国内测试项目最多、涉及行业最广、认证资格和水平最高、检测能力最强的园区之一。

开发区的商品检验检测机构直接与国际官方检验机构接轨，检测机构通过对商品类型严格划分后，制定相应的标准、进行测试检验、发放认可认证及提供监督管理等服务。区内企业涉及项目包括信息技术设备、资讯设备、医疗器械、食品微生物、建筑材料、电器、汽车等数十个行业。2007 年商品检验、检测行业的营业额总量达到 18.9 亿元，同比增加了 21.73％。

4. 科技服务业

科学城迄今累计引进项目近 600 个，其中外资项目 220 个，吸收外资 13 亿美元，内资项目 373 个，注册资本 80 亿元，出让土地的项目投资密度达到 1 000 美元/平方米。科技服务业科技含量高、经济效益好、污染程度低，2007 年广州科学城实现营业总收入 512.34 亿元，工业总产值 458.4 亿元，出口 20.39 亿美元。园区内已形成电子信息、生物医药和新材料三大高新技术产业化基地及相关产业集群，涌现出一批具有自主知识产权的核心技术的品牌企业，并正在孕育一大批极具发展潜力的创新企业，自主创新成就令人瞩目。其中：

(1)以广东软件科学园为核心，开发区已聚集各类软件企业近200家，业务范围囊括系统操作服务、系统应用管理服务、技术支持管理服务等方面。2007年，全区软件企业收入达35亿元。广东软件科学园内共有孵化企业（项目）91家，入驻率达95%；其中通过双软认定的企业有28家；内资企业176家，中外合资企业19家，外商独资企业8家。

(2)广州国际企业孵化器，占地5.8万平方米，由广州市科技局和开发区管委会共同投资1.8亿元兴建，现建有孵化面积为7.6万平方米，正在建设第三期，建成后总规模达11.3万平方米。目前已有150家企业进驻，以生物医药和电子信息企业为主。开发区共集聚了国家、省、市等各类研发机构216家，包括中科院生物医药与健康研究院、国家基因药物工程研究中心、南海海洋生物技术工程中心等5家国家级研发机构，迪森热能等26家省、市级研发机构。

5. 会展物流业

目前，开发区共引进敦豪快递、鼎盛物流、捷飞物流、信义物流、威时沛运等一批国内外知名的物流企业168个。国家级的保税物流园区正式获得国家批准后，保税区进口商品展示交易和物流项目引进有突破，带动保税物流业的新发展。全区已形成以广州保税区和东晖广场为主的两大物流基地。2007年，保税区进出区货物总值达到48.16亿美元，同比增长18.%。广州保税物流园区的开发建设对广州甚至是广东的企业作用巨大，为加工贸易企业出口转内销提供了最简便可行的方式，广东货出口转内销，无须到"香港一日游"，既降低了物流和仓储成本，又方便了企业退税。

2006年，国家发改委批复同意以广州科学城、广州国际生物岛为核心建设广州国家生物产业基地。全区共有生物产业企业155家，包括达安基因、香雪制药、健心药业、扬子江药业等一批医药骨干企业，2007年实现工业产值280亿元，在此基础上规划设立了中国医药、医疗器械会展项目，总建筑面积达40.7万平方米；牵手国际、国内生物医药巨头，重点打造广州开发区生物医药专业市场的美誉。

6. 创新型金融产业

广州金融创新服务区位于广州开发区，首期规划在广州科学城中心区，面积约2.5平方公里。广州金融创新服务区是广州区域性金融中心的重要组成部分，是以广州开发区高新技术产业为依托，以金融创新服务为支持的广州发展现代金融服务业、实现金融创新的重要基地，是广州重点打造的两大金融区之一（"珠江新城金融商务区"和"广州金融创新服务区"），将成为未来广州区域性金融中心的重要支柱和载体。结合广州市金融发展战略的要求，开发区以建设广州金融创新服务区为载体，通过多方渠道引进金融保险机构，增强全区的资金集聚和辐射功能，促进了金融保险业的快速发展。

7. 文化创意产业

广州开发区创意产业大厦建成并投入使用，建筑面积达 10 万平方米，目前已有 35 家企业登记入驻。以此为核心，整合现有各类孵化器，构建广州开发区创意产业园，重点引进工业设计、软件、动漫、网游等创意产业项目，努力将科学城打造成为珠三角创意产业集聚区、创意产业采购基地和工业设计中心。

尽管开发区创业产业正处于起步发展阶段，但发展势头良好，一批文化创意企业正加速入驻，其中广州达力影视文化传播公司，经广东省广电局批准成为广东省首个"国家动漫基地"，成为开发区动漫产业的龙头。百事高公司将设立由百事可乐公司授权的工业设计和创意中心，并作为亚太区控股总部驻地。

8. 专业市场

自 2005 年以来，开发区启动了专业交易市场的建设工作。目前，广州港煤炭交易中心已于 2007 年开业运营。广州钢铁交易中心已于 2008 年 3 月开业，是广州最大、交易品种最齐全的钢铁电子交易市场，可以为来自世界各地的商户提供安全高效的钢铁网上交易、银行结算、物流加工、金融质押、资讯发布等全方位一体化服务。广州汽车配件用品全球采购港于 2008 年中旬正式开业，使开发区汽车产业价值链更加完善。

（四）广州开发区发展现代服务业的经验总结

发展现代服务业，推动产业结构升级，提升服务功能已经成为广州开发区共识。但如何发挥特有的比较优势和竞争优势，走出一条不同于其他开发区的现代服务业发展之路，是在具体实践中亟须解决的问题。广州开发区突出发挥"六大优势"，实行错位发展，努力走开发区现代服务业特色发展之路。

1. 发挥先进制造业集聚优势，大力发展生产性服务业

先进制造业的发展离不开现代服务业的有力支撑。经过 20 多年的建设发展，广州开发区聚集了生产性外商投资企业 1 000 多家，其中世界 500 强企业投资项目超过 100 家。2007 年全区实现工业总产值 2 451.34 亿元，实现工业利润 239 亿元，分别占全市的 1/4 和 1/3。广州主要的支柱产业如电子信息、生物医药、汽车、精细化工、食品饮料等主要集中在广州开发区。

为进一步发挥先进制造业集聚的优势，更好地满足企业的需求，广州开发

区积极采取产业链招商、以商引商等有效策略，大力引进与现有支柱产业密切相关的生产性服务业，积极培育工业设计、产品研发设计、建筑设计、策划咨询等产业，促进产业价值链条向前端的研发、设计和后端的品牌、销售等环节延伸，加快产业结构优化升级。

2. 发挥对外开放优势，加快建设服务外包示范园区

广州开发区作为全国改革开放的试验田和对外开放的窗口，23年来累计合同吸收外资119.23亿美元，引进外商投资企业2 500多家，形成和拓展了全方位、宽领域、高层次的对外开放格局。这些跨国企业本身在国外就有众多相关的服务机构，也有不少国外现代服务企业直接为开发区内企业提供服务。在经济全球化的大背景下，随着国际贸易、投资金融和区域合作的深入发展，无论是海外营销、贸易融资、国际经营，还是跨境并购，都离不开规模日益扩大的国际化服务。因此，广州开发区以区内已落户的跨国公司网络为基础，积极推动跨国公司从制造业转移向服务业转移转变，拓展产业链条，引进服务项目，促进其在开发区设立离岸中心、共享服务中心，加快引进若干承接国内外服务外包业务特别是以业务流程外包为重点的著名大型外资服务业企业。同时，把握国际服务外包业快速增长的机遇，用好国家服务外包示范园区的政策，积极引进服务外包企业。并逐步形成了软件设计与服务、研发设计、金融创新服务、咨询管理等优势行业。

3. 发挥自主创新优势，大力发展科技服务业

近年来，广州开发区以广州科学城为主要载体，积极推进自主创新战略，先后规划建设了综合研发孵化区、总部经济区、科技服务区、金融创新服务区、创意产业园区、国家服务外包示范园区、会展物流园区等，初步形成了"八位一体"的现代服务业聚集新格局，为促进高附加值现代服务业集群化发展提供了一流的承接载体。

高新科技企业大量集聚，对各类科技服务业的需求迅速增长。围绕科技型企业的需求，开发区重点引进了一批风险投资、法律、会计、招商咨询、市场咨询、财务咨询、管理咨询、人才服务、国际货代等中介服务机构。今后，广州开发区将以完善区域自主创新体系为重点，大力发展科技服务业，加快制定创业辅导、科技担保、投融资、人才引进、科技企业加速器、公共技术平台等政策措施，支持广州技术产权交易市场建设，使创新体系更加贴近科技企业创新的需求。

4. 发挥保税物流体系功能优势，大力发展现代物流业

广州保税区是国级保税区。2006年12月，广州保税区"区港联动"保税物流园区正式获得国家批准，成为广州唯一一家"区港联动"保税物流园区。目

前，广州保税区正积极探索构筑多层次多元化的保税物流体系，初步形成了进口汽车、进口钢材等有特色的分拨市场，以及为宝洁、安利等大型生产性制造企业提供保税物流服务平台。2007 年，保税区进出区货物总值 48.16 亿美元，同比增长 18.96%。新引进了普洛期二期、国际进口食品城、伟盛酒业等项目。今后，广州开发区将充分发挥广州保税物流园区的政策优势和港口区位优势，重点拓展保税货物展示、仓储、国际中转、国际配运、国际采购和国际转口贸易等服务功能，加快引进跨国公司设立出口采购中心，将其打造成为辐射珠三角的现代物流基地，促进广州、珠三角地区的制造业进步、第三产业发展和产业结构的升级。利用中国出口商品交易会更名为中国进出口商品交易会的契机，充分发挥保税区的保税物流功能，积极为国外参展商提供保税物流、仓储等服务，为广交会做好配套，打造永不落幕的商品展示交易中心。

5. 发挥与港澳联系紧密的优势，全力打造穗港澳现代服务业特别合作区

港资企业是广州开发区外商投资企业的主要力量，目前开发区来自中国香港地区的外商投资项目约占外商投资项目总数的 50%，合同吸收外资额占全区外商投资总额的 37.7%。这些港资企业，包括一些大型跨国企业与中国香港的服务业机构建立了紧密的生产服务网络。可以说，广州开发区与港澳现代服务业合作有巨大的空间。根据省委提出的"做好粤港澳合作这篇大文章"构建粤港澳特别合作区的构想，广州开发区将充分发挥广州发展现代服务业的优势，以广州科学城为载体，以现代服务业的合作为切入点，创新"香港接单—广州服务"的现代服务业发展模式，争取在广州科学城设立穗港澳现代服务业特别合作区，实行特别优惠政策，专门承接香港高附加值现代服务业项目转移，力争使广州开发区成为深化粤港澳合作特别是穗港澳合作的重要载体。

6. 发挥环境优势，促进现代服务业人才集聚

广州开发区十分重视环境建设和生态保护。近年来，全区新增和改造绿地面积 231 公顷，目前全区绿地率超过 45%，绿化覆盖率超过 48%，人均公共绿地达 17.88 平方米。广州科学城区内绿化率更超过 55%，形成了具有岭南山水特色、适宜创业发展和生活居住的良好区域环境。2007 年起，广州开发区、萝岗区遵循生态文明的理念，坚持以人为本，启动萝岗新城建设。在萝岗新城的规划建设中注重显山露水，以山展示新城的秀美，以水彰显新城的灵性，以绿提升新城的品位，以林凸显新城的特色，打造一个美轮美奂的新城区。同时，稳步推进中心区周边房地产项目开发建设，加强三甲医院、萝岗中心小学、科技人员公寓、ATP 国际网球中心等生活配套设施建设，加快形成居住、购物、休闲、娱乐和教育文化活动相配套的生活环境，以优美的生态环

境、完善的配套设施、便利的生活服务、安全的社区环境，最大限度地满足生活居住需求，让开发区、萝岗区成为广大创业者和居民的温馨家园，加快集聚一批高素质的现代服务业人才人区创业发展和生活居住，打造现代服务业人才高地。

（张丹妮提供）

案例四：萧山开发区引进奥伯尼国际有限公司——"优质服务"模式

注解：在基拙设施日益相似、政策环境相互趋同、面临机遇彼此均等的激烈竞争下，优质服务成为胜出的关健。投资促进人员只有在日常工作中不断学习，了解市场前沿信息和投资促进动态，保持高度的信息敏感，尽可能全面、深入地做好各项准备，协调高效地工作，才能把潜在机会转化为现实投资。

萧山开发区位于中国东南沿海的浙江省杭州市萧山区境内，紧依萧山城区，沪杭甬、杭金衢高速公路穿区而过，距上海仅 150 公里，距浙赣、杭甬铁路干线萧山火车站仅 3 公里。2004—2006 年萧山开发区通过两年的优质服务，终于签约奥伯尼国际有限公司，使包括生产基地、研发中心和亚太总部的奥伯尼工程纺织品（杭州）有限公司落户萧山开发区。项目一期总投资 9 900 万美元，注册资本 7 800 万美元，是迄今为止萧山开发区引进的一次性投资额度最大的外资项目，也是奥伯尼国际有限公司在全球最大的旗舰厂。

奥伯尼国际有限公司是一家全球较大的织机织物备件（PMC）产销公司。公司利用生产织机织物备件的技术所研发的一系列特殊材料和结构在多项产业均有应用，包括用于航空和航天工业的混合结构，用于制革产业的工业工程皮带，用于矾土以及发电需求的过滤材料，高性能工业卷帘门，专用于无纺产业的织物，等等。公司于 1995 年在广州市番禺区开设干网生产厂，是全球第一家在华设干网厂的公司。又于 1998 年在上海成立销售代表处，负责在华业务。2004 年，奥伯尼国际有限公司在上海成立分公司。在此基础上，公司计划继续扩展在华业务。

从 2004 年 6 月初次联络到 2006 年 7 月正式签约，奥伯尼项目投资经历了两年多的时间。因为招商选资与项目投资是一个双向互动的过程。投资方在不断的对比中寻找能创造最大价值的最佳商机，经过深思熟虑后做出正确选择。引资方在不断的接洽中了解对方需求，提供长效服务，以增强其投资信心和愿望。从项目接洽到谈判、签约、审批、筹建、投产，需要经历很长的时间。在这一过程中，高效服务尤其重要，在整个项目的洽谈、引进、建设、后续服务上，萧山开发区努力做到了全过程、持续、高效、优质服务。

（一）信息及时

2004 年 6 月，奥伯尼上海分公司主动来电询问萧山开发区投资概况，并透露有意在杭州地区投资建厂，开发区立即反应、积极跟进。开发区投资促进人员不仅从用地情况、优惠政策、产业方向等方面给出了详细且积极的回复，并主动询问该投资项目的基本情况以及负责人的联络方式，积极建立沟通渠道。随后，组织专人对该项目进行分析研究，并组建专门团队负责该项目的跟踪洽谈。

经过持续两年的考察，2006 年 5 月，奥伯尼上海分公司再次询问投资相关事宜。萧山开发区抓住机会，邀请该公司全球副总裁来开发区考察，并组织专人赴沪接洽。通过多轮艰苦商谈，2006 年 7 月，终使该项目成功签约落户。

（二）准备充分

在奥伯尼项目洽谈前，开发区就已经开始着手各项准备工作。除了最基础的了解企业及企业负责人的背景情况、企业的投资需要，准备开发区书面简介、专题纪录片，还综合考虑了为企业选择合适的投资地点，提供各项政策和法律咨询。

在邀请企业负责人实地考察中，在项目具体洽谈过程中，开发区投资促进人员进行了大量的市场调研、分析汇总资料，开展上、下游配套企业的调查，尽可能为企业投资提供全方位的参考建议。

（三）协调高效

为加快项目推进速度，确保项目按时动工，2006 年 6 月 26 日，萧山区政府召集区国土资源局、建设局、环保局、发改局等有关部门主要负责人，召开奥伯尼项目推进会，会议决定成立以萧山区区长为组长的奥伯尼项目推进协调小组，每半个月听取一次项目进展汇报，若遇到问题，则随时召开会议协调解决。

2006 年 6 月 27 日，奥伯尼项目上报省发改委并出具联系单。开发区积极协调，各项工作进展迅速。7 月 17 日，项目通过受省环保局委托的萧山区环保局的环评核准；8 月 21 日，项目收到省发改委的项目核准批复；8 月 29 日，项目领取省外经贸厅批准证书；9 月 5 日，项目领取省工商局颁发的营业执照。仅用 2 个多月时间就完成了通常需要 3 个多月时间的审批程序，为项目的及早开工投产赢得了时间。

在奥伯尼项目建设过程中，公司 7 800 万美元的注册资本中有 6 400 万用于购买进口设备，其额度已经超过了省发改委的进口免税审批权限。为此，开发区管委会领导多次赶往北京帮助企业到国家发改委办理进口设备的免税报批手续，并最终取得进口设备免税确认书。由于国内外对建筑工程消防验收审批规范的理解、操作有所不同，奥伯尼厂房在消防部门的验收审批过程中遇到困难。开发区管委会出面与消防部门进行协调，在保证各项消防设施合格的前提下，加快审批进程。

2008 年 5 月，奥伯尼项目注册资金全部到位并进入试生产阶段，为扩大产能，公司董事会决定增资，需要新增土地 52 亩，在土地指标难以解决的情况下，开发区管委会通过杭州市外经贸局向杭州市委、市政府汇报，取得市长批示并由市国土局协调解决，最终解决了土地指标，顺利办理相关土地预审和选址意见书。

综上所述，在基础设施日益相似、政策环境相互趋同、面临机遇彼此均等的激烈竞争下，优质服务成为胜出的关键。目前，各开发区都非常重视投资信息的搜集工作，但是信息搜集后的分析、处理、跟进则是真正体现信息价值的关键所在。开发区投资促进人员在日常工作中，要注意不断拓宽知识面，更新知识储备，了解市场前沿信息和投资促进动态，保持高度的信息敏感，在投资洽谈前，要尽可能全面、深入地做好各项准备工作，只有这样才能把潜在机会转化为现实投资。同时，随着集约招商、以商招商等方式的兴起，后续服务质量的好坏已经成为投资促进的重要因素。高质量的后续服务可以使已落户的企业不断增加对开发区的信任和信心，带来一系列的"以商引商"连锁效应。因此，签约乃至企业投产并非投资促进服务的终点，良好、完善的后续服务更能产生投资促进的增值效益。

（高超整理）

案例五：上海漕河泾开发区"科技绿洲"园区——"特色园区"模式

注解：科技是第一生产力，也是提高园区投资促进竞争力的重要推动力量。政府和产业配套政策的支持和推动，优质的产业配套环境和集群效应，以及创新型高层次人才队伍建设和人才公共服务平台的构建使得上海漕河泾开发区"科技绿洲"开发建设和投资促进取得巨大成功，对开辟特色园区投资促进新途径具有积极的启示和推动作用。

2001 年 3 月，上海漕河泾开发区与英国宇航公司、阿灵顿公司合作建设的"科技绿洲"项目奠基启动，开创了国内开发区与高科技跨国公司合作建设高新科技园的先例。"科技绿洲"位于上海漕河泾开发区西侧，总占地面积约 60 公顷。借鉴国际先进的规划和经营管理理念，"科技绿洲"的一期和二期工程实现了工程竣工与企业进驻的无缝衔接，取得了良好的经济效益和社会效益。随着飞利浦研发中心、国核电和民航信息系统公司与开发区的顺利签约，"科技绿洲"逐步展现出了高新技术产业园区的独特魅力，为特色园区投资促进提供了宝贵经验。

（一）园区理念人性化

上海漕河泾开发区接受了阿灵顿公司"以人为中心"的理念，整个做法是先造一个公园，然后建房，全部做好了以后就是一个完整的园区。园区里面地块按外方的规划要求分割好，用外方的理念、外方的标准、外方的品牌。园区的定位中英双方共同概括成四句话：第一句话是"top talent magnet"，欧洲人说是顶尖人才的磁石，中方译成"智慧高地"；第二句话是"cutting edge technology"，欧洲人说是科技的弄潮儿，中方译成"科技前沿"；第三句话是"total workplace solution"，欧洲人说是所有的服务条件、服务内容都齐备，中方译成"全方位服务"；第四句话是"worldclass, global-standard"，概括为"世界级，国际标准"；最后，中方特别提议加了一句"Chinese characteristics"，即"中国特色"。"科技绿洲"充分体现了"以人为本"的建设理念和"科技、人文、生态、和谐"四位一体的建设目标。

（二）园区选址系统化

在确定与上海漕河泾开发区合作之前，英国阿灵顿公司已事先委托专业咨询公司就开发区"科技绿洲"选址作了非常详细的调查报告。内容涵盖了备选地区的土质、水文、基础设施、配套设施、发展前景等基本情况，备选地区的交通、居住、教育和生活等方面基本情况，以及备选地区周边30分钟车程内现有企业的发展情况和潜力等。正是基于对上海漕河泾开发区"科技绿洲"备选地区的系统化分析调查报告，英国宇航公司、阿灵顿公司才决定与开发区合作，共同开发建设"科技绿洲"。

（三）园区规划前瞻化

"科技绿洲"的规划设计是高科技产业发展需求的完美体现，充分考虑了园区与本地文化的相融性，园区与周边环境的协调性，园区环境与建筑外形的整体性，通过对园区内道路、绿化、水域、建筑高度、建筑外立面、隔离线、标志、煤气、给排水、供电设施、高速通信设施、停车位、路中圆形绿带、辅助设施、辅助用房等设计因素的灵活组合，"科技绿洲"从细节设计入手，整体展现了不同于一般高科技园区的投资环境，给每一位到访的客户留下了深刻印象。

（四）园区开发分期化

"科技绿洲"的园区开发采取了环境先行的"滚动开发"模式，即征地并完成地块的"九通一平"后，先建设区内道路、绿化和水域，并预留好建设地块，再根据投资促进形势和市场需求情况，分期分批对已划分好的建设地块进行开发建设。

（五）园区建设流程化

"科技绿洲"采用招标的方式选择承包商，建立了一套标准化建设施工流程，并对相关工作人员和现场施工人员进行培训，使每一位工作人员和施工人员在学习、遵守工地管理制度的同时，在施工前已了解各自工作岗位所要达到的工作质量和要求。通过流程化的项目管理和现场管理，"科技绿洲"对建设施工管理的各个主要环节严格控制，严抓现场施工管理和建筑材料质量，每批建筑材料在使用前都要由现场施工管理办公室负责进行抽样检验合格后方可施工，确保了工程质量，降低了工程成本。

（六）园区管理合作化

在总结上海漕河泾开发区园区管理经验的基础上，"科技绿洲"园区管理充分借鉴和吸收了英国阿灵顿园区的管理模式和经验，聘请阿灵顿公司的专家担任园区管理顾问，并配有专职物业管理顾问岗位，管理顾问由阿灵顿公司委派并直接参与"科技绿洲"的园区管理。通过合作，"科技绿洲"园区管理的各项工作真正达到了量化、有序，体现了高新技术产业园区的管理特色。

（七）园区引资灵活化

"科技绿洲"的投资促进工作，先于园区正式开发建设一年就已展开，针对高科技企业客户要求体现自己独特个性的需求，"科技绿洲"通过与国内外知名咨询中介机构的友好合作，有针对性地提供给客户一揽子投资促进解决方案，其方式灵活多变，既有土地的出租、出售，也有房屋的出租、出售，还有专为客户提供的"度身定造"方案—根据客户的具体要求进行房屋建设，再出售或长期租赁给客户。统一的宣传资料、便捷的网络通信系统、共享的客户需求信息、灵活的投资促进方式、干练的专业投资促进人员，有效降低了成本，充分体现了投资促进的灵活性。

（八）园区服务集成化

"科技绿洲"的园区服务高度集成，在水、电、煤、通信等基础设施的安装维修服务，园区道路、绿化和电梯的保养和维护，办公用房室内装修、消防报批、家具和办公设备的添置，以及客户需要的餐厅、保洁、住宿、商店、旅馆、餐饮、娱乐、交通甚至招聘等方面的服务，只要客户有需要，均可由"科技绿洲"园区管理公司选择的第三方供应商提供专业服务，园区管理公司与这些第三方服务供应商签有严格的合同，并在合同中明确了各项服务的质量和要求。园区客户所要做的就是拨打园区客户服务热线，便能享受到集成化的优质服务。

"科技绿洲"这一具有高新技术产业特色园区的引资方式的成功，除了上述特色之外，离不开政府和产业配套政策的支持和推动，离不开园区优质的产业配套环境和集群效应，更离不开创新型高层次人才队伍建设和人才公共服务平台的构建。"科技绿洲"的成功，是上海漕河泾开发区的重要创新举措，对开辟特色园区投资促进新途径具有积极的启示和推动作用。

（纪新明　孙峻峰提供）

案例六：粤台经济技术贸易交流会的成功——"大型会展"模式

注解：随着投资促进实践的发展，投资促进方式也在不断创新，但类似于大型会展招商之类的传统投资促进模式依然居于主导地位。广东依托地域优势，把粤台交流会打造成粤台两地工商企业界合作与发展的盛会以及台商了解广东、投资广东的重要平台，成效显著、意义重大，并产生了很好的示范效应。

自1998年广东省在国（境）外举办大型经贸活动以来，经济技术交流日益扩大，吸收外资和贸易交往迅猛发展，粤台经济技术贸易交流会（简称"粤台交流会"）是一个典型案例。

（一）粤台交流会基本情况

自1998年广东省举办首届粤台交流会以来已举办多届。粤台交流会已经成为粤台两地工商企业界合作与发展的盛会以及台商了解广东、投资广东的一个重要平台。

粤台交流会由广东省人民政府主办，广东省对外贸易经济合作厅、广东省人民政府台湾事务办公室及选定的1个地级以上市政府承办，邀请国台办、有关省直单位出席。活动主要内容为上午举行粤台交流会开幕式，邀请国台办领导致辞、广东省领导作主题演讲、承办市领导讲话以及台商代表发言，下午举行台商代表座谈会、对口洽谈和咨询、专题宣讲和研讨，晚上举行招待晚宴，会前及会后组织台商参观考察承办市投资环境。以首届以来的前八届粤台交流会为例，举办地主要集中在珠三角地区，规模一次比一次大，层次一次比一次高，成效一次比一次好，与会台商总数累计达13 600多人次。

（二）粤台交流会成效显著

1. 投资项目屡创新高，推动粤台经贸合作向更宽领域、更高层次发展

仍以前八届为例，在每届粤台交流会上，广东省都推出了一批重点投资促进项目，主要以电子、信息、机械、化工、轻纺、服务贸易、基础设施和"三高"农业等为主，累计签订合同台商投资项目1 916个，合同台资金额113.81

亿美元，主要特点：一是大项目比较多。总投资超过 1 000 万美元的项目累计达 394 个，合同外资金额 63 亿美元，占全部签约项目外资金额的 55.5％。二是台商投资传统制造业占主导地位。台资踊跃进入农业、信息技术、化工、装备制造业、轻纺、机械、商业、旅游、物流、服务外包等行业。三是现有台资企业增资活跃。第三届粤台交流会以来，累计签订的增资项目 443 个，合同台资金额 27 亿美元，占全部签约项目外资金额的 26％。

2. 宣传广东，增进交流，展现了粤台经贸合作的广阔前景

广东省省委省政府积极推进粤台经贸技术贸易交流合作，广东已经成为台商在大陆投资最密集的地区之一，为促进两岸关系发展做出了重要贡献。近 30 年台商在粤投资呈现项目规模越来越大、技术含量越来越高、产业链条越来越长、投资领域越来越广等良好势头，尤其是"党的十七大"胜利召开，为加强粤台经贸合作提供了强大动力，展示了合作发展的广阔前景。广东省认真落实"同等优先、适当放宽"的政策，进一步推动粤台制造业特别是高新技术产业和现代服务业、现代农业的合作，为台商投资广东省的金融、物流、零售百货、贸易等服务业创造更多的机会。

3. 加强服务，增添信心，不断掀起台商考察投资广东的新热潮

台商代表座谈会是每届粤台交流会的重头戏，广东省主要领导都亲自出席并讲话。座谈会通常邀请近 100 位台商代表、省直有关部门和各地级以上市政府负责同志，以及中央驻粤有关部门负责同志参会。会上省领导和各有关部门的负责人认真听取台商代表的意见和建议，对台商反映的一些较为集中的问题作出详尽解答，会后，省直有关部门、各地级以上市政府负责同志对这些问题逐一梳理，千方百计予以解决，为台商在广东投资创业营造良好的环境，落实好促进台资企业发展和切实保障台商权益的各项工作。

(三)粤台交流会成功经验

1. 省委省政府高度重视，是粤台交流会成功的前提

省委、省政府极为重视粤台经贸交流与合作，把搞好对台经贸工作作为广东省配合中央对台工作、促进祖国和平统一大业，以及推动全省经济社会发展的大事来抓，对如何开好交流会，省主要领导多次召集有关部门，听取汇报并作出重要指示，并要求各部门、各承办市统一思想，提高认识，开拓创新，协调联动，以高度的政治感和使命感，切实做好筹备工作。

2. 积极主动邀请客商，是粤台交流会成功的关键

一要做好客商邀请的宣传工作。为营造良好的氛围，广东省开展了全方位的宣传工作。通过国内有关媒体和新闻报道，并针对台湾岛内主流媒体进行大量广告宣传，同时在"广东省外经贸厅政府网站"开辟窗口，详细介绍重点招商

项目、广东投资环境、历届粤台交流会情况等，让台商可以随时查阅详细资料。二要多渠道全力邀请客商。广东省多次召开各市台办、台协会长联席会议，展开发动工作；通过台湾岛内的工商团体和知名人士、各市的台商投资企业协会及在广东投资的台商，积极发动岛内的客商前来参会；同时，也邀请部分在广东投资的台商参会，增进已投资的台商信心，促使他们在广东增资扩产。三要注重实效，推动项目落户。粤台交流会围绕如何促进粤台经贸合作的进一步发展，有针对性地做了大量精选项目的推介工作，促成项目洽谈、进展乃至签约。各市在筹备工作开始，就注意选择一批包括全省重点项目在内的、适合台商投资的项目，吸引了台商的浓厚兴趣。

3. 增强广东综合经济实力，是粤台交流会成功的基础

广东省作为全国改革开放和现代化建设的先行地区，坚持以发展的思路、改革的办法、创新的理念、开放的思维，统筹国内发展和对外开放，不断推进经济国际化，并发展成为中国工业比较发达的第一经济大省，成为跨国公司、大企业投资的首选地区。截至 2008 年 6 月 30 日，全省台资企业累计达 9 825 家，实际利用台资累计 70.4 亿美元，常住广东的台湾同胞达 20 多万人。台资企业在广东迅猛发展，呈现"根深叶茂"的发展态势。

4. 优化广东投资环境，是粤台交流会成功的保证

广东省一直努力营造低成本、高效益和诚实守信、安全文明的投资营商环境；各级各有关部门认真贯彻落实国家保护台湾同胞投资的法律法规，切实保护台商在粤投资的合法权益，促进广大台商知法、守法、依法经营；建立健全台商投诉的工作机制，加强服务，引导和支持各台资企业协会的工作，为台商营造良好的生活配套环境。

(四)粤台交流会意义重大

一是落实国家对台政策，促进祖国统一的重要举措。粤台两地人缘相亲、地缘相近、文缘相承、商缘相通。改革开放以来，广东省坚决执行国家对台政策，努力营造良好的投资营商环境，鼓励台湾同胞来广东投资置业，不断深化两岸经贸交流与合作，促进祖国统一大业。

二是开创两岸关系和平发展，加强两岸经贸交流合作的新思路、新方式。随着两岸经贸交流不断扩大，两岸关系呈现出巨大的潜力和广阔的前景。粤台交流会是从两岸同胞谋福祉、为台湾同胞谋利益出发，积极探索经贸交流合作的新思路、新方式，通过粤台交流会，不断拓宽经贸交流合作的新领域，同时，提出切实可行的建设性意见，依靠两岸同胞共同付诸实践。

三是推动粤台经贸交流合作，优化广东省产业结构的有效途径。近年来，台资企业对广东省的投资不断扩大，是仅次于港资的第二大外资来源。

台资企业投资比重在信息技术、化工、装备制造业、机械、商业、旅游、物流、服务外包等方面不断增强，对优化广东省产业结构起到了重要作用，其中重要的因素就是广东省成功举办的历届粤台交流会，有力地推动了两岸经贸发展。

（广东省对外贸易经济合作厅提供）

附　　录

附录1：国家级经济技术开发区

北京经济技术开发区 http：//www. bda. gov. en

天津经济技术开发区 http：//www. teda. gov. cn/html/teda-index/portal/index/index. html

河北秦皇岛经济技术开发区 http：//www. qetdz. com. cn

山西太原经济技术开发区 http：//www. tynewtown. com

内蒙古呼和浩特经济技术开发区 http：//www. hetdz. gov. cn

辽宁沈阳经济技术开发区 http：//www. seda. gov. cn

营口经济技术开发区 http：//www. ykdz. gov. cn

大连经济技术开发区 http：//www. dda. gov. cn

吉林长春经济技术开发区 http：//www. cetdz. com. cn

黑龙江哈尔滨经济技术开发区 http：//www. kaifaqu. com. cn/cms/site/2009 index. jsp

上海闵行经济技术开发区 http：//www. smudc. com

上海虹桥经济技术开发区 http：//www. shudc. com

上海漕河泾经济技术开发区 http：//www. caohejing. com

上海金桥出口加工区

http：//www. Shanghai. gov. cn/Shanghai/node2314/node2318/node9364/node9423/node9440/index. html

江苏南京经济技术开发区 http：//www. njxg. com/www/njxg/index. htm

连云港经济技术开发区 http：//www. ldz. gov. cn

昆山经济技术开发区 http：//www. ketd. gov. cn

苏州工业园区 http：//www. sipac. gov. cn

南通经济技术开发区 http：//www. netda. gov. cn

浙江杭州经济技术开发区 http：//www. heda. gov. cn/jpm

温州经济技术开发区 http：//www. wetdz. gov. cn

宁波经济技术开发区 http：//www. netd. com. cn

萧山经济技术开发区 http：//www. xetz. gov. cn/gb

宁波大榭经济开发区 http：//www. citic‐daxie. com/cn

安徽合肥经济技术开发区 http：//www. hetda. com/home

芜湖经济技术开发区 http：//www. weda. gov. cn

福建福州经济技术开发区 http：//www. fdz. com. cn

福清融侨经济技术开发区 http：//www. fredz. gov. cn/index. asp

东山经济技术开发区 http：//www. detdz. com

厦门海沧台商投资区 http：//www. haicang. com

江西南昌经济技术开发区 http：//www. ncjk. net/Index. html

山东烟台经济技术开发区 http：//www. eweihai. net. cn/cn/index. jsp

青岛经济技术开发区 http：//www. qda. gov. cn

威海经济技术开发区 http：//www. eweihai. net. cn/cn/index. jsp

河南郑州经济技术开发区 http：//www. zz - economy. gov. cn

湖北武汉经济技术开发区 http：//www. wedz. com. cn

湖南长沙经济技术开发区 http：//www. cetz. com. cn

广东广州经济技术开发区 http：//www. getdd. gov. cn/web/index. html

湛江经济技术开发区 http：//www. zetdz. gov. cn

广州南沙经济技术开发区 http：//www. gzns. gov. cn

大亚湾经济技术开发区 http：//www. dayawan. gov. cn/xdocweb/eip/default. asp

广西南宁经济技术开发区 http：//www. nnda. gov. en/main. asp

海南洋浦经济开发区 http：//www. yangpu. gov. cn/zf

重庆经济技术开发区 http：//www. cetz. com

四川成都经济技术开发区 http：//www. chengdu. gov. cn/business _ chengdu/detail. jsp? id＝29555

贵州贵阳经济技术开发区 http：//www. geta. gov. cn

云南昆明经济技术开发区 http：//www. ketdz. gov. cn

西藏拉萨经济技术开发区 http：//www. isda. gov. cn

陕西西安经济技术开发区 http：//www. xetdz. com. cn

甘肃兰州经济技术开发区 http：//www. gspc. gov. cn/kaifaqu/Show Article. asp? ArtlcleID＝1862

青海西宁经济技术开发区 http：//www. qh. xinhua. org/economyxn/index. htm

宁夏银川经济技术开发区 http：//www. ycda. gov. cn

新疆乌鲁木齐经济技术开发区 http：//www. uetd. gov. cn

石河子经济技术开发区 http：//www. setd. gov. cn

扬州经济技术开发区 http：//www. yangzhou - etdz. com

廊坊经济技术开发区

喀什特殊经济开发区

霍尔果斯特殊经济开发区

附录 2：国家级高新技术产业开发区

1. 中关村科技园
2. 武汉东湖新技术开发区
3. 南京高新技术产业开发区
4. 沈阳高新技术产业开发区
5. 天津高新技术产业园区
6. 西安高新技术产业开发区
7. 成都高新技术产业开发区
8. 威海火炬高新技术产业开发区
9. 中山火炬高新技术产业开发区
10. 长春高新技术产业开发区
11. 哈尔滨高新技术产业开发区
12. 长沙高新技术产业开发区
13. 福州高新技术产业开发区
14. 广州高新技术产业开发区
15. 合肥高新技术产业开发区
16. 重庆高新技术产业开发区
17. 杭州高新技术产业开发区
18. 桂林高新技术产业开发区
19. 郑州高新技术产业开发区
20. 兰州高新技术产业开发区
21. 石家庄高新技术产业开发区
22. 保定高新技术产业开发区
23. 上海高新技术产业开发区
24. 大连高新技术产业开发区
25. 深圳高新技术产业开发区
26. 厦门火炬高新技术产业开发区
27. 海南国际科技工业园
28. 苏州高新技术产业开发区
29. 无锡高新技术产业开发区
30. 常州高新技术产业开发区
31. 佛山高新技术产业开发区
32. 惠州高新技术产业开发区
33. 珠海高新技术产业开发区
34. 青岛高新技术产业开发区

35. 潍坊高新技术产业开发区

36. 淄博高新技术产业开发区

37. 昆明高新技术产业开发区

38. 贵阳高新技术产业开发区

39. 南昌高新技术产业开发区

40. 太原高新技术产业开发区

41. 南宁高新技术产业开发区

42. 乌鲁木齐高新技术产业开发区

43. 包头稀上高新技术产业开发区

44. 襄樊高新技术产业开发区

45. 株洲高新技术产业开发区

46. 洛阳高新技术产业开发区

47. 大庆高新技术产业开发区

48. 宝鸡高新技术产业开发区

49. 吉林高新技术产业开发区

50. 绵阳高新技术产业开发区

51 济南高新技术产业开发区

52. 鞍山高新技术产业开发区

53. 杨凌农业高新技术产业示范区

54. 宁波高新技术产业开发区(2007 年 1 月 8 日新增)

55. 湘潭高新技术产业开发区

56. 南阳高新技术开发区(2010 年 9 月 26 日新增)

57. 安阳高新技术产业开发区(2010 年 9 月 26 日新增)

附录3：国家级保税区

　　保税区是经国务院批准的开展国际贸易和保税业务的区域，类似于国际上的自由贸易区，区内允许外商投资经营国际贸易，发展保税仓储、加工出口等业务。目前15个保税区已全部启动运营，成为中国经济与世界经济融合的新型连接点。

1. 汕头保税区
2. 厦门象屿保税区
3. 海口保税区
4. 大连保税区
5. 青岛保税区
6. 张家港保税区
7. 上海外高桥保税区
8. 宁波保税区
9. 福州保税区
10. 广州保税区
11. 珠海保税区
12. 天津港保税区
13. 深圳保税区

附录 4：国家级边境经济合作区

边境经济合作区是中国沿边开放城市发展边境贸易和加工出口的区域。沿边开放是我国中西部地区对外开放的重要一翼，自 1992 年以来，经国务院批准的边境经济合作区 14 个，对发展我国与周边国家（地区）的经济贸易和睦邻友好关系、繁荣少数民族地区经济发挥了积极作用。

1. 黑河边境经济合作区
2. 珲春边境经济合作区
3. 满洲里边境经济合作区
4. 丹东边境经济合作区
5. 伊宁边境经济合作区
6. 塔城边境经济合作区
7. 博乐边境经济合作区
8. 凭祥边境经济合作区
9. 东兴边境经济合作区
10. 瑞丽边境经济合作区
11. 畹町边境经济合作区
12. 河口边境经济合作区
13. 二连浩特边境经济合作区
14. 绥芬河边境经济合作区

附录5：投资促进和招商引资领域部分网站介绍

一、中国投资指南：http://www.fdi.gov.cn

该网站由中华人民共和国商务部外国投资管理司主办，日常运营机构为中华人民共和国商务部投资促进事务局。该网站有中文版和英文版之分，设立的栏目主要有：投资机会、中国经济、投资服务、投资动态、政策法规、投资统计、投资研究、对外投资、企业查询、投资通道、国家级经济开发区、中国国际投资贸易洽谈会、投资服务机构、专题与会展、热点问题、投资讲座等。每个栏目中还设有一些具体的小栏目。该网站是目前国内最权威、最具影响力的直接与投资促进和招商引资相关的网站。

二、中国商务部投资促进事务局网站：http://tzswj.mofcom.gov.cn

中国商务部投资促进事务局是国家统一管理和协调投资促进事务的机构，是中国最高级别的投资促进和招商引资机构。该局网站的主要栏目有：工作动态、投资新闻、局长致辞、会展与论坛、政策法规、专题研究、地区优势产业报告、统计数据、出版物、答疑解惑等。

三、中国国际招商引资网 http://www.chinamf.com

本网站主要栏目有：项目在线、资金在线、科技在线、高新技术孵化、产权交易、展览之窗、企业顾问、猎头服务、经济论坛、行业动态、项目总汇、招商引资向导、地区招商等。

四、中国招商网：http://www.china-zs.com

中国招商网设有创业、商机、项目、展会、商城、论坛、网洽会、投资、咨询、法规、理财园区、企业、招聘、培训、出国、百强招商、招商导刊、省会城市、地级城市、招商社区、合作投资机构名录、在线招商、招商视频、最新项目、投资环境、优惠政策、行业分类项目检索库、区域分类栏目检索库等栏目。

五、中国引资网：http://www.001-86.com

设有中文简体版、中文繁体版、英文版和日文版等文版。开设了政策法规、政府引资、开发区引资、企业引资、行业引资、引资动态、最新招商、西部开发、引资交流、投资市场、中国招商快讯、会展招商专栏、名家讲座、区域招商、全国各地招商引资动态、专题研究、中国引资网地方系列网站等栏目。

六、中国招商引资网：http://www.china228.com

中国招商引资网是目前中国比较具有影响力的招商引资专业网站。该网站有下列栏目：招商信息、投资信息、供求信息、招商黄页、招商新闻、招商法规、聚焦浙商、名乡重镇、旅游在线、投资机构、招商宣传片等。

七、中国招商投资网：http://www.tz888.cn

网上开设的主要专栏包括：政府招商精选、投资精选、融资精选、成功案例、趋势预测、精英人物、专家咨询、产权交易、招标投标、会展专区、招商动态、投资动态、融资动态、经济要闻、商机速递、创业项目等。

八、中国外资网：http：//www.chinafiw.com

网站中设有投资资讯、投资指南、招商中心、投资中西部、跨国公司、法规政策、招商论坛、外资论坛等栏目。

九、中国招商引资合作网：http：//chinazhaoshang.com

本网站总部设在北京，设立的栏目主要有：投资快讯、合资项目、高新技术、投资外商名录、国际贸易采购、劳务输出、地方政府、投资顾问、专题聚焦等。

十、中国投资网：http：//www.chinese-invest.com

中国投资网网站内容比较丰富，主要栏目有：投资动态、最新投资项目、经济纵横、企业在线、招商活动会议、招商投资焦点分析、政策、投资指南、在线商机、热门话题、投资创业、创业融资、信息查询、热点专题、优秀网站推荐、技术创业、企业点子等。

十一、中国招商引资人才网（中国招商引资研究院网）**：http：//www.rcxsd315.com/Index.html**

该网站开设的栏目有：最新动态、政策法规、职场动态、学习园地、本院介绍、认证资讯、专家队伍、招生政策、考试通道、网上报名、策划案例、加盟合作、投资合作、出国考察等。

十二、中国招商引资协会网：http：//www.xsd315.com

该网站以整合资本世界，搭建招商平台为宗旨，设立的栏目主要有：投资频道、融资频道、农业频道、招商引资、招标投标、加盟中心、城市之窗、会议会展、经销代理、资讯总汇、部委资讯、新闻中心、国内外企业推荐、各地招商政策等。该网站有中文、英文和日文三个版本。

十三、中华招商网：http：//www.china-186.com

该网站设有行业资讯、政府招商、开发区招商、企业招商、招商政策、招商环境、招商活动、我要投资、西部招商、特别推荐、各省市区招商引资单位和项目等栏目。

十四、全球经贸网站：http：//www.tradenol.com

该网站栏目十分丰富，介绍了大量其他的网站，包括优秀经贸网站推荐、综合性网站推荐、各省市区经贸部门相关网站链接、全球华人网站总汇、中外医药网站总汇、中国科技教育网站总汇、中国行业网站总汇、中国经贸网站总汇等。

十五、新浪网招商网页：http：//gov.finance.sina.com.cn/index.html

在这个网页中设有投资宝典、金融超市、特许连锁、产权交易、招商联盟、投资风云、项目精选、重点招商项目、标准厂房、政府与园区招商、中关村、珠三角、长三角、东北、中西部、环渤海、热点投资、城市联盟、招商联盟会员区等栏目。每个大栏目中又包含一些小栏目。

十六、世界投资促进机构协会英文网站（WAIPA）：http：//www.waipa.org

该网站为世界投资促进机构协会主管，设有新闻动态、会议消息、主要活动、投资连接、投资促进工具、会员专栏等栏目，通过该网站可以了解世界各国和地区投资促进机构的情况。

附录 6：26 个与招商引资相关的国家级会议、论坛、博览会

1. 北京科博会
2. 上海工博会
3. 厦门中国国际投资贸易洽谈会
4. 深圳高交会
5. 杨凌农高会
6. 大连软交会
7. 苏州电博会
8. 广东中小企业博览会
9. 浙江义乌小商品博览会
10. 杭州西湖博览会〈1929 年创办〉
11. 重庆高交会
12. 南宁中国—东盟博览会
13. 中国沈阳装备制造业博览会
14. 中国吉林东北亚投资贸易博览会
15. 中国长春汽车及零部件博览会
16. 中国青岛国际消费品电子博览会
17. 中国宁波国际消费品博览会
18. 中国东西部合作与投资贸易洽谈会
19. 中国西部国际博览会
20. 中国中部投资贸易博览会〈6 省轮流办〉
21. 泛珠三角经贸洽谈会〈9＋2〉
22. 中国(太原)煤炭与能源博览会
23. 中国(深圳)国际文化产业博览交易会
24. 中国(深圳)国际科学生活博览会
25. 中国进出口商品交易会(广交会)
26. 中国—亚欧博览会

注：其中有 16 个由国家商务部主办

附录7：各国/地区投资促进机构

亚洲

阿富汗投资支持署 Afghan Investment Support Agency(AISA)

http：//www. aisa. org. af

巴林经济发展委员会 Economic Develoment Board

http：//www. bahrainedb. com

文莱工业发展局 Brunei Industrial Development Authority

http：/www. bina. gov. bn

孟加拉国投资委员会 Board of Investment(BOI)

http：//www. boibd. org

柬埔寨发展理事会 Council for the Development of Cambodia

http：//www. cambodiainvestment. gov. kh

投资香港 InvestHK

http：//www. investHK. gov. hk

印度投资中心 Indian Investment Centre(IIC)

http：//www. iic. nic. in

印度投资促进和基础设施发展处 Investment Promotion and Infrastructure Development Division

http：//www. dipp. nic. in

印度尼西亚投资委员会 Indonesia Investment Board

http：/www. Bkpm. go. id

伊朗投资、经济和技术协助组织

Organization for Investment，Economic and Technical Assistance of Iran(OIETAI)

http：//www. iraninvestment. org

以色列投资促进中心 Investment Promotion Centre(IPC)

http：//www. tamas. gov. il

日本贸易振兴会 Japan External Trade Organization(JETRO)

http：//www. investjapan. org

约旦投资委员会 Jordan Investment Board(JIB)

http：//www. jordaninvestment. com

投资哈萨克斯坦 Kazinvest

http：//www. kazinvest. kz

韩国贸易投资促进署 Korea Trade-Investment'Promotion Agency(KOTRA)

http：//www. investkorea. org

科威特瓦外国投资局 Kuwait Foreign Investment Bureau(KFIB)

http：//www. kfib. com

老挝外国投资管理内阁 Laos Foreign Investment Management Cabinet

http：//www. invest. laodr. org

黎巴嫩投资发展局 Investment Development Authority of Lebanon(IDAL)

http：//www. idal. com. lb

马来西亚工业发展局 Malaysian Industrial Development Authority(MIDA)

http：//www. mida. gov. my

马尔代夫外国投资服务局 Foreign Investment Services Bureau(FISB)

http：//www. investmaldives. org

缅甸投资局 Investment in Myanmar

http：//www. myanmar. com/gov/inv. html

蒙古国外投资和外贸署 Foreign Investment and Foreign Trade Agency(FIFTA)

http：//www. investmongolia. com

尼泊尔工业促进处 Industrial Promotion Division

http：//www. moics. gov. np

阿曼投资和出口促进中心 Omani Centre for Investment Promotion & Export Development(OCIPED)

http：//www. ociped. com

巴基斯坦投资委员会 Board of Investment(BOI)

http：//www. pakboi. gov. pk

巴勒斯坦投资促进署 Palestinian Investment Promotion Agency(PIPA)

http：//www. pipa. gov. ps

菲律宾投资委员会 Board of Investments(BOI)

http：//www. boi. gov. ph

新加坡经济发展委员会 Singapore Economic Development Board

http：//www. sedb. com

斯里兰卡投资委员会 Board of Investment of Sri Lanka(BOI)

http：//www. boi. 1k

泰国投资委员会 Office of the Board of Investment(BOI)

http：//www. boi. go. th

土耳其外贸部 Ministry of Foreign Trade

http：//www. dtm. gov. tr/engmenu. htm

迪拜机场自由贸易区管理局 Dubai Airport Free Zone Authority(DAFZA)

http：//www. dafza. gov. ye

越南规划和投资部 Ministry of Planning and Investment

http：//www. mpi. gov. vn/default. aspx? Lang=2

也门投资管理局 General Investment Authority(GIA)

http：//www. giay. gov. ye

大洋洲

投资澳大利亚 Invest Australia

http：//www. investaustralia. gov. au

斐济贸易和投资委员会 Fiji Islands Trade&Investment Board(FITIB)

http：//www. fitib. org. fj

投资塔西提岛 Tahiti Invest

http：//www. tahiti-invest. com

基里巴斯外国投资委员会 Foreign Investment Commission

http：//www. investinkiribati. com

投资新西兰 Investment New Zealand

http：//www. investnewzealand. govt. nz

巴布亚新几内亚投资促进管理处 Investment Promotion Authority(IPA)

http：//www. ipa. gov. pgwww. investinpng. com

萨摩亚贸易、商业和工业部 Department of Trade，Commerce and Industry

http：//www. tradeinvestsamoa. ws

索罗门群岛商务和旅游部 Ministry of Commerce and Tourism

http：//www. commerce. gov. sb

瓦努阿图投资促进管理机构 Investment Promotion Authority(VIPA)

http：//www. investinvanuatu. comwww. vanuatuinvest. vu

欧洲

阿尔巴尼亚外国投资促进署 Albanian Foreign Investment Promotion Agency(AFIPA)

http：//www. afipa. com. al

奥地利商务促进署 Austrian Business Agency(ABA)

http：//www. aba. gv. at

投资比利时 Invest in Belgium

http：//www. invest. belgium. be

http：//www. investinbelgium. fgov. be/frame _ en. htm

比利时佛兰德地区外国投资办公室 Belgium Flanders Foreign Investment
Office(BFFIO)

http：//www. investinflanders. com

白俄罗斯外国投资促进署 Belarusian Foreign Investment Promotion Agency(BFIPA)

http：// www. export. by

波黑投资促进署 Foreign'Investment Promotion Agency of Bosnia-Herzego-vina(FIPA)

http：//www. fipa. gov. ba

投资保加利亚 Invest Bulgaria Agency(BFIA)

http：//www. investbg. government. bg

克罗地亚投资促进署 Trade and Investment Promotion Agency

http：//www. mingo. hr

投资捷克 CzechInvest

http：//www. czechinvest. org

投资丹麦 Invest in Denmark

http：//www. investindk. com/default. asp? artikelID ＝9664

爱沙尼亚投资署 Estonian Investment Agency(EIA)

http：//www. eia. ee

投资芬兰 Invest in Finland

http：//www. investinfinland. fi

投资法国 Invest in France

http：//www. investinfrance. org

投资德国 Invest in Germany

http：//www. invest-in-germany. com

希腊投资中心 Hellenic Centre for Investment S. A. (ELKE S. A.)

http：//www. elke. gr

匈牙利投资、贸易和发展署 Hungarian Investment and Trade and Development Agency
(HITDA)

http：//www. hitda. hu

投资冰岛 Invest in Iceland Agency

http：//www. invest. is

爱尔兰工业发展署 Industrial Development Agency of Ireland(IDA Ireland)

http：//www. idaireland. com

意大利外贸协会 Italian Institute for Forei，Trade(ICE)

http：//www. ice. it

科索沃贸易发展部投资促进办公室 Investment Promotion Office in Ministry of Trade
and Development

http：//www. unmikonline. org

南斯拉夫发展局 Lithuanian Development Agency(LDA)

http：//www. lda. lt

马其顿共和国私有化署 Privatisation：Agency of the Republic of Macedonia

http：//www. mpa. org. mk

马耳他企业发展公司 Malta Enterprise Corporation

http：//www. maltaenterprise. com

西荷兰国外投资署 West-Holland Foreign Investment Agency(WFIA)

http：//www. wfia. nl

波兰信息和国外投资署 Polish Information and Foreign Investment Agency

（PAIIIZ）

http：//www. paiz. gov. pl

投资葡萄牙 Invest in Portugal

http：//www. investinportugal. pt

罗马尼亚国外投资促进署 Romanian Agency for Foreign Investments（ARIS ）

http：//www. arisinvest. ro

俄罗斯贸易和投资促进署 Trade and Investment Promotion Agency（TIPA）

http：//www. inves. ru

斯洛伐克投资和贸易发展署 Slovak Investment and Trade Development Agency（SARIO）

http：//www. sario. sk

斯洛文尼亚贸易和投资促进署 Slovenian Trade and Investment Promotion Agency（TI-PO）

http：//www. investslovenia. org

投资西班牙 INTERES Invest in Spain

http：//www. investinspain. org

投资瑞典 Invest in Sweden Agency

http：//wwvr. isa. se

英国贸易和投资促进署 UK Trade&Investment

http：//www. uktradeinvest. gov. uk

非洲

阿尔及利亚国家投资与发展署 ANDI

http：// www. andi. gov. dz

博茨瓦纳出口发展和投资局 Botswana Export Development and Investment Authority（BEDIA）

http：//www. bedia. eo. bw

刚果民主共和国投资促进署 Agenee Nationale pourla la promotion des Investissements（ANAPI）

http：// www. anapi. org

埃及投资和自由区管理局 General Authodty for InvestmentFree Zones（GAFI）

http：// www. gafinet. org

投资埃及 Invest in Egypt

http：// www. sis. gov. eg/public/invest98/html/frame. htm

埃及投资优惠政策和规定

http：// www. mfti. gov. eg/english/laws/law. html

埃塞俄比亚投资委员会 Ethiopian Investment Commission（EIC）

http：// www. ethioinvestment. org

加纳投资促进中心 Ghana Investment Promotion eentre（GIPC）

http：// www. gipc. org. gh

几内亚投资促进办公室 Offiee de Promotion des Investissements Prives(OPIP)

http：// www. mirinet. eom/opip

肯尼亚投资促进中心 Investment Promotion Centre(IPC)

http：// www. investmentkenya. eom

莱索托国家发展署 Lesotho National Development Corperation(LNDC)

http：// www. indc. org. 1s

马里国家投资促进中心 Centre National de Promotion des Investissements(CNPI)

http：//www. cnpi-mali. org

毛里求斯投资促进署 Direction de la Promotion de 1'Investissement Prive

http：//www. mauritania. mr

毛里求斯投资委员会 Board of Investment of Mauritius

http //www. boinauriti. com

摩尔多瓦出口促进组织 Moldovan Export Promotion Organization(MEPO)

http：//www. mepo. net

摩洛哥经济和财政部 Ministere de l'Economie et des Finances

http：//www. invest-in-morocco. gov. ma

纳米比亚投资中心 Namibia Investment Centre(NIC)

http：//www. grnnet. gov. na

尼日利亚投资促进委员会 Nigerian Investment Promotion Commission(NIPC)

http：//www. nipc-nigeria. org

卢旺达投资和出口促进署 Rwanda Investment and Export Promoting Agency

http：//www. rwandainvest. com

投资南非 Invest in South Africa

http：// www. southafrica. info/doing _ business/investment

塞舌尔国际商务管理机构 Seychelles International Business Authority(SIBA)

http：//www. siba. net

塞拉利昂贸易、工业和国有企业部 Ministry of Trade，Industry and State Enterprises

http：//www. sledic-sl. org

斯威士兰投资促进管理委员会 Swaziland Investment Promotion Authority(SIPA)

http：//www. sipa. org. sz

坦桑尼亚投资中心 Tanzania Investment Centre(TIC)

http：//www. tic. Co. tz

桑吉巴尔投资促进署 Zanzibar Investment Promotion Agency(ZIPA)

http：//www. investzanzibar. org

突尼斯外国投资促进署 Foreign Investment Promotion Agency(FIPA)

http：//www. investintunisia. com

乌干达投资管理机构 Uganda Investment Authority（UIA）

http：//www. ugandainvest. com

东南非共同市场地区投资促进署（赞比亚）COMESA Regional Investment Agency

http：//www. comesa. int

美洲

美国外国投资委员会 Committee on Foreign Investment in the United States(CFIUS)

加拿大投资局 Invest in Canada Bureau

安圭拉财政部 Ministry of Finance

http：//www. gov. ai

阿提瓜和巴布达工业发展委员会 Industrial Development Board(IDB)

http：//www. antigua-Barbuda. com

巴巴多斯投资和发展公司 Barbados Investment and Development Corporation(BIDC)

http：//www. bidc. com

伯利兹贸易和投资发展服务局 Belize Belize Trade and Investment

Development Services(BELTRAIDE)

http：//www. belizeinvest. org. bz

玻利维亚出口和投资促进署 The Bolivian Agency for the Promotion of Exports and In-

vestment(CEPROBOL)

http：//www. ceprobol. gov. bo

巴西 Instituto de Desenvolvimento Industrial de Minas Gerais(INDI)

http：//www. indi. mg. gov. br

智利外国投资委员会 Foreign Investment Committee(FIC)

http：//www. foreigninvestment. cl

哥伦比亚投资公司 Invest in Colombia Corporation(COINVERTIR)

http：//www. coinvertir. org. co

哥斯达黎加投资和发展委员会 Costa Rican Investment&Development Board(CINDE)

http：//www. cinde. or. cr

古巴投资促进中心 Centre de Promocibn de Inversiones(CPI)

http：//www. cpi-minvec. cu

多米尼加共和国出口和投资中心 Center for Export and Investment of the Dominican Re-

public(CEI-DR)

http：//www. cei-dr. gov. do

厄瓜多尔出口和投资促进公司 Corporacion de Promocion de Exportaciones a Inversiones

(CORPEI)

http：//www. corpei. org

萨尔瓦多投资促进委员会 Comision Nacional de Promocion de Inversiones(PROESA)

http：//www. proesa. com. sv

危地马拉发展基金会 Guatemalan Development Foundation(FUNDESA)

http：//www. quetzalnet. com

圭亚那投资办公室 Guyana Office for Investment(GO-INVEST)

http：//www. goinvest. gov. gy

洪都拉斯投资、发展和出口基金会 Foundation for Investment and Development of Exports(FIDE)

http：//www. hondurasinfo. hn

牙买加促进公司 Jamaica Promotions Corporation(JAMPRO)

http：//www. investjamaica. com

利比亚外国投资委员会 Libyan Foreign Investment Board (LFIB)

http：//www. investinlibya. com

墨西哥外贸银行 Mexican Bank for Foreign Trade(BANCOMEXT)

http：//www. bancomext. com

墨西哥经济促进秘书处 Secretaria de Promocion Economica(SEPROE)

http：//seproe. jalisco. gob. mx

墨西哥工业发展委员会 Industrial Development Commission of Mexicali

http：//www. mexicaliindustrial. com

巴拉圭规划委员会 Secretaria Tecnica de Planificacion

http：//www. stp. gov. py

秘鲁私人投资促进机构 ProInversion

http：//www. proinversion. gob. pe

圣卢西亚国家发展公司 National Development Corporation

http：//www. stluciandc. com

特立尼达和多巴哥贸易和工业部 Ministry of Trade and Industry

http：//www. tradeind. gov. tt

委内瑞拉国家投资促进机构 Consejo Nacional de Promocibn de Inversiones(CONAPRI)

http：//www. conapri. org

附录 8：部分国际组织及联系方法

部分国际组织及联系方法

组织名称	详细地址	电子邮件	网址	联系人
欧洲复兴与开发银行（European Bank for Restruction and Development）	One Exchange Square，London EC2A 2JN，United Kingdom	otorbaed@ ebrd. com		Djoomart Otorbaev
亚洲开发银行	6 ADB Avenue，Mandaluyong City，1550 Metro Manila，Philippines	liqunjin@ adb. org	www. adb. org	Liqun Jin
国际金融公司（IFC）	2121 Pennsylvania Avenue，NW Washington，DC 20433 USA		www. ifc. org	
联合国工业发展组织中国投资促进处	朝阳区塔园南小街 9 号 邮编 100600	ipschina@ a-1. net. cn	www. unido. org	胡援东
亚洲开发银行驻中国代表处	复兴门内大街 156 号北京招商国际金融中心 D 座 7 层 邮编 100031	tshibuichi@ adb. org	www. adb. org/ prcm	涩市彻
多边投资担保机构（MIGA）	1818 H Street，NW Washington，DC 20433 USA	migainquiry @ worldbank. org	http：//www. miga. org	
联合国工业发展组织（UNIDO）		unido@ unido. org	http：//www. unido. org	
UNIDO（联合国工业发展组织）	Vienna International Centre，Wagramerstr. 5，P. O. Box 300，A-1400 Vienna，Austria	unido@ unido. org	http：//www. unido. org	

（续）

组织名称	详细地址	电子邮件	网址	联系人
UNCTAD（联合国贸易与发展会议）	UNCTAD New York Office DC2‐1120, United Nations, New York, NY 10017 917 0042	go@unctad.org	http：//www.unctad.org	
OECD（经济合作与发展组织）	OECD, 2, rue André Pascal, F‐75775 Paris, Cedex 16, France		http：//www.oecd.org	
联合国工业发展组织驻华代表处	北京朝阳区塔园南小街9号	office.china@unido.org	www.Unchina.org/unido	米兰德
联合国开发计划署驻华代表处	北京亮马河南路14号 邮编100600	wojciech.hubner@undp.org	www.undp.org.cn	Wojciech Hubner
世界银行驻华代表处	朝阳门北大街8号，富华大厦A座9层			黄育川
联合国开发计划署（UNDP）	United Nations Development Programme One United Nations Plaza New York, NY 10017 USA		http：//www.undp.org	
WAIPA（世界投资促进机构协会）	Maison Internationale de l'Environnement 2 (MIE2)	info@waipa.org	http：//www.waipa.org	Mrs. Karine Campanel
外国投资咨询服务机构（FIAS）	2121 Pennsylvania Avenue, NW Washington, DC 20433 U.S.A.	fias@ifc.org	www.fias.net	
经济合作与发展组织（OECD）	2, rue André Pascal, F‐75775 Paris, Cedex 16, France		http：//www.oecd.org	
WAIPA	Maison Internationale de l'Environnement 2 (MIE2)	karine.campanelli@waipa.org	www.waipa.org	Karine Campanelli

参 考 文 献

中文部分

[1] [美] 托马斯·弗里德曼著, 何帆等译. 世界是平的. 长沙: 湖南科学技术出版社, 2006 年 9 月第 1 版

[2] [美] 托马斯·弗里德曼. 世界是平的: "凌志汽车"和"橄榄树"的视角. 北京: 东方出版社, 2006 年 9 月第 1 版

[3] 陈瑜. 消费者也能成为"资本家"——消费资本化理论与应用. 广西: 广西科学技术出版社, 2006 年 3 月第 1 版

[4] 卢进勇, 杜奇华, 王习农. 政府与企业招商引资战略和操作实务. 北京: 对外经济贸易大学出版社, 2006 年 11 月第 1 版

[5] 张汉亚, 张长春. 投资环境研究. 北京: 中国计划出版社, 2005 年 1 月第 1 版

[6] 联合国贸发会议. 外国直接投资前景及跨国公司战略 2005—2008. 2005 年

[7] 江小涓. 中国的外资经济. 北京: 中国人民大学出版社, 2002 年版

[8] 江小涓. 服务业与中国经济: 相关性与加快增长的潜力. 经济研究, 2004 年第 1 期

[9] 江小涓. 中国的外资经济. 北京: 中国人民大学出版社, 2002 年版

[10] 江小涓主编. 中国经济运行与政策报告——中国服务业的增长与结构. 北京: 社会科学文献出版社, 2004 年版欧高敦: 离岸外包攻势. 北京: 经济科学出版社, 2004 年 7 月版

[11] 江小涓. 服务全球化与服务外包——现状、趋势与理论分析. 北京: 人民出版社, 2009 年版

[12] 李达昌. 国际招商学. 成都: 西南财经大学出版社, 2002 年版

[13] 李微微, 胡向荣. 招商引资运作方略. 长沙: 湖南大学出版社, 2003 年版

[14] 黄良文. 投资学. 北京: 中国对外经济贸易出版社, 1999 年版

[15] 张仲敏. 投资经济学. 北京: 中国商务出版社, 2004 年版

[16] 张世贤. 中国引资发展战略研究. 天津: 天津人民出版社, 2000 年 7 月第 1 版

[17] 姜夕泉. 招商引资运作谋略. 南京: 东南大学出版社, 2002 年 4 月第 1 版

[18] 张敦富. 投资环境评价与投资决策. 北京: 中国人民大学出版社, 1999 年 4 月第 1 版

[19] 中华人民共和国商务部. 中国外商投资报告. 2005 年, 2006 年, 2007 年, 2008 年, 2009 年

[20] 多边投资担保机构 MIGA. 外国直接投资理论. 世界银行集团, 2004 年 8 月

[21] [英] 伊恩·本, 吉尔·珀斯. 利用外部资源提高竞争优势. 陈瑟译. 北京: 人民邮电出版社, 2004 年版

[22] 王志乐主编. 2006 跨国公司中国报告, 北京: 中国经济出版社, 2006 年版

［23］金芳．双赢游戏——外国直接投资激励政策．北京：高等教育出版社，1999 年版

［24］王铁军，胡坚．中国中小企业融资 28 种模式——成功案例．北京：中国金融出版社，2006 年 7 月版

［25］小路易斯·T. 威尔斯和艾尔文·G. 温特．营销一个国家——投资促进作为吸引外国投资的一种手段．国际金融公司（IFC），多边投资担保机构（MIGA），1990 年 4 月

［26］联合国贸发会议（UNCTAD）．投资促进实践经验调查．1997 年 4 月

［27］联合国贸发会议．世界投资促进一瞥——投资促进实践调研．2000 年

［28］联合国贸发会议．投资者定位——第三代投资促进投资者定位．2002 年

［29］联合国贸发会议．最不发达国家的 FDI 一瞥．《FDI in Least Developed Countries at a Glance：2002》，2001 年，2002 年

［30］改善中国的投资环境——基于国家统计局企业调查总队（ESO）和世界银行集团实施的企业调查形成的投资环境评估报告．2002 年 10 月

［31］杜大伟，王水林，徐立新，时安卿．改善投资环境，提升城市竞争力：中国 23 个城市投资环境排名．世界银行集团，2003 年 12 月

［32］Jacques Morisse. FIAS 调研报告——为什么需要 IPA（世界银行政策研究报告）．《DOES A COUNTRY NEED A PROMOTION AGENCY TO ATTRACT FOREIGN DIRECT INVESTMENT？—A small analytical model applied to 58 countries》，April，2003

［33］张磊．服务外包（BPO）的兴起及其在中国的发展．世界经济研究，2006 年第 5 期

［34］李志能．注重承接方的竞争力——中国承接服务业国际转移面临的挑战．国际贸易，2004 年第 9 期

［35］甄炳禧．经济全球化背景下的国际服务外包．求是，2005 年第 9 期

［36］詹晓宁．服务外包：发展趋势与承接战略．国际经济合作，2005 年第 4 期

［37］裴长洪．吸收外商直接投资与产业结构优化升级．中国工业经济，2006 年第 1 期

［38］刘庆林．服务业跨国公司理论研究综述．经济学动态，2005 年第 9 期

［39］刘书翰．新熊彼特服务创新研究：服务经济理论新进展．经济社会体制比较，2005 年第 4 期

［40］鲁桐．高技术领域：跨国企业七大发展策略．经济日报，2005 年 4 月 4 日

［41］王习农．培育国内服务外包市场，加大服务业引资力度．国际贸易，2007 年 1 月

［42］王习农．论投资促进的实践与理论发展．商业时代，2007 年 3 月第 8 期

［43］王习农．英、德、荷、爱投资促进体系给我国的借鉴．中国外资，2006 年 8 月

［44］王习农．为"投资促进"正名．中国外资，2009 年 11 月

［45］王习农．创新投资促进方式，加快服务外包发展．改革与开放，2011 年 7 月

［46］王习农．投资服务：确保投资促进成功的必要环节．国际经济合作，2011 年第 1 期

英文部分

［47］Louis T. Wells and Alvin G. Wint. Marketing a Country：Promotion as a Tool for Attracting Foreign Investment, IFC and MIGA, 7, 1999

[48] United Nations. Investment and Technology Policies for Competitiveness: Review of Successful Country Experiences (Technology for Development Series), New York and Geneva, 2003

[49] Reference Manual. Third Generation Investment Promotion Investor Targeting, UN Copyright, Modulel

[50] M. I. G. A. Theory on Foreign Direct Investment, Published by The World Bank Group.

[51] Conference on Trade and Development, (2004) World investment report 2004: The shift towards services

[52] Narayanan, V. K. Managing Technology and Innovation for Competitive Advantage. 2001

[53] Aidan R. Vining and Steven Globerman, "A conceptual framework for understanding the outsourcing decision"

[54] http: //www. sfu. ca/mpp/facultystaff/biographies/pdf. files/outsourcing. pdf

[55] Outsourcing in eastern Europe—The rise of nearshoring, The Economist print edition, Dec 2005